여행의 시작, 그림의 시작!
아이패드 드로잉

소콘소콘 김소희 지음

BM (주)도서출판 성안당

Preface

안녕하세요. 이모티콘 작가, 일러스트레이터로 활동하고 있는 소콘소콘입니다. 저는 장소에 구애 받지 않는 직업 덕분에 좋아하는 카페에서, 여행지에서 아이패드를 들고 다니며 작업을 하고 있어요. 여행을 자주 다니며 일을 했지만, 최근엔 이런저런 이유로 해외 여행을 가기 어려워졌습니다. 아마도 저처럼 지금 많은 분들이 여행에 대한 갈망이 있을 것 같아요.

마음 놓고 훌쩍 떠나기 어려운 상황으로 생긴 아쉬운 마음을 그림으로 달래 보는 건 어떨까요? 이 책에서는 구글 맵의 스트리트뷰를 통해 랜선 여행을 하며 여행지를 그림으로 그리는 방법을 담았습니다. 단순히 사진으로 보는 것보다 직접 내 손으로 그린 그림으로 여행지를 담으면 여행지의 작은 요소 하나하나에 시선이 가며 기억이 더 오래 머무를 수 있어요. 그림을 완성하면 가 보지 않은 곳이라도 여행지를 잘 알게 되며, 마치 여행을 다녀온 듯한 느낌을 받으실 수 있을 거예요.

디지털 드로잉은 장소와 재료에 구애 받지 않고 원하는 그림을 그릴 수 있습니다. 특히 아이패드와 프로크리에이트는 직관성이 좋아 처음 다루는 사람도 어려움 없이 사용할 수 있다는 장점이 있어요. 쉽고 다양한 기능으로 언제 어디서든 종이에 다양한 재료로 그린 듯한 그림을 그릴 수 있죠. 그림을 잘 그리지 못해도 괜찮아요. 어떤 브러시와 기능을 어떻게 사용하는지에 따라 사실적이고 풍부한 표현을 할 수 있거든요. 터치 한 번으로 나뭇잎이 그려지기도 하고 구름이 생기기도 하지요. 사실적인 그림을 그릴 수 있도록 단계별로 차근차근 따라가다 보면 어느 순간 여러분이 그린 여행지의 멋진 모습이 눈 앞에 펼쳐질 거예요. 그럼 이제 여행의 설렘을 갖고 아이패드로 떠나볼까요?

소콘소콘 김소희

Preview

프로크리에이트를 이용하여 누구나 쉽게 그릴 수 있도록 프로크리에이트 이론과 기본기, 활용 방법을 나눠 구성하였습니다. 혼자서도 쉽고 빠르게 드로잉 노하우를 배워 보세요.

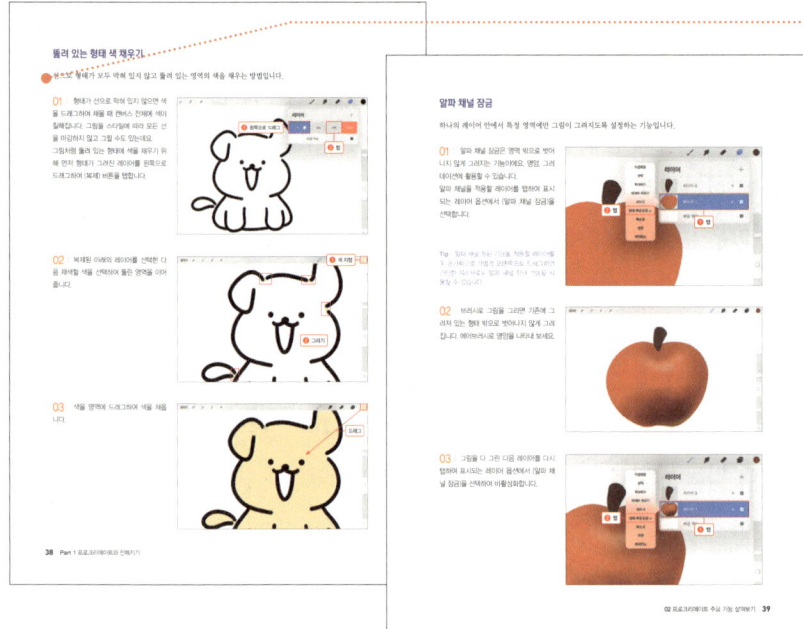

프로크리에이트 기본기 배우기
프로크리에이트로 그림을 그리는 기본 이론을 배웁니다. 주요 기능을 따라 배우면서 그림의 기본기를 익혀 보세요.

브러시로 소컷 연습 그리기
소컷 위주로 브러시를 배우는 과정입니다. 원하는 형태로 그림을 그리기 위해 브러시를 활용하는 방법을 연습해 보세요.

예제 & 완성 파일
예제 파일과 완성 파일을 제공하므로 예제를 따라 하기 전에 미리 보고 직접 따라 그려 보세요.

사용 브러시
예제에 사용된 브러시를 소개합니다. 브러시의 형태를 보고 브러시를 선택하여 사용해 보세요.

여행지 그림 그리기
구글 맵을 이용하여 본격적으로 여행지 그림을 그려 보세요. 원본 이미지를 따라 그려 보면 멋진 여행지 풍경을 완성할 수 있어요.

구글 맵 QR 코드
아이패드의 카메라 기능으로 QR 코드를 읽어 예제의 구글 맵으로 이동할 수 있어요.

예제 미리 보기
누구나 쉽게 그림을 그릴 수 있는 예제로 구성하였습니다. 예제를 미리 보면서 브러시와 색상을 구상해 보세요.

예제 따라하기
그림 실력이 부족한 독자라도 쉽게 따라 할 수 있도록 단계별 따라하기로 구성되어 있습니다. 순서대로 예제를 직접 따라 해보세요.

그리기 팁
브러시로 그리는 과정에서 알아두면 좋은 팁을 정리해서 소개합니다. 그림 노하우를 알아보세요.

Gesture

손가락 제스처를 사용하면 단축키처럼 여러 기능을 쉽고 빠르게 사용할 수 있습니다.
대표적인 제스처 기능을 알아봅니다.

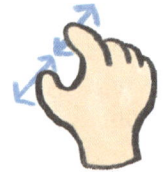
캔버스 확대/축소
캔버스에 두 손가락을 대고 손가락을 모아 축소합니다. 확대하려면 두 손가락을 벌립니다.

캔버스 이동
확대된 캔버스에 두 손가락을 댄 상태에서 이동하고 싶은 위치로 드래그합니다.

캔버스 회전
두 손가락을 모으고 비틀어 캔버스를 원하는 각도로 회전합니다.

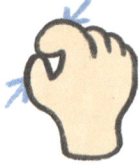
캔버스 맞추기
확대 혹은 축소된 캔버스를 꼬집는 듯이 두 손가락을 빠르게 모으는 동작을 사용하여 캔버스 크기를 화면에 맞춥니다.

실행 취소
두 손가락을 캔버스에 탭하여 이전 작업을 실행 취소합니다. 두 손가락을 캔버스에 길게 대고 있으면 여러 작업이 빠르게 실행 취소됩니다. 최대 250개의 작업을 실행 취소할 수 있습니다.

다시 실행
세 손가락을 캔버스에 탭하여 실행 취소했던 이전 작업을 다시 실행합니다.

지우기
세 손가락을 캔버스에 좌우로 문지르는 동작으로 선택된 레이어에 그린 모든 그림을 지울 수 있습니다.

잘라내기/복사/붙여넣기
세 손가락을 화면 아래로 짧게 쓸어내려 복사 및 붙여넣기 메뉴를 표시합니다. 잘라내기, 복사하기, 모두 복사하기, 복제, 잘라내기 및 붙여넣기, 붙여넣기를 실행할 수 있습니다.

전체 보기
네 손가락을 캔버스에 탭하여 모든 메뉴를 가립니다. 다시 네 손가락을 탭하면 메뉴가 표시됩니다.

색 추출
추출하고자 하는 영역을 길게 탭하여 색을 추출합니다.

레이어 병합
두 개의 레이어에 두 손가락을 대고 꼬집는 듯이 빠르게 모으는 동작으로 레이어를 병합할 수 있습니다. 두 레이어 사이에 있는 모든 레이어들이 하나로 병합됩니다.

레이어 다중 선택
하나의 레이어를 선택한 상태에서 다른 레이어를 오른쪽으로 드래그하면 두 레이어가 다중 선택됩니다.

Map

본문에서 제공하는 QR 코드를 이용하여 구글 맵에서 풍경 이미지를 저장할 수 있습니다. 가고 싶은 여행지나 풍경을 구글 맵에서 찾아 그림 소스로 활용해 보세요.

01 | 아이패드 카메라 앱을 이용하여 본문에서 제공하는 예제 QR 코드를 비춥니다.

02 | QR 코드가 화면에 표시되면 링크가 나타납니다. 링크를 탭하여 구글 맵으로 이동합니다.

03 | 풍경이 나오면 화면을 드래그하여 원하는 구도를 맞춘 다음 아이패드 상단 버튼과 홈 버튼 또는 상단 버튼과 음량 버튼을 동시에 눌러 캡처합니다.

04 | 캡처한 이미지는 프로크리에이트 갤러리 화면에서 (사진)을 탭하여 불러옵니다.

Contents

여행지에서 만날 수 있는 다양한 음식부터 보기만 해도 힐링되는 자연, 유명한 랜드마크를 직접 그리며 여행을 떠나 봅니다.

머리말	02
미리 보기	04
제스처	06
이미지 저장하기	07

PART 1
프로크리에이트와 친해지기

STEP 01 프로크리에이트 시작하기 … 16
- 갤러리 살펴보기 … 16
- 캔버스 화면 살펴보기 … 20

STEP 02 프로크리에이트 주요 기능 살펴보기 … 28
- 브러시로 그리기 … 28
- Quick Shape 기능 활용하기 … 29
- 변형으로 형태 변형하기 … 31
- 픽셀 유동화로 형태 변형하기 … 33
- 지우개로 지우기 … 34
- 영역 잘라내기 … 35
- 색 채우기 … 36
- 틈이 있는 브러시 색 채우기 … 37
- 뚫려 있는 형태 색 채우기 … 38
- 알파 채널 잠금 … 39
- 클리핑 마스크 사용하기 … 40
- 그리기 가이드 … 41
- 글자 추가하기 … 42

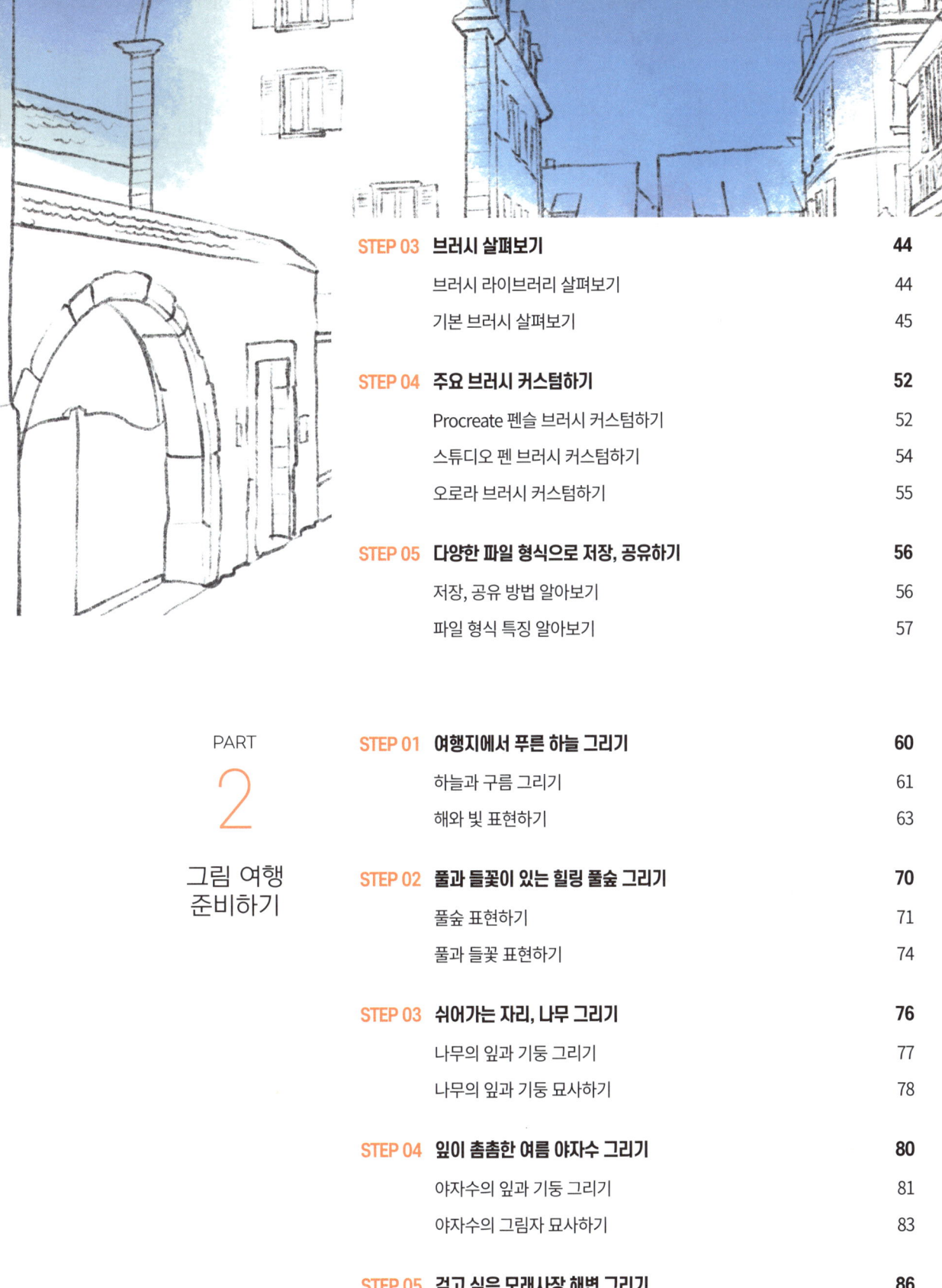

STEP 03	브러시 살펴보기	44
	브러시 라이브러리 살펴보기	44
	기본 브러시 살펴보기	45

STEP 04	주요 브러시 커스텀하기	52
	Procreate 펜슬 브러시 커스텀하기	52
	스튜디오 펜 브러시 커스텀하기	54
	오로라 브러시 커스텀하기	55

STEP 05	다양한 파일 형식으로 저장, 공유하기	56
	저장, 공유 방법 알아보기	56
	파일 형식 특징 알아보기	57

PART 2 그림 여행 준비하기

STEP 01	여행지에서 푸른 하늘 그리기	60
	하늘과 구름 그리기	61
	해와 빛 표현하기	63

STEP 02	풀과 들꽃이 있는 힐링 풀숲 그리기	70
	풀숲 표현하기	71
	풀과 들꽃 표현하기	74

STEP 03	쉬어가는 자리, 나무 그리기	76
	나무의 잎과 기둥 그리기	77
	나무의 잎과 기둥 묘사하기	78

STEP 04	잎이 촘촘한 여름 야자수 그리기	80
	야자수의 잎과 기둥 그리기	81
	야자수의 그림자 묘사하기	83

STEP 05	걷고 싶은 모래사장 해변 그리기	86
	바다와 모래사장 밑그림 그리기	87

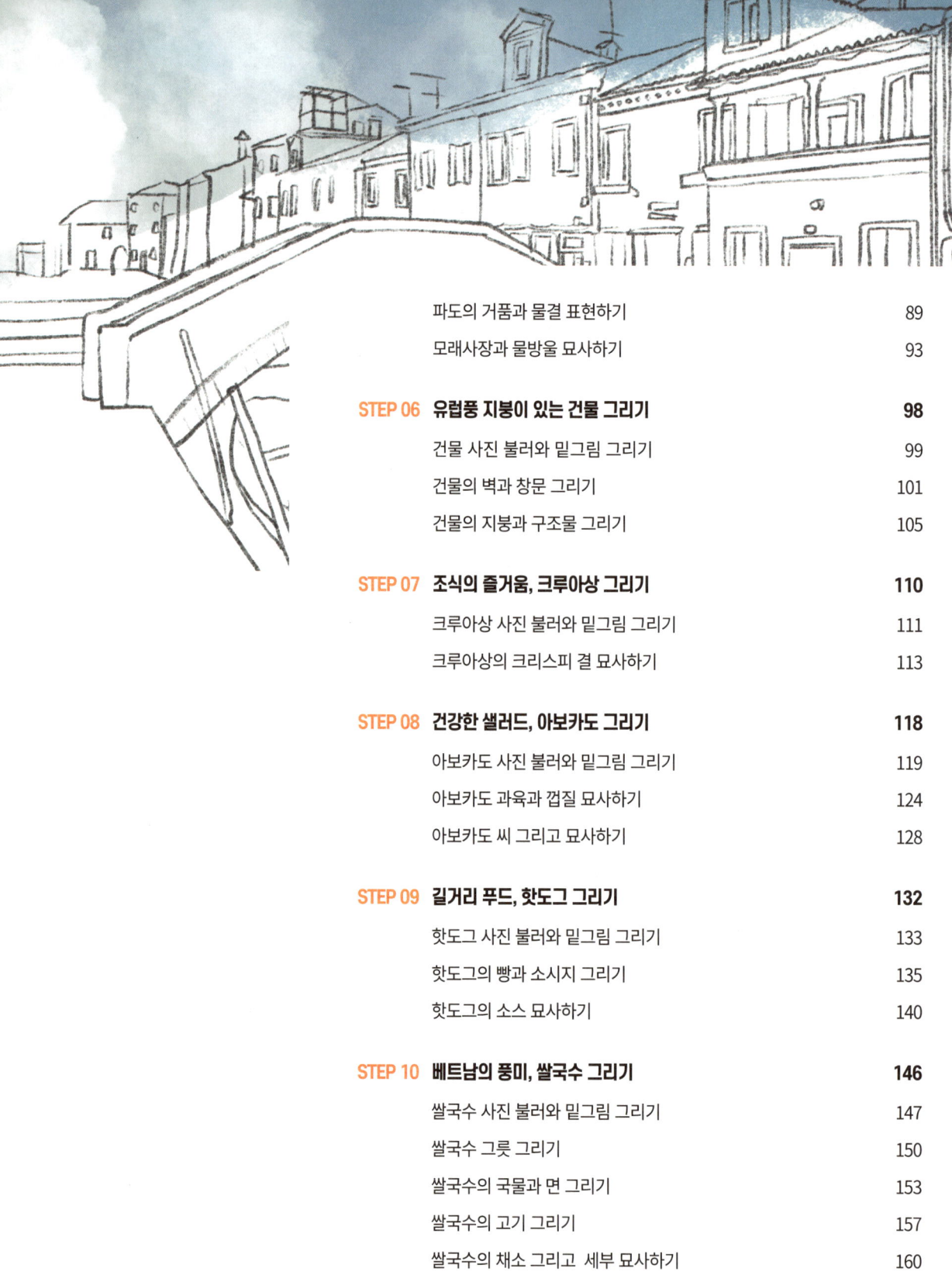

파도의 거품과 물결 표현하기	89
모래사장과 물방울 묘사하기	93

STEP 06 유럽풍 지붕이 있는 건물 그리기   **98**
   건물 사진 불러와 밑그림 그리기   99
   건물의 벽과 창문 그리기   101
   건물의 지붕과 구조물 그리기   105

STEP 07 조식의 즐거움, 크루아상 그리기   **110**
   크루아상 사진 불러와 밑그림 그리기   111
   크루아상의 크리스피 결 묘사하기   113

STEP 08 건강한 샐러드, 아보카도 그리기   **118**
   아보카도 사진 불러와 밑그림 그리기   119
   아보카도 과육과 껍질 묘사하기   124
   아보카도 씨 그리고 묘사하기   128

STEP 09 길거리 푸드, 핫도그 그리기   **132**
   핫도그 사진 불러와 밑그림 그리기   133
   핫도그의 빵과 소시지 그리기   135
   핫도그의 소스 묘사하기   140

STEP 10 베트남의 풍미, 쌀국수 그리기   **146**
   쌀국수 사진 불러와 밑그림 그리기   147
   쌀국수 그릇 그리기   150
   쌀국수의 국물과 면 그리기   153
   쌀국수의 고기 그리기   157
   쌀국수의 채소 그리고 세부 묘사하기   160

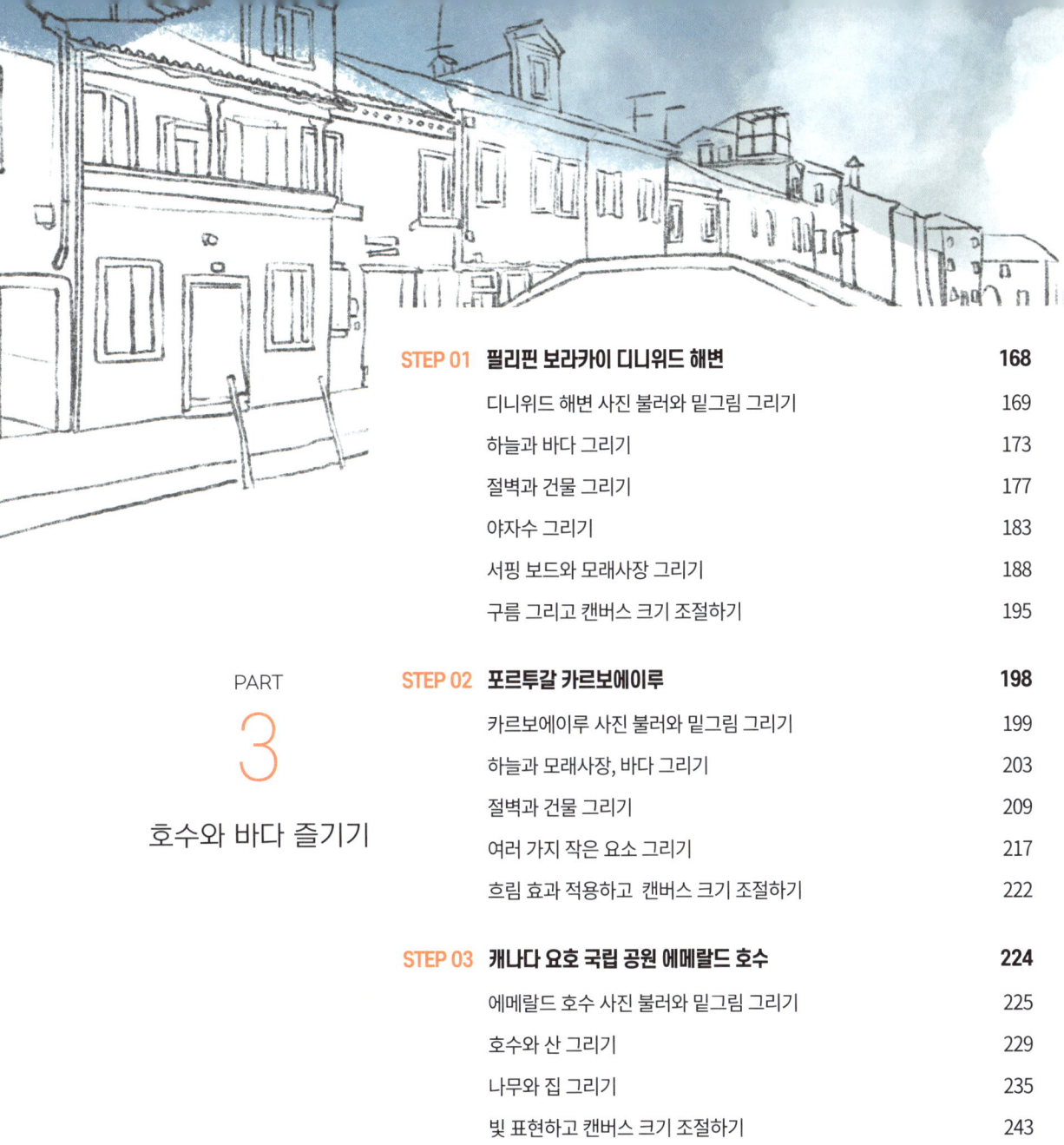

STEP 01	**필리핀 보라카이 디니위드 해변**	**168**
	디니위드 해변 사진 불러와 밑그림 그리기	169
	하늘과 바다 그리기	173
	절벽과 건물 그리기	177
	야자수 그리기	183
	서핑 보드와 모래사장 그리기	188
	구름 그리고 캔버스 크기 조절하기	195

PART 3

호수와 바다 즐기기

STEP 02	**포르투갈 카르보에이루**	**198**
	카르보에이루 사진 불러와 밑그림 그리기	199
	하늘과 모래사장, 바다 그리기	203
	절벽과 건물 그리기	209
	여러 가지 작은 요소 그리기	217
	흐림 효과 적용하고 캔버스 크기 조절하기	222

STEP 03	**캐나다 요호 국립 공원 에메랄드 호수**	**224**
	에메랄드 호수 사진 불러와 밑그림 그리기	225
	호수와 산 그리기	229
	나무와 집 그리기	235
	빛 표현하고 캔버스 크기 조절하기	243

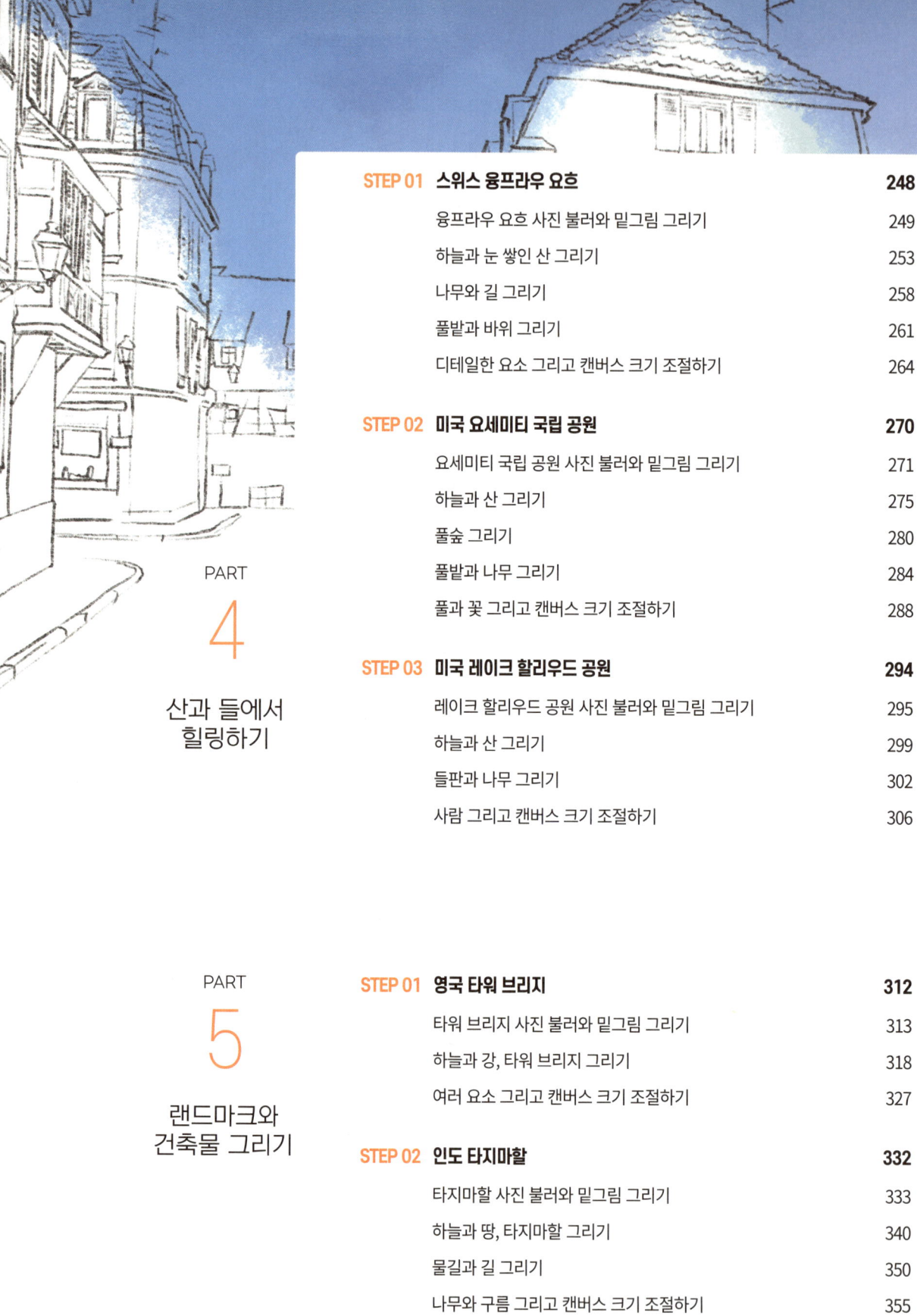

STEP 01	스위스 융프라우 요흐	248
	융프라우 요흐 사진 불러와 밑그림 그리기	249
	하늘과 눈 쌓인 산 그리기	253
	나무와 길 그리기	258
	풀밭과 바위 그리기	261
	디테일한 요소 그리고 캔버스 크기 조절하기	264

STEP 02	미국 요세미티 국립 공원	270
	요세미티 국립 공원 사진 불러와 밑그림 그리기	271
	하늘과 산 그리기	275
	풀숲 그리기	280
	풀밭과 나무 그리기	284
	풀과 꽃 그리고 캔버스 크기 조절하기	288

STEP 03	미국 레이크 할리우드 공원	294
	레이크 할리우드 공원 사진 불러와 밑그림 그리기	295
	하늘과 산 그리기	299
	들판과 나무 그리기	302
	사람 그리고 캔버스 크기 조절하기	306

PART 4

산과 들에서 힐링하기

STEP 01	영국 타워 브리지	312
	타워 브리지 사진 불러와 밑그림 그리기	313
	하늘과 강, 타워 브리지 그리기	318
	여러 요소 그리고 캔버스 크기 조절하기	327

STEP 02	인도 타지마할	332
	타지마할 사진 불러와 밑그림 그리기	333
	하늘과 땅, 타지마할 그리기	340
	물길과 길 그리기	350
	나무와 구름 그리고 캔버스 크기 조절하기	355

PART 5

랜드마크와 건축물 그리기

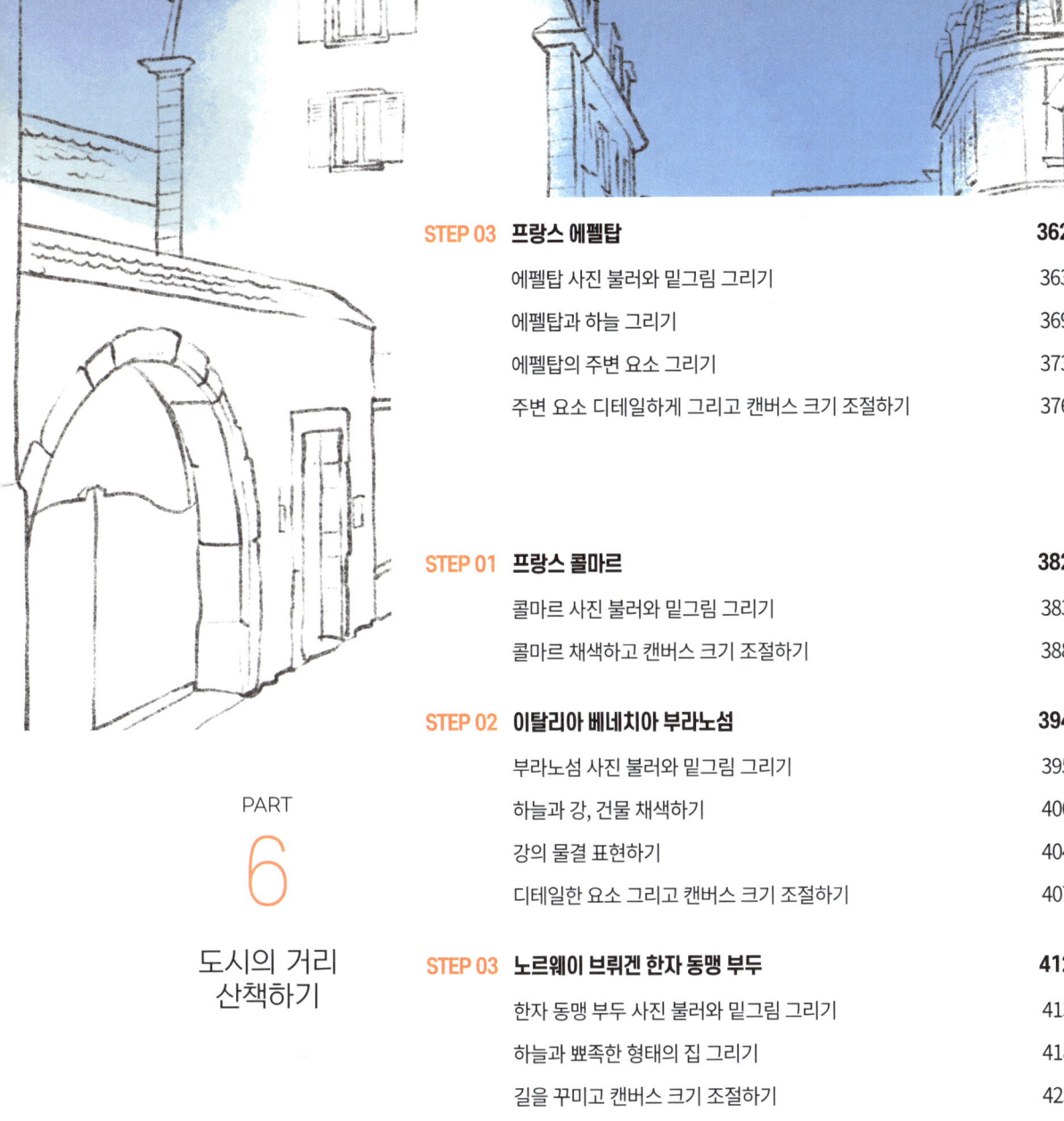

STEP 03	프랑스 에펠탑	362
	에펠탑 사진 불러와 밑그림 그리기	363
	에펠탑과 하늘 그리기	369
	에펠탑의 주변 요소 그리기	373
	주변 요소 디테일하게 그리고 캔버스 크기 조절하기	376

PART 6
도시의 거리 산책하기

STEP 01	프랑스 콜마르	382
	콜마르 사진 불러와 밑그림 그리기	383
	콜마르 채색하고 캔버스 크기 조절하기	388
STEP 02	이탈리아 베네치아 부라노섬	394
	부라노섬 사진 불러와 밑그림 그리기	395
	하늘과 강, 건물 채색하기	400
	강의 물결 표현하기	404
	디테일한 요소 그리고 캔버스 크기 조절하기	407
STEP 03	노르웨이 브뤼겐 한자 동맹 부두	412
	한자 동맹 부두 사진 불러와 밑그림 그리기	413
	하늘과 뾰족한 형태의 집 그리기	418
	길을 꾸미고 캔버스 크기 조절하기	423

찾아보기   428

예제 파일 다운로드

1 성안당 홈페이지(http://www.cyber.co.kr)에 접속하여 회원가입한 뒤 로그인하세요.
2 메인 화면 왼쪽의 (자료실)을 탭하고 (자료실)의 `바로가기` 버튼을 탭한 다음 검색 창에서 '아이패드 드로잉' 등 도서명 일부를 입력하고 (검색) 버튼을 탭하세요.
3 검색된 목록을 탭하고 `자료 다운로드 바로가기` 를 탭하여 예제 파일을 아이패드 '파일' 앱으로 다운로드한 다음 다운로드한 zip 파일을 탭하면 압축이 해제되어 파일을 사용할 수 있습니다.
  * 아이패드 기종에 따라 아트워크 처리로 인해 프로크리에이트 완성 파일이 열리지 않을 경우 이미지 파일을 확인합니다.

Part 1
프로크리에이트와 친해지기

아이패드의 대표 드로잉 앱 프로크리에이트의 기능들을 알아봅니다.
유용하게 사용하는 기능부터 프로크리에이트 만의
다양한 브러시 종류 및 파일 형식 등을 배워 봅니다.
프로크리에이트의 여러 기능들을 잘 활용하면
쉽고 빠르게 그림을 그릴 수 있어요.

프로크리에이트 시작하기

프로크리에이트를 실행하면 만나게 되는 기본 화면이 어떻게 구성되어 있고 어떤 기능들이 있는지 살펴보겠습니다.

갤러리 살펴보기

프로크리에이트를 처음 실행하면 나타나는 화면입니다. 작업물들을 한눈에 살펴볼 수 있으며, 오른쪽 상단 메뉴에는 파일 생성에 관련된 기능이 배치되어 있습니다.

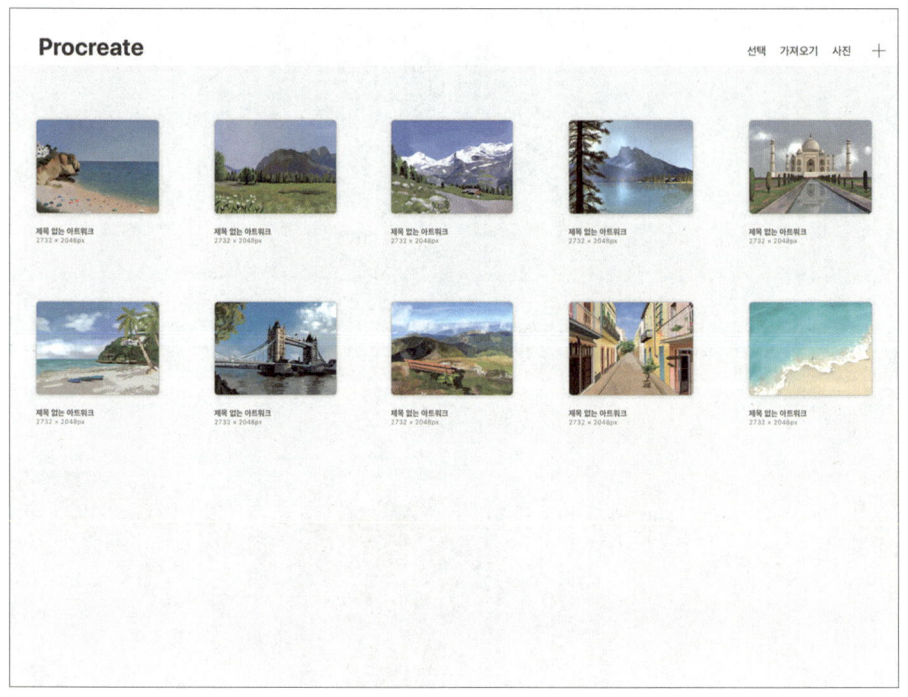

선택

[선택]을 탭한 다음 캔버스를 선택합니다. 선택된 캔버스에는 파란색 체크 표시가 나타납니다. 선택한 다음에는 [스택], [미리보기], [공유], [복제], [삭제] 메뉴가 생성됩니다. 둘 이상의 캔버스를 동시에 공유, 복제, 삭제할 수 있습니다.

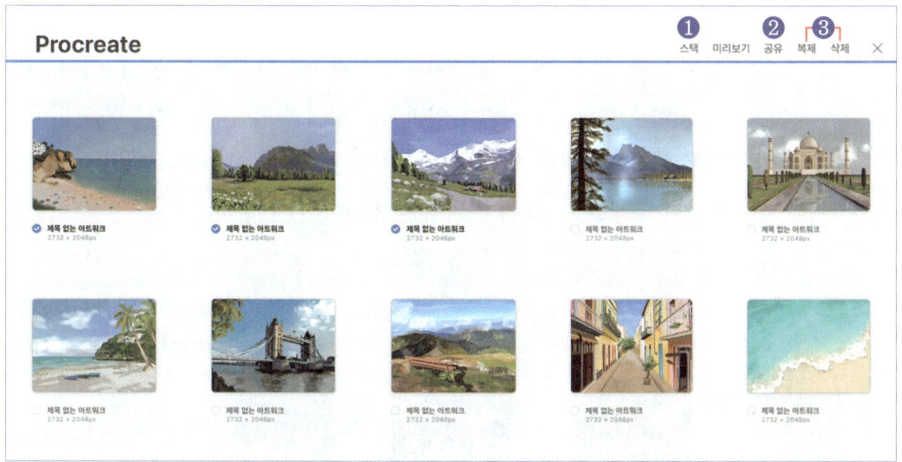

❶ 스택

스택은 둘 이상의 캔버스를 그룹화하는 기능입니다. 갤러리에 캔버스 파일들이 많아지면 관련된 작품들을 스택으로 결합해 갤러리 화면을 정렬할 수 있으며, 원하는 캔버스를 탐색하기 쉽게 만들어 줍니다. 선택 모드를 사용해 스택을 생성하거나 캔버스를 스택으로 그룹화할 다른 캔버스에 드래그하는 방법으로 스택을 만들 수 있습니다. 스택을 취소하려면 하나 이상의 캔버스를 선택한 다음 왼쪽 상단 스택 위로 드래그하여 갤러리로 다시 가져옵니다.

❷ 공유

선택한 모든 캔버스를 선택한 이미지 형식으로 공유합니다. 아이패드에 저장, AirDrop, 다양한 앱 공유를 할 수 있습니다.

❸ 복제, 삭제

선택한 여러 캔버스를 복제 및 삭제할 수 있습니다. 삭제는 실행 취소가 불가능한 작업이므로 주의합니다.

가져오기

아이패드 파일 앱이 실행됩니다. 가져올 파일이 있는 위치로 이동한 다음 (파일)을 탭하면 캔버스에 저장된 파일을 불러옵니다. PROCREATE, PSD 등을 불러올 수 있습니다.

사진

아이패드 사진 앱에 저장된 이미지 파일을 가져옵니다. JPEG, PNG, GIF의 이미지 형식을 불러올 수 있습니다.

캔버스 만들기

[+] 버튼을 탭하면 새 캔버스 메뉴가 생성됩니다. 캔버스 메뉴에서는 캔버스를 쉽게 생성하기 위해 기본으로 많이 사용되는 설정의 다양한 템플릿이 나열됩니다. 템플릿을 왼쪽으로 드래그하면 설정을 편집하거나 삭제할 수 있습니다. 캔버스를 생성하기 위해 템플릿을 선택하거나 사용자 정의 캔버스를 생성하기 위해 [추가(■)]를 탭합니다.

사용자지정 캔버스 화면에서 [캔버스 이름], [크기], [색상 프로필], [타임랩스 설정], [캔버스 속성]을 설정할 수 있습니다. 모든 항목을 설정한 다음 [창작] 버튼을 탭하면 설정된 캔버스가 생성됩니다.

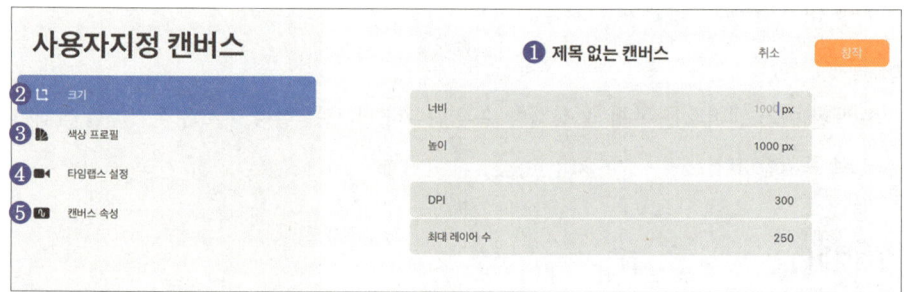

❶ 이름

[제목 없는 캔버스]를 탭하여 이름을 변경할 수 있습니다. 새 이름을 입력하고 [return]을 탭하여 변경합니다.

❷ 크기

설정하려는 값을 탭하여 '너비', '높이', 'DPI'를 설정합니다. 캔버스 크기를 변경하면 사용 가능한 최대 레이어 수가 변경됩니다. 파일 용량을 제한하기 위해 큰 크기의 캔버스는 더 적은 레이어를 허용합니다. 작은 캔버스는 더 많은 레이어 수를 허용합니다.

❸ **색상 프로필**

색상 프로필에서는 스크린 화면에서 사용되는 (RGB)와 인쇄용 아트워크에서 사용되는 (CMYK)를 선택할 수 있습니다. 스크린에서 사용되는 아트워크인지, 인쇄용으로 사용되는 아트워크인지 의도에 따라 색 설정을 선택하면 됩니다. 의도가 명확하지 않다면 기본으로 설정된 RGB로 선택한 다음 필요에 따라 캔버스 설정에서 변경하면 됩니다.

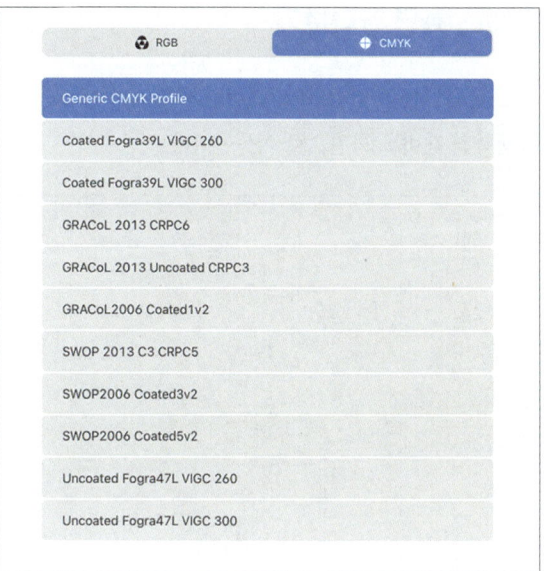

❹ **타임랩스 설정**

프로크리에이트의 타임랩스는 캔버스를 생성한 다음 그림을 그리는 모든 진행 과정을 영상으로 기록하는 기능입니다. 고속 타임랩스로 기록되며 비디오 해상도와 녹화 품질을 설정할 수 있습니다.

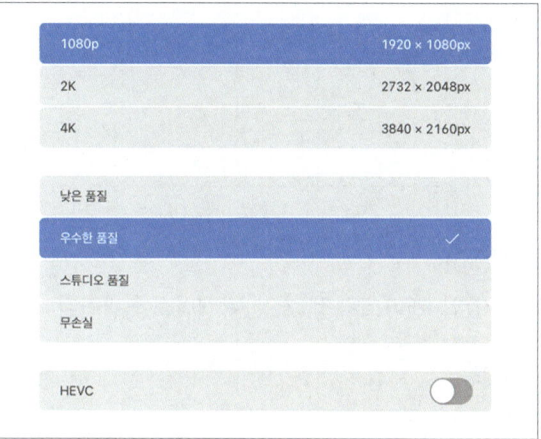

❺ **캔버스 속성**

캔버스의 기본 배경색을 선택하거나 배경을 숨기게 선택할 수 있습니다. 캔버스를 생성한 다음에도 변경 가능한 기능으로 따로 설정하지 않아도 됩니다.

캔버스 화면 살펴보기

그림을 그리는 화면입니다. 갤러리 화면에서 새로운 캔버스를 생성하거나 생성된 캔버스를 선택하면 캔버스 화면으로 이동합니다.

동작(✦)

사진 삽입, 캔버스 설정, 저장 등 캔버스에 관련된 기능들이 나열되어 있습니다.

조정( )

다양한 이미지 효과 기능으로 효율적인 편집을 할 수 있습니다. 흐림, 선명하게, 노이즈, 복제 및 픽셀 유동화까지 다양한 효과로 이미지를 조정할 수 있습니다. 적용할 효과를 탭하면 (레이어) 버튼과 (Pencil) 버튼이 생성됩니다. 선택한 레이어에 적용하거나 효과가 적용된 펜슬을 사용해 이미지의 일부에만 효과를 적용할 수 있습니다.

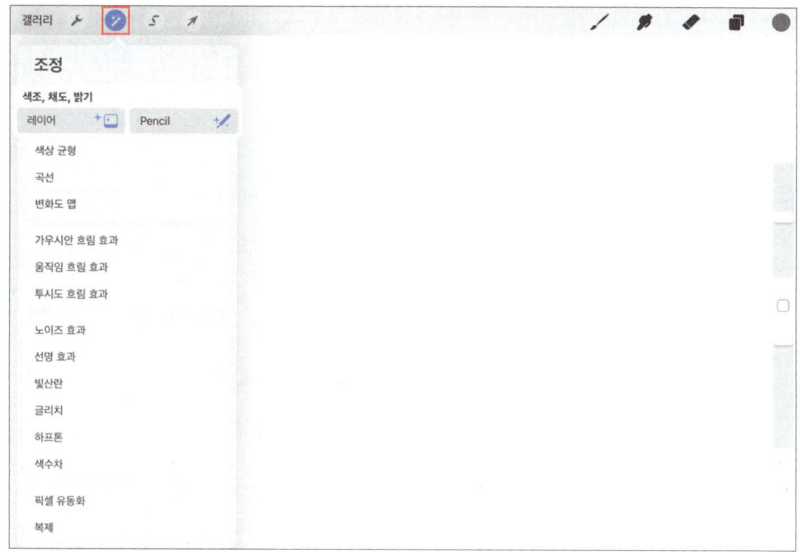

선택( )

자동, 올가미, 직사각형, 타원의 4가지 방법으로 이미지를 분리, 선택할 수 있습니다. 선택한 영역을 새 레이어로 복사하는 복사 및 붙여넣기, 가장자리를 둥글게 하는 페더, 저장 및 불러오기, 선택된 색으로 색상 채우기, 지우기 기능도 활용할 수 있습니다.

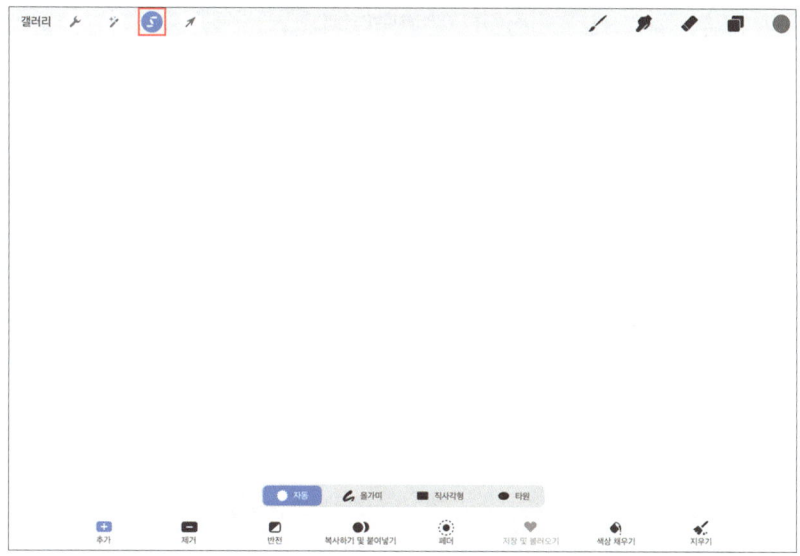

변형(↗)

선택한 이미지의 형태를 편집할 수 있습니다.

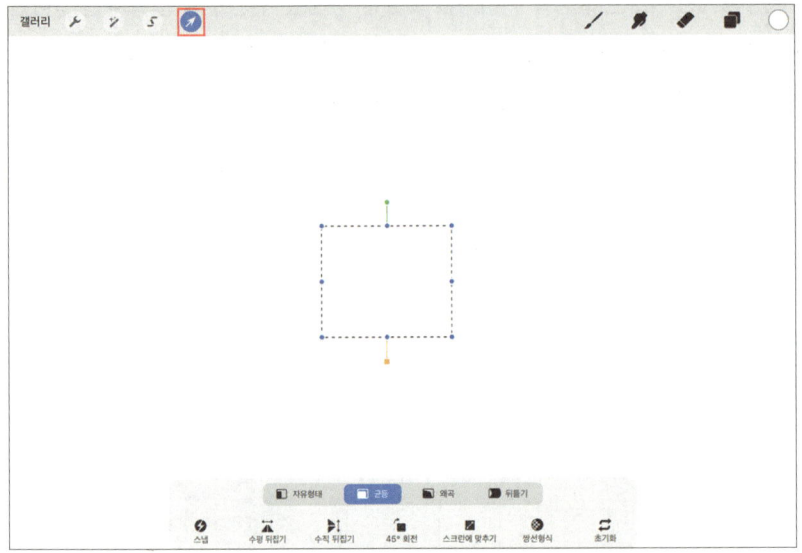

브러시(✎)

브러시 도구를 탭하고 브러시를 선택한 다음 캔버스에 드래그하여 그림을 그릴 수 있습니다. 스케치, 잉크, 서예, 프린팅, 텍스처 등 수백 가지의 브러시 종류를 제공합니다. 브러시 도구를 한 번 탭하여 활성화하고 다시 탭하여 브러시 라이브러리를 불러옵니다. 브러시 라이브러리에서 기존의 브러시를 선택하거나 브러시 스튜디오에서 나만의 브러시를 만들 수 있습니다.

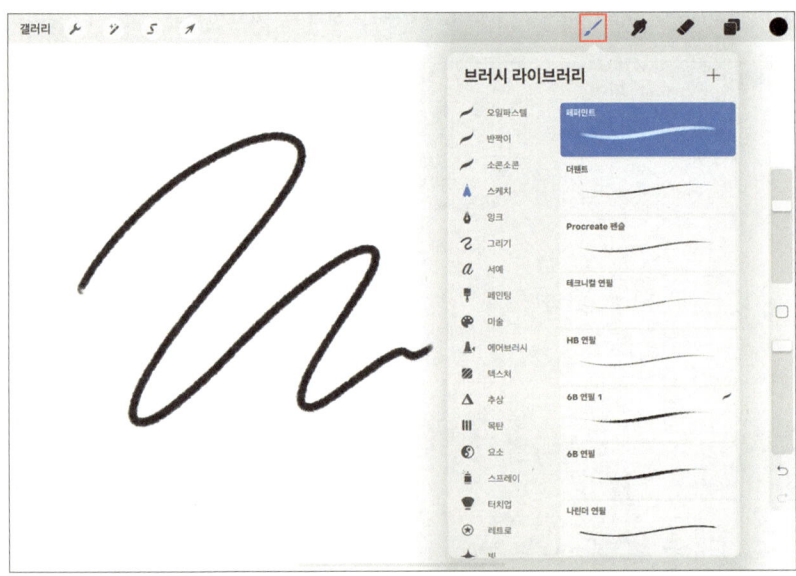

스머지(🖌)

이미지를 혼합하는 도구입니다. 구분된 두 색을 혼합해 그러데이션과 같은 다양한 효과를 표현할 수 있습니다. 스머지 도구를 탭하고 브러시 라이브러리에서 브러시를 선택한 다음 캔버스에 그린 이미지를 드래그하여 혼합할 수 있습니다. 사이드 바에서 불투명도를 조절해 혼합의 세기를 조절할 수 있습니다.

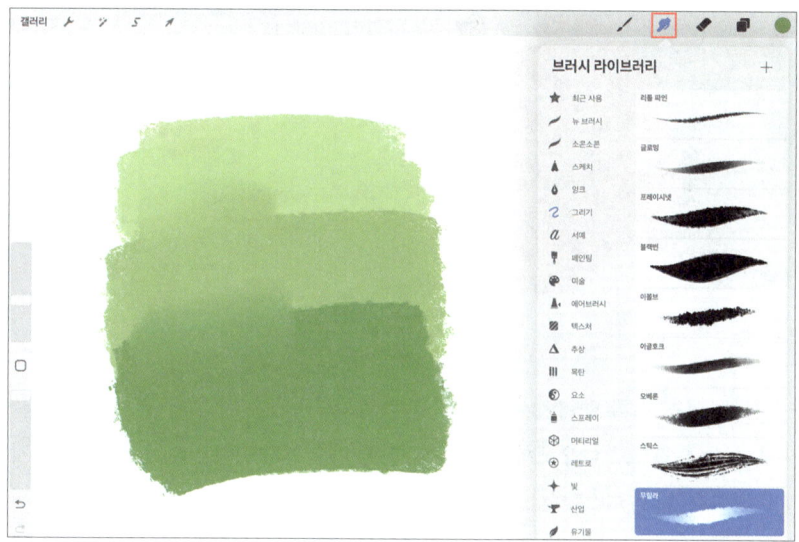

지우개(🖌)

이미지를 지우는 도구입니다. 브러시 라이브러리에서 그림을 그린 브러시와 맞춰 선택하면 어색하지 않고 자연스럽게 그림을 지울 수 있습니다. 사이드 바에서 지우개 브러시의 크기와 투명도를 조절합니다.

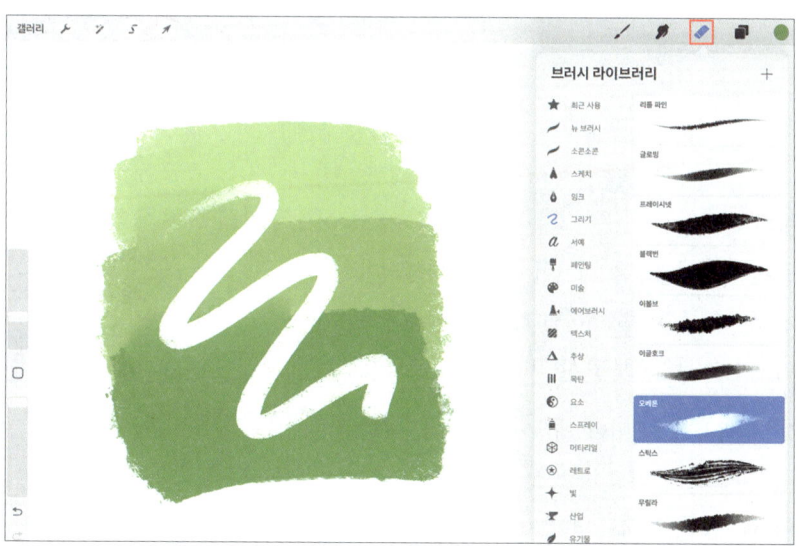

레이어(🗐)

레이어란 투명한 아크릴 판에 그림을 그리는 것을 생각하면 이해하기 쉽습니다. 레이어를 나눠서 그리는 가장 큰 이유는 수정하기 편리하기 때문입니다. 개별 요소를 이동, 편집, 색상 변경 및 삭제할 수 있습니다.

위의 사과 이미지는 초록 사과 레이어와 빨간 사과 레이어로 나누어져 있습니다. 이 그림을 초록 사과가 빨간 사과 앞으로 나오도록 수정해야 할 때 레이어가 나누어져 있지 않다면 지우개로 겹쳐진 부분을 지운 다음 새로 그려야겠지만, 레이어를 나누어 작업한다면 레이어의 순서 변경으로 수정 가능합니다. 개체별로 레이어를 나누어 그리고, 선화의 경우 선 레이어와 색칠 레이어를 나눠 작업하면 형태와 색을 변경하기 수월해집니다.

❶ 레이어 생성

레이어 패널의 오른쪽 상단에서 (+) 버튼을 탭하면 레이어가 생성됩니다.

❷ 레이어 옵션

레이어에 관련된 기능들은 레이어 옵션에 나열되어 있습니다. 레이어를 한 번 탭하면 레이어 패널 왼쪽에 레이어 옵션이 팝업으로 표시됩니다.

이름변경, 복사하기, 레이어 채우기, 지우기, 알파 채널 잠금, 마스크, 클리핑 마스크, 반전, 레퍼런스, 아래 레이어와 병합, 아래로 병합 기능이 있습니다.

❸ **레이어 잠금, 복제, 삭제**

레이어를 왼쪽으로 드래그하면 잠금, 복제, 삭제 버튼이 표시됩니다. 해당 버튼을 탭하여 잠금, 복제, 삭제를 할 수 있습니다.

❹ **혼합 모드**

두 레이어에 그려진 불투명한 그림을 혼합하는 기능입니다. 레이어 오른쪽에 표시된 알파벳이 활성화된 혼합 모드를 의미합니다. 기본적으로 일반 모드가 활성화되어 있으며 문자 'N'으로 표시됩니다. (N)을 탭하면 혼합 모드 메뉴가 펼쳐집니다.

혼합 메뉴는 혼합 모드의 이름과 불투명도 슬라이더의 두 항목으로 구성됩니다. 혼합 모드의 이름을 탭하면 선택할 수 있는 혼합 모드들이 스크롤됩니다. 스크롤하면 각 혼합 모드가 레이어에 적용되는 것을 확인할 수 있어 원하는 결과물을 나타내도록 선택할 수 있습니다.

불투명도는 레이어의 투명도를 조절합니다. 슬라이더를 왼쪽으로 드래그하면 레이어가 투명하게 변경됩니다.

❺ **가시성 체크 박스**

레이어를 숨기거나 표시하는 기능입니다. 상자가 비활성화되면 캔버스에서 표시되지 않습니다.

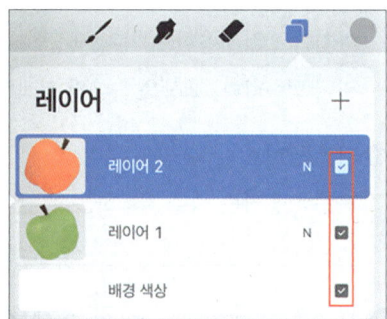

색상(●)

색상을 선택, 수정 및 저장하는 곳입니다.

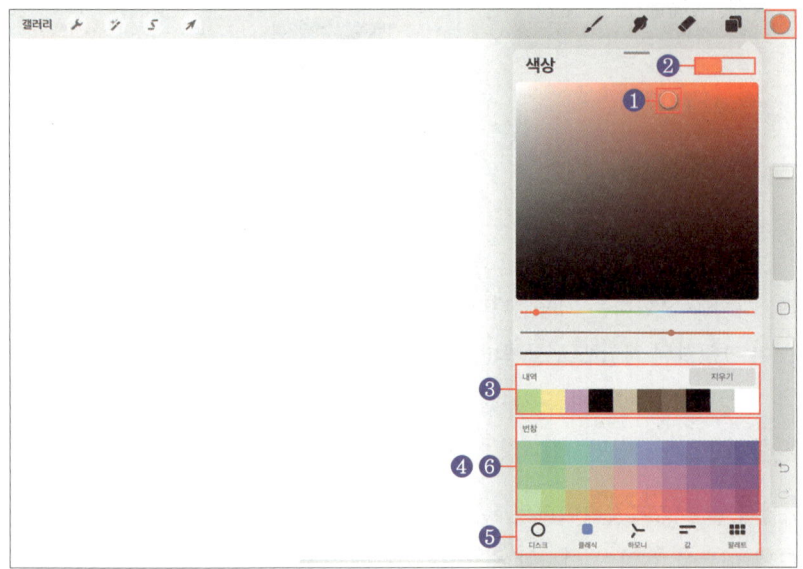

❶ 컬러 버튼

현재 선택된 색상을 표시합니다.

❷ 활성 색상

색상 패널의 오른쪽 상단 모서리에 있는 두 직사각형은 왼쪽은 활성 색상, 오른쪽은 보조 색상을 표시합니다.

❸ 내역

마지막으로 사용한 10가지 색상이 나열됩니다. 작업을 시작하는 새 캔버스에는 내역이 비어 있습니다. 색상을 하나씩 선택하면서 표시됩니다.

❹ 기본 팔레트

자주 사용하는 색을 저장하는 기능인 팔레트 중 색상 선택 화면에서 보이는 기본 팔레트입니다. 팔레트 탭에서 기본 팔레트를 변경할 수 있습니다.

❺ 디스크/클래식/하모니/값/팔레트

색상을 선택할 수 있는 5가지 색상 선택 모드입니다. 각 모드별로 색상을 선택해 보면서 어떤 색상 모드가 자신에게 잘 맞는지 알아보세요.

❻ 팔레트

자주 사용하는 색상을 저장해 나만의 팔레트를 만들 수 있습니다. 팔레트가 기본 팔레트로 설정되어 있으면 색상의 모든 탭에 나타납니다. 만들어진 팔레트를 가져오거나 공유할 수 있습니다.

사이드 바

사이드 바는 브러시, 스머지, 지우개 도구를 조절할 수 있는 패널입니다.

상단 슬라이더, 스포이트, 하단 슬라이더, 실행 취소, 다시 실행으로 구성되어 있습니다. 상단 슬라이더를 위로 드래그하면 브러시 크기가 커지고 아래로 드래그하면 작아집니다.

스포이트를 활용하면 그림에서 직접 색상을 선택할 수 있습니다. (스포이트(□)) 버튼을 탭한 상태에서 색을 추출하고자 하는 영역을 선택하면 색이 추출됩니다. 스포이트 버튼을 탭하지 않고 제스처를 활용할 수도 있습니다. 색을 추출하고자 하는 영역을 길게 한 손가락으로 탭하면 같은 기능이 실행됩니다.

하단 슬라이더는 브러시의 불투명도를 조절합니다. 슬라이더를 아래로 내릴수록 투명해집니다.

마지막으로 실행한 작업을 취소하려면 위쪽 화살표를 탭합니다. 취소한 작업을 다시 실행하려면 아래쪽 화살표를 탭합니다. 두 버튼을 탭하면 어떤 기능이 실행 취소, 다시 실행이 되는지 캔버스 상단에 표시됩니다. 제스처를 활용할 수도 있습니다. 두 손가락 탭은 실행 취소, 세 손가락 탭은 다시 실행 기능이 실행됩니다.

프로크리에이트 주요 기능 살펴보기

02

프로크리에이트로 일러스트를 그리는 과정에서 가장 많이 사용되는 기능들을 알아보겠습니다. 각 단계에 맞춰 주요 기능들을 익혀 봅시다.

브러시로 그리기

프로크리에이트에는 다양한 브러시 종류가 내장되어 있습니다. 브러시를 선택하고 애플 펜슬의 기울기, 속도 등으로 변화를 주며 사용할 수 있습니다.

01 ㅣ 오른쪽 상단 메뉴에 있는 (브러시(✏️))를 탭하여 브러시 라이브러리를 표시한 다음 원하는 브러시를 선택합니다.
브러시는 종류에 따라 그룹화되어 나누어져 있습니다. 원하는 그룹을 선택하면 해당하는 브러시들이 나열됩니다.

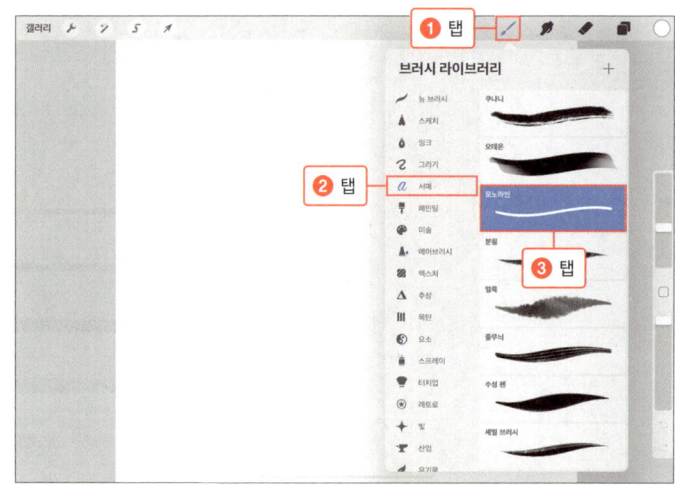

02 ㅣ 색상을 선택합니다. 디스크, 클래식, 하모니, 값, 팔레트 중 자신이 색상을 선택하기 편리한 구역에서 색을 선택합니다.

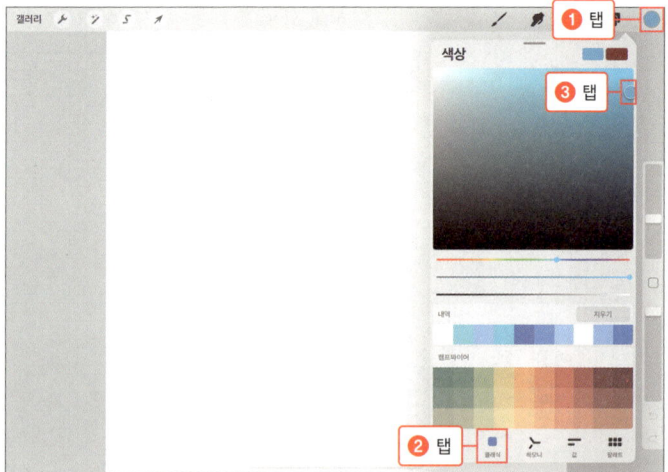

03 | 사이드 바에서 브러시의 크기와 불투명도를 조절합니다. 사이드 바를 조절하면 팝업되는 미리 보기로 직관적으로 확인하며 조절할 수 있습니다.

캔버스에 펜을 드래그하면 선이 그려집니다. 브러시에 따라 압력과 기울기로 변화를 줄 수 있습니다. 각도와 힘을 조절하며 선을 그려 보세요.

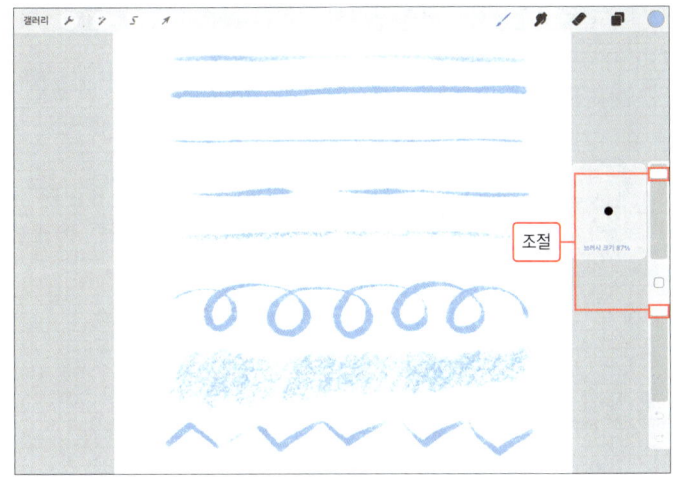

Quick Shape 기능 활용하기

흔들리는 선이 아닌 깔끔한 직선, 곡선, 도형을 그리고 싶다면 Quick Shape 기능을 활용해 보세요. 일러스트레이터 프로그램으로 그린 듯한 딱 떨어지는 형태의 그림을 그릴 수 있습니다.

01 | 깔끔한 직선을 그리고 싶다면 선을 그린 다음 펜을 화면에서 바로 떼지 않고 기다립니다. 선이 보정되며 생성됩니다.

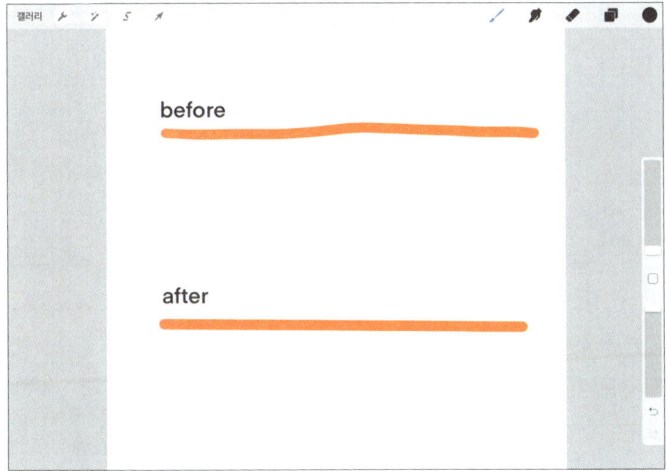

02 | 펜을 화면에서 떼면 (모양 편집) 버튼이 표시됩니다.

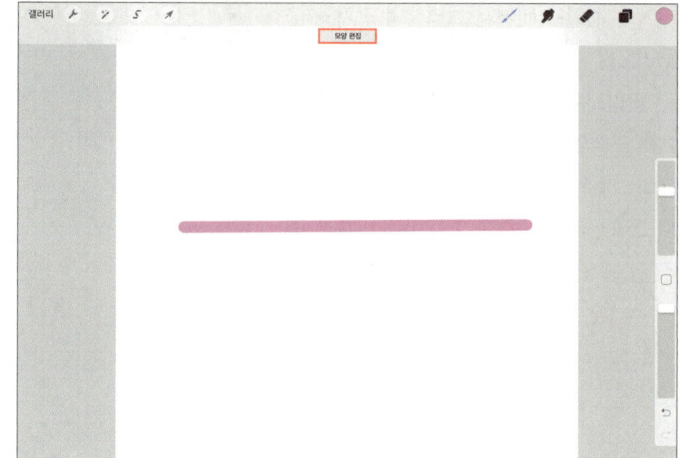

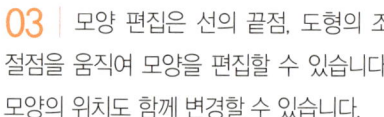

Tip 일정 시간이 지나면 (모양 편집) 버튼이 사라지기 때문에 모양 편집을 진행한다면 바로 버튼을 탭합니다.

03 | 모양 편집은 선의 끝점, 도형의 조절점을 움직여 모양을 편집할 수 있습니다. 모양의 위치도 함께 변경할 수 있습니다.

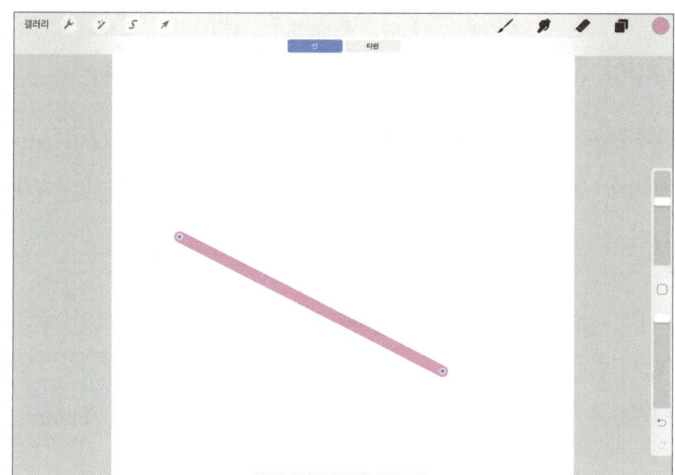

04 | 직선뿐만 아니라 곡선, 삼각형, 사각형, 원 등 다양한 형태의 도형을 모양 편집 기능을 활용해 그릴 수 있습니다. 다양한 형태의 모양을 그려 보세요.

변형으로 형태 변형하기

변형을 사용해 그린 그림의 형태를 간단하게 수정할 수 있습니다. 형태를 조절할 수 있는 다양한 기능들이 있어 변형하고자 하는 모습에 맞춰 선택합니다.

형태를 변형할 레이어를 선택한 다음 [변형(▨)]을 탭합니다. 하단 메뉴에서 변형을 하고자 하는 형태에 따라 방법을 선택하여 사용합니다. 자유형태, 균등, 왜곡, 뒤틀기 중 하나를 탭하여 변환 방법을 선택합니다. 파란색 핸들을 잡고 드래그하며 이미지의 크기와 모양을 변형합니다. 초록색 핸들을 잡고 드래그하면 이미지가 방향에 따라 회전합니다.

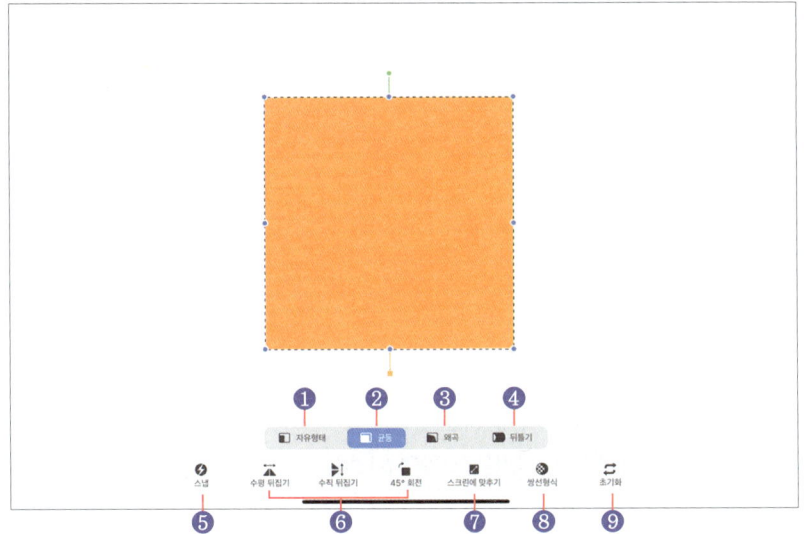

❶ **자유형태**

이미지 비율을 유지하지 않고 선택한 파란색 핸들의 방향으로 형태를 늘이고 줄입니다.

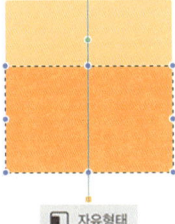

❷ **균등**

원본 이미지의 비율을 유지하며 파란색 핸들의 방향으로 형태를 늘이고 줄입니다.

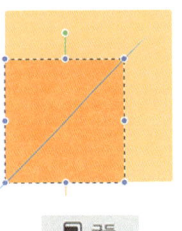

❸ 왜곡

파란색 핸들을 잡고 이동하며 원근감 있는 형태를 만들 수 있습니다.

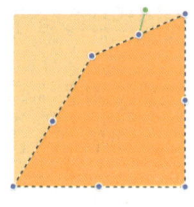

❹ 뒤틀기

메시를 사용하여 형태를 변형합니다.

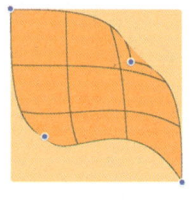

❺ 스냅

이미지를 변형하고 이동할 때 파란색 안내선이 화면에 표시되며 형태를 비례적으로 유지하며 변형할 수 있습니다.

❻ 수평 뒤집기, 수직 뒤집기, 45° 회전

이미지를 뒤집거나 회전할 수 있습니다.

❼ 스크린에 맞추기

선택한 레이어의 이미지가 캔버스 크기대로 확대됩니다.

❽ 보간법

최근방 이웃, 쌍선형식, 쌍사차식 중 프로크리에이트가 이미지 픽셀을 조정하는 방법을 선택할 수 있습니다. 최근방 이웃으로 설정되었을 경우 형태를 변형할 때마다 날카롭게 깨지기 때문에 쌍선형식, 쌍사차식을 선택하는 것이 좋습니다.

❾ 초기화

변형 내역을 원상태로 초기화합니다.

픽셀 유동화로 형태 변형하기

포토샵에서 인물 사진을 보정할 때 많이 쓰이는 기능과 같은 방식으로 그림을 드래그하여 원하는 형태로 쉽고 빠르게 변형할 수 있습니다.

01 | 픽셀 유동화는 그림을 구성하는 픽셀의 위치를 이동하여 형태를 변형하는 방법입니다. 상단 메뉴에서 (조정( )) → (픽셀 유동화)를 탭합니다.

02 | 하단 메뉴에서 픽셀 유동화 방식을 선택하고 크기, 압력, 왜곡, 탄력 수치를 조절합니다.

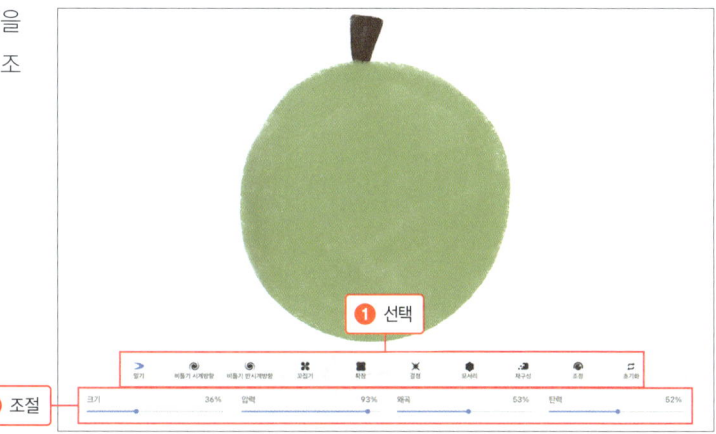

03 | 펜으로 드래그하며 형태를 변형합니다.

Tip 해상도가 낮은 이미지이거나 너무 많은 변형을 거치면 이미지가 뿌옇게 깨지는 현상이 나타나므로 간단하게 형태를 변형하는 것이 좋습니다.

지우개로 지우기

지우개의 브러시, 불투명도, 크기를 조절하여 그림을 지울 수 있습니다.

01 브러시로 그린 형태를 지웁니다. (지우개(✏️))를 한 번 더 탭하여 지우개 브러시 종류를 선택할 수 있습니다.

Tip 형태를 그린 브러시 종류와 같은 브러시를 선택하면 자연스러운 형태로 지우개를 사용할 수 있습니다.

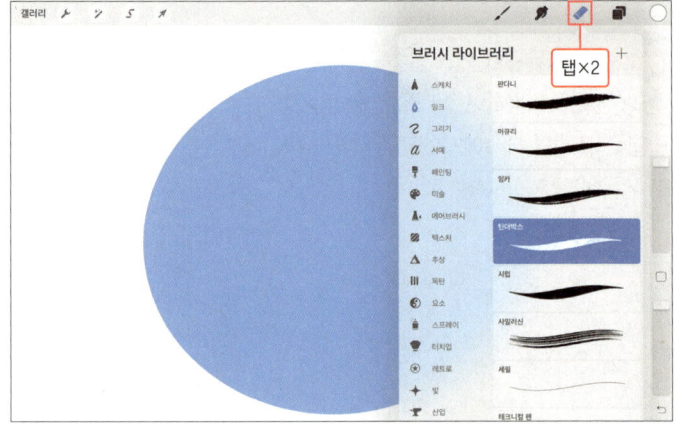

02 사이드 바에서 지우개의 크기와 불투명도를 조절할 수 있습니다.

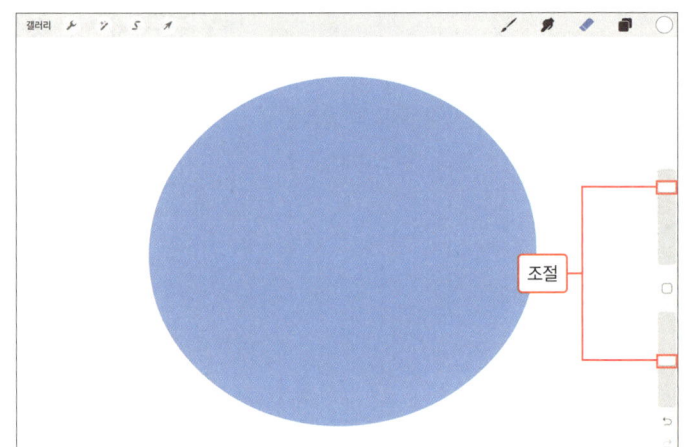

03 지우려는 형태가 그려진 레이어를 선택한 다음 캔버스에 펜으로 드래그하여 지웁니다.

영역 잘라내기

하나의 레이어 안에서 여러 개체가 그려져 있을 때 넓은 면적의 일부를 지웁니다. 지우개로 지우는 것보다 빠르고 정확하게 지울 수 있습니다.

01 │ 상단 메뉴에서 (선택(⬚))을 탭합니다.

02 │ 하단 메뉴에서 선택 방법을 선택하고 지우고자 하는 영역을 드래그합니다.

03 │ 영역이 선택된 상태에서 상단 메뉴 (동작(🔧)) → (추가) → (잘라내기)를 선택하여 지웁니다.

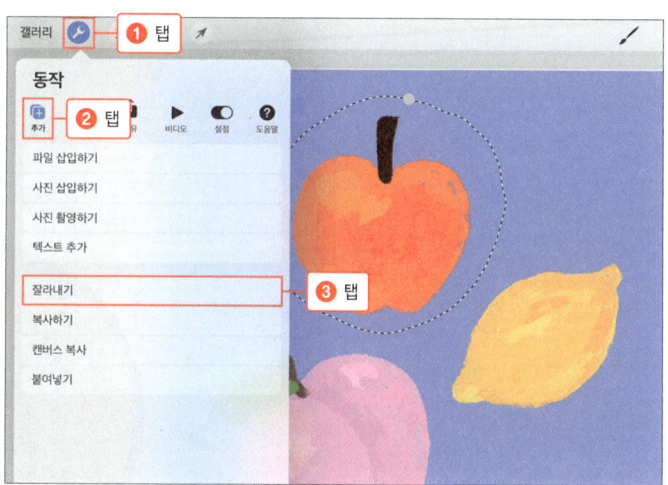

Tip 영역이 선택된 상태에서 세 손가락을 위에서 아래로 가볍게 쓸어내리면 복사하기 및 붙여넣기 메뉴가 생성됩니다. (잘라내기)를 탭하여 간편한 방법으로 영역을 제거할 수 있습니다.

색 채우기

선으로 형태가 막혀 있는 영역의 색을 채우는 방법입니다. 원하는 색을 선택하고 색칠할 영역으로 드래그하여 색을 칠할 수 있습니다.

01 [+] 버튼을 탭하여 선으로 형태가 그려진 레이어 아래에 새 레이어를 추가합니다.

형태가 그려진 레이어를 탭하여 표시되는 레이어 옵션에서 [레퍼런스]를 선택합니다. 선과 색을 분리하여 작업하는 것이 수정에 용이합니다.

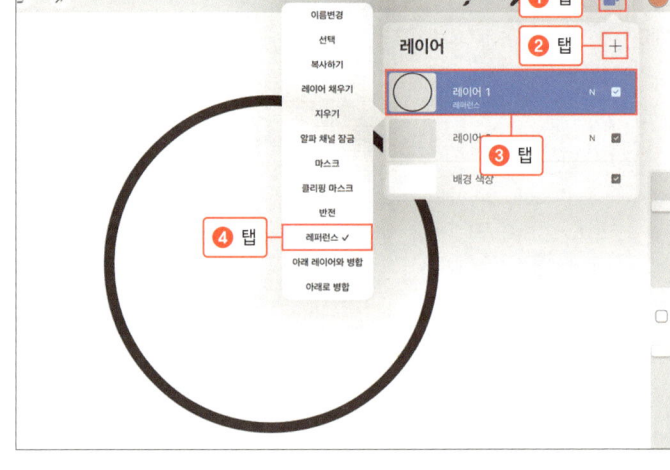

Tip 새 레이어를 추가한 다음 레이어를 길게 탭하고 드래그하여 순서를 이동합니다.

02 색을 영역에 드래그하여 드롭하면 색이 채워집니다. 레퍼런스로 지정한 레이어의 형태에 맞춰 색이 칠해집니다.

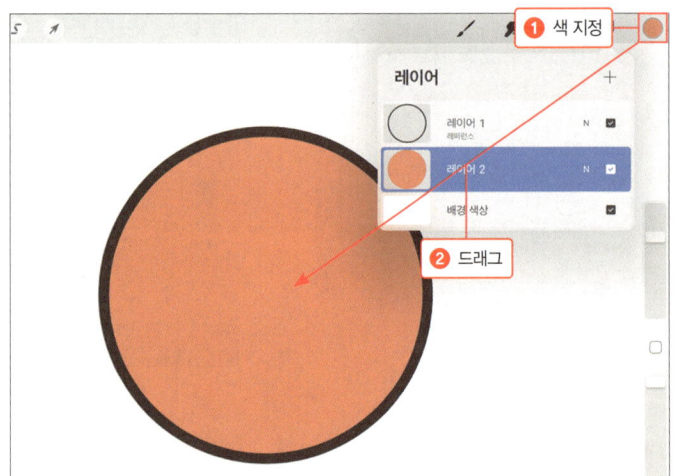

03 색을 모두 채운 다음 레퍼런스 레이어를 탭하여 표시되는 레이어 옵션에서 [레퍼런스]를 다시 선택하여 비활성화합니다.

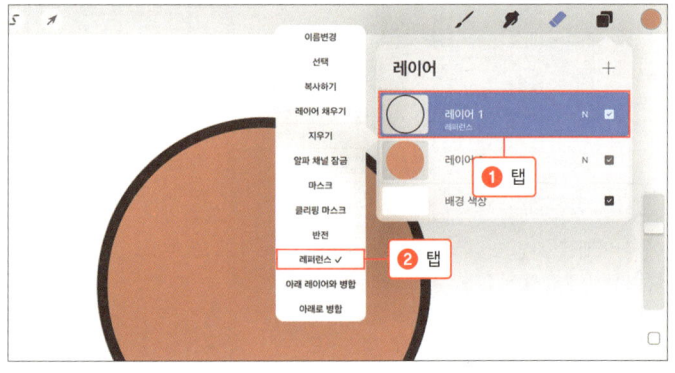

틈이 있는 브러시 색 채우기

연필, 분필 브러시와 같이 틈이 있는 브러시로 그린 영역의 색을 채우는 방법입니다.

01 연필 브러시와 같은 틈이 있는 브러시로 형태를 그린 경우 색을 채울 때 선 밖으로 채워질 수 있습니다.

02 색을 채운 다음 펜을 화면에서 떼지 않고 좌우로 드래그하면 상단에 파란색 선이 표시되면서 ColorDrop 한계값을 조절할 수 있습니다.

03 왼쪽으로 드래그할수록 한계값이 줄어들고 오른쪽으로 드래그할수록 한계값이 늘어납니다.

뚫려 있는 형태 색 채우기

선으로 형태가 모두 막혀 있지 않고 뚫려 있는 영역의 색을 채우는 방법입니다.

01 | 형태가 선으로 막혀 있지 않으면 색을 드래그하여 채울 때 캔버스 전체에 색이 칠해집니다. 그림을 스타일에 따라 모든 선을 마감하지 않고 그릴 수도 있는데요. 그림처럼 뚫려 있는 형태에 색을 채우기 위해 먼저 형태가 그려진 레이어를 왼쪽으로 드래그하여 [복제] 버튼을 탭합니다.

02 | 복제된 아래의 레이어를 선택한 다음 채색할 색을 선택하여 뚫린 영역을 이어 줍니다.

03 | 색을 영역에 드래그하여 색을 채웁니다.

알파 채널 잠금

하나의 레이어 안에서 특정 영역에만 그림이 그려지도록 설정하는 기능입니다.

01 알파 채널 잠금은 영역 밖으로 벗어나지 않게 그려지는 기능이에요. 명암, 그러데이션에 활용할 수 있습니다.
알파 채널을 적용할 레이어를 탭하여 표시되는 레이어 옵션에서 (알파 채널 잠금)을 선택합니다.

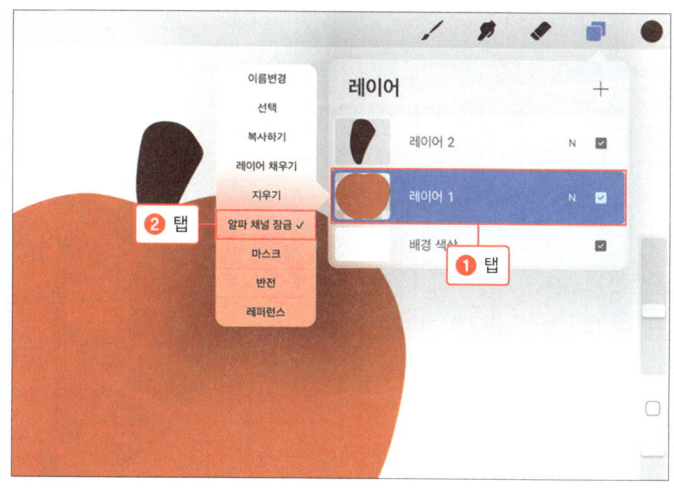

Tip 알파 채널 잠금 기능을 적용할 레이어를 두 손가락으로 가볍게 오른쪽으로 드래그하면 간단한 제스처로도 알파 채널 잠금 기능을 사용할 수 있습니다.

02 브러시로 그림을 그리면 기존에 그려져 있는 형태 밖으로 벗어나지 않게 그려집니다. 에어브러시로 명암을 나타내 보세요.

03 그림을 다 그린 다음 레이어를 다시 탭하여 표시되는 레이어 옵션에서 (알파 채널 잠금)을 선택하여 비활성화합니다.

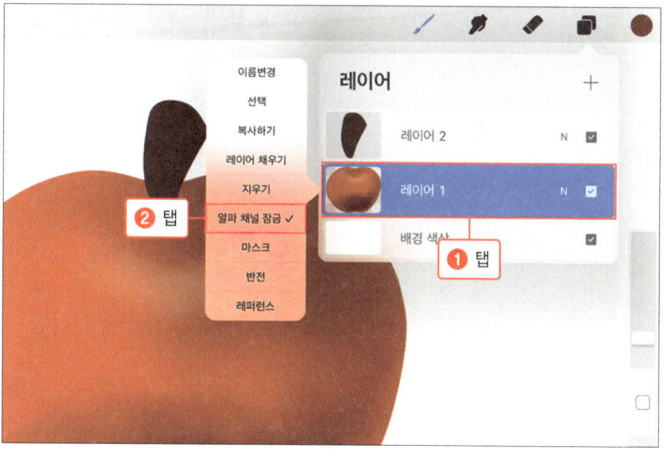

클리핑 마스크 사용하기

2개 이상의 레이어에서 특정 영역에만 그림이 그려지도록 설정하는 기능입니다. 알파 채널 잠금보다 수정이 쉽습니다.

01 | 클리핑 마스크는 알파 채널 잠금과 같은 원리의 기능입니다. 차이점은 알파 채널은 하나의 레이어 안에서 그려져 추후 수정이 어렵다는 단점이 있지만, 클리핑 마스크는 기존 형태에서 레이어를 추가하여 그림을 그리기 때문에 개별 수정이 가능합니다. 클리핑 마스크를 적용할 레이어를 탭하여 표시되는 레이어 옵션에서 (클리핑 마스크)를 선택합니다.

02 | 클리핑 마스크를 활성화하면 활성 레이어가 그 아래의 레이어에 클리핑됩니다. 클리핑 마스크가 적용된 레이어는 그 아래 레이어의 형태를 벗어나면 보이지 않게 됩니다.

그리기 가이드

그림을 그릴 때 더욱 쉽게 그릴 수 있도록 도움을 주는 기능입니다. 2D 격자, 등거리, 원근, 대칭 등 다양한 기능을 포함하고 있습니다.

01 (동작(🔧)) → (캔버스) → (그리기 가이드)를 활성화합니다. 캔버스에 기본 그리드인 격자 모양이 생성됩니다.
가이드를 그림 형태에 따라 조절하기 위해 (편집 그리기 가이드)를 선택하여 그리기 가이드 편집 모드를 실행합니다.

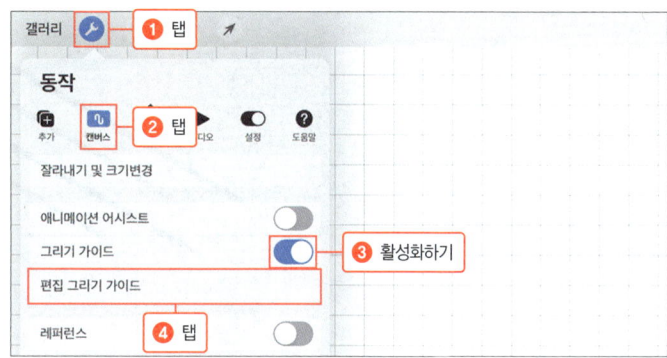

02 여러 항목을 조절하여 그리기 가이드를 설정할 수 있습니다. 상단 무지개색 그러데이션의 조절점을 드래그하며 가이드 선 색상을 선택할 수 있습니다.

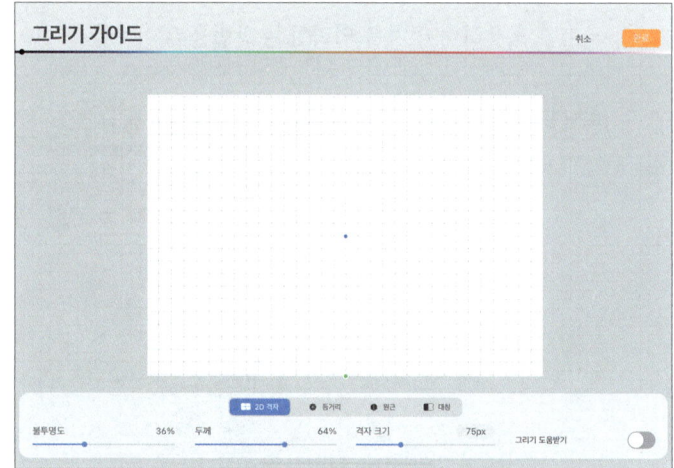

03 가이드는 4종류가 있습니다. 가이드의 모양에 따라 2D 격자, 등거리, 원근이 있으며, 그림을 한쪽에 그리면 대칭으로 복사되어 반대쪽에 자동으로 그려지는 대칭이 있습니다.
대칭은 가이드선 모양에 따라 수직, 수평, 사분면, 방사상으로 나누어져 있습니다.

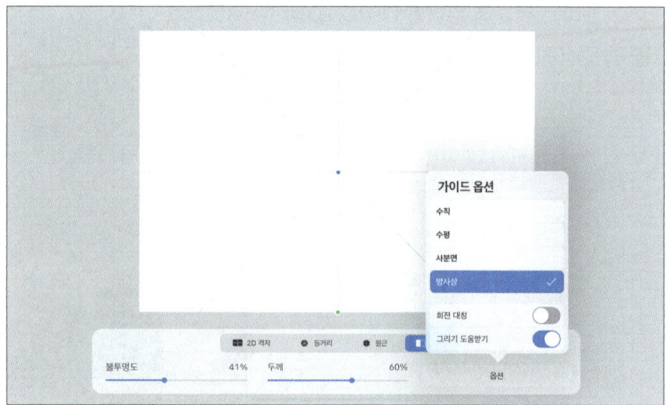

04 | 가이드를 생성한 다음 레이어를 탭 하여 레이어 옵션에서 (그리기 도우미)를 선택하면 가이드 선에 맞춰 선이 그려집니다. 그리기 도우미를 활성 또는 비활성화하여 조화롭게 사용하는 것이 좋습니다.

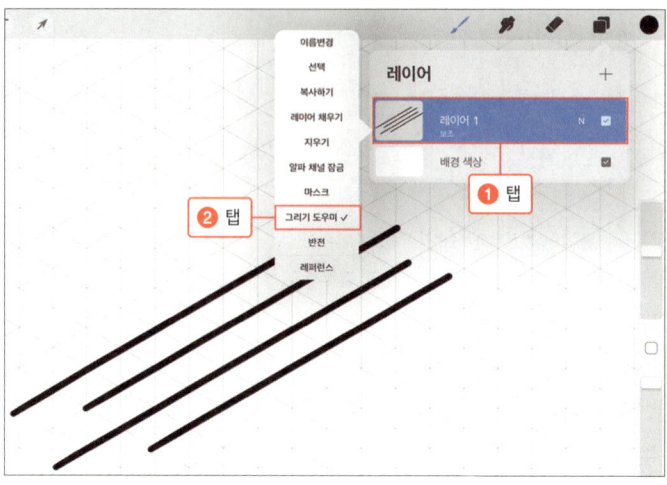

글자 추가하기

다양한 폰트를 적용하여 글자를 입력하는 방법을 알아보겠습니다.

01 | (동작(🔧)) → (추가) → (텍스트 추가)를 선택합니다.

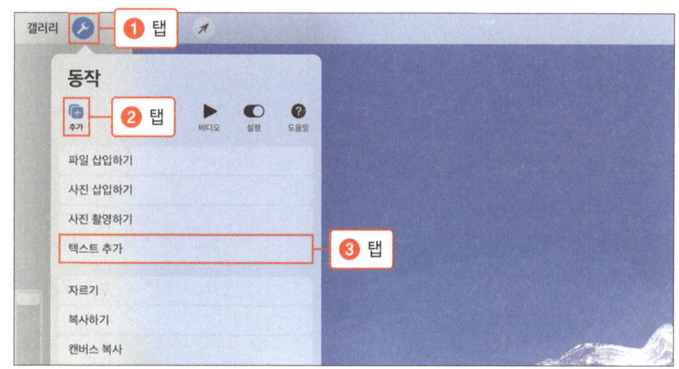

02 | 원하는 내용을 입력한 다음 (Aa) 버튼을 탭합니다.

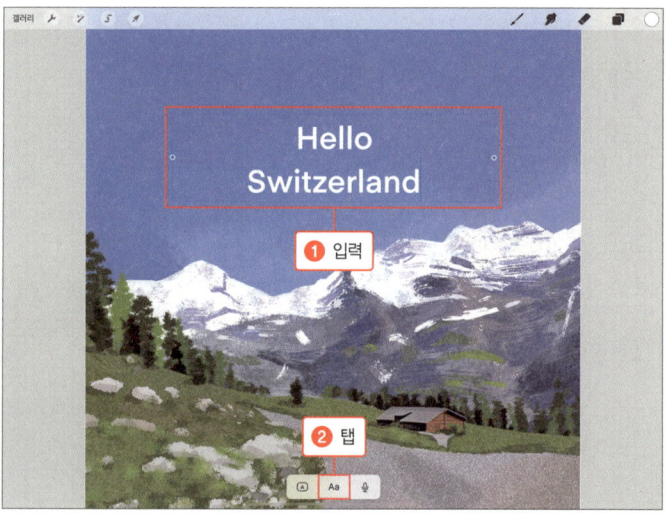

03 표시되는 텍스트 편집 화면에서 서체, 스타일, 디자인, 속성을 변경할 수 있습니다.

Tip 프로크리에이트에 내장된 서체는 영문 서체입니다. 한글 서체는 추가로 설치해야 합니다. 상업적 무료 서체는 '눈누(noonnu.cc)' 사이트에서 설치할 수 있습니다.

04 (색상(●))을 탭하여 글자의 색상을 변경합니다.

05 상단 메뉴의 도구들을 탭하여 텍스트 편집 화면에서 나올 수 있습니다.
다시 텍스트 편집 화면으로 이동하려면 텍스트 레이어를 탭하여 표시되는 레이어 옵션에서 (텍스트 편집)을 선택하면 됩니다.

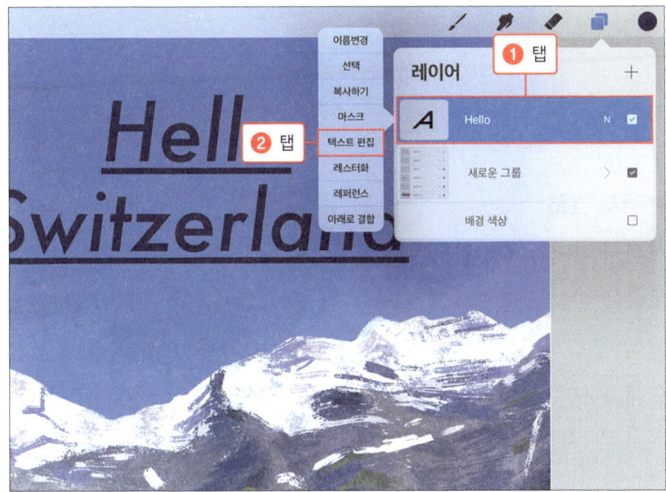

브러시 살펴보기

브러시 라이브러리에서는 다양한 형태의 브러시를 제공합니다. 그리는 요소에 맞춰 어울리는 브러시를 선택해 그려 보세요. 몇 번의 터치로 완성도 있는 그림을 그릴 수 있어요. 각 그룹에 맞춰 브러시들의 특징을 살펴봅시다.

브러시 라이브러리 살펴보기

브러시 라이브러리는 브러시, 스머지, 지우개를 두 번 탭하면 표시됩니다. 필요한 브러시를 선택하여 원하는 브러시를 사용할 수 있어요.

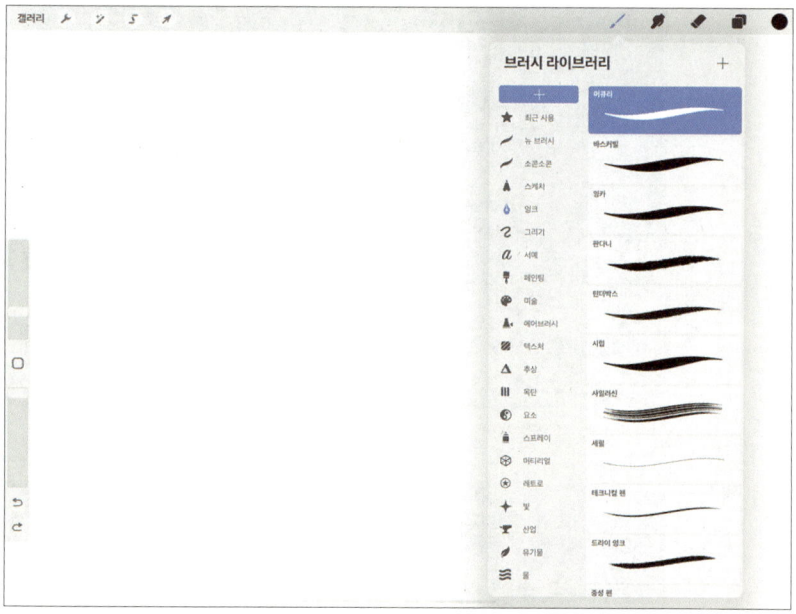

브러시 그룹

브러시 라이브러리 왼쪽에는 형태와 스타일에 따라 나누어진 그룹이 나열되어 있습니다. 목록을 살펴보고 하나의 그룹을 탭하여 오른쪽에 선택한 그룹에 있는 브러시들을 확인할 수 있습니다. 브러시 그룹을 선택하면 파란색으로 활성화됩니다. 그룹 목록을 아래로 드래그하면 [+] 버튼이 표시되며 새로운 그룹을 추가할 수 있습니다.

브러시

브러시 라이브러리의 오른쪽에는 현재 선택된 브러시 그룹에 포함된 모든 브러시가 나열됩니다. 브러시 목록에는 각 브러시의 이름과 미리 보기가 표시됩니다. 목록에서 브러시를 선택한 다음 캔버스 화면에서 드로잉을 할 수 있어요. 브러시는 드래그해서 다른 그룹으로 이동할 수 있습니다.

기본 브러시 살펴보기

프로크리에이트는 스케치, 잉크, 서예, 페인팅, 텍스처 등 수백 가지의 브러시 종류를 제공합니다. 어떤 브러시들이 있는지 알아보고 다양하게 사용해 보세요.

스케치

밑그림을 그릴 때 사용하는 브러시로 이루어져 있습니다. 연필, 파스텔, 크레용 등 밑그림과 가벼운 그림을 그릴 때 사용합니다.

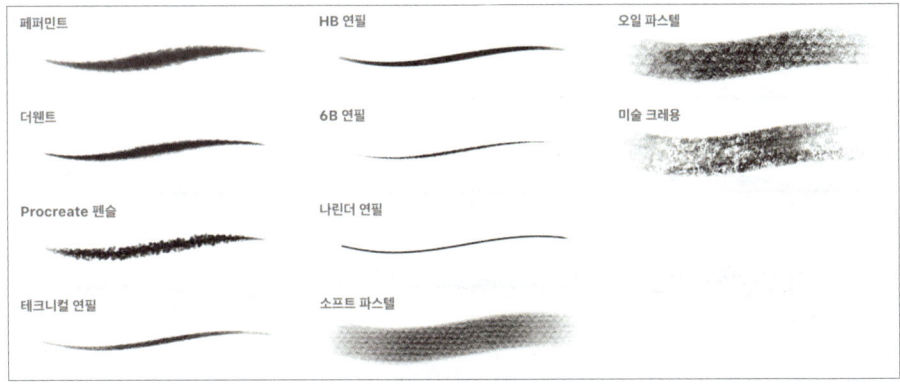

잉크

만년필, 잉크, 펜처럼 정리된 그림을 그릴 때 사용하는 브러시입니다. 다양한 잉크 스타일의 브러시로 명확한 표현을 할 수 있습니다.

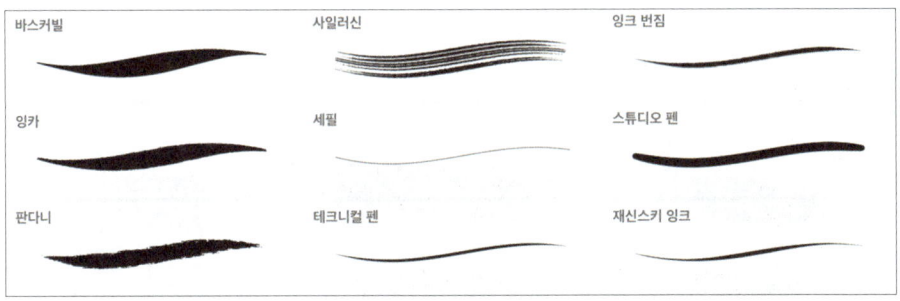

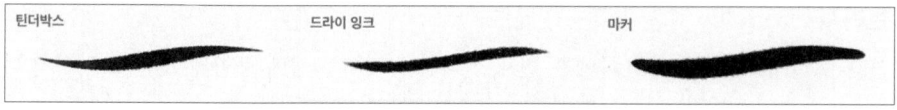

그리기

붓의 거친 정도에 따라 달라지는 질감의 형태를 그릴 수 있습니다.

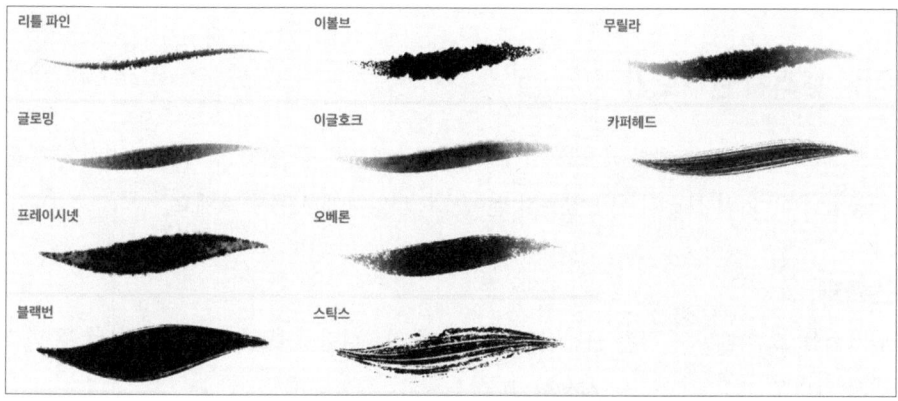

서예

먹을 사용한 느낌으로 동양적인 그림을 그릴 때 많이 사용됩니다.

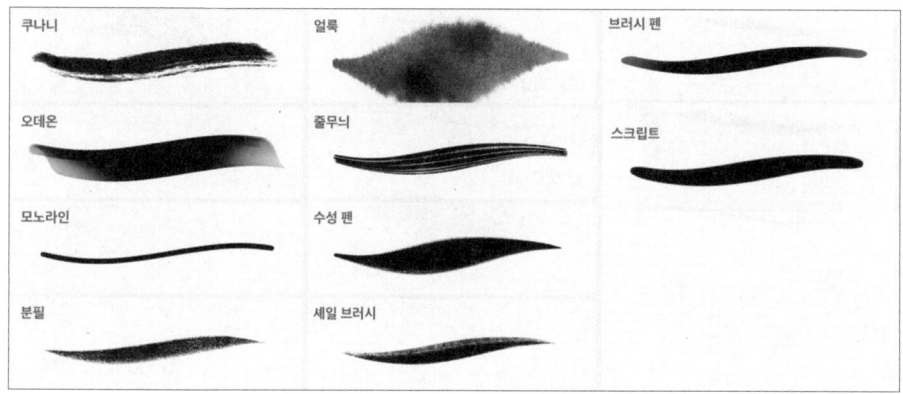

페인팅

넓은 면적을 색칠할 때 사용하는 브러시입니다. 다양한 물감 스타일의 그림을 표현할 수 있습니다.

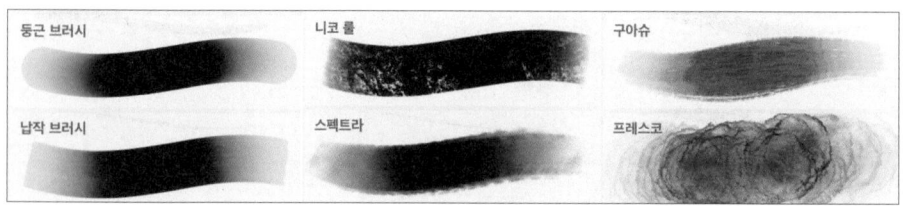

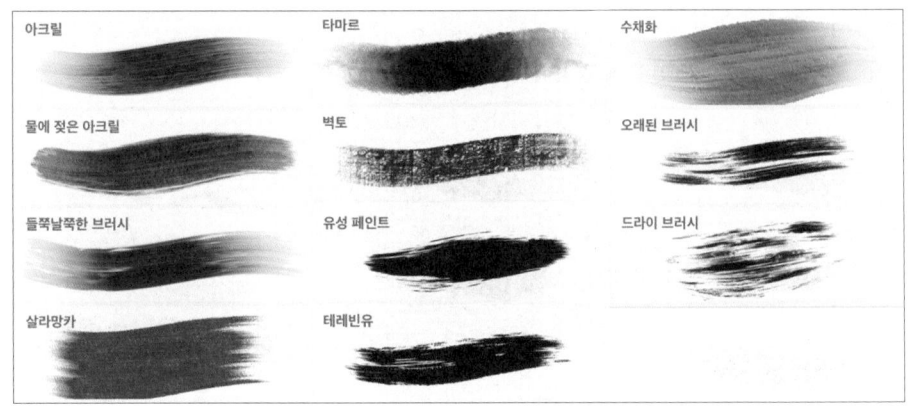

미술

미술 도구와 관련된 브러시입니다. 종이 질감과 농도에 따라 다른 브러시를 선택할 수 있습니다.

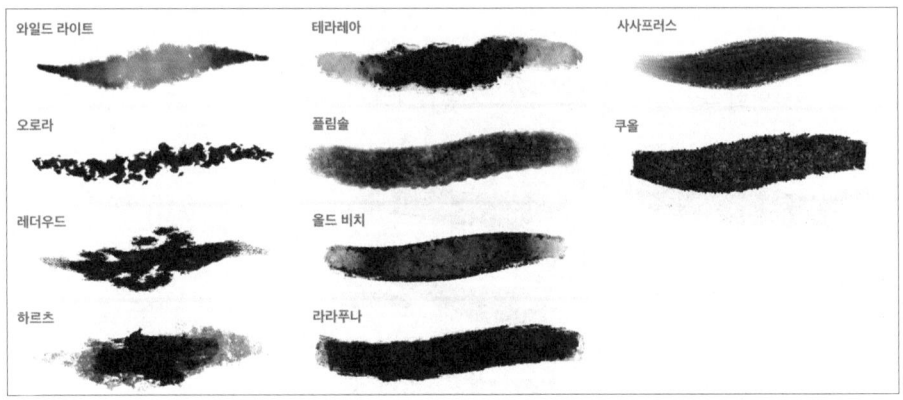

에어브러시

디지털 드로잉 느낌의 브러시로 부드러운 경계의 스타일입니다. 그러데이션 효과를 표현할 수 있습니다.

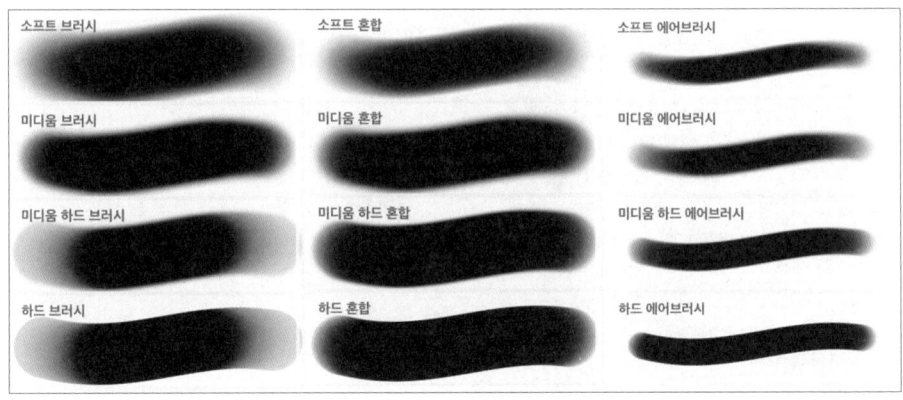

텍스처

넓은 면적에 질감과 패턴을 표현합니다.

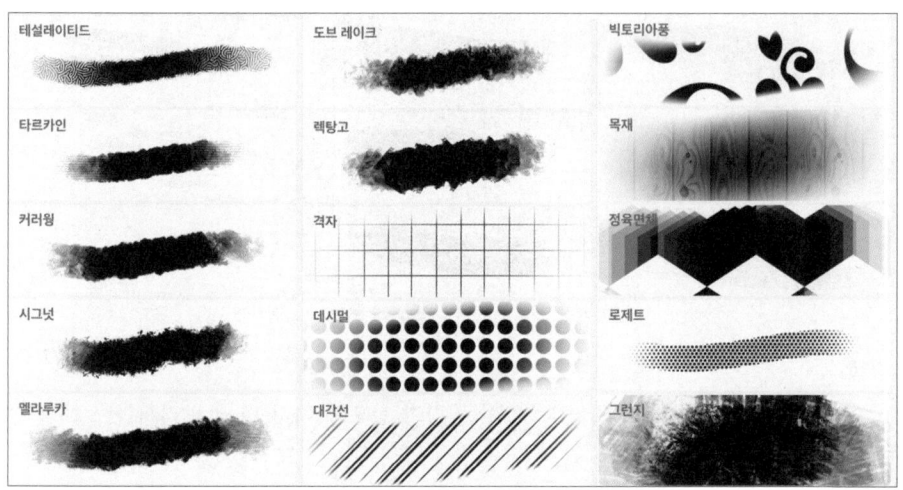

추상

디지털 드로잉의 추상적인 형태를 그릴 수 있습니다.

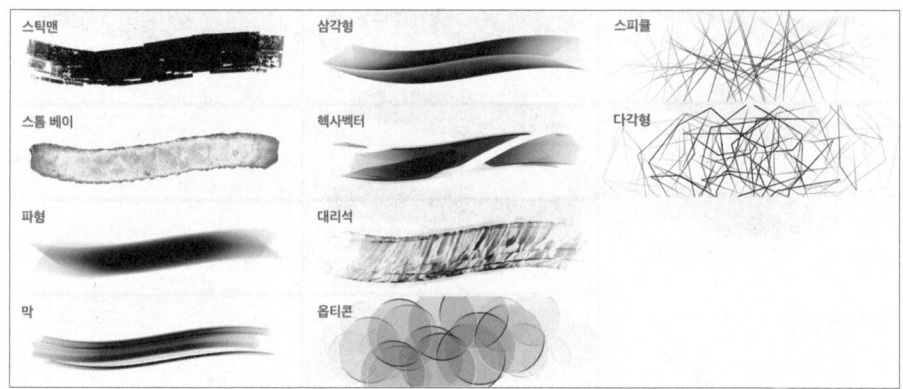

목탄

목탄에 해당하는 브러시로 거친 느낌의 드로잉을 표현할 수 있습니다.

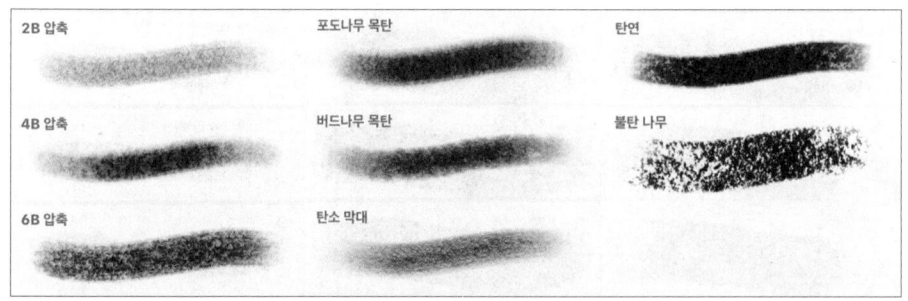

요소

연기, 물, 구름 등 자연적 요소의 사실적인 형태를 표현합니다.

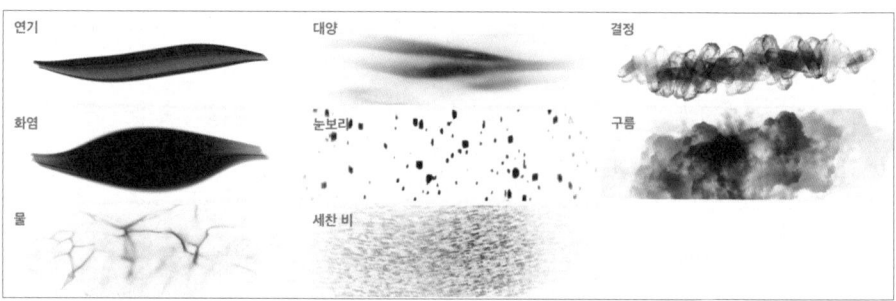

스프레이

스프레이를 뿌린 형태의 브러시입니다. 노즐 크기와 뿌리기 방식에 따라 다른 브러시를 선택할 수 있습니다.

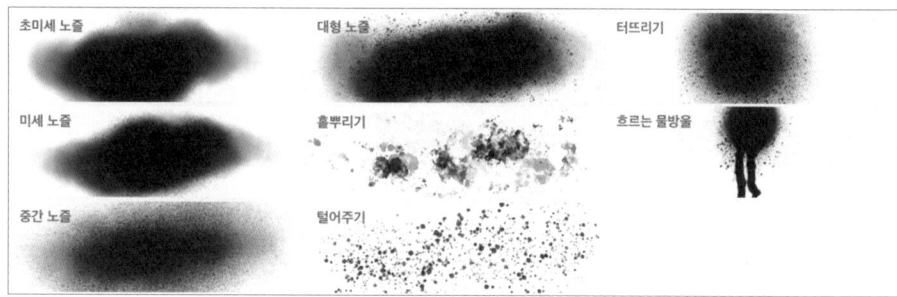

머티리얼

3D 페인팅에서 많이 사용되는 다양한 재질 브러시로 이루어져 있습니다. 단순한 터치로 컨셉 아트에 완성도를 높일 수 있습니다.

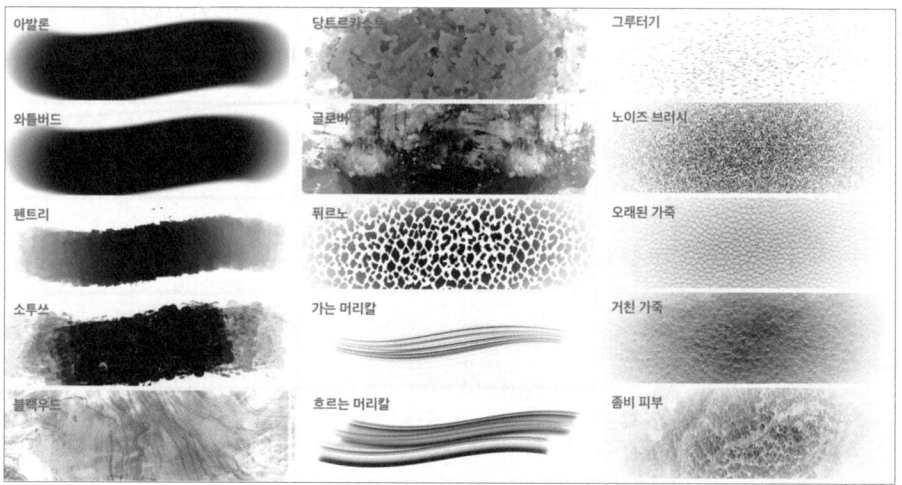

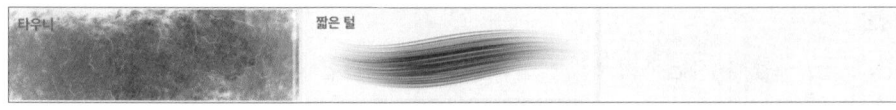

레트로

복고풍 패턴을 표현할 수 있는 브러시입니다. 브러시의 크기로 패턴의 크기를 조절할 수 있습니다.

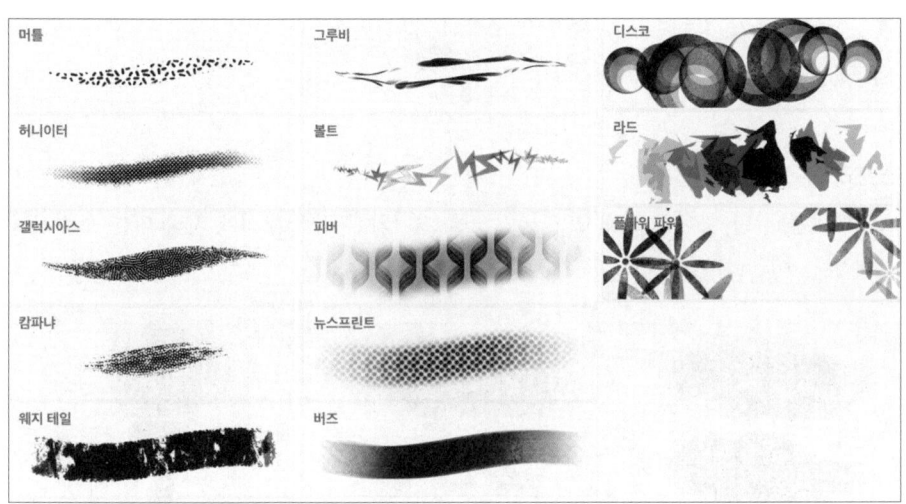

빛

사실적인 빛 효과를 표현할 수 있습니다. 어두운 배경 위에 그렸을 때 더욱 효과적입니다.

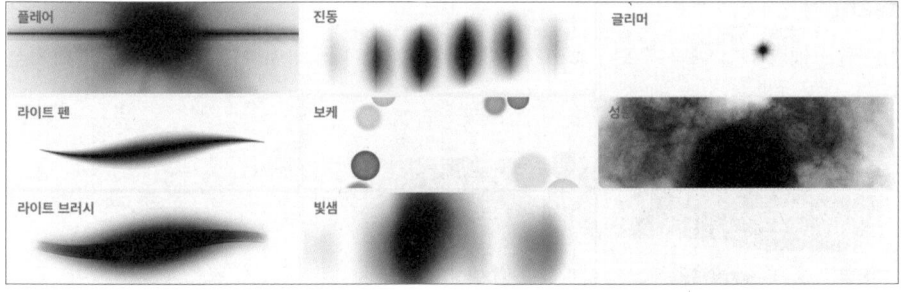

산업

콘크리트, 금속, 석재 등 산업에 관련된 재질로 사실적인 드로잉을 표현할 수 있습니다.

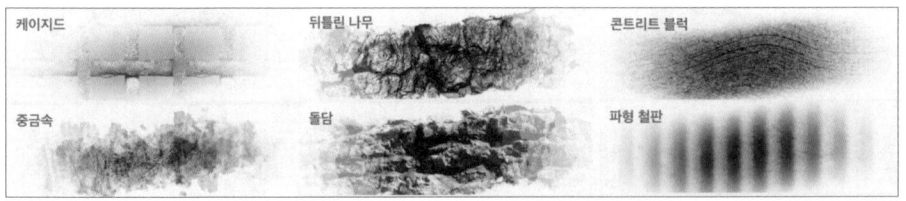

유기물

풀, 나뭇잎, 나뭇가지 등 자연적 요소를 그릴 때 사용합니다.

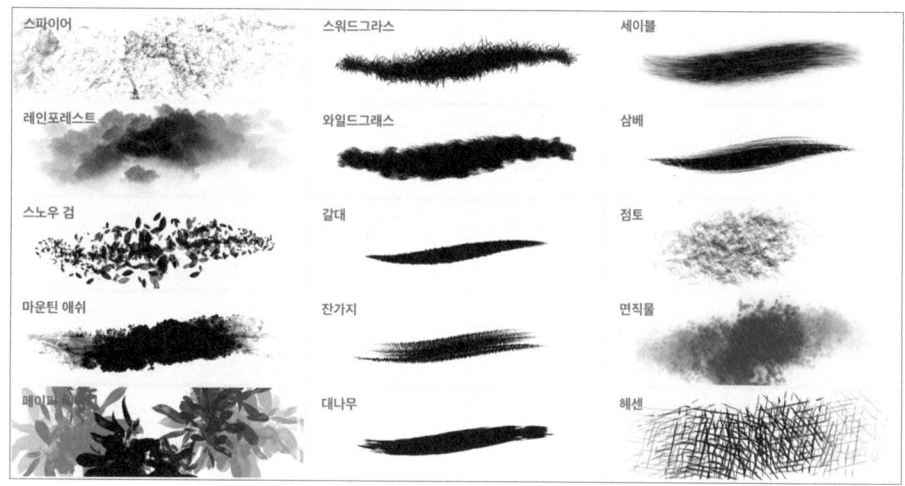

물

사실적인 수채화 브러시입니다. 물 표현과 관련된 브러시로 이루어져 있습니다.

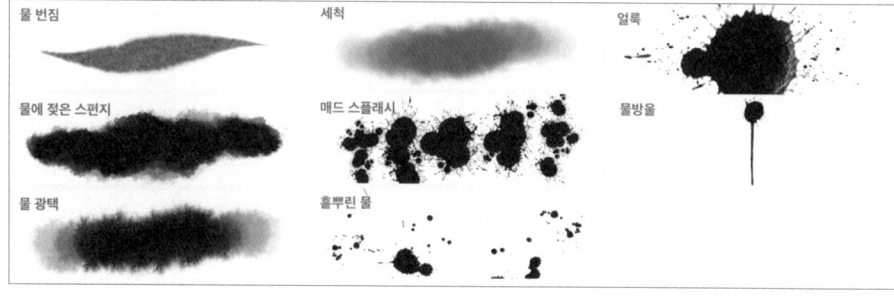

주요 브러시 커스텀하기
04

브러시 스튜디오에서 기존 브러시의 설정을 조절하여 자신만의 브러시를 만들 수 있어요.

Procreate 펜슬 브러시 커스텀하기

스케치, 잉크 그룹의 브러시는 선을 그리는 브러시입니다. 기본 브러시로 얇은 선이 설정되어 있습니다. 사이드 바에서 브러시 크기를 최대로 조절해도 두꺼워지지 않을 땐 브러시 스튜디오에서 조절합니다.

Before

After

01 〔브러시(✏️)〕를 탭하여 브러시 라이브러리에서 〔스케치〕 → 〔Procreate 펜슬〕 브러시를 선택합니다. 한 번 더 탭하여 브러시 스튜디오를 표시합니다.

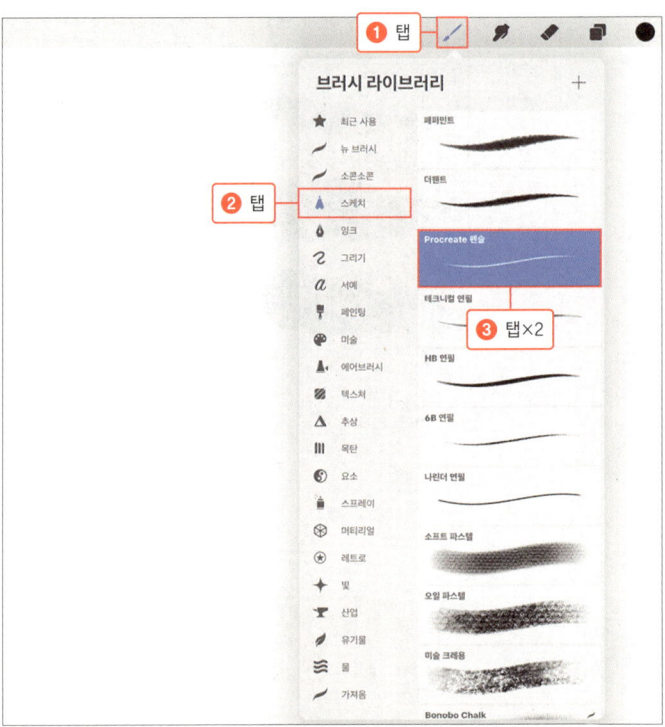

02 브러시 스튜디오가 표시되면 (획 경로) 탭에서 획 속성의 '간격'을 '30%'로 설정합니다.

Tip 오른쪽 그리기 패드에 선을 그리며 달라진 브러시 속성을 확인할 수 있어요.

03 (속성) 탭에서 브러시 특성의 '최대 크기'를 '8%'로 설정합니다. (완료) 버튼을 탭하여 브러시 커스텀을 완료합니다.

스튜디오 펜 브러시 커스텀하기

애플 펜슬에 압력을 주었을 때 크기가 조절되는 필압 기능은 입체적인 그림을 그리는 데 도움을 주지만, 수치가 지나치게 크게 되어 있다면 원하는 형태를 그리기 어려우니 적당한 수치로 조절합니다.

Before

After

01 | (브러시(✏️))를 탭하여 브러시 라이브러리에서 (잉크) → (스튜디오 펜) 브러시를 선택합니다. 한 번 더 탭하여 브러시 스튜디오를 표시합니다.

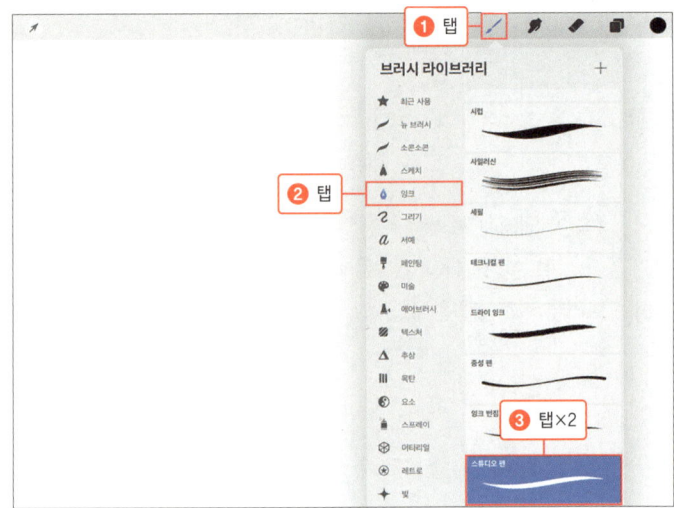

02 | 브러시 스튜디오가 표시되면 (Apple Pencil) 탭에서 압력의 '크기'를 '10%'로 설정합니다. (완료) 버튼을 탭하여 브러시 커스텀을 완료합니다.

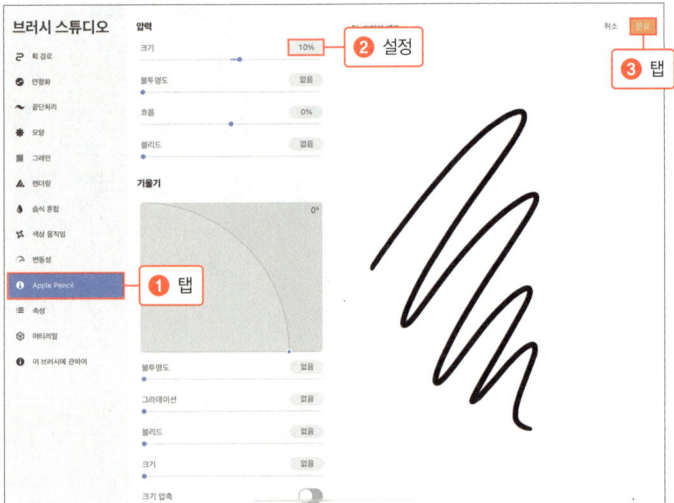

오로라 브러시 커스텀하기

색상 움직임을 조절하면 브러시 색상이 자동으로 선택한 색에서 조절되면서 그려져 다채로운 그림을 표현할 수 있습니다. 색 차이가 지나치게 크면 원하는 색감의 그림을 그리기 어려워 적절한 색 차이의 수치로 조절합니다.

Before

After

01 〔브러시(✏️)〕를 탭하여 브러시 라이브러리에서 〔미술〕 → 〔오로라〕 브러시를 선택합니다. 한 번 더 탭하여 브러시 스튜디오를 표시합니다.

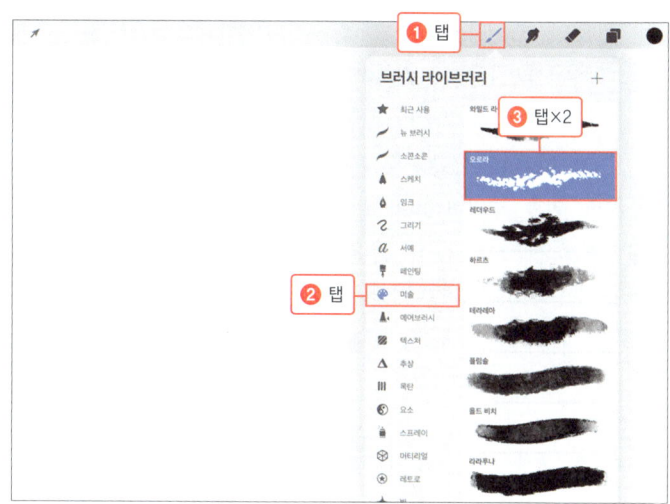

02 브러시 스튜디오가 표시되면 〔색상 움직임〕 탭에서 도장 색상 지터의 '색조'와 '채도'를 '5%'로 설정합니다. 〔완료〕 버튼을 탭하여 브러시 커스텀을 완료합니다.

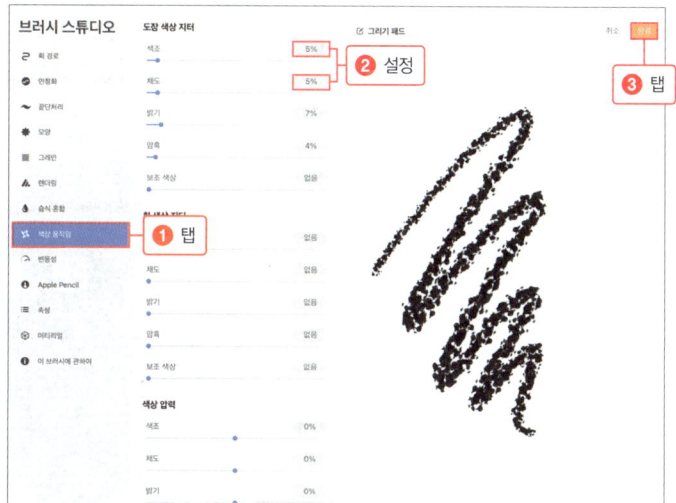

다양한 파일 형식으로 저장, 공유하기

작업물을 레이어 또는 병합된 이미지 파일로 공유합니다. 목적에 따라 다양한 파일 형식으로 저장할 수 있습니다. 저장 방법과 함께 파일 형식별 특징을 알아봅시다.

저장, 공유 방법 알아보기

완성된 작업물을 다양한 파일 형식으로 저장하거나 공유하는 방법을 알아봅시다.

01 [동작(🔧)] → [공유]를 탭합니다. 멈춰 있는 일러스트라면 이미지 공유에서 파일 형식을 선택하고, 움직이는 일러스트라면 레이어 공유에서 파일 형식을 선택합니다.

02 공유할 앱을 선택합니다. Apple 제품으로 공유한다면 'AirDrop'으로 간편하게 공유할 수 있습니다.
이외에도 메일, 인스타그램, 카카오톡 등으로 공유할 수 있습니다. 아이패드 사진 앱에 저장한다면 '이미지 저장', 아이패드 파일 앱에 저장한다면 '파일에 저장'을 탭하여 저장합니다.

파일 형식 특징 알아보기

프로크리에이트는 목적에 따라 다양한 파일 형식을 제공합니다. 파일 형식별 특징과 어느 상황에서 어느 파일 형식을 사용해야 하는지 알아봅시다.

이미지 공유

❶ Procreate
프로크리에이트 형식은 작업물과 관련된 모든 데이터가 그대로 유지됩니다. 레이어, 마스크 및 효과뿐만 아니라 캔버스 정보와 타임랩스 녹화 데이터도 함께 저장됩니다.

❷ PSD
작업물을 Adobe Photoshop 파일로 내보냅니다. 포토샵 표준 형식으로 저장되며 레이어, 불투명도, 가시성 및 혼합 모드가 그대로 유지됩니다. 프로크리에이트가 없는 환경에서 작업물의 데이터를 확인할 수 있습니다.

❸ PDF
좋음, 우수, 최상 중 원하는 품질로 작업물을 PDF로 저장할 수 있습니다. 주로 인쇄소 및 출판사에 공유할 때 사용됩니다.

❹ JPEG
단일 레이어로 하나의 이미지로 공유됩니다. 작은 크기 파일로 저장됩니다.

❺ PNG
투명도가 지원되는 고품질 이미지 파일 형식입니다. JPEG와 같은 이미지 파일 형식이지만 파일 크기가 더 크고 전체 이미지 품질을 유지합니다.

❻ TIFF
레이어는 병합되지만 이미지 품질을 완벽하게 유지하여 인쇄물에 주로 사용됩니다.

❼ GIF
웹에서 가장 많이 사용되는 움직이는 이미지 형식입니다.

❽ MP4
동영상으로 저장되는 파일 형식입니다. 각 프레임에 JPEG 인코딩을 사용하기 때문에 투명한 배경을 지원하지 않습니다.

❾ HEVC
투명한 배경을 지원하는 영상 파일 형식입니다. 원하는 해상도를 선택하여 저장할 수 있습니다.

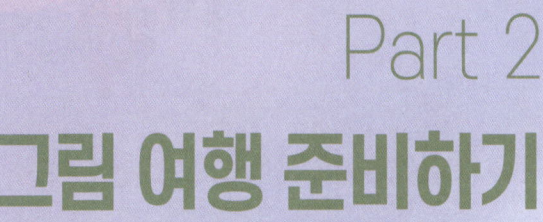

Part 2
그림 여행 준비하기

여행지에서 만날 수 있는 자연물과 건물,
다양한 세계 음식들을 그려 보며 여행을 준비합니다.
브러시를 통해 다양한 질감을 쉽게 표현하며
프로크리에이트를 익힙니다.

여행지에서 푸른 하늘 그리기

여행지에서 만나면 기분이 절로 좋아지는 빛나는 태양과 내리쬐는 햇빛, 은은한 구름을 기본 브러시를 사용해 그릴 수 있어요.

- 완성 파일 : 02\하늘_완성.jpg, 하늘_완성.procreate

Brush
- 그리기 → 오베론 : 밑색 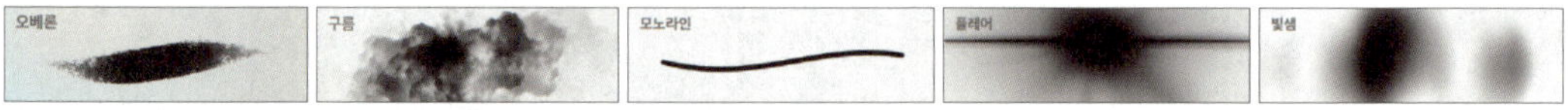
- 요소 → 구름 : 구름
- 서예 → 모노라인 : 또렷한 형태
- 빛 → 플레어 : 햇빛
- 빛 → 빛샘 : 햇빛

Color
a7dffb, 6dc3f7, 529de2, 0a6bc4, ffffff, fef4b9

하늘과 구름 그리기

01 │ 갤러리 화면에서 (+) 버튼을 탭한 다음 (스크린 크기)를 선택하여 새로운 캔버스를 불러옵니다.

02 │ (브러시(✏️))를 탭하여 브러시 라이브러리에서 (그리기) → (오베론) 브러시를 선택합니다.

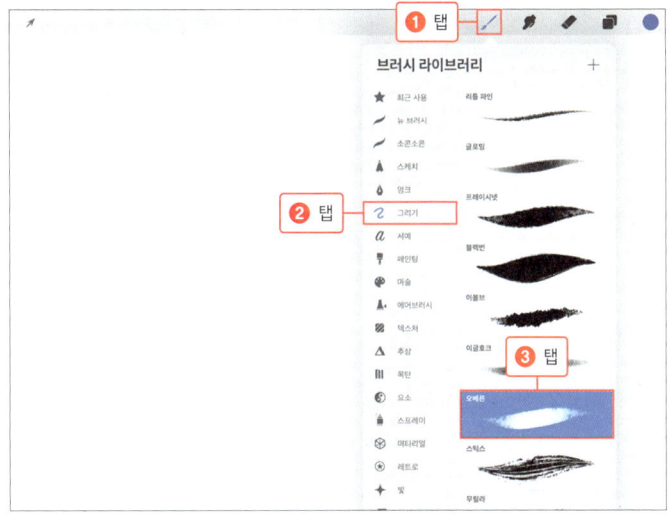

03 │ 하늘을 4단계로 나누어 채색합니다.

04 〔스머지(🖌)〕를 탭하여 브러시 라이브러리에서 〔그리기〕 → 〔무릴라〕 브러시를 선택합니다.

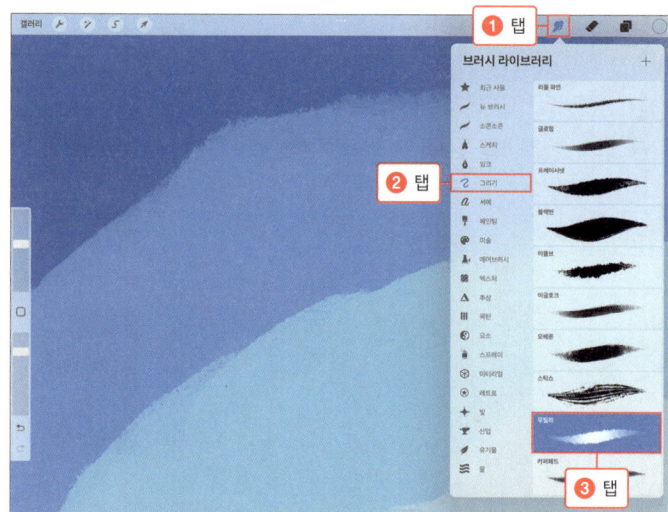

05 손에 힘을 빼고 문질러 색의 경계를 자연스럽게 풉니다.

06 〔레이어(🗐)〕에서 〔+〕 버튼을 탭하여 '레이어 1' 위에 새 레이어를 추가합니다.

07 〔브러시(✏️)〕를 탭하여 브러시 라이브러리에서 〔요소〕 → 〔구름〕 브러시를 선택합니다.

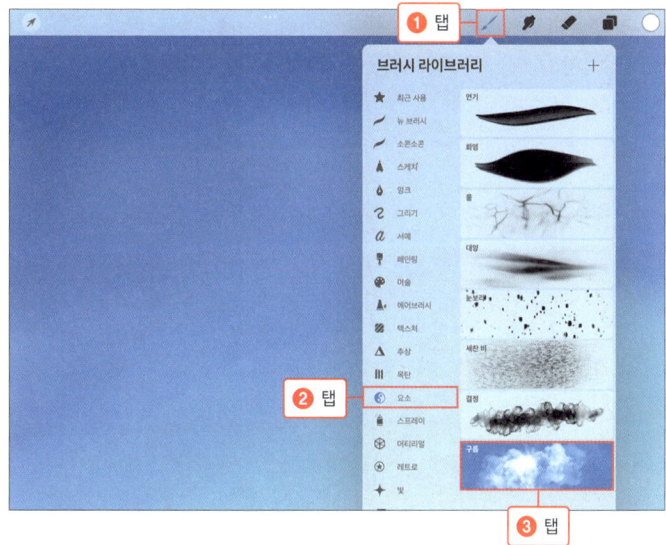

08 손에 힘을 빼고 둥글게 구름을 그립니다. 구름들의 크기와 모양을 다르게 표현합니다.

해와 빛 표현하기

01 〔레이어(🗇)〕에서 〔+〕 버튼을 탭하여 구름을 그린 '레이어 2' 아래에 새 레이어를 추가합니다.

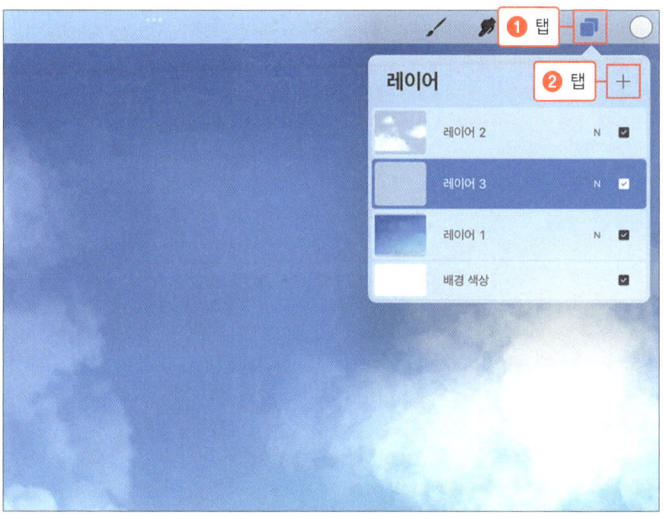

Tip 레이어의 순서는 레이어를 드래그하여 변경할 수 있습니다.

02 (브러시(✎))를 탭하여 브러시 라이 브러리에서 (서예) → (모노라인) 브러시를 선택합니다.

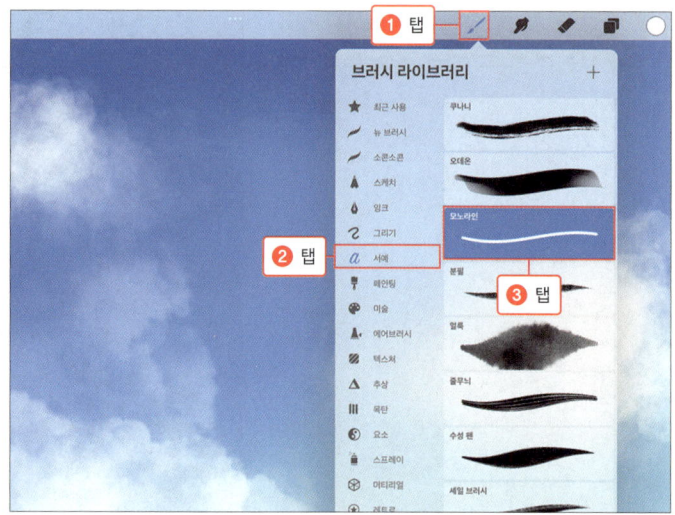

03 동그란 해를 그리겠습니다. 원을 그린 다음 화면에서 펜을 떼지 않고 잠시 기다립니다. 상단에 표시된 메뉴에서 (모양 편집) 버튼을 탭합니다.

04 (원)을 탭합니다. 그린 원이 정원으로 자동으로 변형됩니다.

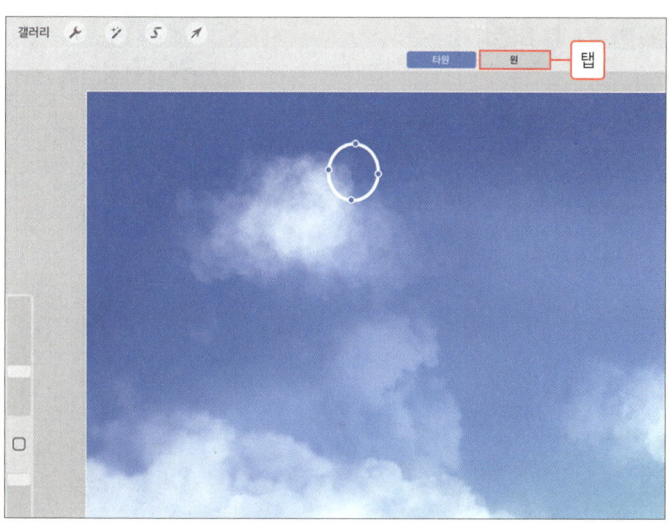

05 원 가운데 색을 칠해 둥근 해를 표현합니다.

06 (조정( )) → (가우시안 흐림 효과)를 선택합니다.

07 화면에서 펜을 오른쪽으로 드래그하여 가우시안 흐림 효과를 '2%'로 조절합니다.

08 〔레이어(▣)〕에서 〔+〕 버튼을 탭하여 해를 그린 '레이어 3' 위에 새 레이어를 추가합니다.

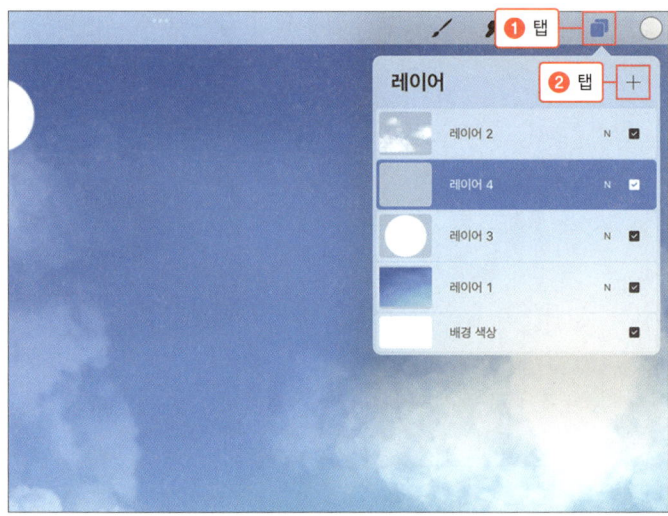

09 〔브러시(✏)〕를 탭하여 브러시 라이브러리에서 〔빛〕 → 〔플레어〕 브러시를 선택합니다.

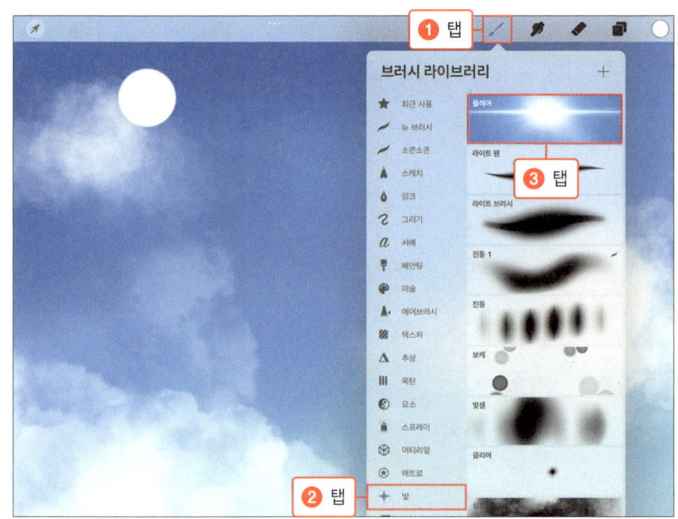

10 캔버스 가운데를 한 번 탭하여 빛을 그립니다.

Tip 캔버스 밖으로 빛이 그려지면 그림이 잘리게 됩니다.

11 | (레이어(▣))에서 플레어 빛을 그린 '레이어 4'를 왼쪽으로 드래그한 다음 (복제) 버튼을 탭합니다.

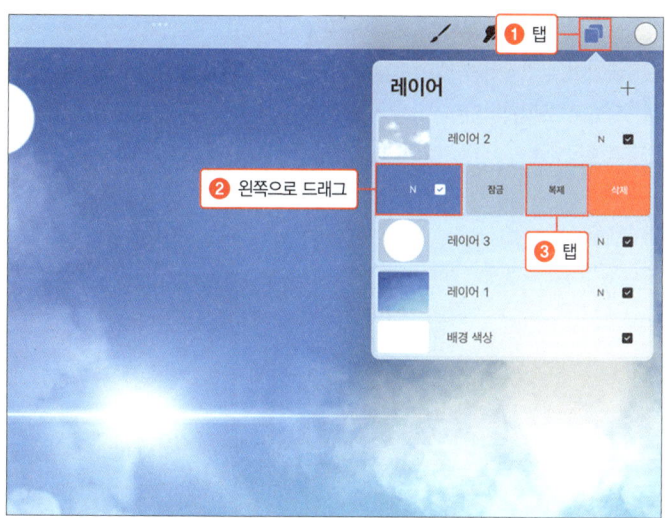

12 | (변형(↗))을 탭하여 플레어 빛을 하나씩 해 위치로 이동하고 하단 메뉴에서 (균등)을 선택하여 그림과 같이 대각선 방향으로 회전합니다.

13 | (변형(↗))을 탭하여 복제한 플레어 빛도 해 위치로 이동합니다. 하단 메뉴에서 (균등)을 탭하여 크기를 크게 조절하고 대각선 방향으로 회전합니다.

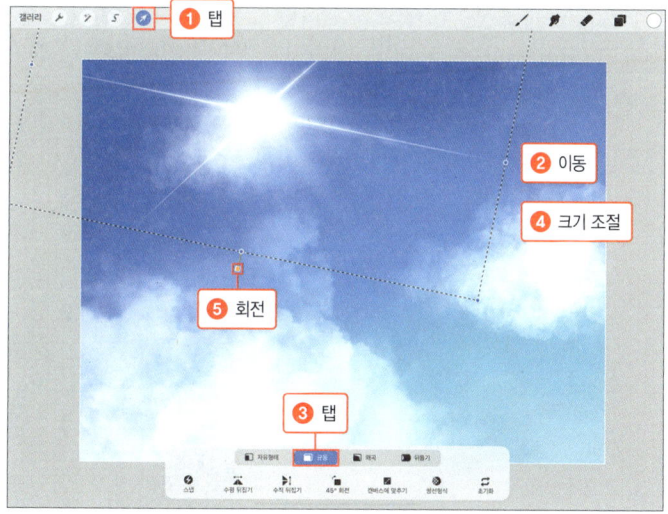

14 〔레이어(■)〕에서 큰 플레어 빛을 그린 '레이어 4'의 〔N〕을 탭한 다음 불투명도를 '70%'로 조절합니다.

15 작은 플레어 빛을 그린 '레이어 5'의 〔N〕을 탭하여 불투명도를 '50%'로 조절합니다.

16 〔+〕 버튼을 탭하여 작은 플레어 빛 레이어를 그린 '레이어 5' 위에 새 레이어를 추가합니다.

17 (브러시(✏️))를 탭하여 브러시 라이브러리에서 (빛) → (빛샘) 브러시를 선택합니다.

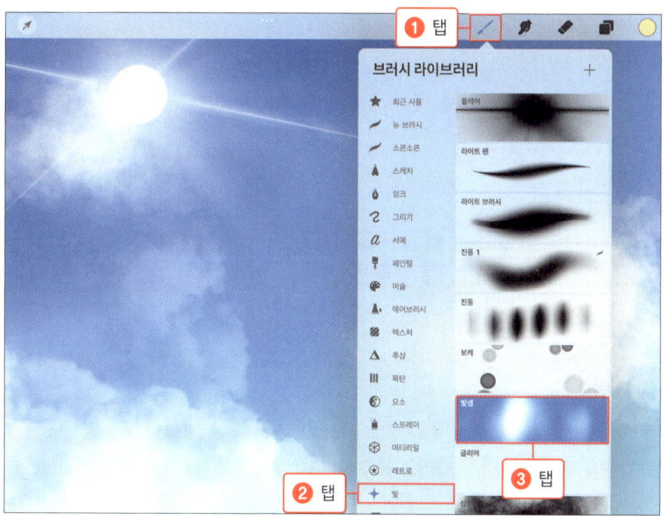

18 해를 시작점으로 대각선 방향으로 선을 그어 빛샘을 표현하여 하늘 그림을 완성합니다.

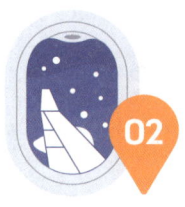

풀과 들꽃이 있는 힐링 풀숲 그리기

자연 어디에서나 만날 수 있는 푸른 풀숲을 그려 봅니다. 촘촘한 풀 사이 삐죽 자라난 긴 풀과 수수하게 피어난 들꽃을 표현합니다.

- 완성 파일 : 02\풀숲_완성.jpg, 풀숲_완성.procreate

Brush

그리기 → 오베론 : 밑색, 드로잉 유기물 → 와일드그래스 : 풀 유기물 → 갈대 : 풀 미술 → 오로라 : 꽃

Color

a6c787	8bb462	7ea55b	658749	46652f	374a24	c2d4ac	d9da6a

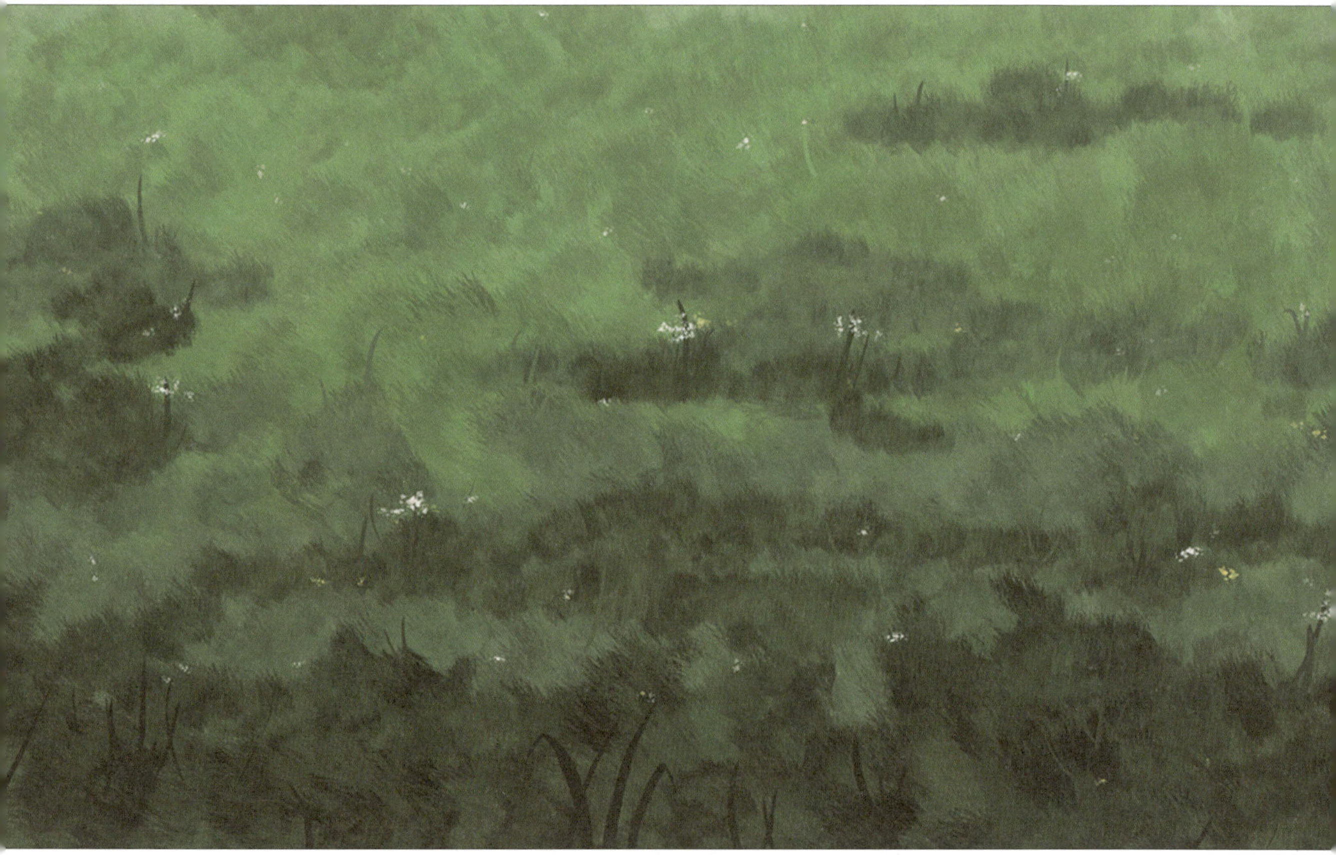

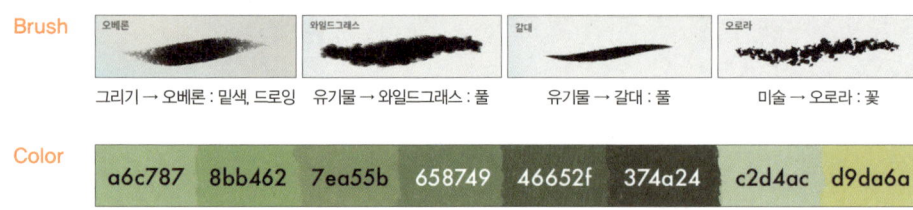

풀숲 표현하기

01 | 갤러리 화면에서 (+) 버튼을 탭한 다음 (스크린 크기)를 선택하여 새로운 캔버스를 불러옵니다.

02 | (브러시(✏️))를 탭하여 브러시 라이브러리에서 (그리기) → (오베론) 브러시를 선택합니다.

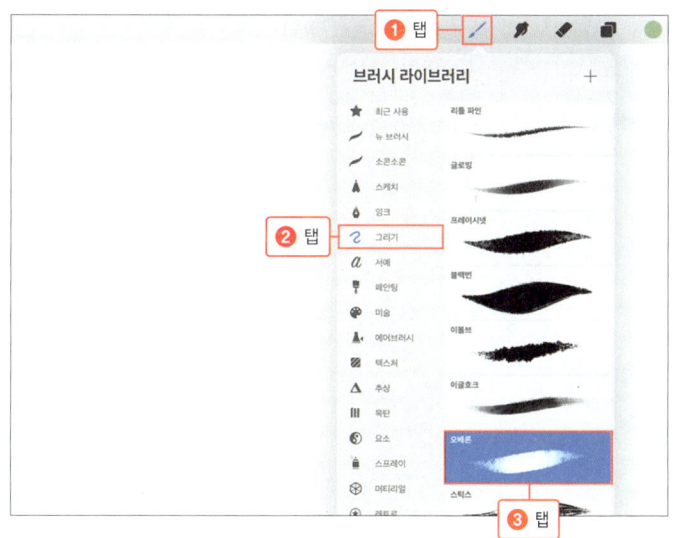

03 | 아래로 점점 진해지게 5단계로 밑색을 칠합니다.

Tip 아래로 점점 폭이 좁게 밑색을 칠해 깊이를 표현합니다.

04 | (레이어(■))에서 (+) 버튼을 탭하여 새 레이어를 추가합니다.

05 | (브러시(✎))를 탭하여 브러시 라이브러리에서 (유기물) → (와일드그래스) 브러시를 선택합니다.

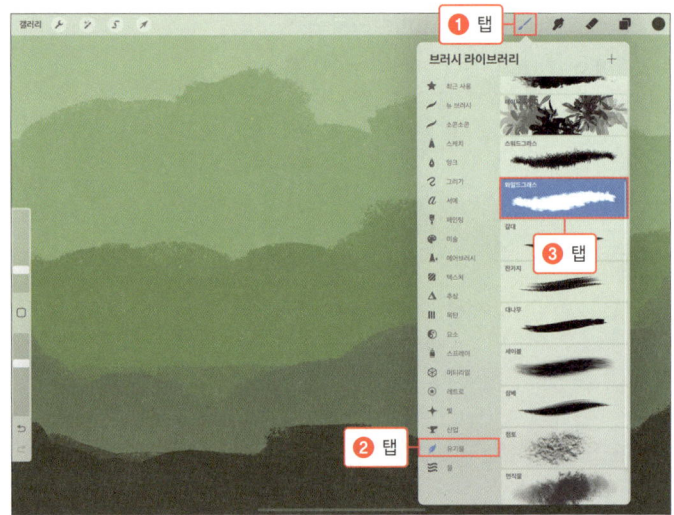

06 | 사이드 바에서 브러시의 불투명도를 '80%'로 조절합니다.

07 2/3 지점까지 브러시로 풀숲을 표현합니다.

Tip 화면을 길게 탭하여 밑색의 색을 추출해 추출한 색으로 풀을 그립니다.

08 사이드 바에서 브러시의 불투명도를 '100%'로 조절합니다.

09 화면을 길게 탭하여 색을 추출하고 아래쪽으로 점점 진해지게 풀숲을 표현합니다. 중간중간 어두운 풀들을 표현하며 입체감을 나타냅니다.

Tip 위쪽은 원경, 아래쪽은 근경입니다. 원경은 흐리게 근경은 진하게 표현하여 공간감을 나타낼 수 있습니다.

풀과 들꽃 표현하기

01 〔레이어(■)〕에서 〔+〕 버튼을 탭하여 가장 상단에 새 레이어를 추가합니다.

02 〔브러시(/)〕를 탭하여 브러시 라이브러리에서 〔유기물〕 → 〔갈대〕 브러시를 선택합니다.

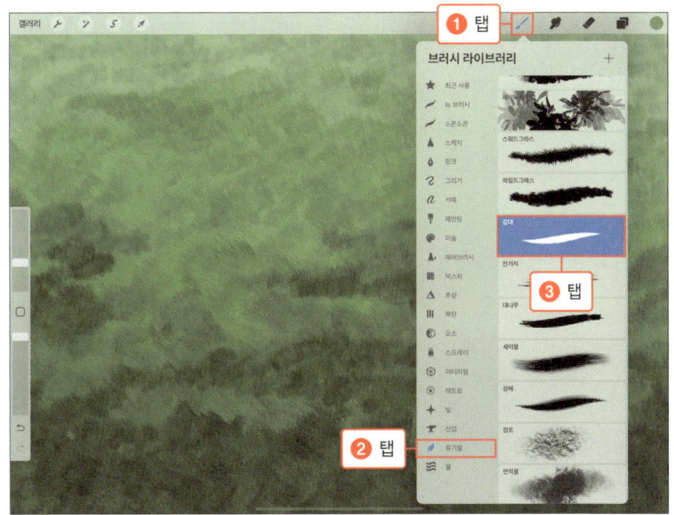

03 풀숲 사이 길게 올라온 풀들을 그립니다.

Tip 위쪽의 전경은 연하고 짧게 아래쪽의 근경은 진하고 길게 그립니다.

04 │ (레이어(■))에서 (+) 버튼을 탭하여 가장 상단에 새 레이어를 추가합니다.

05 │ (브러시(✏))를 탭하여 브러시 라이브러리에서 (미술) → (오로라) 브러시를 선택하고 사이드 바에서 브러시 크기를 작게 조절합니다.

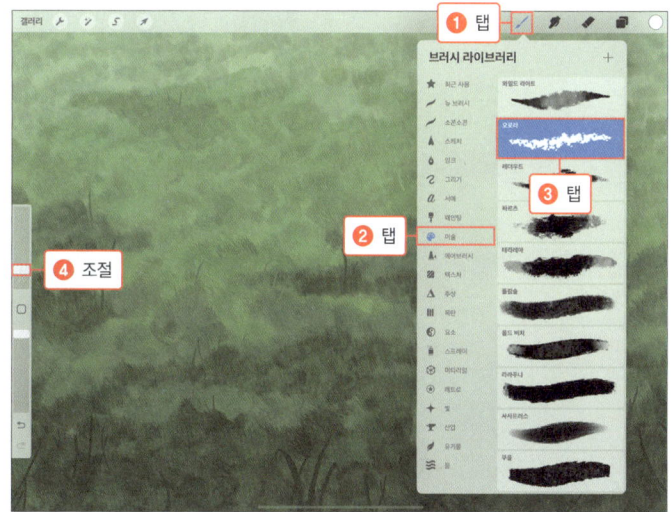

06 │ 화면을 콕콕 찍어 풀숲 사이 들꽃들을 표현하여 그림을 완성합니다.

쉬어가는 자리, 나무 그리기

나무 형태를 나뭇잎, 나무 기둥, 나뭇가지 단계별로 그려 봅니다. 나뭇잎의 명암 표현으로 입체감을 살려 표현할 수 있습니다.

- 완성 파일 : 02\나무_완성.jpg, 나무_완성.procreate

Brush

오로라	머큐리
미술 → 오로라 : 나뭇잎	잉크 → 머큐리 : 드로잉

Color

dfd29d   c5b27d   b29f6c   8bbd6d   618e40   364d29

나무의 잎과 기둥 그리기

01 갤러리 화면에서 (+) 버튼을 탭한 다음 [스크린 크기]를 선택하여 새로운 캔버스를 불러옵니다.

02 [브러시(✏️)]를 탭하여 브러시 라이브러리에서 [미술] → [오로라] 브러시를 선택합니다.
'짙은 녹색'을 선택하고 나뭇잎을 그립니다. 빈틈이 보이도록 자연스럽게 칠합니다.

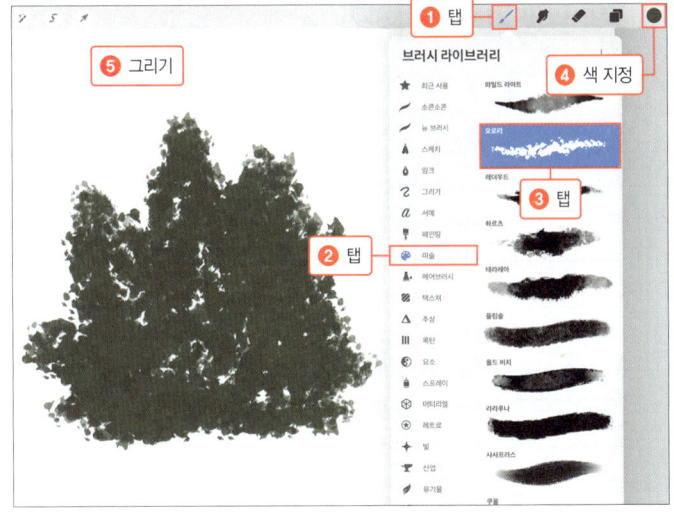

03 [레이어(🗂️)]에서 (+) 버튼을 탭하여 새 레이어를 추가합니다.

03 쉬어가는 자리, 나무 그리기

04 〔잉크〕 → 〔머큐리〕 브러시를 사용하여 나무 기둥과 가지를 그립니다.

나무의 잎과 기둥 묘사하기

01 〔레이어(▣)〕에서 〔+〕 버튼을 탭하여 가장 상단에 새 레이어를 추가합니다.

02 〔미술〕 → 〔오로라〕 브러시를 사용하여 중간 톤의 녹색으로 잎을 그립니다. 〔레이어(▣)〕에서 〔+〕 버튼을 탭하여 가장 상단에 새 레이어를 추가합니다.

03 〔미술〕 → 〔오로라〕 브러시를 사용하여 밝은 톤의 녹색으로 잎을 그립니다. 나뭇잎을 분리된 덩어리로 생각하며 중간 톤의 윗부분에 밝은 톤을 표현합니다.

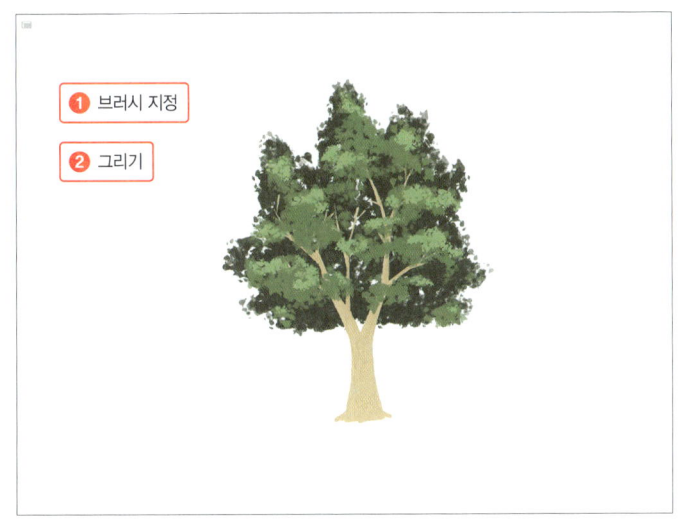

04 〔레이어(◫)〕에서 〔+〕 버튼을 탭하여 나무 기둥을 그린 '레이어 2' 위에 새 레이어를 추가합니다.
추가한 '레이어 5'를 탭하여 표시되는 레이어 옵션에서 〔클리핑 마스크〕를 선택합니다.

Tip 레이어 순서는 레이어를 드래그하여 변경할 수 있습니다.

05 〔잉크〕 → 〔머큐리〕 브러시를 사용하여 나무 기둥에 그림자를 표현하여 그림을 마무리합니다.

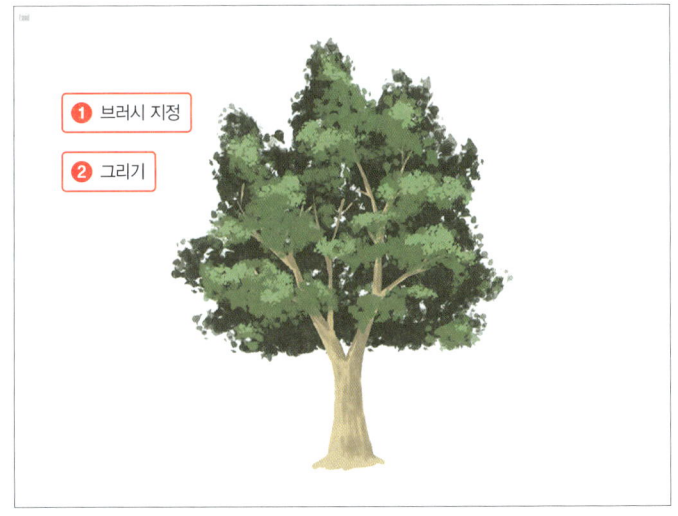

Tip 손에 힘을 빼고 펜을 눕혀 칠하면 경계가 흐려지며 자연스럽게 색칠됩니다.

잎이 촘촘한 여름 야자수 그리기

열대 지방의 상징인 야자수를 그려 봅니다. 촘촘한 잎과 자연스레 휘어진 모습을 표현합니다.

● 완성 파일 : 02\야자수_완성.jpg, 야자수_완성.procreate

Brush
잉크 → 머큐리 : 드로잉

Color   ccae9e   c0a296   77635a   83a16e   628f46   53703b   3f562f   cfd09a

80 Part 2 그림 여행 준비하기

야자수의 잎과 기둥 그리기

01 | 갤러리 화면에서 (+) 버튼을 탭한 다음 (스크린 크기)를 선택하여 새로운 캔버스를 불러옵니다.

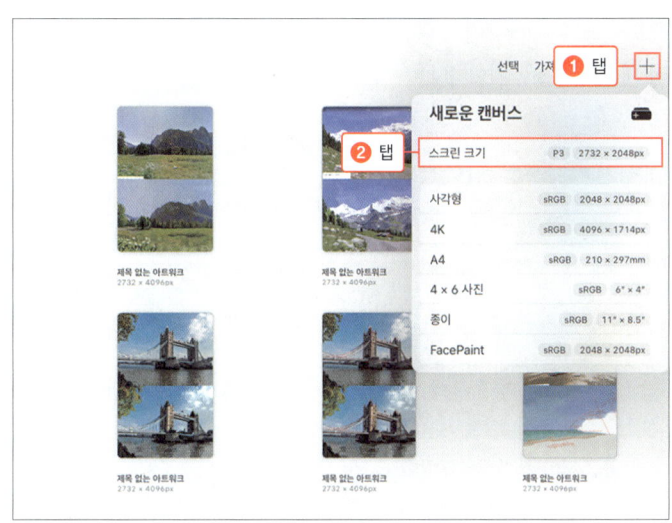

02 | (브러시(✏️))를 탭하여 브러시 라이브러리에서 (잉크) → (머큐리) 브러시를 선택합니다.

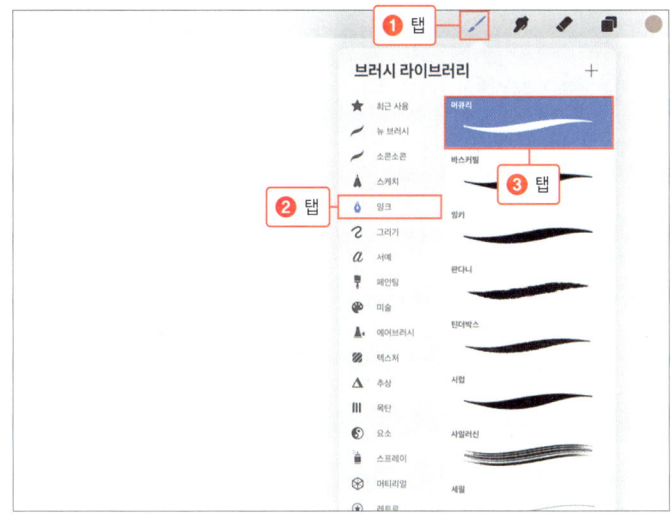

03 | 살짝 휘어진 야자수 나무 기둥을 그립니다.

04 〔레이어(■)〕에서 〔+〕 버튼을 탭하여 새 레이어를 추가합니다.

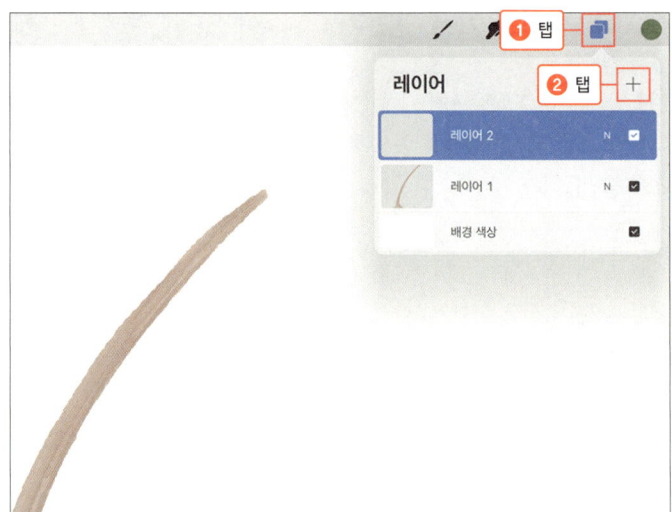

05 아래로 쳐진 잎자루들을 그립니다.

Tip 끝으로 갈수록 손에 힘을 빼서 잎자루의 끝을 뾰족하게 그립니다.

06 〔레이어(■)〕에서 〔+〕 버튼을 탭하여 새 레이어를 추가합니다.
추가된 '레이어 3'을 나무 기둥을 그린 '레이어 1'과 잎자루를 그린 '레이어 2' 사이로 드래그하여 레이어 순서를 이동합니다.

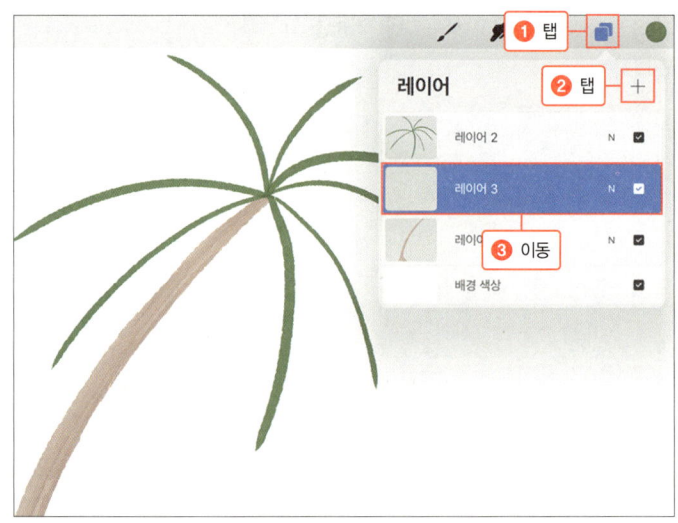

07 나뭇잎 결을 살려 촘촘히 그립니다.

Tip 잎자루의 끝으로 갈수록 잎을 짧게 그립니다.

08 같은 방법으로 나머지 잎을 그립니다.

야자수의 그림자 묘사하기

01 (레이어())에서 (+) 버튼을 탭하여 나뭇잎을 그린 '레이어 3'과 나무 기둥을 그린 '레이어 1' 사이에 새 레이어를 추가합니다.
추가한 '레이어 4'를 탭하여 표시되는 레이어 옵션에서 (클리핑 마스크)를 선택합니다.

02 나뭇잎 아래에 진한 그림자를 그리고 연한 색의 가로줄로 나무의 무늬를 표현합니다.

03 (레이어(■))에서 (+) 버튼을 탭하여 나뭇잎을 그린 '레이어 3' 위에 새 레이어를 추가합니다.
추가한 '레이어 5'를 탭하여 표시되는 레이어 옵션에서 (클리핑 마스크)를 선택합니다.

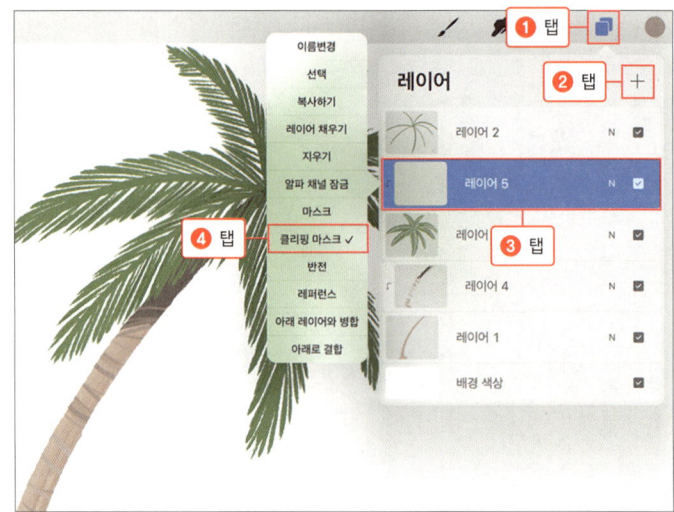

04 잎자루 주변으로 그림자를 표현합니다.

05 〔레이어(🗐)〕에서 〔+〕 버튼을 탭하여 잎자루를 그린 '레이어 2' 위에 새 레이어를 추가합니다.
추가한 '레이어 6'을 탭하여 표시되는 레이어 옵션에서 〔클리핑 마스크〕를 선택합니다.

06 '밝은 연노란색'을 선택하고 잎자루의 밝은 부분을 표현하여 그림을 마무리합니다.

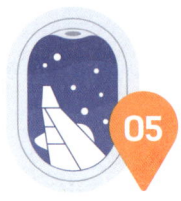

걷고 싶은 모래사장 해변 그리기

보기만 해도 마음이 시원해지며, 걷고 싶어지는 해변을 그려 봅니다. 비정형의 파도 거품과 물결을 표현합니다.

- 완성 파일 : 02\해변_완성.jpg, 해변_완성.procreate

Brush

그리기 → 오베론 : 밑색 | 그리기 → 리틀 파인 : 파도 | 스프레이 → 미세 노즐 : 음영 | 요소 → 대양 : 물결 | 스프레이 → 대형 노즐 : 그림자

스케치 → Procreate 펜슬 : 그림자 | 스프레이 → 털어주기 : 모래 질감, 물방울 | 스케치 → 6B 연필 : 세밀 드로잉

Color

eae0c3	d4cbb5	fdfcfa	a9dbcc	69dfe0	00d1d5	01b7bc	00a5ab

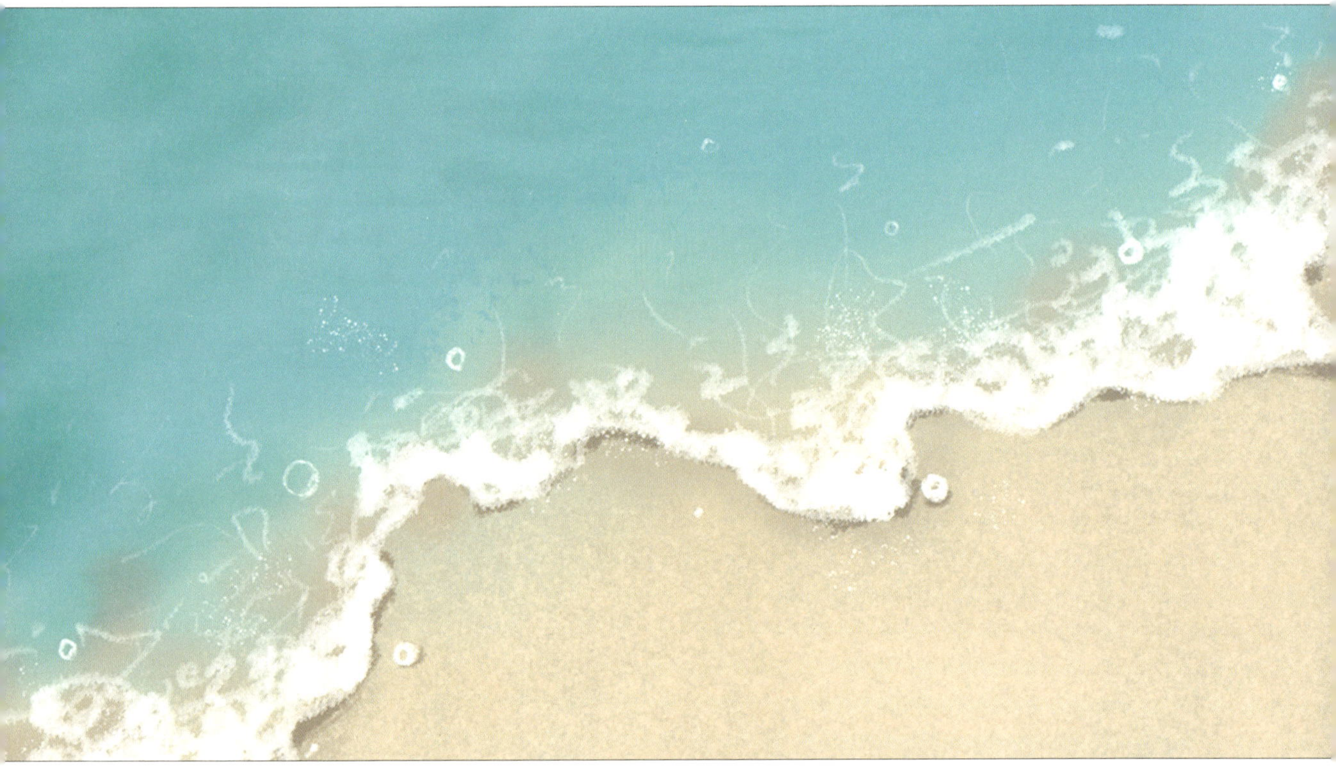

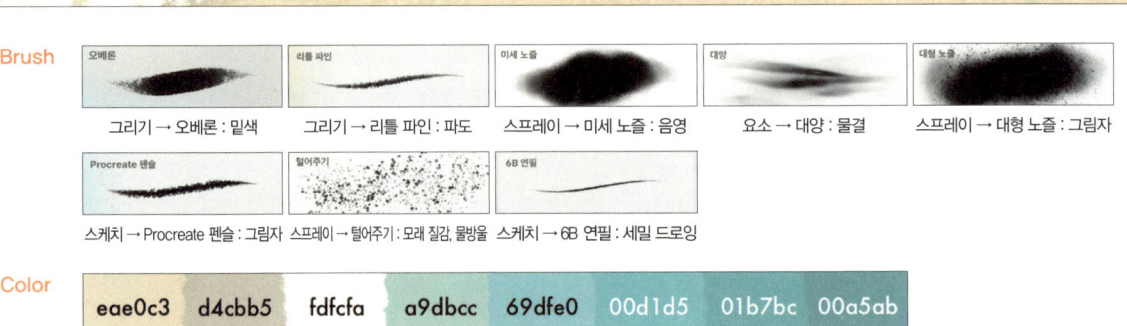

바다와 모래사장 밑그림 그리기

01 | 갤러리 화면에서 (+) 버튼을 탭한 다음 (스크린 크기)를 선택하여 새로운 캔버스를 불러옵니다.

02 | (레이어(■))에서 '배경 색상'을 탭합니다.

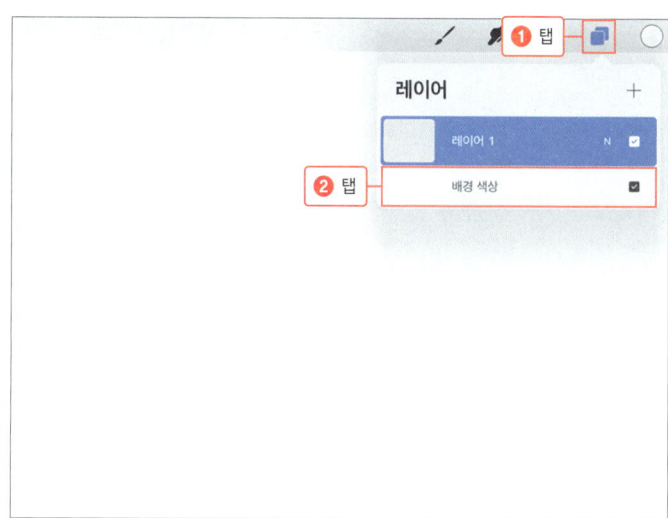

03 | 배경 색상을 '에메랄드 색'으로 선택하고 (완료) 버튼을 탭합니다.

04 | (브러시(✏️))를 탭하여 브러시 라이브러리에서 (그리기) → (오베론) 브러시를 선택합니다.

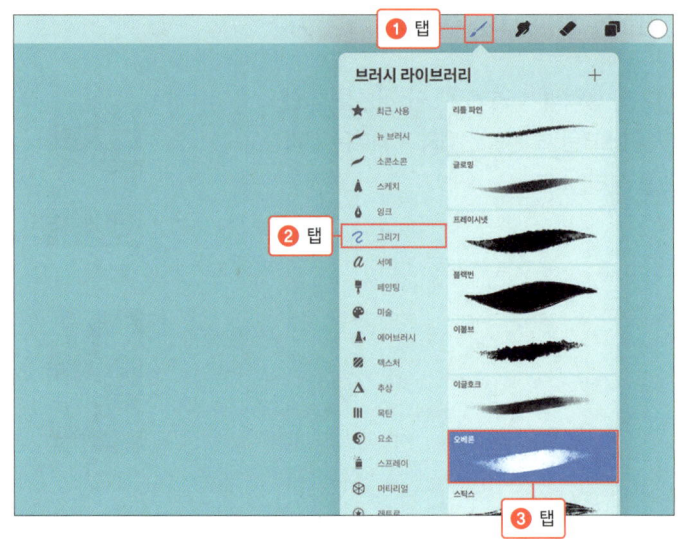

05 | 대각선 방향으로 모래사장 영역을 채색합니다.

06 | (스머지(👆))를 탭하여 브러시 라이브러리에서 (그리기) → (무릴라) 브러시를 선택합니다.

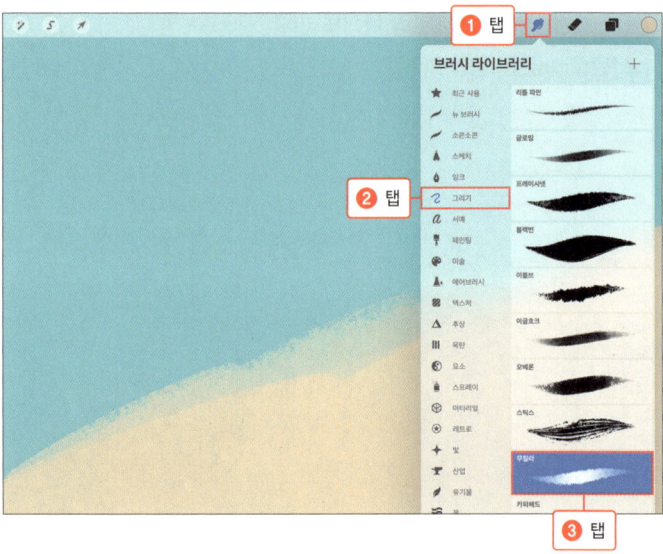

07 바다와 모래사장 경계를 자연스럽게 풉니다. 일자로 깔끔하게 영역을 흐리지 않고 파도가 치는 자연스러운 모양을 생각하며 불규칙한 모양으로 표현합니다.

파도의 거품과 물결 표현하기

01 〔레이어(▣)〕에서 〔+〕 버튼을 탭하여 모래사장을 그린 '레이어 1' 위에 새 레이어를 추가합니다.

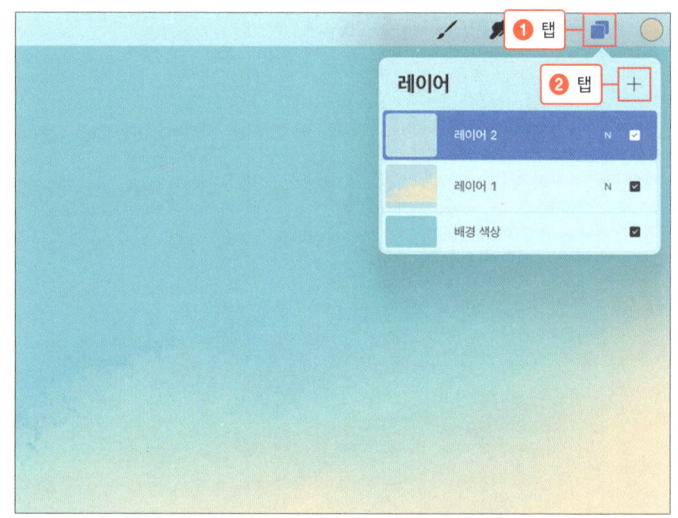

02 〔브러시(✏)〕를 탭하여 브러시 라이브러리에서 〔그리기〕 → 〔리틀 파인〕 브러시를 선택합니다.

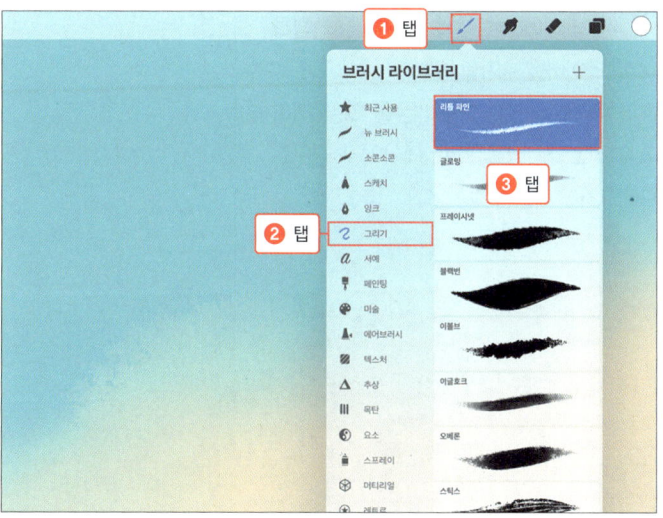

03 | '흰색'을 선택하여 파도의 경계를 그립니다.

Tip 손에 힘을 빼고 흔들리는 모양으로 선을 그립니다.

04 | 낙서를 하듯 파도의 거품을 그립니다.

05 | [레이어(■)]에서 [+] 버튼을 탭하여 새 레이어를 추가합니다.
추가한 '레이어 3'을 파도 거품을 그린 '레이어 2'와 모래사장을 그린 '레이어 1' 사이로 드래그하여 이동합니다.

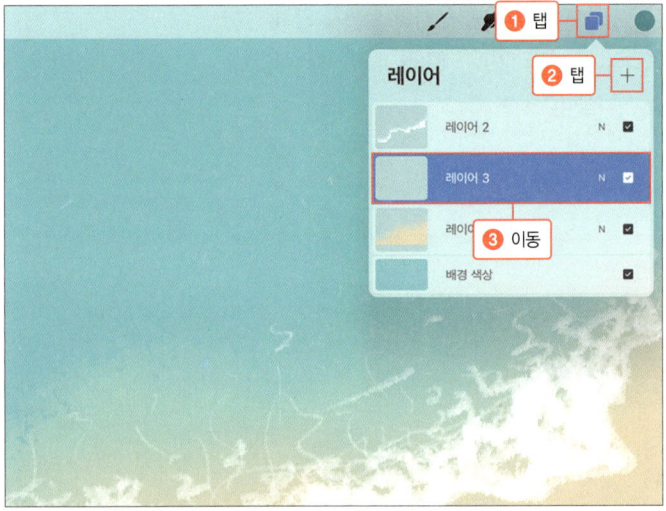

06 | (브러시(✎))를 탭하여 브러시 라이브러리에서 (스프레이) → (미세 노즐) 브러시를 선택합니다.

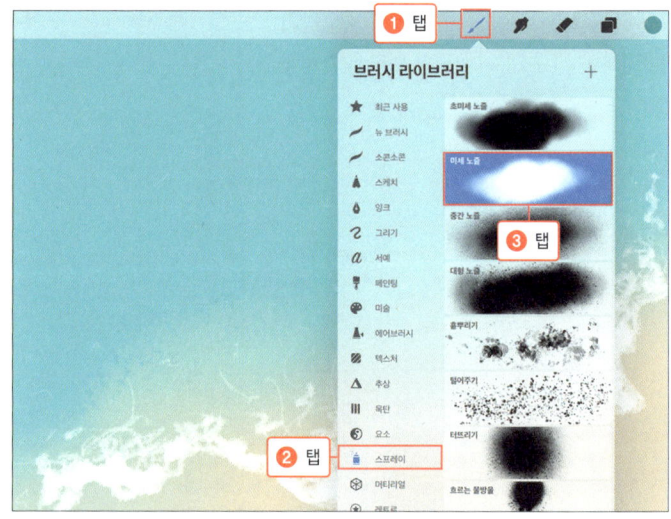

07 | '짙은 에메랄드 색'을 선택하여 파도와 물의 그림자를 표현해 깊이감을 나타냅니다.

08 | (레이어(▰))에서 (+) 버튼을 탭하여 파도 거품을 그린 '레이어 2' 아래에 새 레이어를 추가합니다.

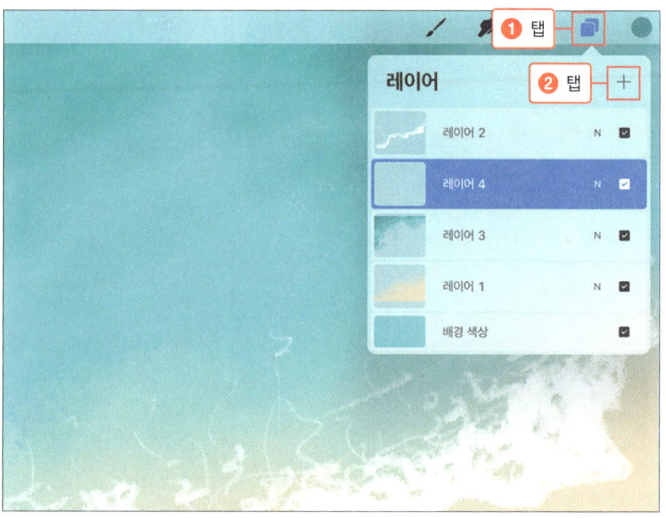

Tip 레이어 순서는 레이어를 드래그하여 변경할 수 있습니다.

09 〔브러시(⟋)〕를 탭하여 브러시 라이브러리에서 〔요소〕 → 〔대양〕 브러시를 선택합니다.

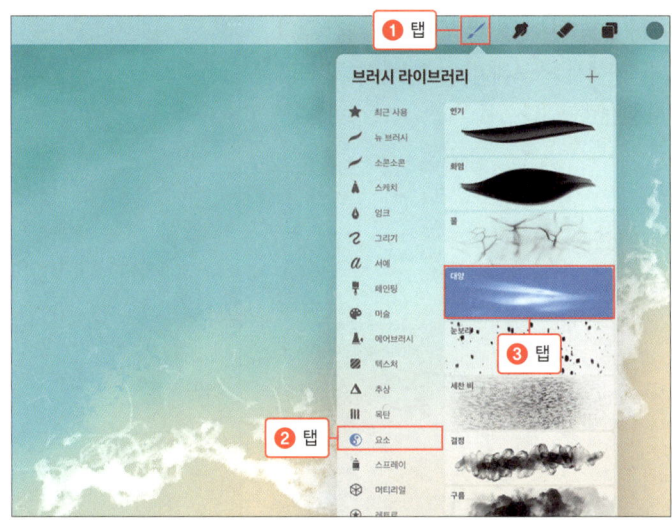

10 '짙은 에메랄드 색'을 선택하여 진한 그림자가 있는 쪽은 진하게, 파도 거품이 있는 쪽은 연하게 물결을 표현합니다.

11 '밝은 에메랄드 색'을 선택하여 빛을 받은 물결을 표현합니다.

12 (변형( ))을 탭한 다음 하단 메뉴에서 (왜곡)을 선택하여 파도의 방향대로 물결 모양을 변형합니다.

모래사장과 물방울 묘사하기

01 (레이어( ))에서 (+) 버튼을 탭하여 모래사장을 그린 '레이어 1' 위에 새 레이어를 추가합니다.

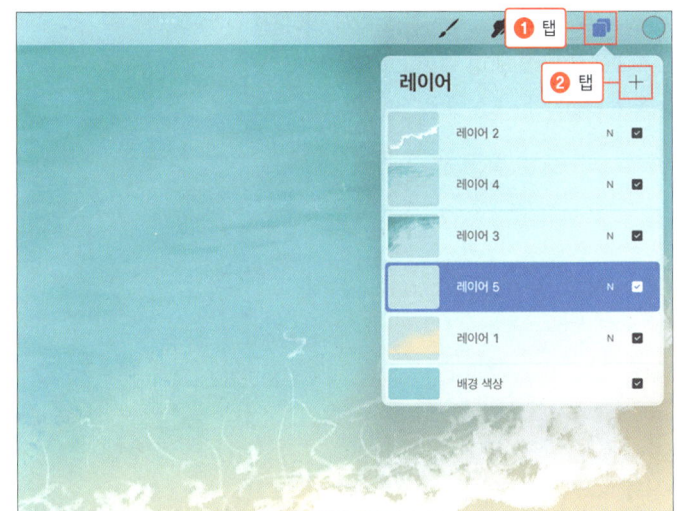

02 (브러시( ))를 탭하여 브러시 라이브러리에서 (스프레이) → (대형 노즐) 브러시를 선택합니다.

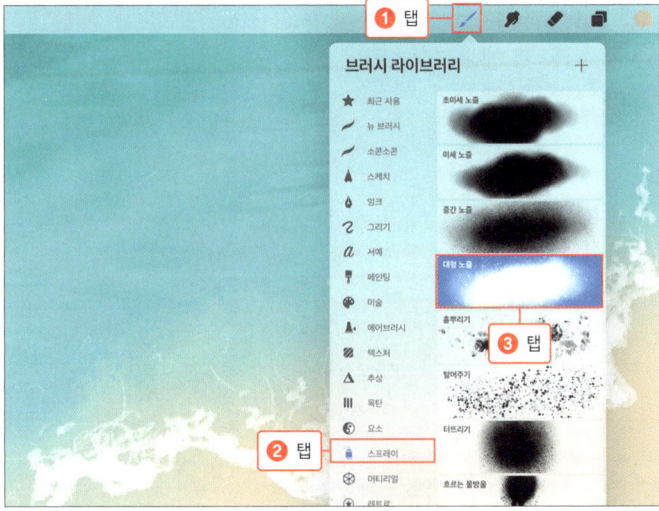

03 모래사장 위 파도 그림자를 표현합니다.

04 (브러시(✎))를 탭하여 브러시 라이브러리에서 (스프레이) → (털어주기) 브러시를 선택합니다.

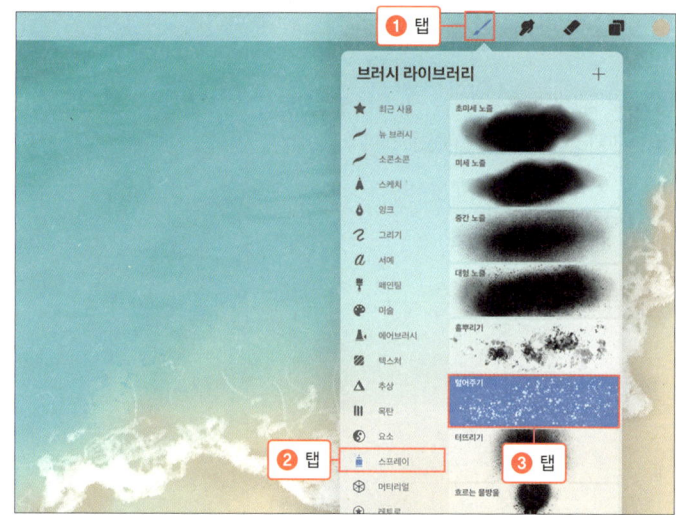

05 '짙은 모래색'을 선택하여 모래사장 전체를 브러시로 칠해 모래 질감을 표현합니다.

06 | '밝은 모래색'을 선택하여 모래사장 전체에 모래 질감을 표현합니다.

07 | (레이어(■))에서 (+) 버튼을 탭하여 가장 상단에 새 레이어를 추가합니다.

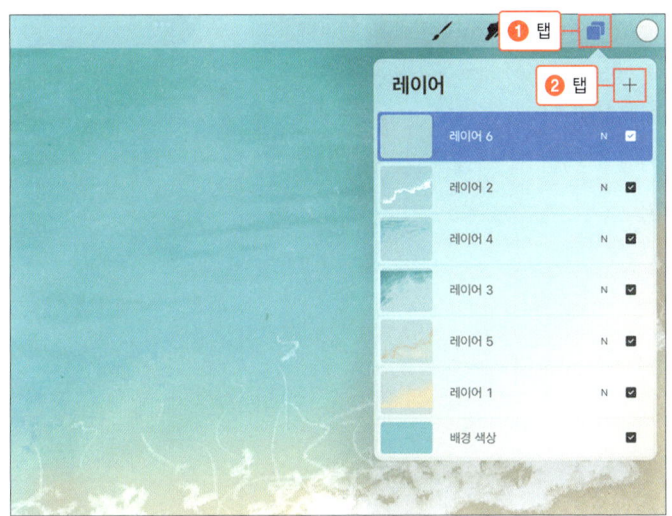

08 | '흰색'을 선택하여 파도 거품 주변에 작은 물방울들을 표현합니다.

09 │ (브러시(✎))를 탭하여 브러시 라이브러리에서 (스케치) → (6B 연필) 브러시를 선택합니다.

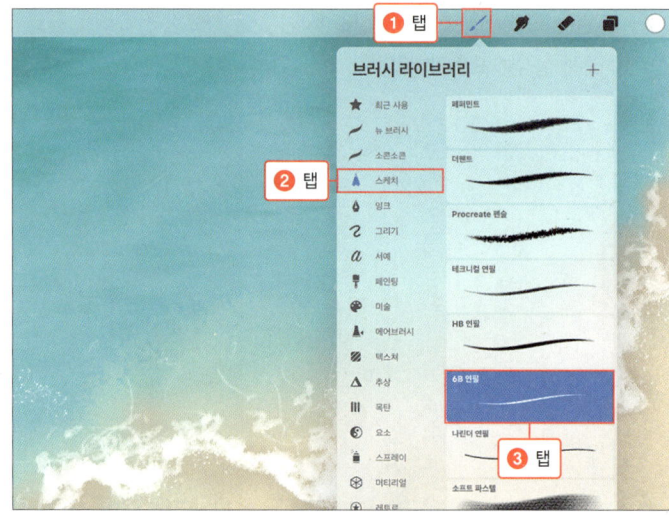

10 │ 파도 거품 주변으로 작은 동그라미를 다양한 크기로 불규칙하게 그려 물방울을 표현합니다.

11 │ (레이어(▢))에서 모래사장 그림자를 그린 '레이어 5'를 선택합니다.

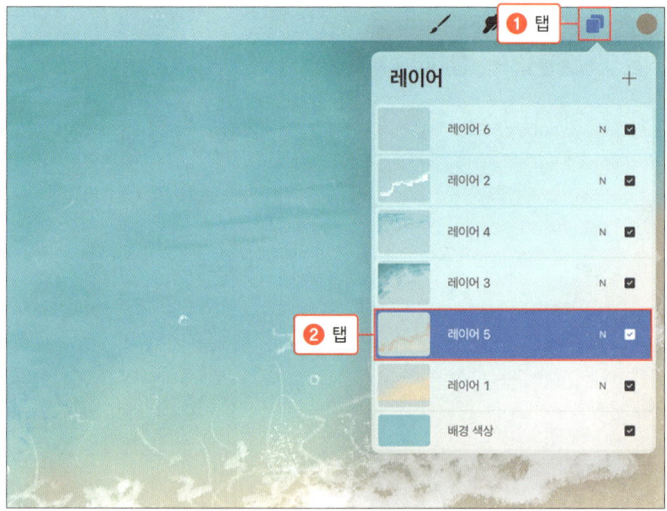

12 〔브러시(∕)〕를 탭하여 브러시 라이브러리에서 〔스케치〕 → 〔Procreate 펜슬〕 브러시를 선택합니다.

13 진한 그림자를 표현하여 그림을 마무리합니다.

유럽풍 지붕이 있는 건물 그리기

사진을 참고하여 유럽풍의 붉은색 건물을 그려 봅니다. 단계별로 형태를 잡고 명암을 표현하면 어떤 형태의 건물이라도 모두 그릴 수 있어요.

- 예제 파일 : 02\건물.jpg
- 완성 파일 : 02\건물_완성.jpg, 건물_완성.procreate

Brush

모노라인	분필	무릴라	6B 연필
서예 → 모노라인 : 밑그림	서예 → 분필 : 밑색	그리기 → 무릴라 : 음영	스케치 → 6B 연필 : 세밀 드로잉
오베론	글로밍	리틀 파인	
그리기 → 오베론 : 지붕, 구조물	그리기 → 글로밍 : 그림자	그리기 → 리틀 파인 : 풀	

Color

| 3d4552 | a19daa | 8d9599 | a6565a | 8b4f52 | 505c6b | 1b2438 | 657c29 |

건물 사진 불러와 밑그림 그리기

01 | 갤러리 화면에서 (+) 버튼을 탭한 다음 (스크린 크기)를 선택하여 새로운 캔버스를 불러옵니다.

02 | (동작(🔧)) → (추가) → (파일 삽입하기)를 선택한 다음 02 폴더에서 '건물.jpg' 파일을 불러옵니다.

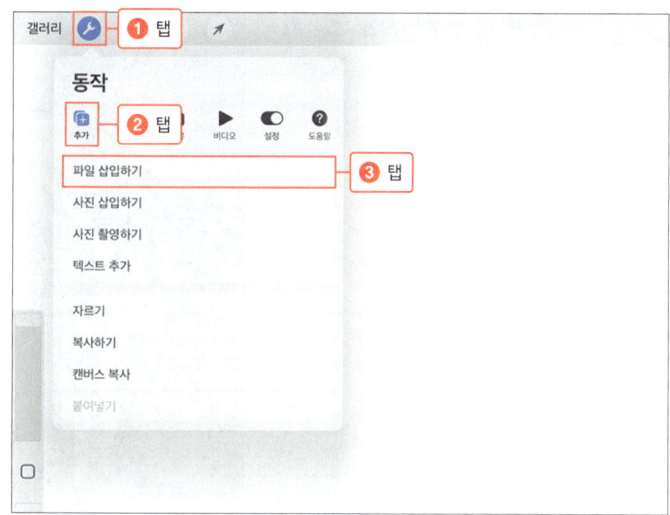

03 | (레이어(■))에서 (+) 버튼을 탭하여 새 레이어를 추가합니다.

04 〔서예〕 → 〔모노라인〕 브러시를 사용하여 건물의 형태를 빨간 선으로 밑그림을 그립니다.

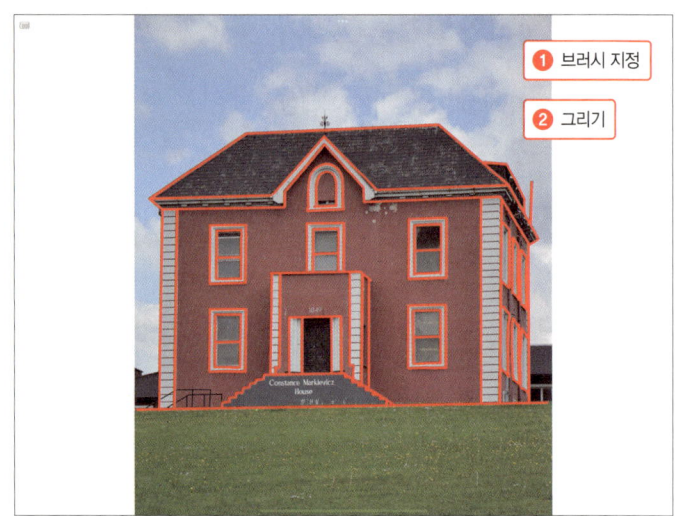

05 〔레이어(■)〕에서 밑그림을 그린 '레이어 2'의 (N)을 탭하여 불투명도를 '35%'로 조절한 다음 사진이 있는 '레이어 1'을 선택합니다.

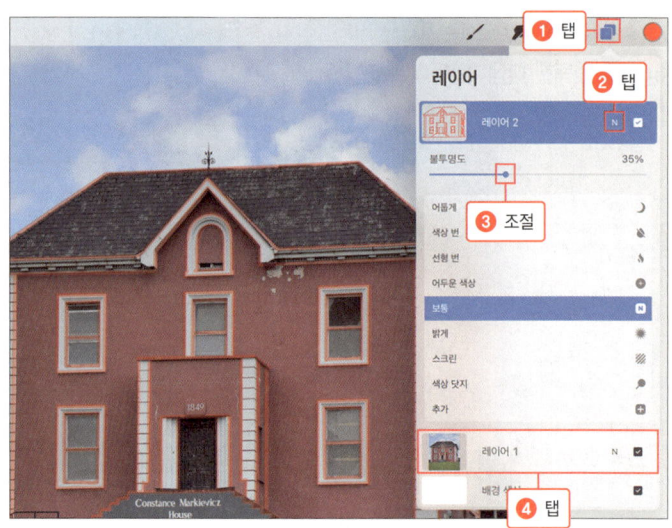

06 〔변형(↗)〕을 탭하여 크기를 줄이고 여백으로 이동합니다.

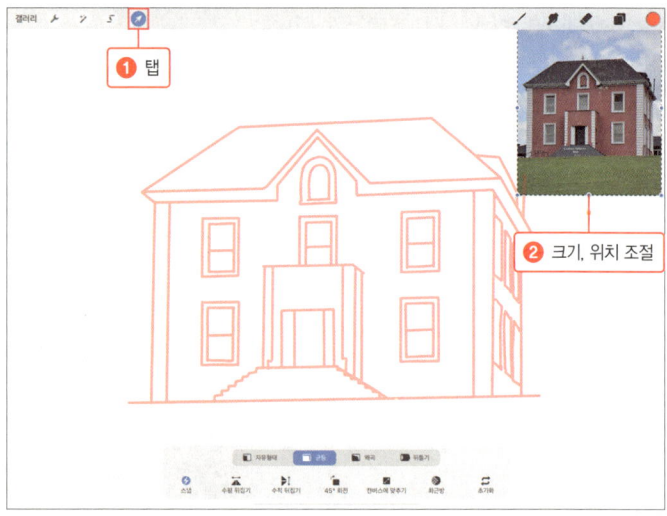

건물의 벽과 창문 그리기

01 | (레이어(🗐))에서 (+) 버튼을 탭하여 사진이 있는 '레이어 1' 위에 새 레이어를 추가합니다.

Tip 레이어 순서는 레이어를 드래그하여 변경할 수 있습니다.

02 | (브러시(✏️))를 탭하여 브러시 라이브러리에서 (서예) → (분필) 브러시를 선택합니다.

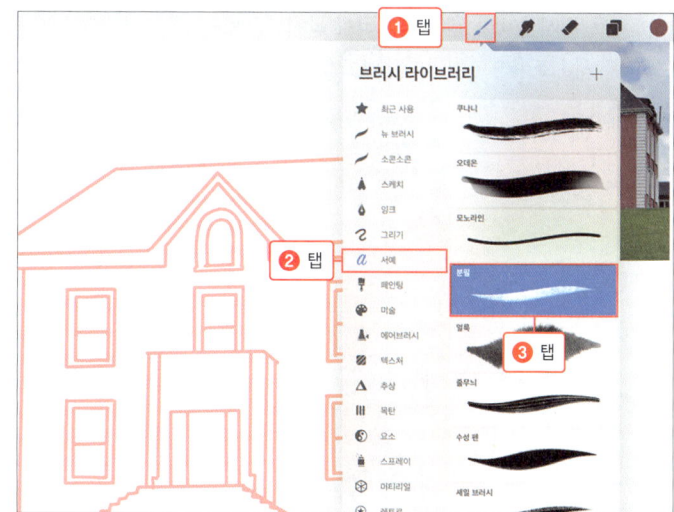

03 | '짙은 빨간색'을 선택하여 건물의 벽 색을 칠합니다.

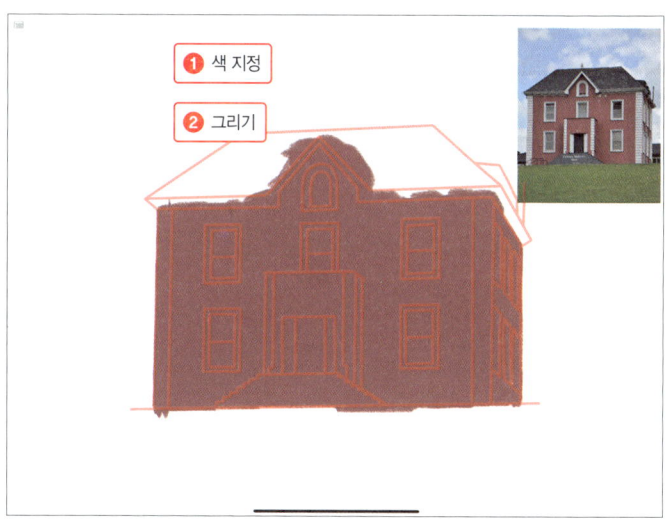

04 [레이어(■)]에서 벽을 칠한 '레이어 3'을 탭하여 표시되는 레이어 옵션에서 [알파 채널 잠금]을 선택합니다.

05 [브러시(✎)]를 탭하여 브러시 라이브러리에서 [그리기] → [무릴라] 브러시를 선택합니다.

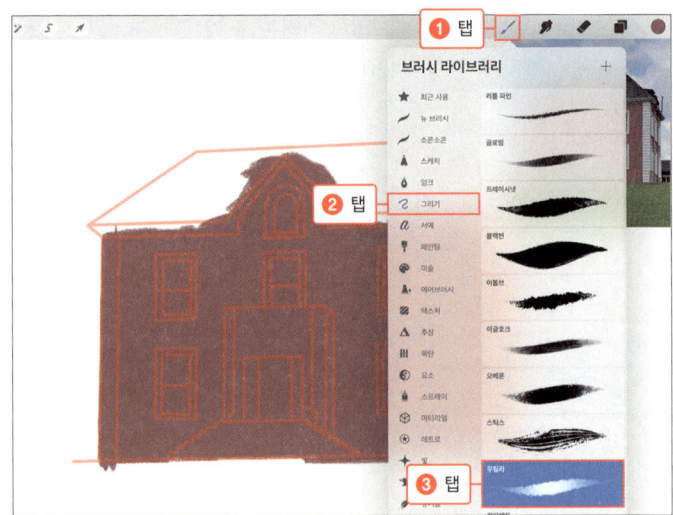

06 건물의 옆면, 지붕 그림자, 돌출 부분의 그림자 등 어두운 명암을 추가합니다.

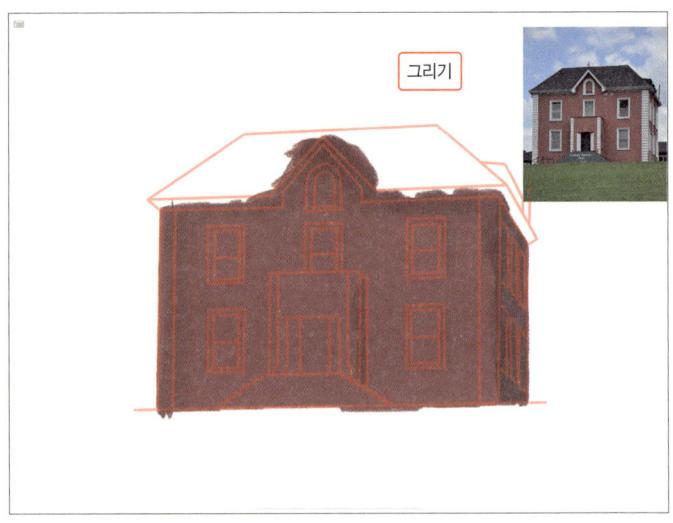

07 │ (레이어(🗐))에서 (+) 버튼을 탭하여 벽을 칠한 '레이어 3' 위에 새 레이어를 추가합니다.

추가한 '레이어 4'를 탭하여 표시되는 레이어 옵션에서 (클리핑 마스크)를 선택합니다.

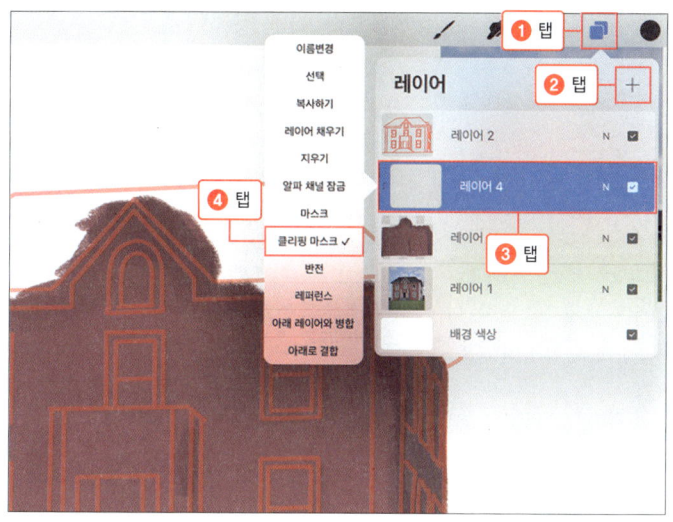

08 │ '검은색'을 선택하여 창문과 문 안을 칠합니다.

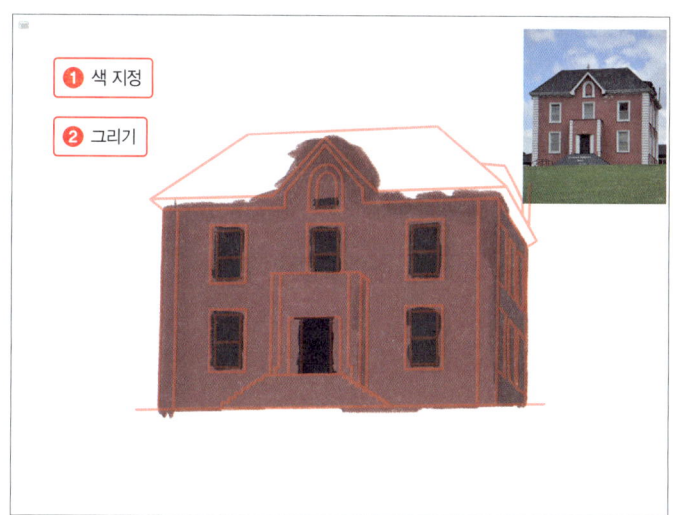

09 │ (레이어(🗐))에서 (+) 버튼을 탭하여 새 레이어를 추가합니다. 추가한 '레이어 5'를 탭하여 표시되는 레이어 옵션에서 (클리핑 마스크)를 선택합니다.

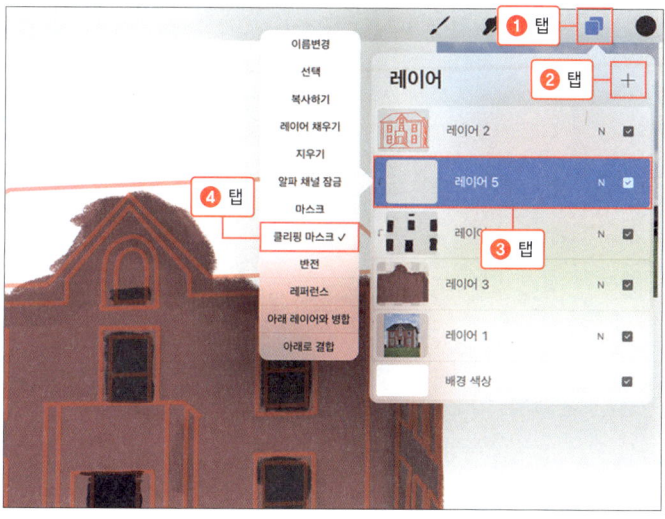

10 | 창문틀과 문틀, 구조물 등을 그립니다.

11 | (브러시(✎))를 탭하여 브러시 라이브러리에서 (스케치) → (6B 연필) 브러시를 선택합니다.

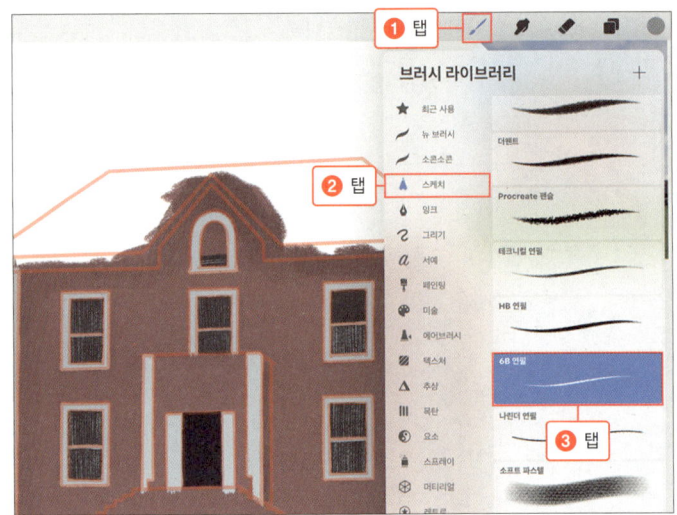

12 | 구조물의 세밀한 무늬를 표현합니다.

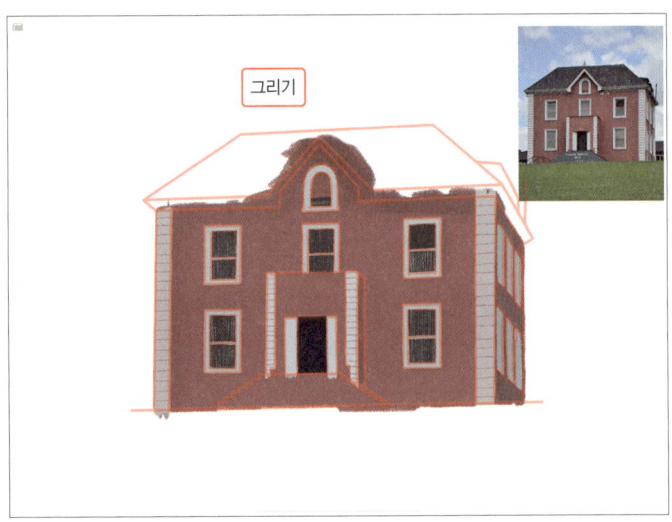

13 〔레이어(■)〕에서 〔+〕 버튼을 탭하여 새 레이어를 추가합니다. 추가한 '레이어 6'을 탭하여 표시되는 레이어 옵션에서 〔클리핑 마스크〕를 선택합니다.

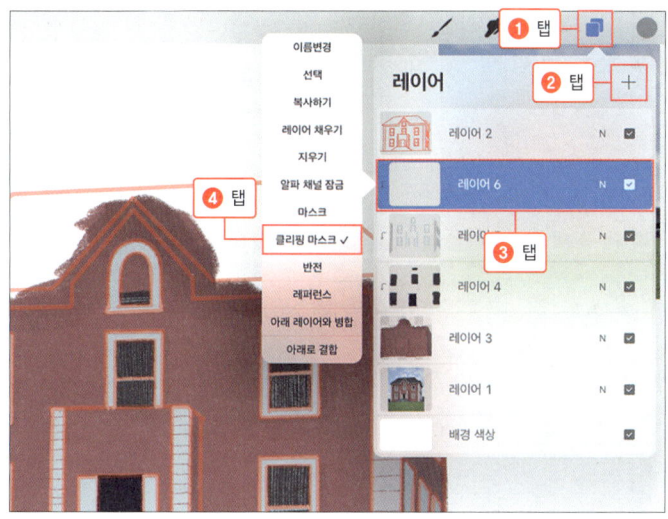

14 창문과 문의 명암을 표현합니다.

건물의 지붕과 구조물 그리기

01 〔레이어(■)〕에서 〔+〕 버튼을 탭하여 밑그림을 그린 '레이어 2' 아래에 새 레이어를 추가합니다.

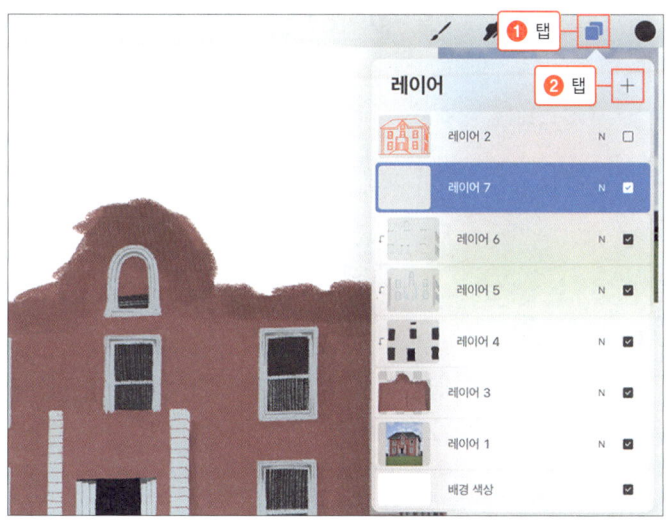

06 유럽풍 지붕이 있는 건물 그리기 **105**

02 〔그리기〕 → 〔오베론〕 브러시를 사용하여 지붕을 그립니다.

03 〔레이어(◻)〕에서 〔+〕 버튼을 탭하여 지붕을 그린 '레이어 7' 위에 새 레이어를 추가합니다.
추가한 '레이어 8'을 탭하여 표시되는 레이어 옵션에서 〔클리핑 마스크〕를 선택합니다.

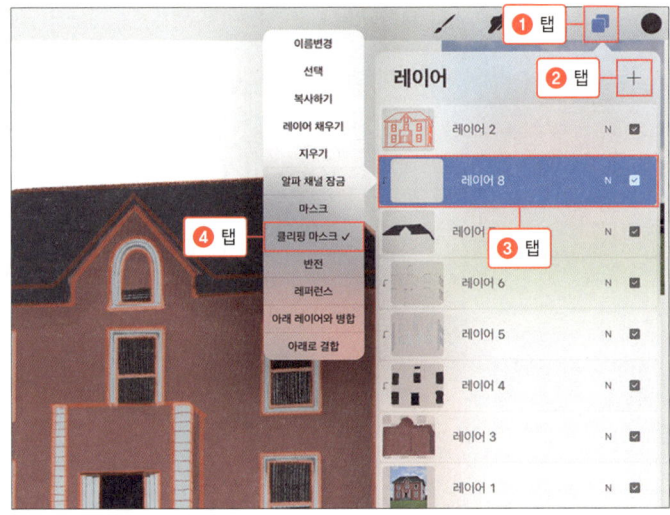

04 지붕 밑 명암과 가로줄 무늬를 그립니다.

Tip 밑그림에 가려 형태가 잘 보이지 않는 부분은 밑그림을 그린 레이어를 체크 해제하여 화면에서 보이지 않게 하고 그림을 그립니다.

05 〔레이어(▣)〕에서 〔+〕 버튼을 탭하여 새 레이어를 추가합니다.

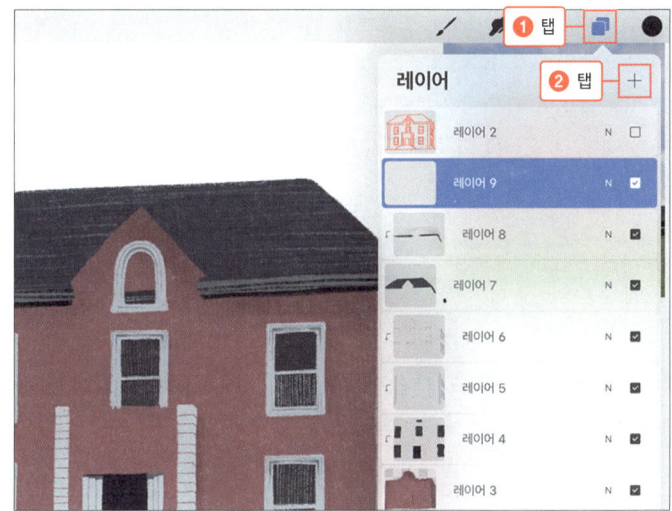

06 계단과 지붕 위 구조물들을 그립니다.

07 〔브러시(✎)〕를 탭하여 브러시 라이브러리에서 〔그리기〕 → 〔글로밍〕 브러시를 선택합니다.

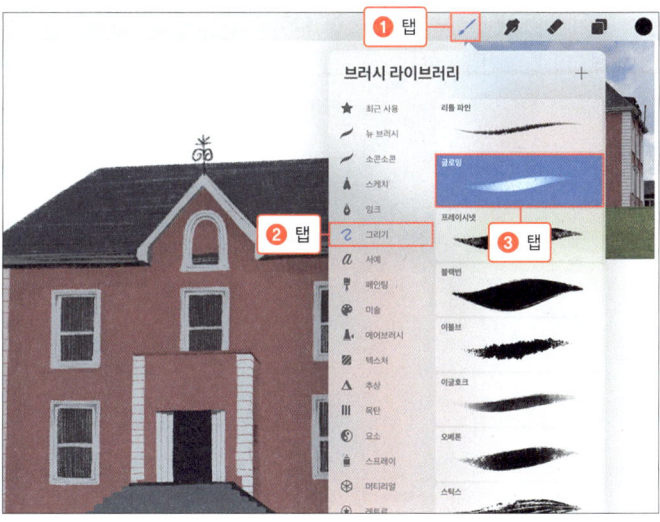

06 유럽풍 지붕이 있는 건물 그리기

08 〔레이어(🗐)〕에서 〔+〕 버튼을 탭하여 새 레이어를 추가합니다.
추가한 '레이어 10'의 〔N〕을 탭하여 불투명도를 '40%'로 조절한 다음 혼합 모드를 〔색상 번〕으로 선택합니다.

09 벽의 지붕 그림자, 구조물의 그림자 등 명암을 추가합니다.

10 〔레이어(🗐)〕에서 〔+〕 버튼을 탭하여 새 레이어를 추가합니다.

11 (브러시(✏️))를 탭하여 브러시 라이브러리에서 (그리기) → (리틀 파인) 브러시를 선택합니다.

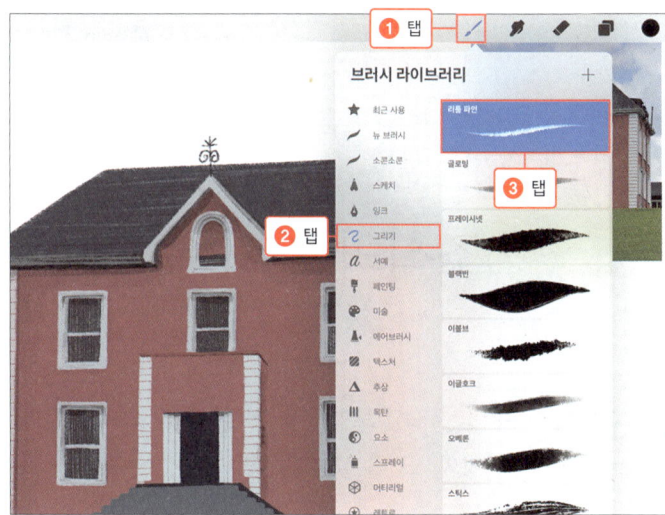

12 풀로 덮인 땅을 그려 그림을 마무리합니다.

조식의 즐거움, 크루아상 그리기

여러 겹으로 이루어진 초승달 모양의 빵 크루아상을 그려 봅니다. 조식으로도 자주 먹을 수 있는 바삭한 크루아상의 질감을 살려 표현합니다.

- 예제 파일 : 02\크루아상.jpg
- 완성 파일 : 02\크루아상_완성.jpg, 크루아상_완성.procreate

Brush

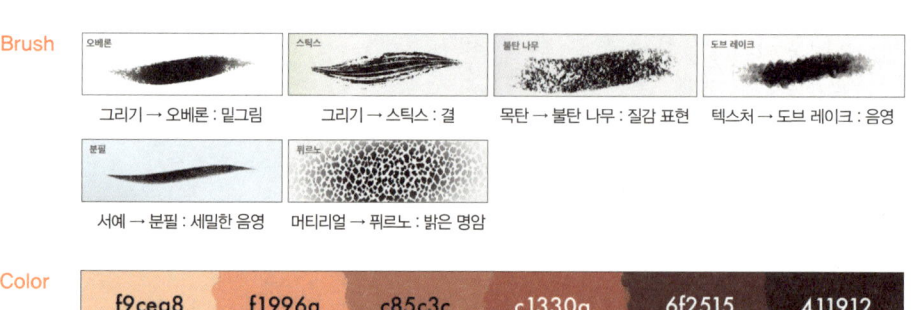

크루아상 사진 불러와 밑그림 그리기

01 | 갤러리 화면에서 (+) 버튼을 탭한 다음 (스크린 크기)를 선택하여 새로운 캔버스를 불러옵니다.

02 | (동작(🔧)) → (추가) → (파일 삽입하기)를 선택한 다음 02 폴더에서 '크루아상.jpg' 파일을 불러옵니다.

03 | (변형(↗))을 탭한 다음 하단 메뉴에서 (균등)을 선택하여 사진 크기와 위치를 조절합니다.

04 〔레이어(▣)〕에서 〔+〕 버튼을 탭하여 새 레이어를 추가합니다.

05 〔브러시(✎)〕를 탭하여 브러시 라이브러리에서 〔그리기〕 → 〔오베론〕 브러시를 선택합니다.

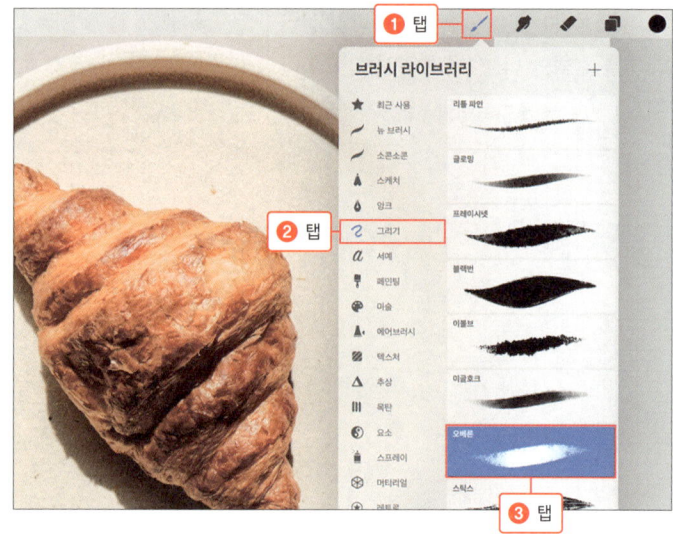

06 손가락으로 사진을 길게 탭하여 색을 추출한 다음 크루아상 외각 형태대로 채색합니다.

07 〔레이어(▣)〕에서 사진이 있는 '레이어 1'을 선택합니다.

08 〔변형(↗)〕을 탭한 다음 하단 메뉴에서 〔균등〕을 선택합니다. 사진의 크기를 조절하고 여백으로 위치를 이동합니다.

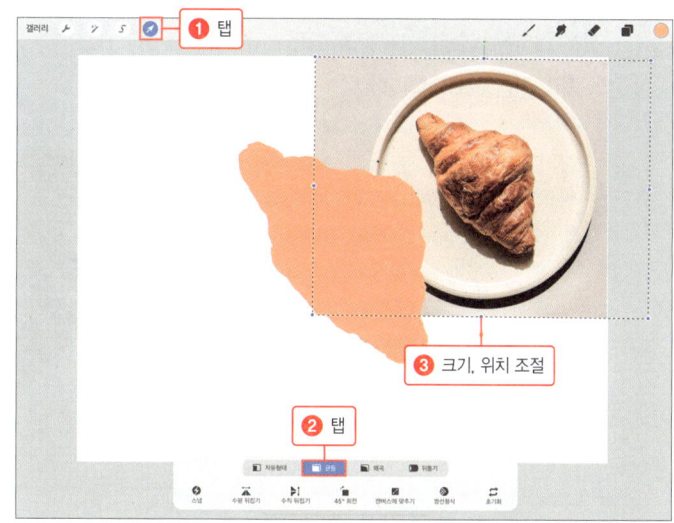

크루아상의
크리스피 결 묘사하기

01 〔레이어(▣)〕에서 〔+〕 버튼을 탭하여 가장 상단에 새 레이어를 추가합니다. 추가한 '레이어 3'을 탭하여 표시되는 레이어 옵션에서 〔클리핑 마스크〕를 선택합니다.

02 〔그리기〕 → 〔스틱스〕 브러시를 선택한 다음 '밝은 황토색'을 선택하여 크루아상 결을 표현합니다.

03 점점 어두운색으로 선택하여 크루아상 결을 따라 명암을 표현합니다.

04 〔레이어(■)〕에서 〔+〕 버튼을 탭하여 크리스피 결을 그린 '레이어 3' 위에 새 레이어를 추가합니다.

추가한 '레이어 4'를 탭하여 표시되는 레이어 옵션에서 〔클리핑 마스크〕를 선택합니다.

05 (목탄) → (불탄 나무) 브러시를 선택한 다음 '검은색'을 선택하여 크루아상 전체를 채색합니다.

06 (레이어(■))에서 검은색으로 채색한 '레이어 4'의 (N)을 탭하여 혼합 모드를 (스크린)으로 선택합니다.

07 (+) 버튼을 탭하여 검은색으로 채색한 '레이어 4' 위에 새 레이어를 추가합니다. 추가한 '레이어 5'를 탭하여 표시되는 레이어 옵션에서 (클리핑 마스크)를 선택합니다.

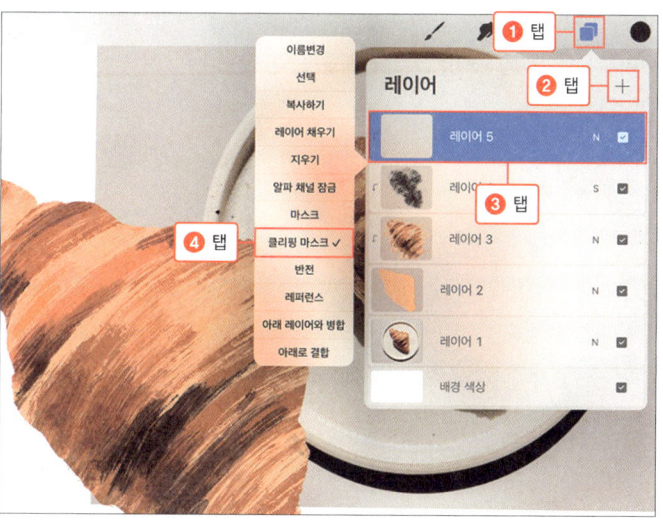

08 [텍스처] → [도브 레이크] 브러시를 선택한 다음 '어두운 갈색'을 선택하여 크루아상의 갈라진 질감을 표현합니다.

09 [레이어(■)]에서 [+] 버튼을 탭하여 어두운 질감을 표현한 '레이어 5' 위에 새 레이어를 추가합니다.
추가한 '레이어 6'을 탭하여 표시되는 레이어 옵션에서 [클리핑 마스크]를 선택합니다.

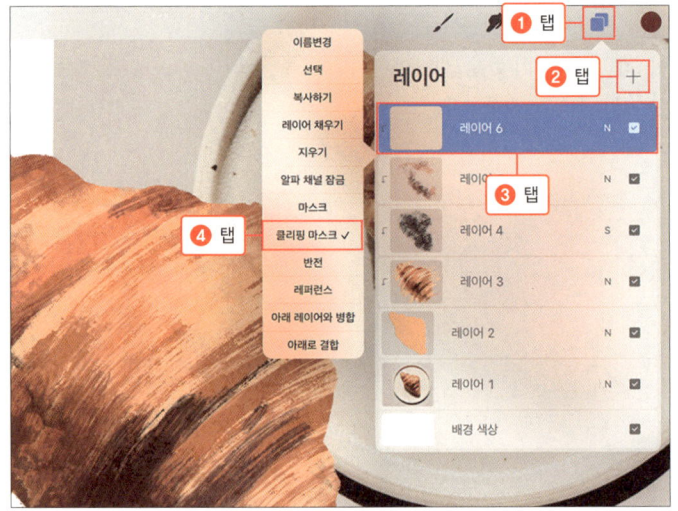

10 [브러시(✏)]를 탭하여 브러시 라이브러리에서 [서예] → [분필] 브러시를 선택합니다.

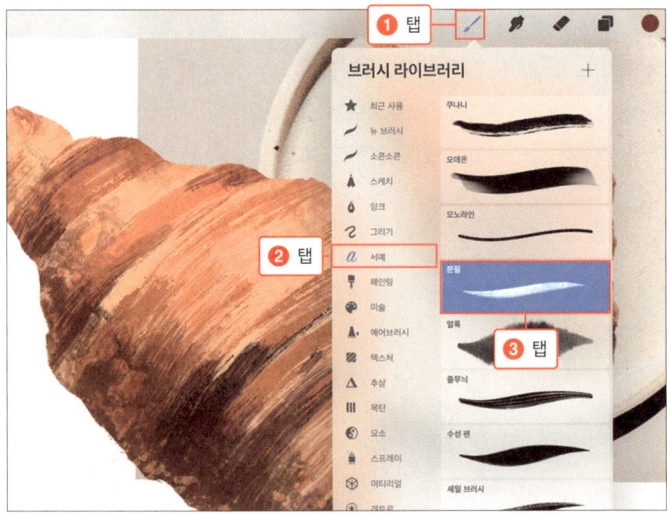

11 '어두운 갈색'을 선택하여 갈라진 영역을 진하게 표현합니다.

12 (브러시(✏))를 탭하여 브러시 라이브러리에서 (머티리얼) → (퓌르노) 브러시를 선택합니다.

13 빛을 받은 밝은 영역을 표현합니다. 사진 레이어를 삭제하여 크루아상 그림을 마무리합니다.

건강한 샐러드, 아보카도 그리기

부드러운 식감과 고소한 맛으로 샌드위치나 샐러드 등 여러 가지 요리에 많이 사용되는 아보카도를 그려 봅니다. 촉촉하고 부드러운 과육, 단단한 씨앗, 울퉁불퉁한 껍질의 질감을 살려 표현합니다.

- 예제 파일 : 02\아보카도.jpg
- 완성 파일 : 02\아보카도_완성.jpg, 아보카도_완성.procreate

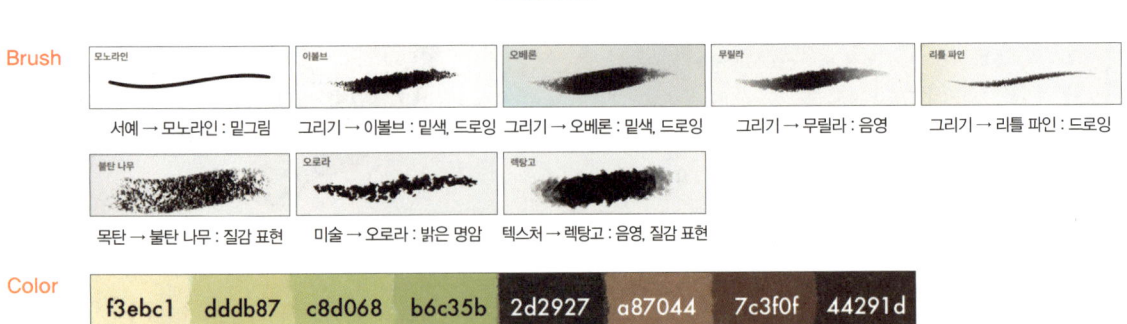

아보카도 사진
불러와 밑그림 그리기

01 갤러리 화면에서 (+) 버튼을 탭한 다음 (스크린 크기)를 선택하여 새로운 캔버스를 불러옵니다.

02 (동작(🔧)) → (추가) → (파일 삽입하기)를 선택한 다음 02 폴더에서 '아보카도.jpg' 파일을 불러옵니다.

03 (레이어(■))에서 (+) 버튼을 탭하여 새 레이어를 추가합니다.

04 〔브러시(⬚)〕를 탭하여 브러시 라이브러리에서 〔서예〕 → 〔모노라인〕 브러시를 선택합니다.

05 아보카도의 형태를 따라 밑그림을 그립니다.

06 〔레이어(⬚)〕에서 밑그림을 그린 '레이어 2'의 〔N〕을 탭하여 불투명도를 '35%'로 조절한 다음 아보카도 사진이 있는 '레이어 1'을 선택합니다.

07 | (변형( ))을 탭한 다음 하단 메뉴에서 (균등)을 선택합니다. 사진의 크기를 줄이고 여백으로 위치를 이동합니다.

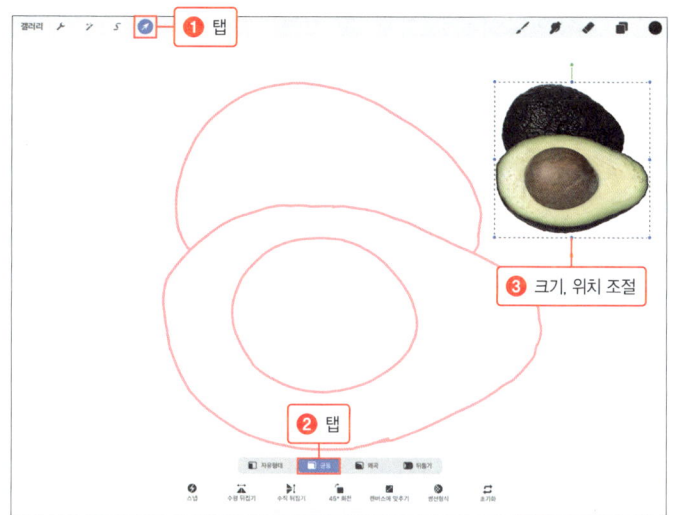

08 | (레이어( ))에서 (+) 버튼을 탭하여 밑그림을 그린 '레이어 2' 아래에 새 레이어를 추가합니다.

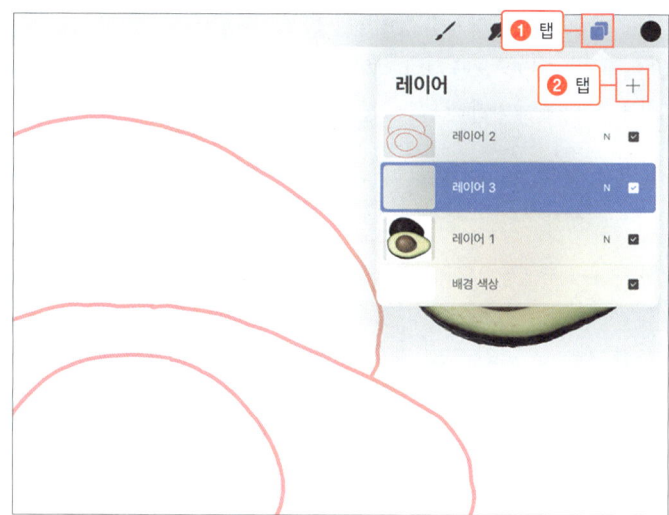

09 | (브러시( ))를 탭하여 브러시 라이브러리에서 (그리기) → (이불브) 브러시를 선택합니다.

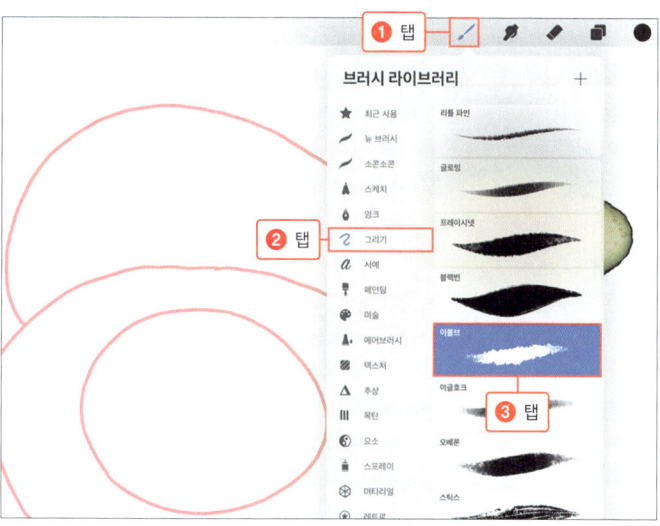

10 뒤에 있는 아보카도의 껍질을 그립니다.

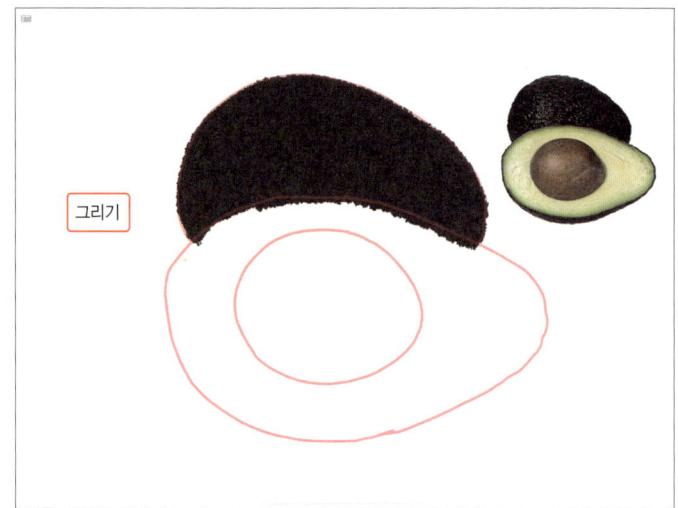

11 (레이어(■))에서 (+) 버튼을 탭하여 뒤에 있는 아보카도를 그린 '레이어 3' 위에 새 레이어를 추가합니다.

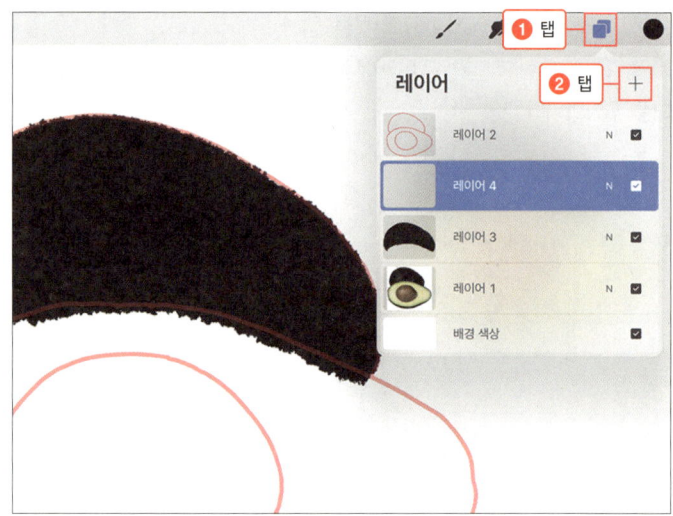

12 (브러시(✎))를 탭하여 브러시 라이브러리에서 (그리기) → (오베론) 브러시를 선택합니다.

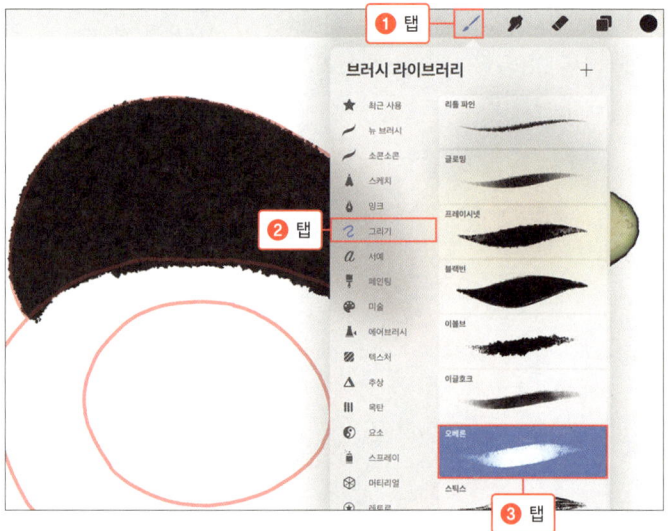

13 앞에 있는 아보카도의 과육을 그립니다.

14 (브러시(/))를 탭하여 브러시 라이브러리에서 (그리기) → (이볼브) 브러시를 선택합니다.

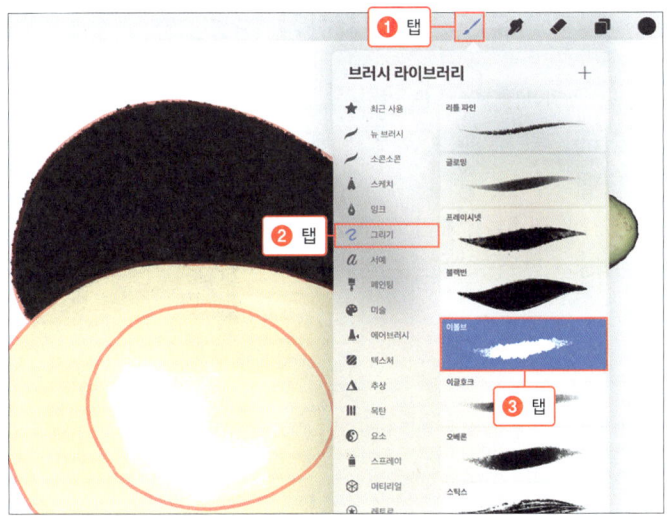

15 (레이어(■))에서 (+) 버튼을 탭하여 과육을 그린 '레이어 4' 위에 새 레이어를 추가합니다.

16 | 앞에 있는 아보카도의 껍질을 그립니다.

아보카도 과육과 껍질 묘사하기

01 | [레이어(■)]에서 [+] 버튼을 탭하여 과육을 그린 '레이어 4' 위에 새 레이어를 추가합니다.
추가한 '레이어 6'을 탭하여 표시되는 레이어 옵션에서 [클리핑 마스크]를 선택합니다.

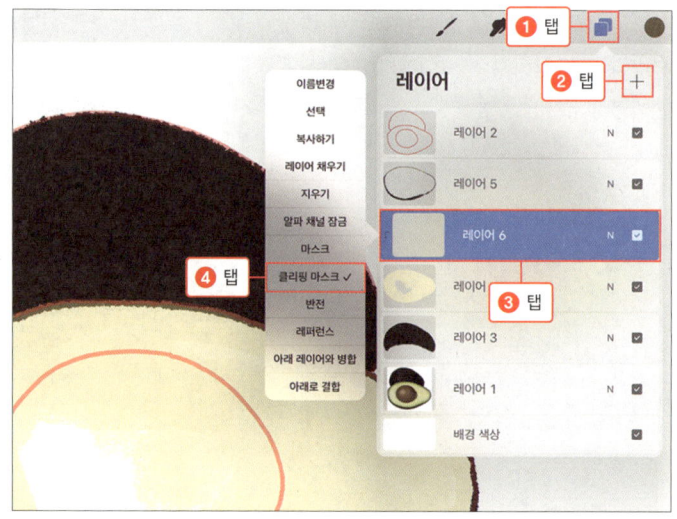

02 | [브러시(✏)]를 탭하여 브러시 라이브러리에서 [그리기] → [무릴라] 브러시를 선택합니다.

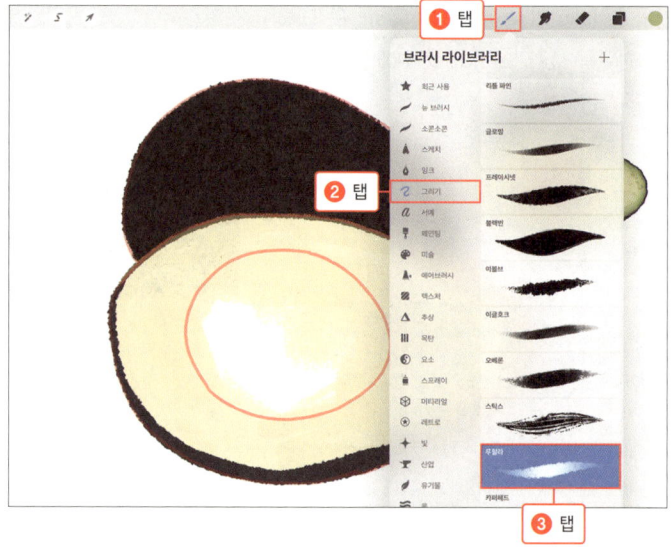

03 | 껍질에 가까운 과육을 중심으로 음영을 표현합니다.

Tip 음영을 과육의 질감 모양대로 칠합니다.

04 | (브러시(✎))를 탭하여 브러시 라이브러리에서 (그리기) → (리틀 파인) 브러시를 선택합니다.

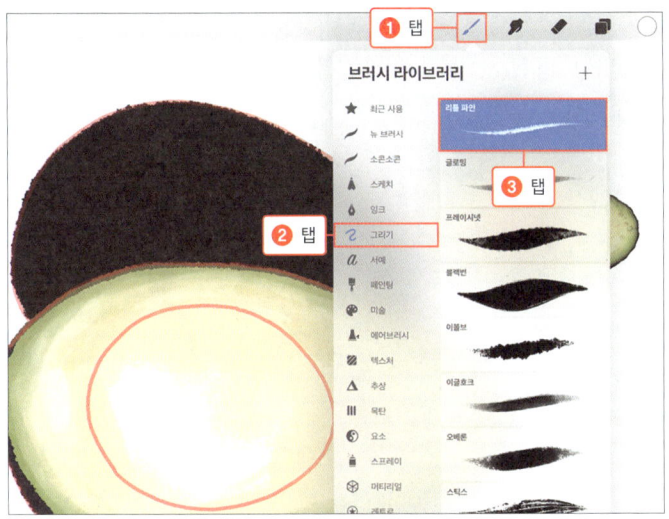

05 | 껍질에 가까운 음영을 더 짙게 표현하고 잘 익은 아보카도의 결과 점박이를 표현합니다.

06 〔레이어(▣)〕에서 〔+〕 버튼을 탭하여 앞에 있는 아보카도의 껍질을 그린 '레이어 5' 위에 새 레이어를 추가합니다.
추가한 '레이어 7'을 탭하여 표시되는 레이어 옵션에서 〔클리핑 마스크〕를 선택합니다.

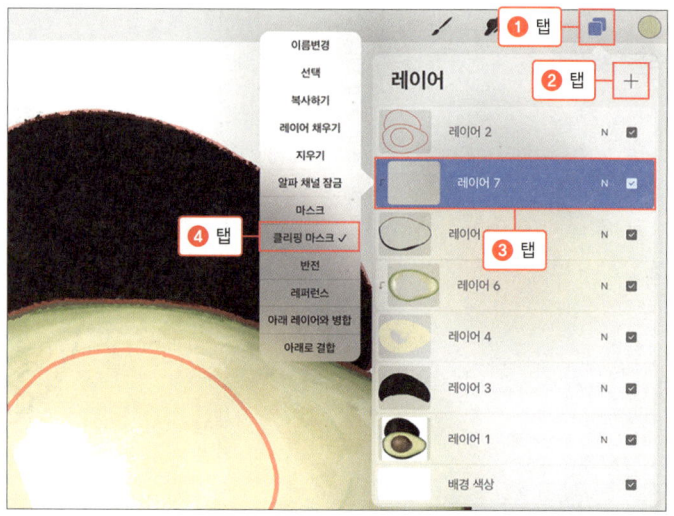

07 〔브러시(✏)〕를 탭하여 브러시 라이브러리에서 〔목탄〕 → 〔불탄 나무〕 브러시를 선택합니다.

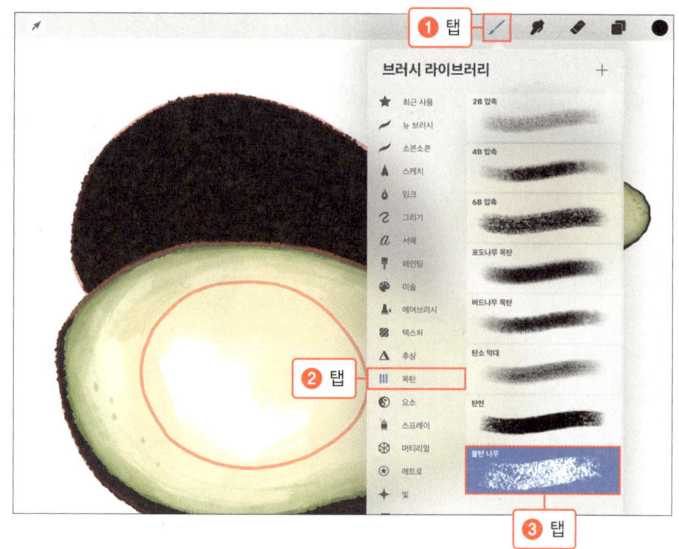

08 앞에 있는 아보카도 껍질의 밝고 어두운 음영을 추가합니다.

09 〔레이어(▣)〕에서 〔+〕 버튼을 탭하여 뒤에 있는 아보카도의 껍질을 그린 '레이어 3' 위에 새 레이어를 추가합니다.
추가한 '레이어 8'을 탭하여 표시되는 레이어 옵션에서 〔클리핑 마스크〕를 선택합니다.

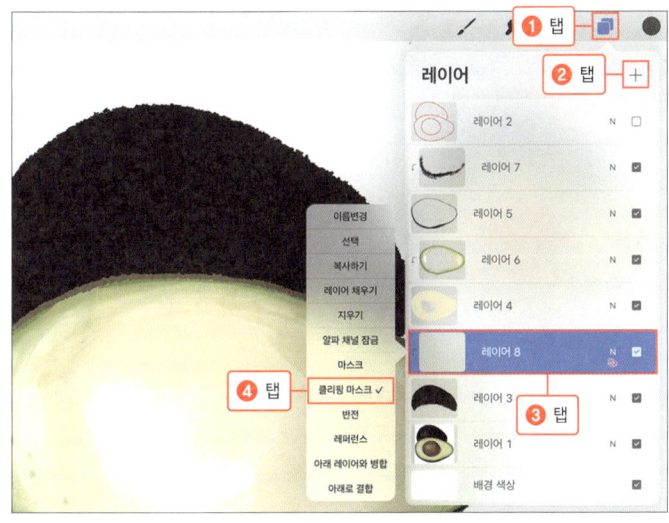

10 뒤에 있는 아보카도 껍질의 밝고 어두운 음영을 추가합니다.

Tip 밑그림을 그린 '레이어 2'를 상황에 따라 체크 표시, 해제하여 작업하면 더욱 편리합니다.

11 〔브러시(✏)〕를 탭하여 브러시 라이브러리에서 〔미술〕 → 〔오로라〕 브러시를 선택하고 사이드 바에서 브러시 크기를 조절합니다.

08 건강한 샐러드, 아보카도 그리기

12 점을 콕콕 찍어 뒤에 있는 아보카도 껍질의 빛 받은 영역을 표현합니다.

아보카도 씨 그리고 묘사하기

01 〔레이어(■)〕에서 〔+〕 버튼을 탭하여 밑그림을 그린 '레이어 2' 아래에 새 레이어를 추가합니다.

02 〔브러시(✎)〕를 탭하여 브러시 라이브러리에서 〔그리기〕 → 〔오베론〕 브러시를 선택합니다.

03 아보카도의 씨를 그립니다.

04 (레이어(▣))에서 (+) 버튼을 탭하여 씨를 그린 '레이어 9' 위에 새 레이어를 추가합니다. 추가한 '레이어 10'을 탭하여 표시되는 레이어 옵션에서 (클리핑 마스크)를 선택합니다.

05 (브러시(✏))를 탭하여 브러시 라이브러리에서 (텍스처) → (렉탕고) 브러시를 선택합니다.

06 사진을 참고하여 아보카도 씨의 음영을 표현합니다.

07 (레이어(■))에서 (+) 버튼을 탭하여 씨를 그린 '레이어 9' 아래에 새 레이어를 추가합니다.

08 (브러시(✏))를 탭하여 브러시 라이브러리에서 (그리기) → (오베론) 브러시를 선택합니다.

09 아보카도 씨를 따라 과육에 어두운 음영을 표현합니다.

10 (레이어(■))에서 사진이 있는 '레이어 1'을 왼쪽으로 드래그한 다음 (삭제) 버튼을 탭합니다.

11 아보카도 그림을 마무리합니다.

길거리 푸드, 핫도그 그리기

여행지 길거리에서 먹기 좋은 핫도그를 그려 봅니다. 두툼한 빵 안에 소시지와 케첩, 야채가 들어간 핫도그 재료들의 서로 다른 질감을 표현합니다.

- 예제 파일 : 02\핫도그.jpg
- 완성 파일 : 02\핫도그_완성.jpg, 핫도그_완성.procreate

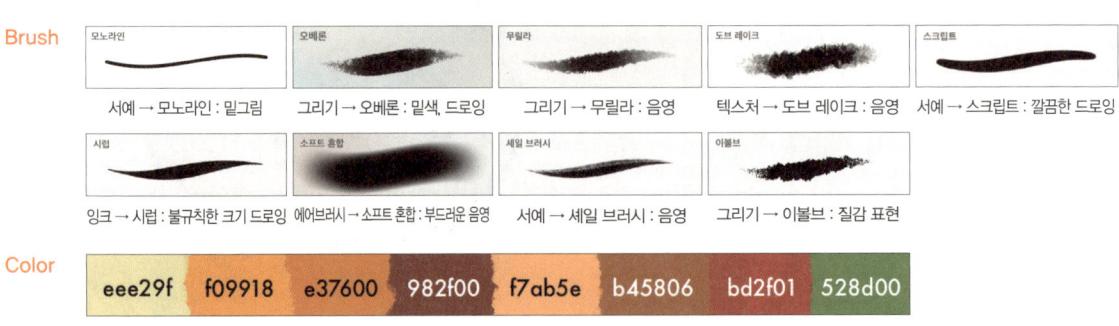

핫도그 사진 불러와 밑그림 그리기

01 갤러리 화면에서 (+) 버튼을 탭한 다음 (스크린 크기)를 선택하여 새로운 캔버스를 불러옵니다.

02 (동작(🔧)) → (추가) → (파일 삽입하기)를 선택한 다음 02 폴더에서 '핫도그.jpg' 파일을 불러옵니다.

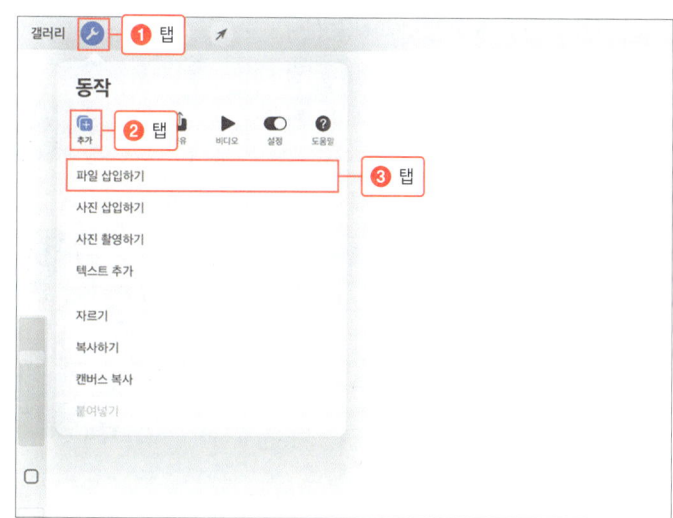

03 (변형(↗))을 탭한 다음 하단 메뉴에서 (균등)을 선택하고 사진의 크기와 위치를 조절합니다.

09 길거리 푸드, 핫도그 그리기

04 〔레이어(◼)〕에서 〔+〕 버튼을 탭하여 새 레이어를 추가합니다.

05 〔서예〕 → 〔모노라인〕 브러시를 선택하고 핫도그의 형태를 따라 밑그림을 그립니다. 사진이 잘린 부분은 형태가 자연스럽게 이어지도록 상상하며 그립니다.

06 〔레이어(◼)〕에서 밑그림을 그린 '레이어 2'의 〔N〕을 탭하여 불투명도를 '35%'로 조절하고 핫도그 사진이 있는 '레이어 1'을 선택합니다.

07 (변형( ))을 탭한 다음 하단 메뉴에서 (균등)을 선택합니다. 사진의 크기를 작게 조절하고 여백으로 사진을 이동합니다.

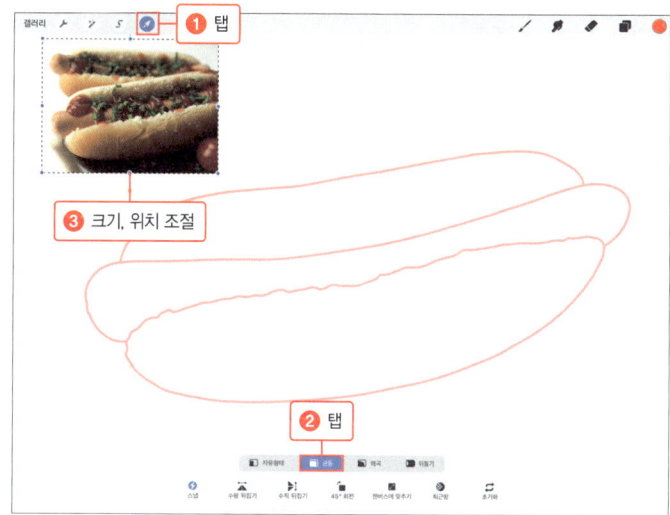

핫도그의 빵과 소시지 그리기

01 (레이어( ))에서 (+) 버튼을 탭하여 사진이 있는 '레이어 1' 위에 새 레이어를 추가합니다.

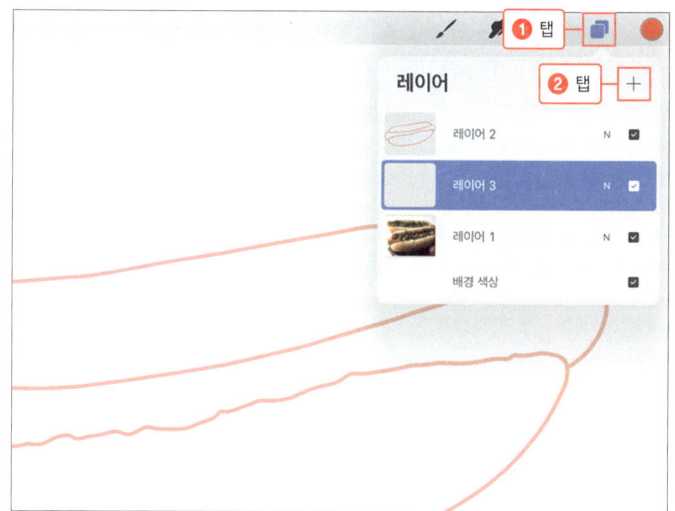

02 (브러시( ))를 탭하여 브러시 라이브러리에서 (그리기) → (오베론) 브러시를 선택합니다.

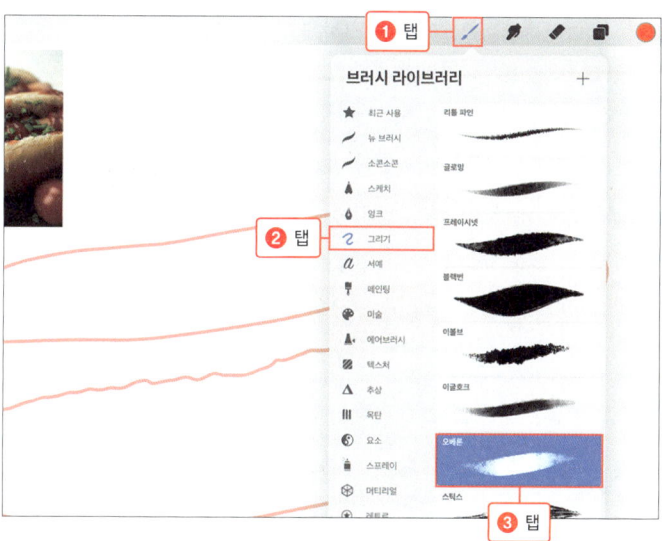

03 | 핫도그의 앞에 있는 빵을 그립니다.

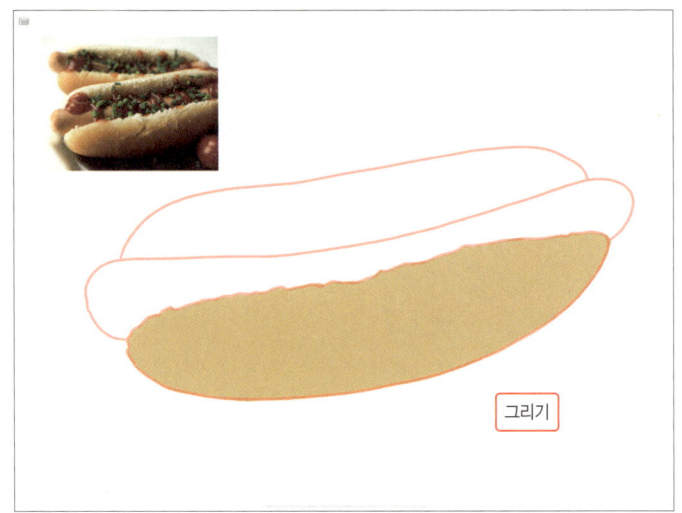

04 | (레이어(■))에서 앞에 있는 빵을 그린 '레이어 3'을 탭하여 표시되는 레이어 옵션에서 (알파 채널 잠금)을 선택합니다.

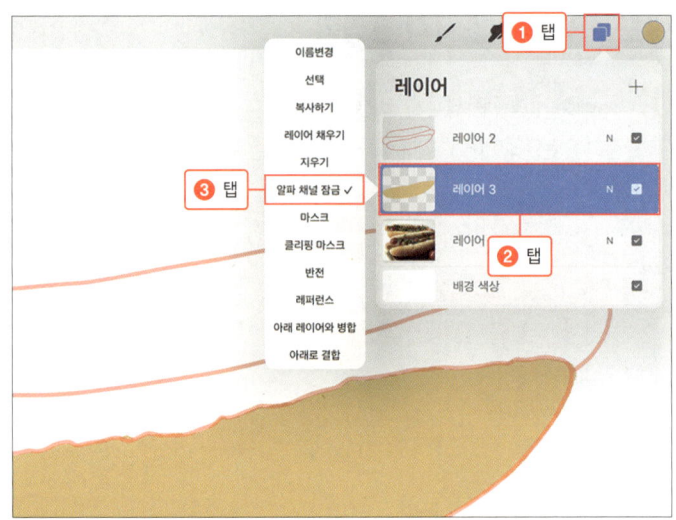

05 | (브러시(✎))를 탭하여 브러시 라이브러리에서 (그리기) → (무릴라) 브러시를 선택합니다.

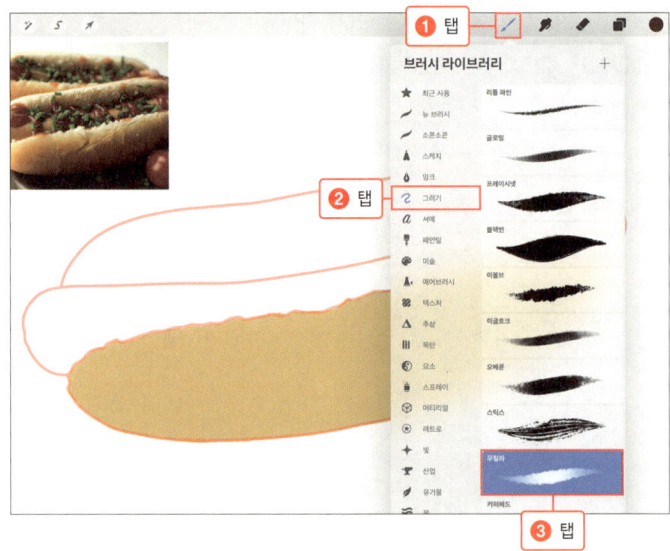

06 빵의 어둡고 밝은 음영을 표현합니다.

07 (레이어(■))에서 앞에 있는 빵을 그린 '레이어 3'을 탭하여 표시되는 레이어 옵션에서 (알파 채널 잠금)을 선택하여 해제합니다.

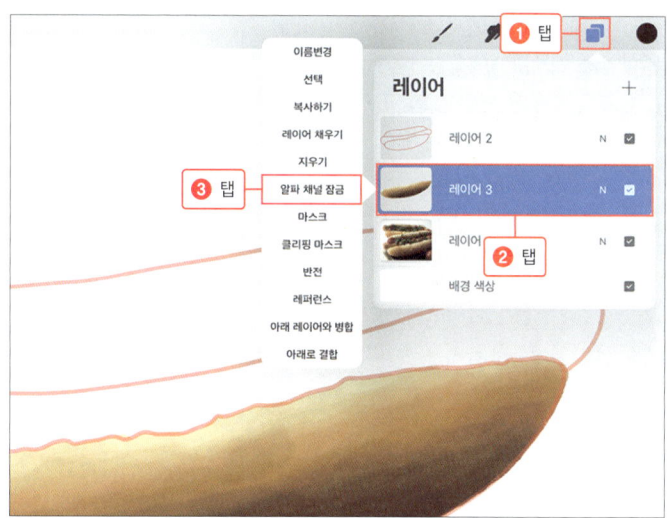

08 (레이어(■))에서 (+) 버튼을 탭하여 앞에 있는 빵을 그린 '레이어 3' 아래에 새 레이어를 추가합니다.

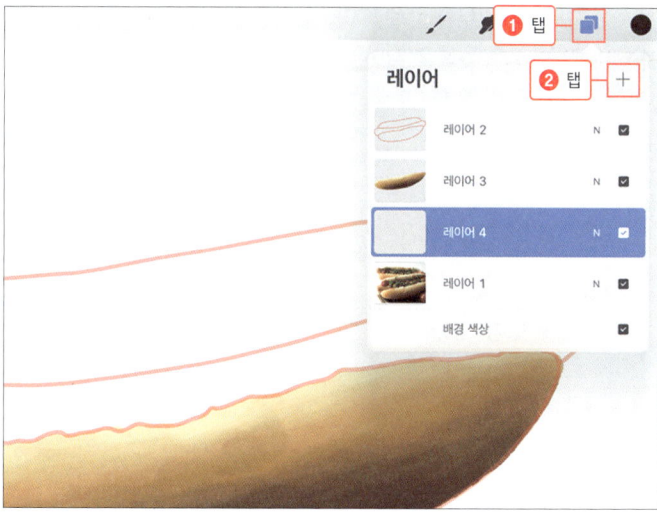

09 길거리 푸드, 핫도그 그리기

09 〔그리기〕 → 〔오베론〕 브러시를 선택하여 소시지를 그립니다.

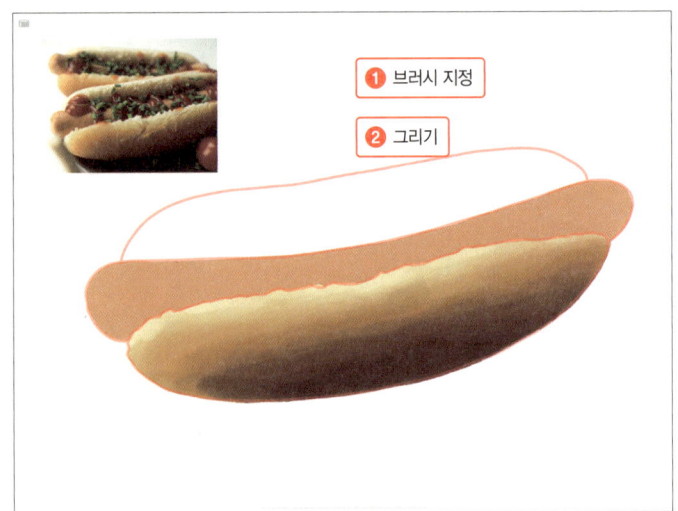

10 〔레이어(■)〕에서 소시지를 그린 '레이어 4'를 탭하여 표시되는 레이어 옵션에서 〔알파 채널 잠금〕을 선택합니다.

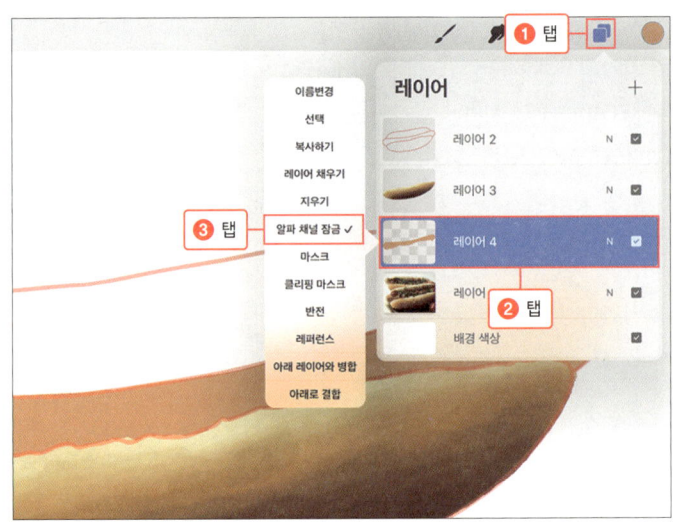

11 〔그리기〕 → 〔무릴라〕 브러시를 선택하여 소시지의 밝고 어두운 음영을 표현합니다.

12 〔레이어(□)〕에서 〔+〕 버튼을 탭하여 소시지를 그린 '레이어 4' 아래에 새 레이어를 추가합니다.

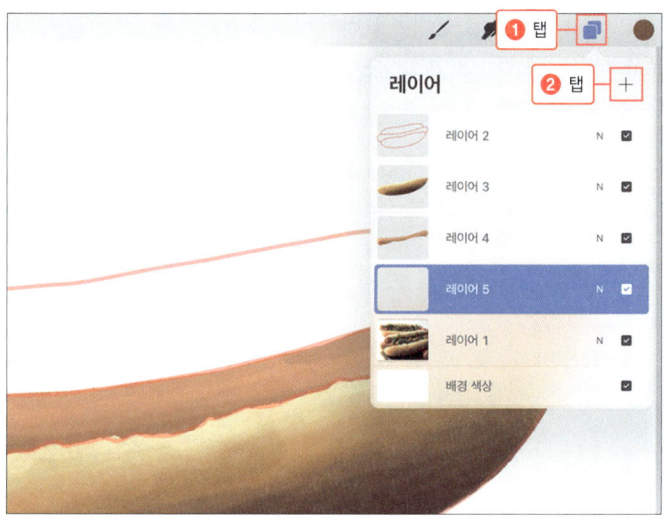

13 뒤에 있는 빵을 그립니다.

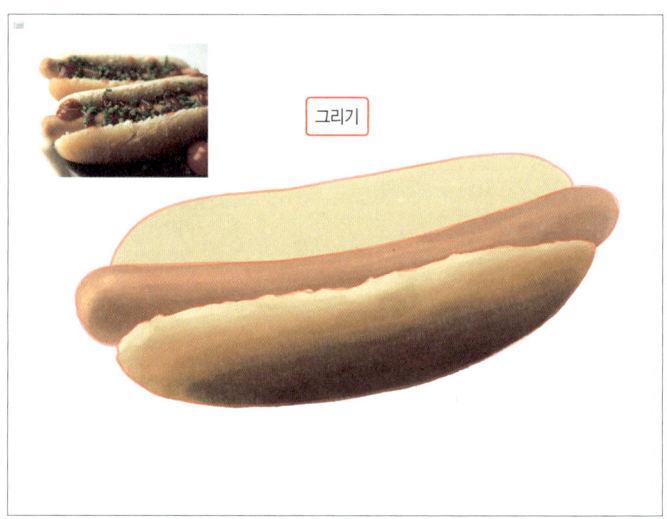

14 〔레이어(□)〕에서 뒤에 있는 빵을 그린 '레이어 5'를 탭하여 표시되는 레이어 옵션에서 〔알파 채널 잠금〕을 선택합니다.

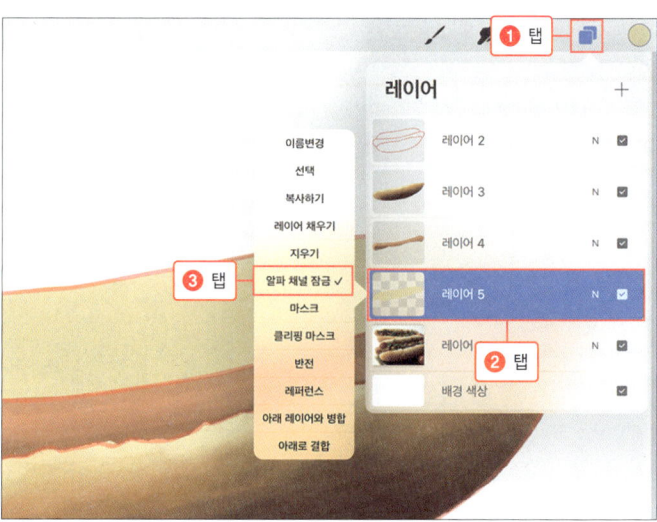

15 〔브러시( )〕를 탭하여 브러시 라이브러리에서 〔텍스처〕 → 〔도브 레이크〕 브러시를 선택합니다.

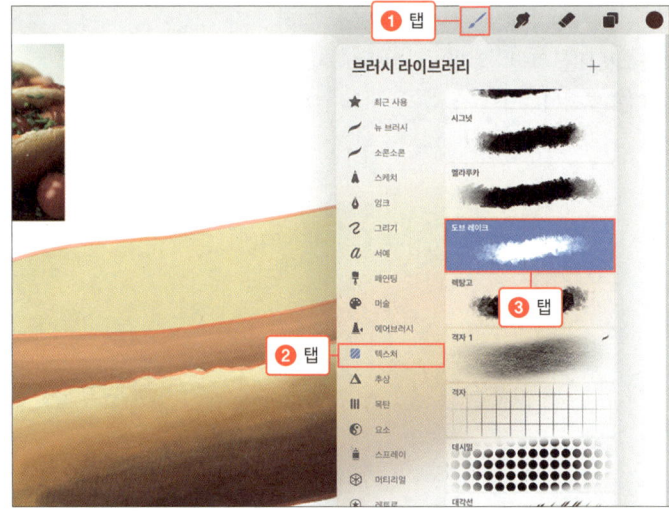

16 뒤에 있는 빵 안쪽의 밝고 어두운 음영을 표현합니다.

Tip 어두운 음영 다음 밝은 음영 순서로 표현합니다.

핫도그의 소스 묘사하기

01 〔레이어( )〕에서 〔+〕 버튼을 탭하여 앞에 있는 빵을 그린 '레이어 3' 아래에 새 레이어를 추가합니다.

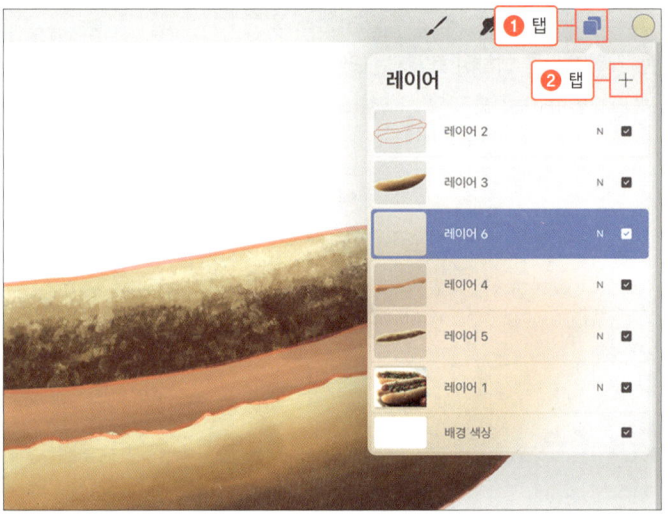

02 (브러시(✏️))를 탭하여 브러시 라이브러리에서 (서예) → (스크립트) 브러시를 선택합니다.

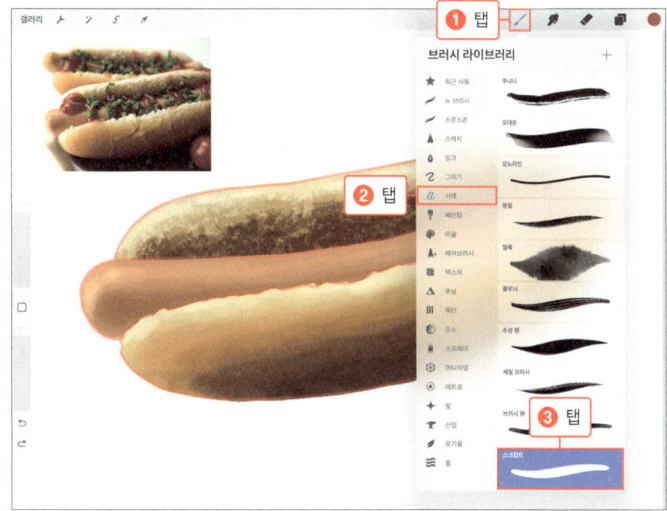

03 펜에 힘을 주었다 빼면서 굵기가 불규칙한 케첩을 표현합니다.

04 (레이어(🗐))에서 (+) 버튼을 탭하여 케첩을 그린 '레이어 6' 위에 새 레이어를 추가합니다.

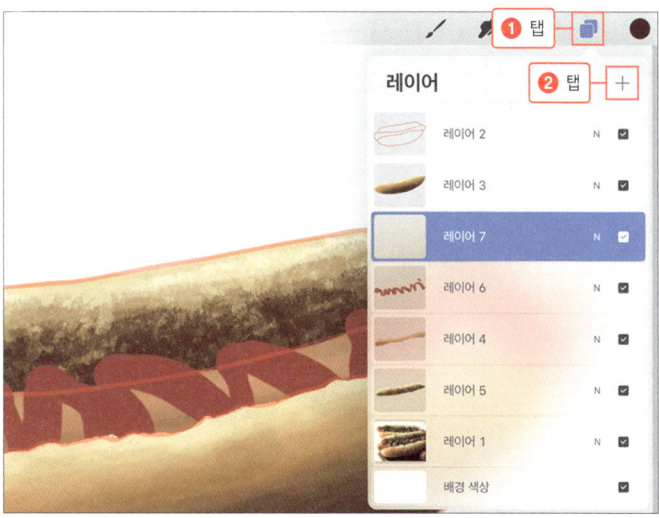

05 │ (브러시(⬚))를 탭하여 브러시 라이브러리에서 (잉크) → (시럽) 브러시를 선택합니다.

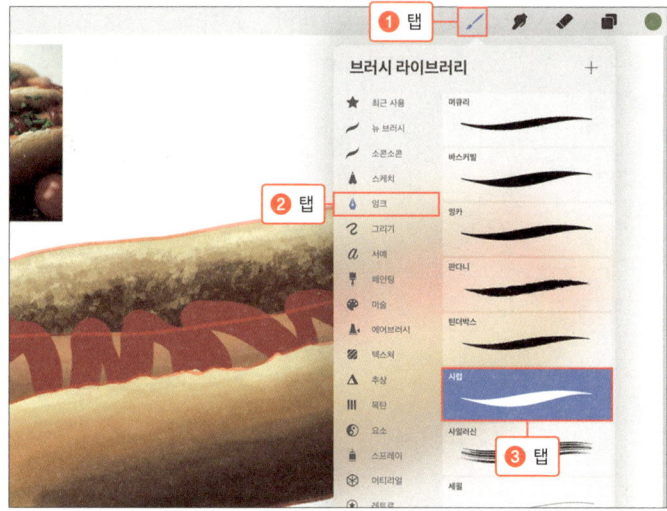

06 │ 펜에 힘을 주었다 빼면서 다양한 크기의 파를 그립니다.

07 │ (레이어(⬚))에서 케첩을 그린 '레이어 6'을 탭하여 표시되는 레이어 옵션에서 (알파 채널 잠금)을 선택합니다.

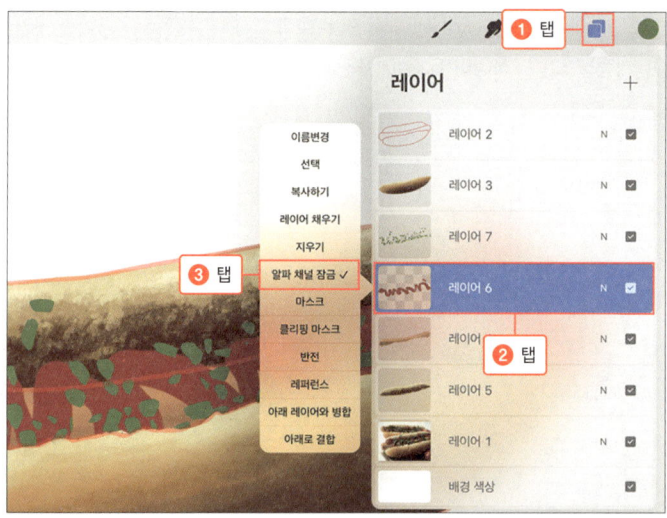

08 〔브러시(❏)〕를 탭하여 브러시 라이브러리에서 〔에어브러시〕 → 〔소프트 혼합〕 브러시를 선택합니다.

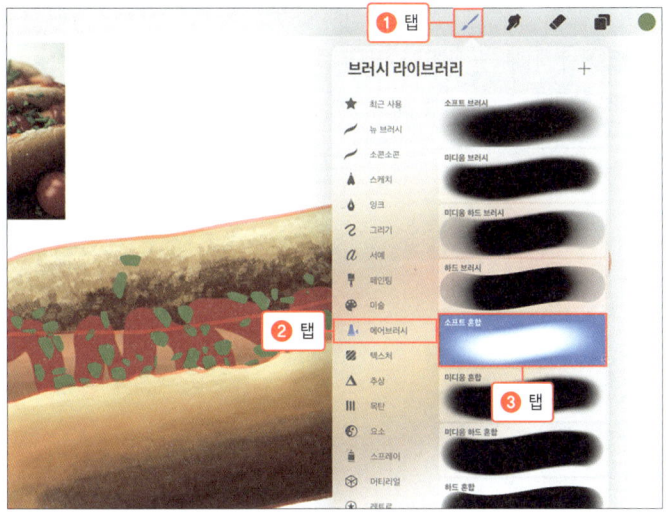

09 케첩의 밝고 어두운 음영과 파의 그림자를 표현합니다.

10 〔레이어(❏)〕에서 파를 그린 '레이어 7'을 탭하여 표시되는 레이어 옵션에서 〔알파 채널 잠금〕을 선택합니다.

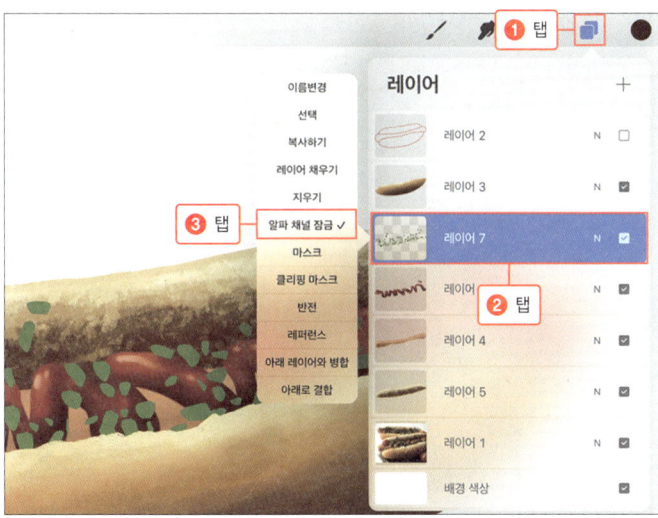

11 | (브러시(🖌))를 탭하여 브러시 라이브러리에서 (서예) → (셰일 브러시) 브러시를 선택합니다.

12 | 파의 밝고 어두운 음영을 표현합니다.

13 | (레이어(🖿))에서 앞에 있는 빵을 그린 '레이어 3'을 선택합니다.

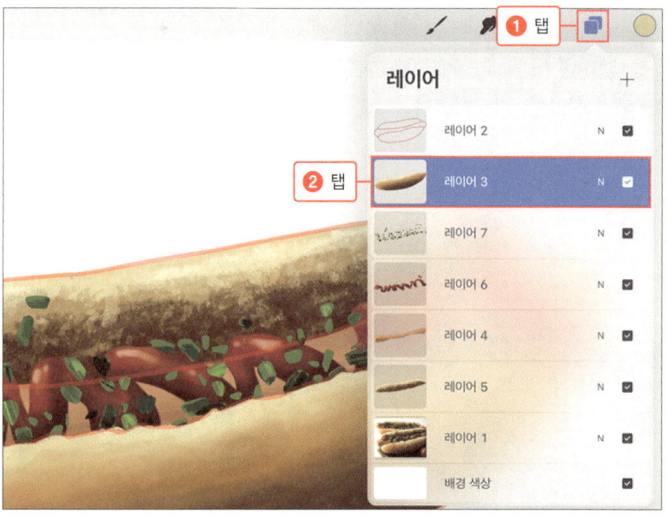

14 | (브러시(✏️))를 탭하여 브러시 라이브러리에서 (그리기) → (이볼브) 브러시를 선택합니다.

15 | 앞에 있는 빵 위쪽의 빵 부스러기를 표현하기 위해 (레이어(▫️))에서 뒤에 있는 빵을 그린 '레이어 5'를 선택합니다.

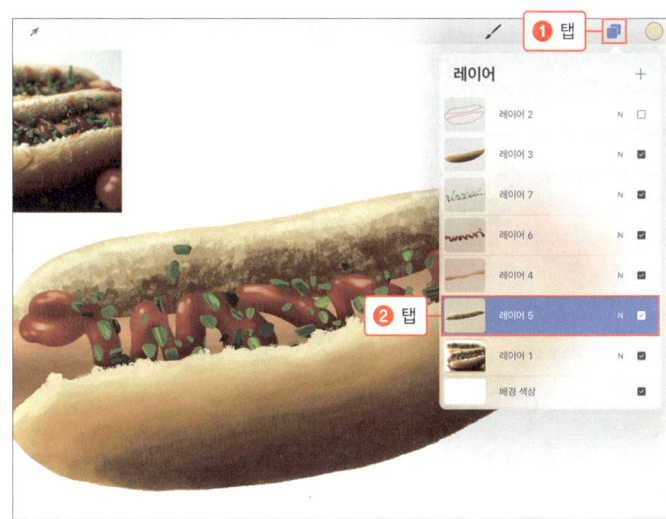

16 | 밝은색으로 점을 찍어 위쪽의 빵 부스러기를 표현합니다. 사진 레이어를 삭제하여 핫도그 그림을 마무리합니다.

베트남의 풍미, 쌀국수 그리기

베트남의 대표 음식 쌀국수를 그려 봅니다. 후루룩 먹고 싶어지는 면들의 겹쳐진 표현으로 국물의 깊이감을 나타낼 수 있어요.

- 예제 파일 : 02\쌀국수.jpg
- 완성 파일 : 02\쌀국수_완성.jpg, 쌀국수_완성.procreate

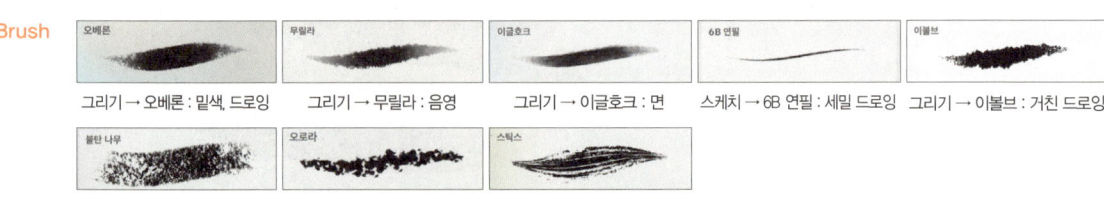

Brush

- 그리기 → 오베론 : 밑색, 드로잉
- 그리기 → 무릴라 : 음영
- 그리기 → 이글호크 : 면
- 스케치 → 6B 연필 : 세밀 드로잉
- 그리기 → 이볼브 : 거친 드로잉
- 목탄 → 불탄 나무 : 고기 질감 표현
- 미술 → 오로라 : 질감 표현, 음영
- 그리기 → 스틱스 : 질감 표현, 음영

Color

a78580　a9849b　af796f　998168　c76857　3f201b　c3c266　016c1b

쌀국수 사진 불러와 밑그림 그리기

01 | 갤러리 화면에서 (+) 버튼을 탭한 다음 (스크린 크기)를 선택하여 새로운 캔버스를 불러옵니다.

02 | (동작(↗)) → (추가) → (파일 삽입하기)를 탭한 다음 02 폴더에서 '쌀국수.jpg' 파일을 불러옵니다.

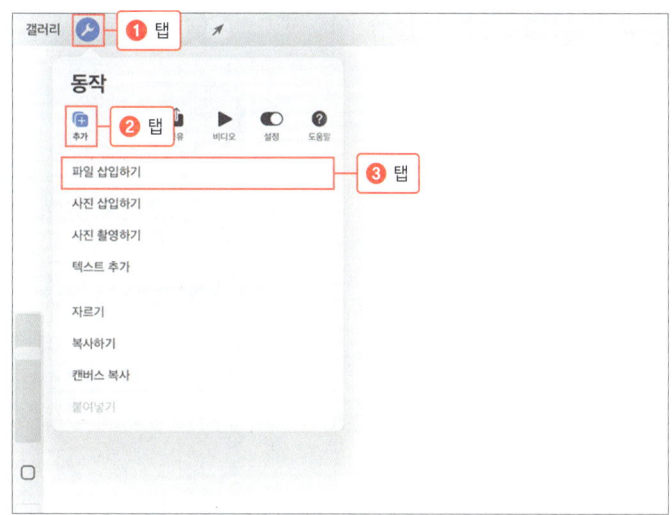

03 | (변형(↗))을 탭한 다음 하단 메뉴에서 (균등)을 선택합니다. 사진의 크기와 위치를 조절합니다.

10 베트남의 풍미, 쌀국수 그리기 **147**

04 │ (레이어(▣))에서 사진이 있는 '레이어 1'의 (N)을 탭하여 불투명도를 '50%'로 조절합니다.

05 │ (+) 버튼을 탭하여 새 레이어를 추가합니다.

06 │ 타원을 그리고 펜을 화면에서 떼지 않고 잠시 기다리면 선이 보정되며 상단 메뉴에 (모양 편집) 버튼이 표시됩니다. (모양 편집) 버튼을 탭합니다.

Tip (모양 편집) 버튼은 생성된 직후 사라지므로 사라지기 전에 버튼을 탭합니다.

07 생성된 파란색 점들을 사진의 그릇에 맞게 드래그하여 타원의 형태를 조절합니다. 모양을 편집한 다음 (변형())을 탭하여 모양 편집 기능을 비활성화합니다.

08 06번~07번 과정과 같은 방법으로 국물 영역에 해당하는 타원을 그리고 고기와 파 등의 고명의 형태를 밑그림으로 그립니다.

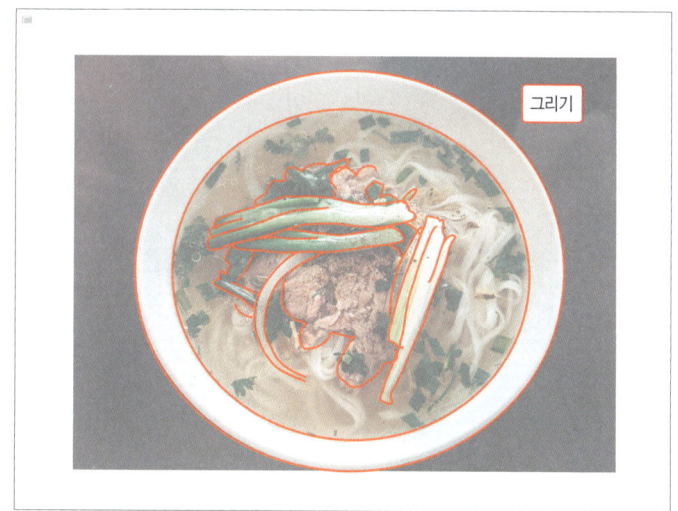

09 (레이어())에서 사진이 있는 '레이어 1'의 (N)을 탭하여 불투명도를 '최대'로 조절합니다.

10 | 사진이 있는 레이어를 선택한 상태로 (변형( ))을 탭한 다음 하단 메뉴에서 (균등)을 선택합니다. 사진의 크기를 줄인 다음 여백으로 위치를 이동합니다.

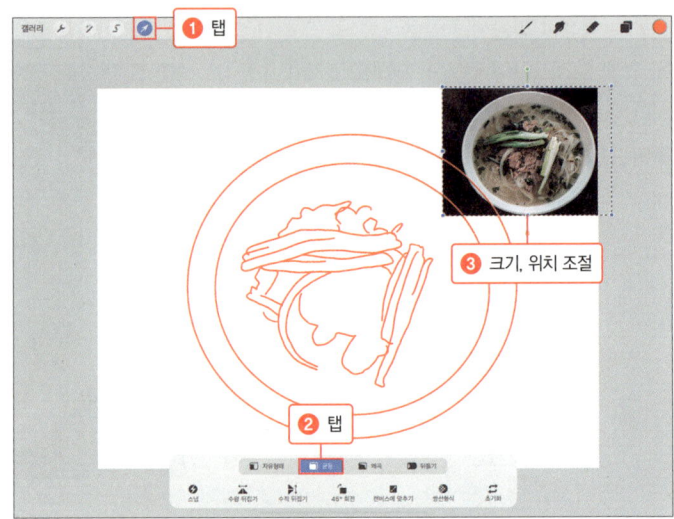

쌀국수 그릇 그리기

01 | (브러시( ))를 탭하여 브러시 라이브러리에서 (그리기) → (오베론) 브러시를 선택합니다.

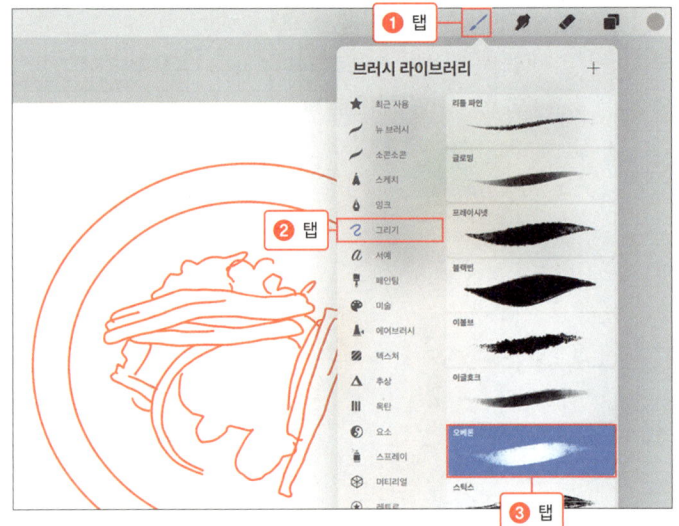

02 | (레이어( ))에서 밑그림을 그린 '레이어 2'의 (N)을 탭하여 불투명도를 '40%'로 조절합니다.

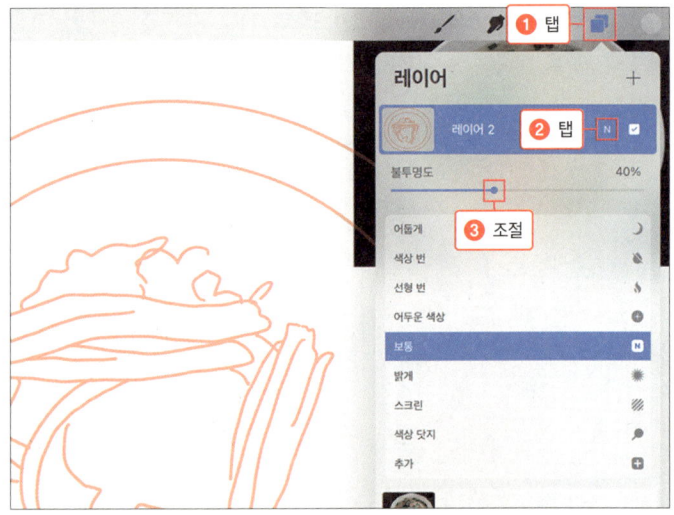

03 〔레이어(🗍)〕에서 〔+〕 버튼을 탭하여 밑그림을 그린 '레이어 2' 아래에 새 레이어를 추가합니다.

04 쌀국수 그릇을 그립니다.

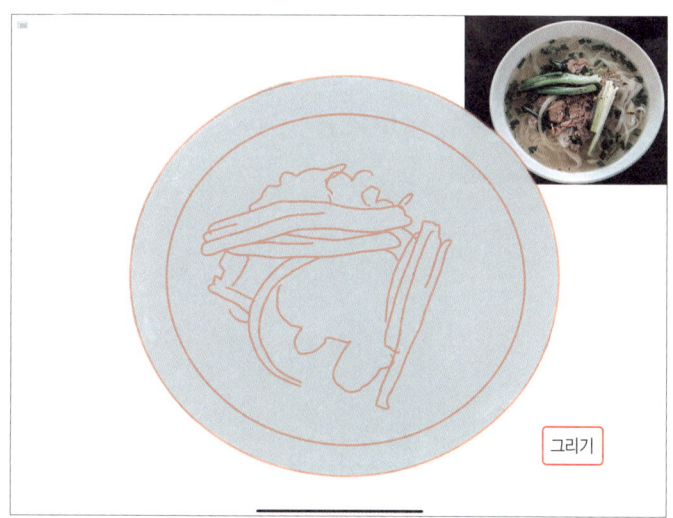

05 〔레이어(🗍)〕에서 〔+〕 버튼을 탭하여 그릇을 그린 '레이어 3' 위에 새 레이어를 추가합니다.
추가한 '레이어 4'를 탭하여 표시되는 레이어 옵션에서 〔클리핑 마스크〕를 선택합니다.

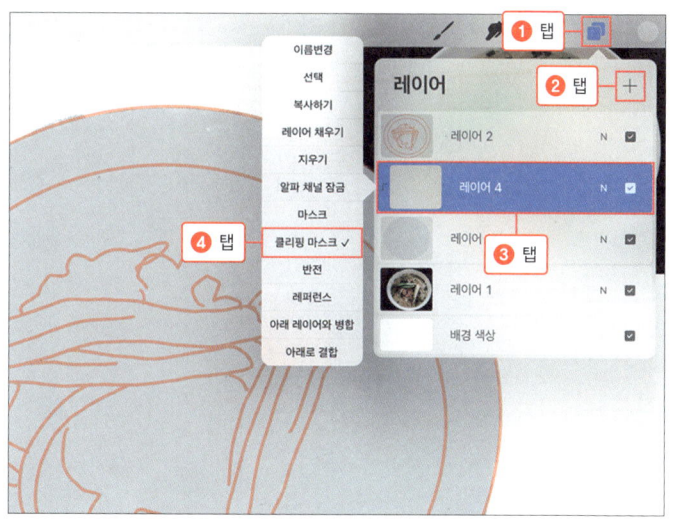

06 │ (브러시(✏️))를 탭하여 브러시 라이브러리에서 (그리기) → (무릴라) 브러시를 선택합니다.

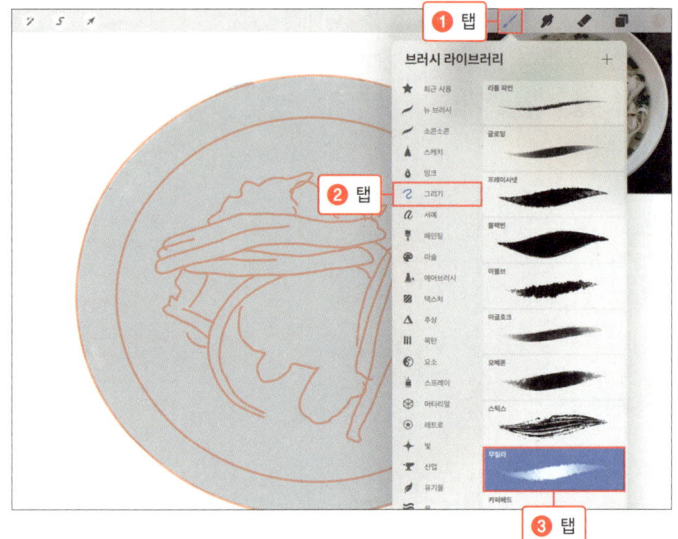

07 │ 사진을 손가락으로 길게 탭하여 색을 추출하고 그릇의 음영을 표현합니다.

Tip 손에 힘을 빼고 경계가 풀어지도록 칠합니다.

08 │ (브러시(✏️))를 탭하여 브러시 라이브러리에서 (그리기) → (오베론) 브러시를 선택합니다.

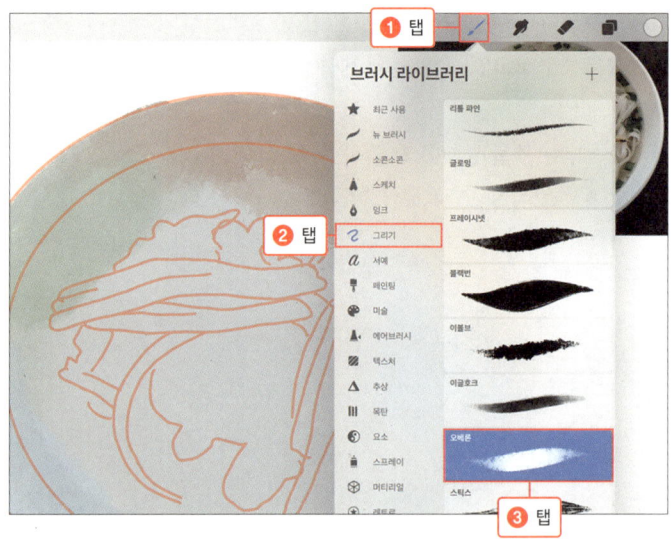

09 그릇의 가장자리에 밝고 어두운 음영을 표현합니다.

10 〔레이어(■)〕에서 〔+〕 버튼을 탭하여 밑그림을 그린 '레이어 2' 아래에 새 레이어를 추가합니다.

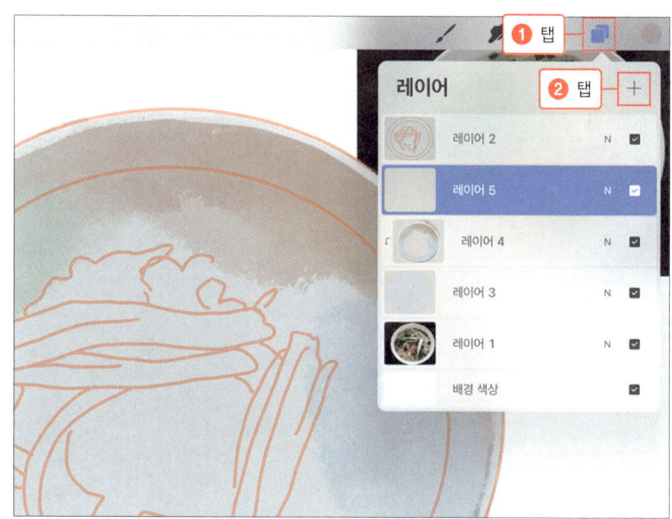

쌀국수의 국물과 면 그리기

01 다양한 색으로 여러 번 덧칠하여 국물을 그립니다.

02 〔레이어(▣)〕에서 〔+〕 버튼을 탭하여 밑그림을 그린 '레이어 2' 아래에 새 레이어를 추가합니다.

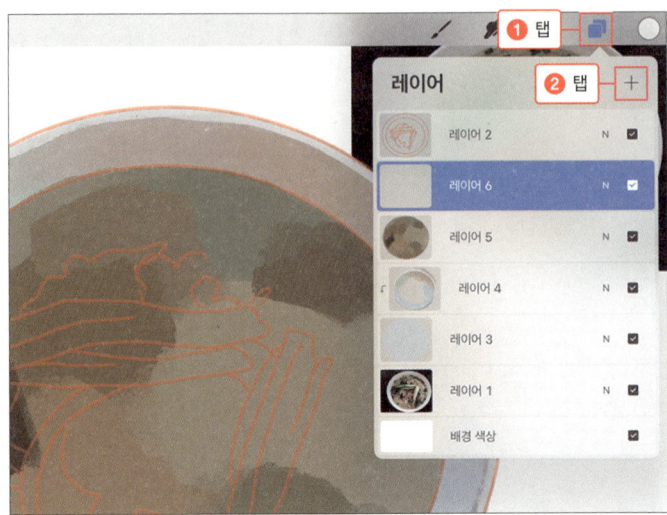

03 〔브러시(✎)〕를 탭하여 브러시 라이브러리에서 〔그리기〕 → 〔이글호크〕 브러시를 선택합니다.

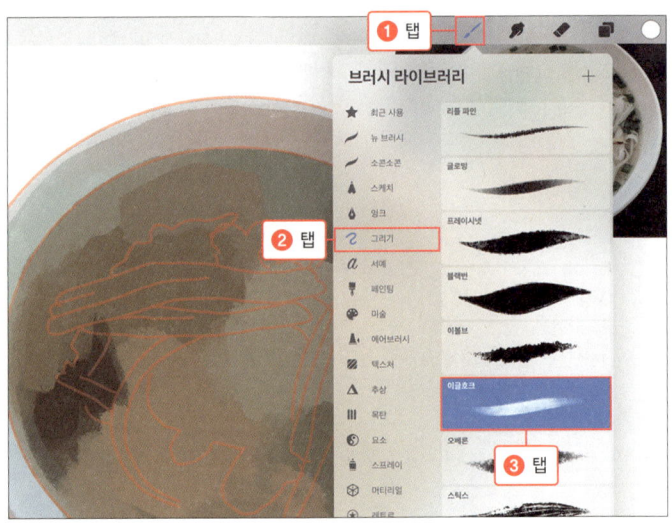

04 펜에 힘을 주었다 빼며 쌀국수의 면을 그립니다.

05 (브러시(✏️))를 탭하여 브러시 라이브러리에서 (스케치) → (6B 연필) 브러시를 선택합니다.

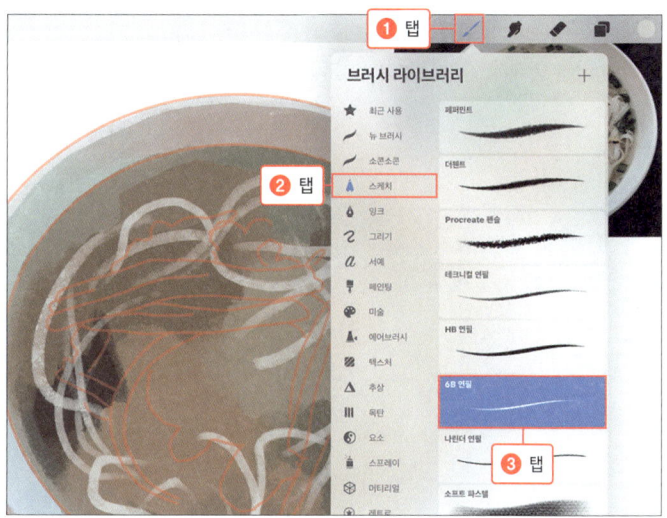

06 면들이 겹쳐진 부분이 분리되도록 밝은 음영을 표현합니다.

07 (레이어(▣))에서 (+) 버튼을 탭하여 국물을 그린 '레이어 5' 위에 새 레이어를 추가합니다.
추가한 '레이어 7'의 (N)을 탭하여 불투명도를 '46%'로 조절합니다.

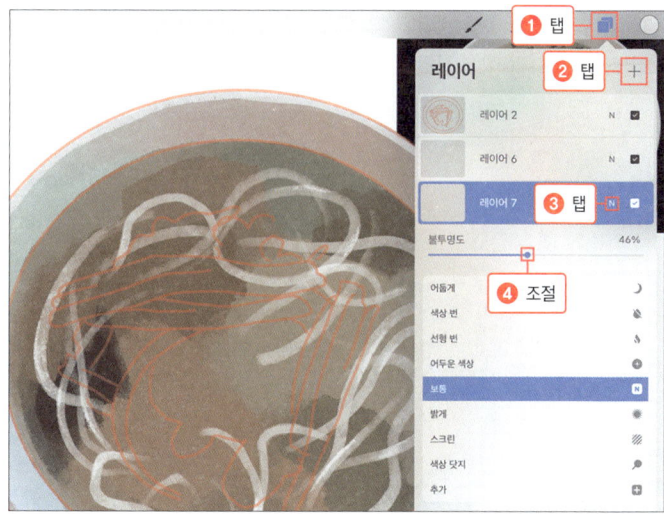

08 〔그리기〕 → 〔이글호크〕 브러시를 선택하여 국물 아래에 깔린 면들을 그립니다.

09 〔레이어(■)〕에서 〔+〕 버튼을 탭하여 국물을 그린 '레이어 5' 위에 새 레이어를 추가합니다.
추가한 '레이어 8'의 〔N〕을 탭하여 불투명도를 '50%'로 조절한 다음 혼합 모드를 〔곱하기〕로 선택합니다.

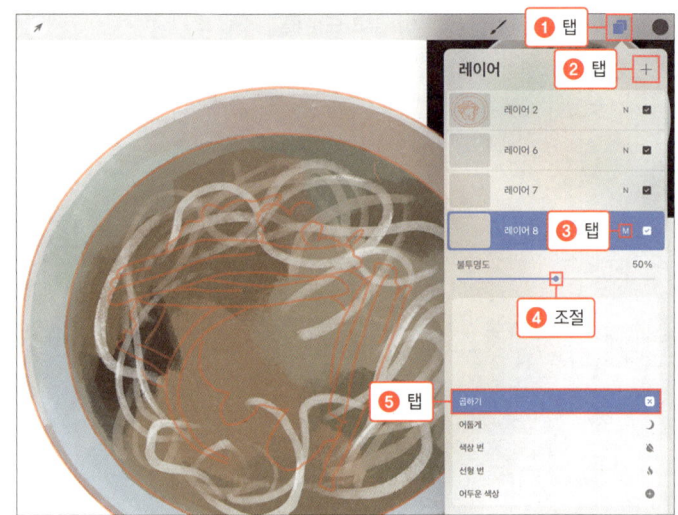

10 〔브러시(✎)〕를 탭하여 브러시 라이브러리에서 〔그리기〕 → 〔무릴라〕 브러시를 선택합니다.

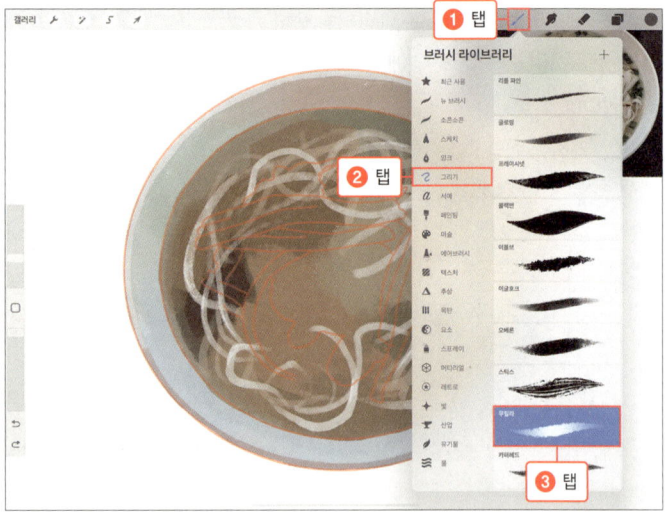

11 면 주변에 그림자를 표현합니다.

쌀국수의 고기 그리기

01 [레이어(□)]에서 [+] 버튼을 탭하여 밑그림을 그린 '레이어 2' 아래에 새 레이어를 추가합니다.

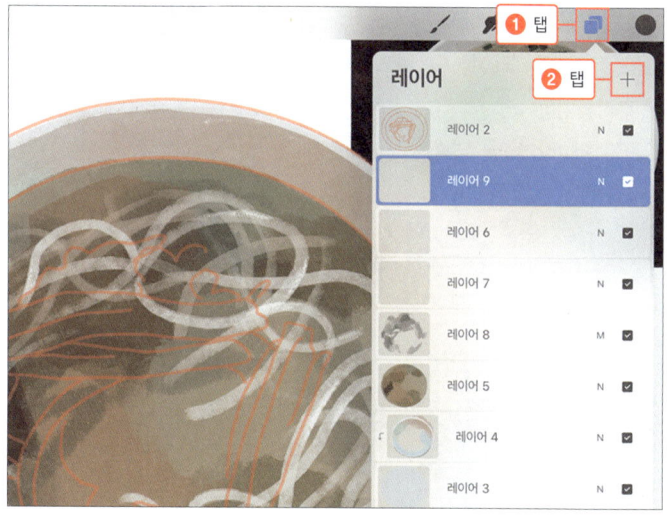

02 [브러시(✎)]를 탭하여 브러시 라이브러리에서 [그리기] → [이볼브] 브러시를 선택합니다.

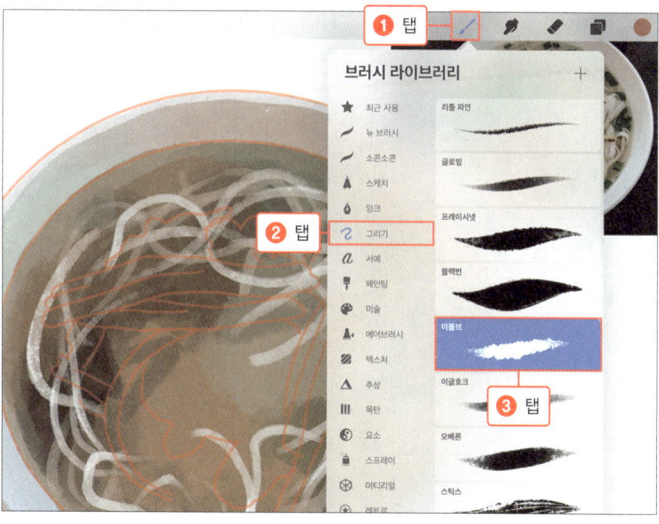

10 베트남의 풍미, 쌀국수 그리기

03 고기 형태를 그린 다음 대략적인 음영을 넓게 표현합니다.

04 (레이어(■))에서 (+) 버튼을 탭하여 고기를 그린 '레이어 9' 위에 새 레이어를 추가합니다.
추가한 '레이어 10'을 탭하여 표시되는 레이어 옵션에서 (클리핑 마스크)를 선택합니다.

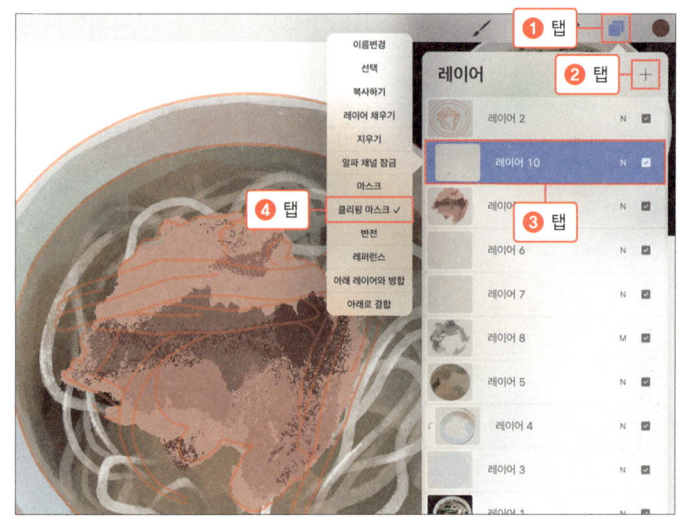

05 (브러시(✏))를 탭하여 브러시 라이브러리에서 (목탄) → (불탄 나무) 브러시를 선택합니다.

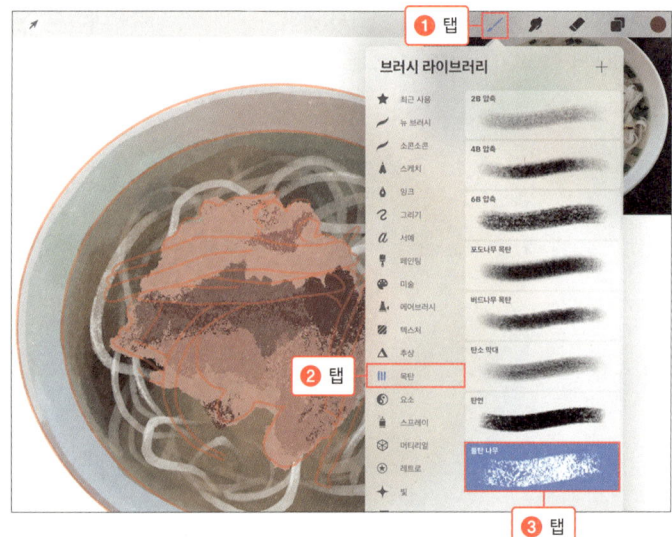

06 | '검은색'을 선택하여 고기 전체를 채색해 고기의 질감을 표현합니다.

07 | (레이어(■))에서 고기 질감을 그린 '레이어 10'의 (N)을 탭하여 불투명도를 '40%'로 조절하고 혼합 모드를 (소프트 라이트)로 선택합니다.

08 | (+) 버튼을 탭하여 고기를 그린 '레이어 9' 위에 새 레이어를 추가합니다.

09 | (브러시(✎))를 탭하여 브러시 라이브러리에서 (미술) → (오로라) 브러시를 선택합니다.

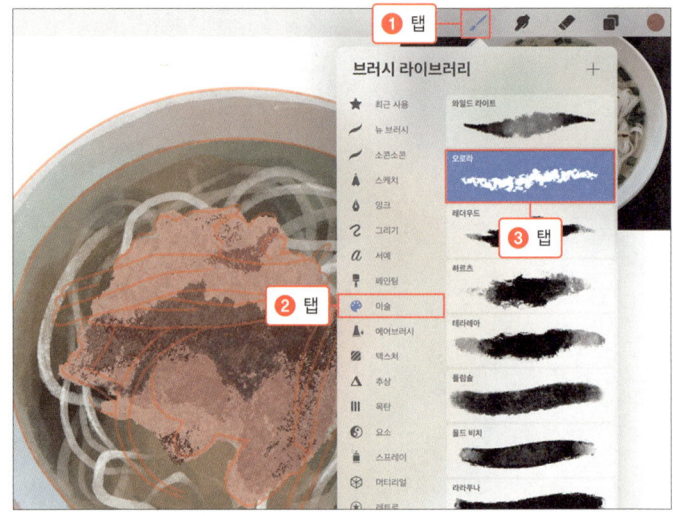

10 | 고기의 밝고 어두운 음영을 세밀하게 표현합니다.

쌀국수의 채소 그리고 세부 묘사하기

01 | (레이어(▣))에서 (+) 버튼을 탭하여 밑그림을 그린 '레이어 2' 아래에 새 레이어를 추가합니다.

02 〔브러시(▨)〕를 탭하여 브러시 라이브러리에서 〔그리기〕 → 〔이볼브〕 브러시를 선택합니다.

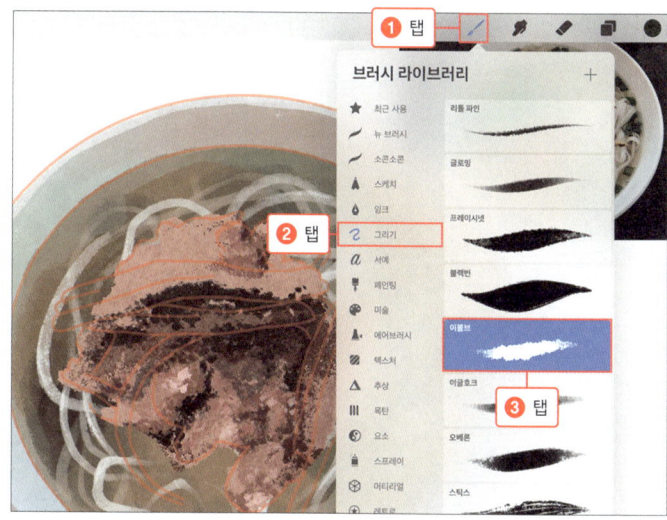

03 고기 위와 국물에 떠 있는 짧게 잘린 파를 그립니다.

04 〔레이어(▨)〕에서 〔+〕 버튼을 탭하여 짧게 잘린 파를 그린 '레이어 12' 위에 새 레이어를 추가합니다.

추가한 '레이어 13'을 탭하여 표시되는 레이어 옵션에서 〔클리핑 마스크〕를 선택합니다.

05 파의 밝고 어두운 음영을 표현합니다.

그리기

06 (레이어(■))에서 (+) 버튼을 탭하여 밑그림을 그린 '레이어 2' 아래에 새 레이어를 추가합니다.

07 (브러시(✏))를 탭하여 브러시 라이브러리에서 (그리기) → (오베론) 브러시를 선택합니다.

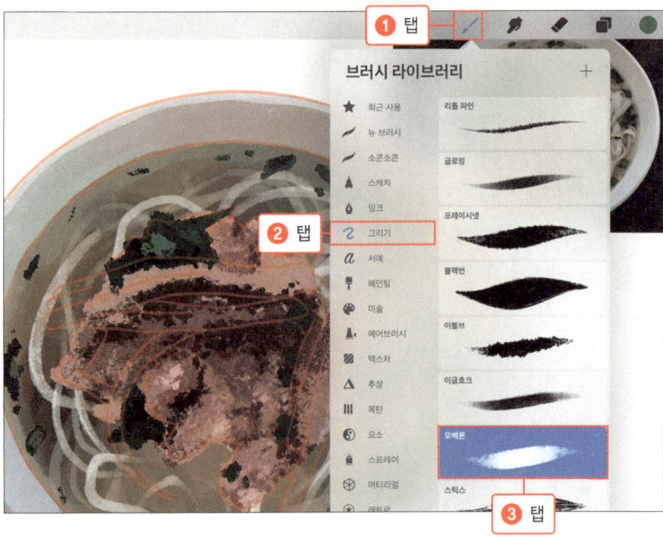

08 길게 올려진 파의 밑색을 채색합니다.

09 (레이어(■))에서 (+) 버튼을 탭하여 길게 올려진 파를 그린 '레이어 14' 위에 새 레이어를 추가합니다.
추가한 '레이어 15'를 탭하여 표시되는 레이어 옵션에서 (클리핑 마스크)를 선택합니다.

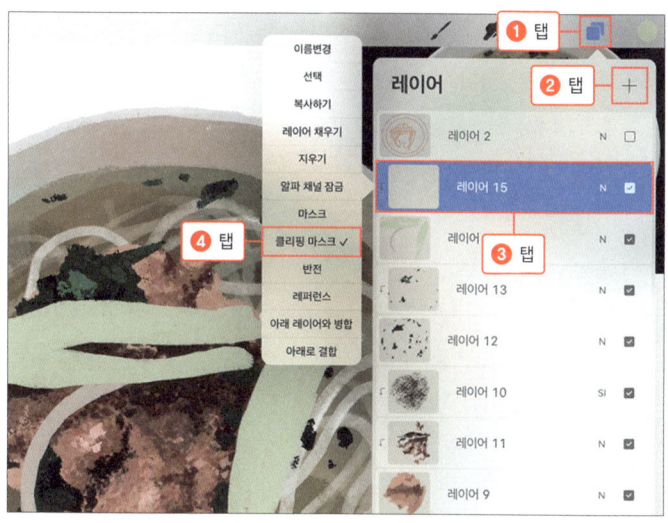

10 (브러시(✏))를 탭하여 브러시 라이브러리에서 (그리기) → (스틱스) 브러시를 선택합니다.

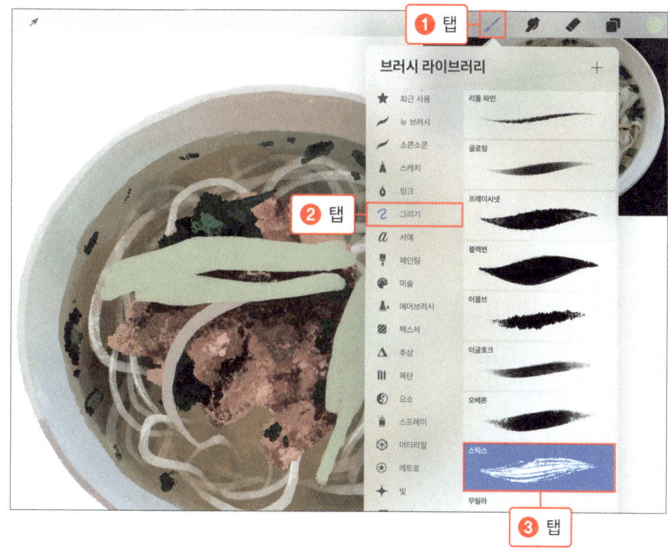

11 파의 음영와 질감을 표현합니다.

Tip 초록 영역 → 어두운 음영 → 밝은 영역 순서로 그립니다.

12 (레이어(◫))에서 (+) 버튼을 탭하여 밑그림을 그린 '레이어 2' 아래에 새 레이어를 추가합니다.

13 (브러시(✎))를 탭하여 브러시 라이브러리에서 (스케치) → (6B 연필) 브러시를 선택합니다.

14 국물 가장자리를 중심으로 크고 작은 동그라미로 국물에 떠 있는 기름을 표현합니다.

15 (레이어(■))에서 사진이 있는 '레이어 1'을 체크 해제하고 '배경 색상'을 탭하여 색상을 어둡게 변경합니다.

16 쌀국수 그림을 마무리합니다.

Part 3
호수와 바다 즐기기

'여행지' 하면 빠질 수 없는 선명하고 청량한 분위기의 호수와 바다,
활동적인 물놀이를 하거나 시원한 바람을 느끼며 여유를 즐길 수 있어요.
푸른 하늘과 시원스러운 풍경의 호수와 바다로 떠나는 건 어떨까요?

필리핀 보라카이 디니위드 해변

디니위드 해변은 보라카이 대표 해변인 화이트 해변에 비해 비교적 한적하고 조용한 해변이어서 마음껏 물놀이와 스노클링을 하기 좋은 해변이에요. 에메랄드 빛 바다와 함께 야자나무와 해안 절벽이 어우러져 독특한 분위기를 자아냅니다.

- 예제 파일 : 03\디니위드.jpg
- 완성 파일 : 03\디니위드_완성.jpg, 디니위드_완성.procreate

구글 맵 여행

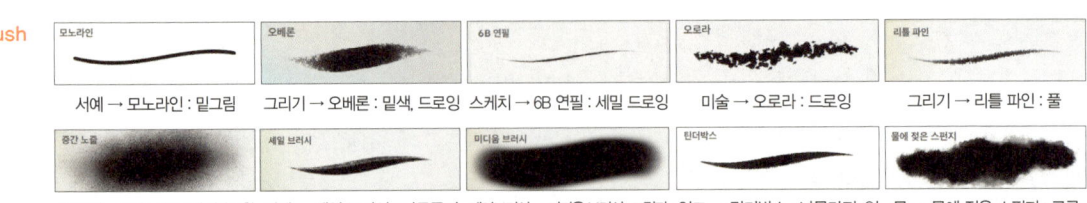

Brush

| 서예 → 모노라인 : 밑그림 | 그리기 → 오베론 : 밑색, 드로잉 | 스케치 → 6B 연필 : 세밀 드로잉 | 미술 → 오로라 : 드로잉 | 그리기 → 리틀 파인 : 풀 |
| 스프레이 → 중간 노즐 : 모래 질감 표현 | 서예 → 셰일 브러시 : 나무줄기 | 에어브러시 → 미디움 브러시 : 그림자 | 잉크 → 틴더박스 : 나뭇가지, 잎 | 물 → 물에 젖은 스펀지 : 구름 |

Color

| 5296c2 | 3da6a7 | a19c03 | 3d8300 | 2f5803 | d1bb98 | d9d7d1 | b1a192 |

디니위드 해변 사진 불러와 밑그림 그리기

01 갤러리 화면에서 (사진)을 탭한 다음 구글 맵에서 캡처한 보라카이 디니위드 해변 사진을 탭하여 불러옵니다.

Tip 또는 (가져오기)를 탭하여 03 폴더에서 '디니위드.jpg' 파일을 불러와 예제를 진행할 수도 있습니다.

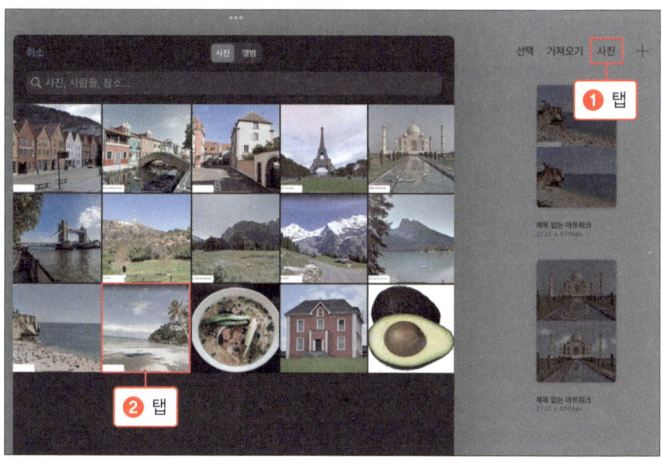

02 (동작( )) → (캔버스) → (그리기 가이드)를 활성화한 다음 (그리기 가이드 편집)을 선택합니다.

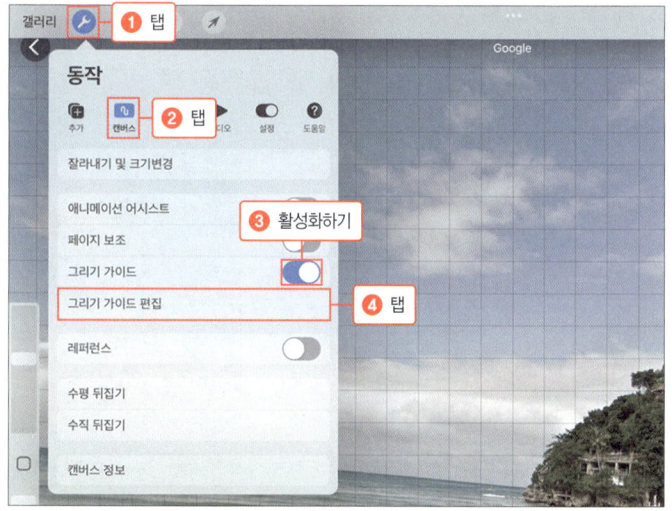

03 사진의 상단과 하단이 격자와 맞닿는 수치로 격자 크기를 조절합니다. 수치는 사진을 캡처한 아이패드 기종에 따라 달라집니다.
아이패드 프로 12.9인치 경우 '342px'로 설정합니다. 설정이 완료되었으면 (완료) 버튼을 탭합니다.

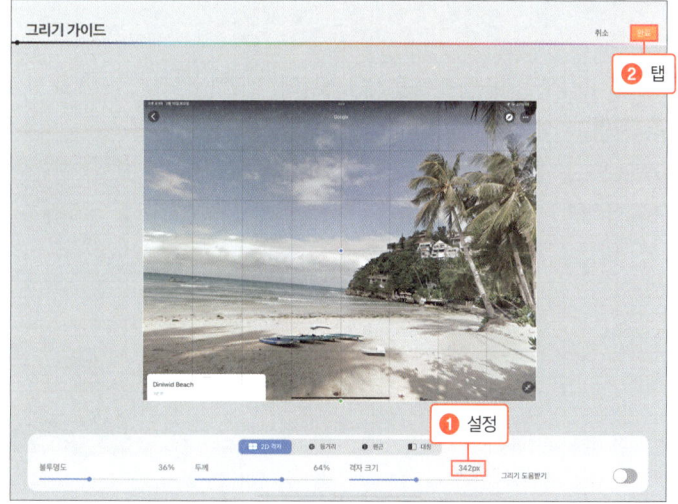

04 | 사진의 색감을 조절합니다. (조정 ( )) → (색조, 채도, 밝기)를 선택합니다.

Tip 현재 사진의 색감이 마음에 든다면 해당 과정은 생략해도 무관합니다.

05 | 색조, 채도, 밝기를 조절하여 사진의 색감을 변경합니다.

06 | (변형( ))을 탭한 다음 하단 메뉴에서 (균등)과 (왜곡)을 선택합니다. 그림과 같이 가이드를 참고하여 사진을 수평에 맞게 조절합니다.

07 | (동작(🔧)) → (캔버스) → (잘라내기 및 크기변경)을 선택합니다.

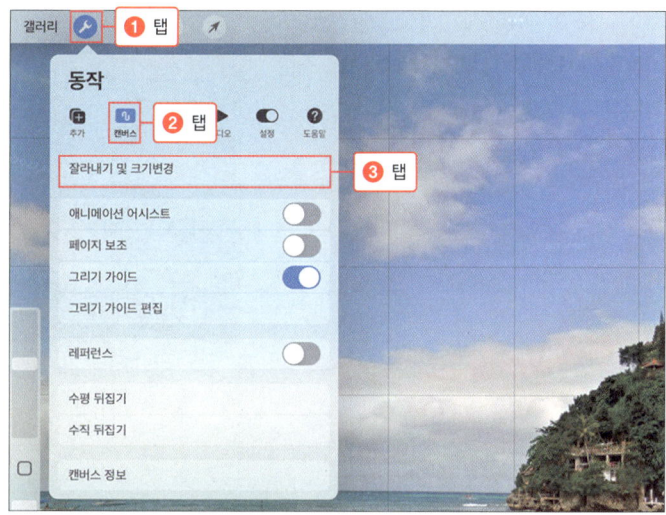

08 | (설정)을 탭한 다음 세로 크기를 원래 크기의 2배로 설정하고 (완료) 버튼을 탭합니다.

09 | (서예) → (모노라인) 브러시를 사용하여 그림과 같이 형태의 큰 외곽선을 그려줍니다.

10 | (레이어(🗐))에서 밑그림인 '레이어 2'의 (N)을 탭하여 불투명도를 '35%'로 조절합니다.

11 | '레이어 2'를 왼쪽으로 드래그한 다음 (복제) 버튼을 탭합니다.

12 | 복제된 레이어가 선택된 상태에서 (변형(↗))을 탭합니다. 하단 메뉴에서 (스냅)을 선택한 다음 (자석)과 (스냅)을 활성화합니다.

13 복제한 밑그림을 드래그하여 아래로 이동합니다. 이때 격자 가이드를 확인하며 사진에 있는 밑그림과 위치를 맞춥니다.

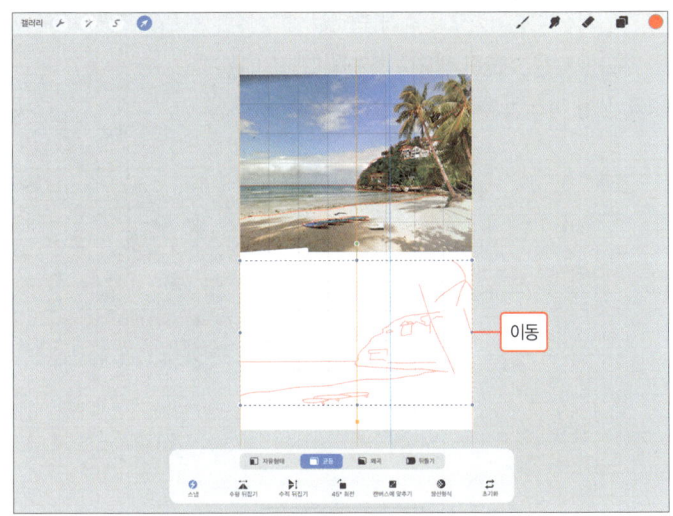

하늘과 바다 그리기

01 (레이어(■))에서 (+) 버튼을 탭하여 '레이어 1' 아래에 새 레이어를 추가합니다.

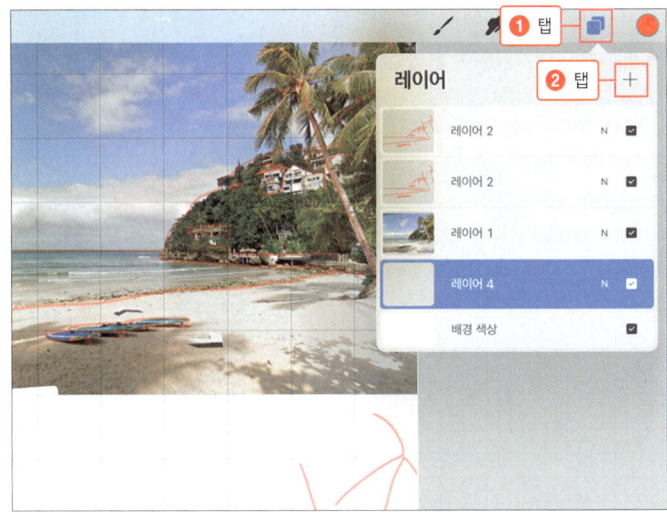

Tip 레이어 순서는 레이어를 드래그하여 변경할 수 있습니다.

02 (브러시(✏))를 탭하여 브러시 라이브러리에서 (그리기) → (오베론) 브러시를 선택합니다.

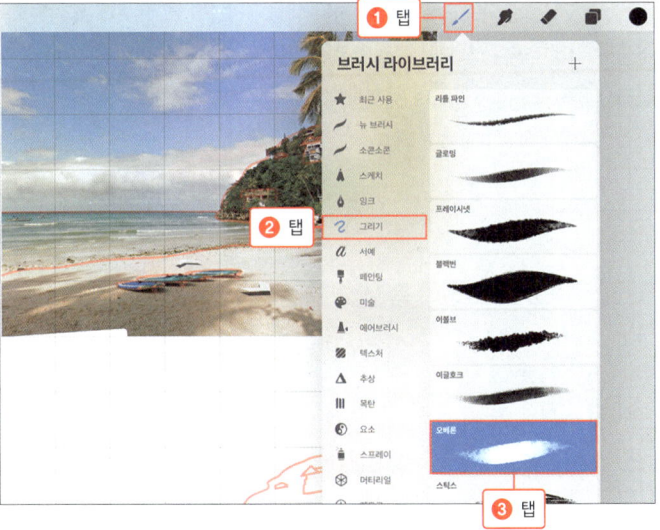

01 필리핀 보라카이 디니위드 해변 **173**

03 | 사진을 손가락으로 길게 탭하여 색을 추출한 다음 추출된 색으로 하늘을 칠합니다. 색을 여러 번 추출하며 덧그립니다.

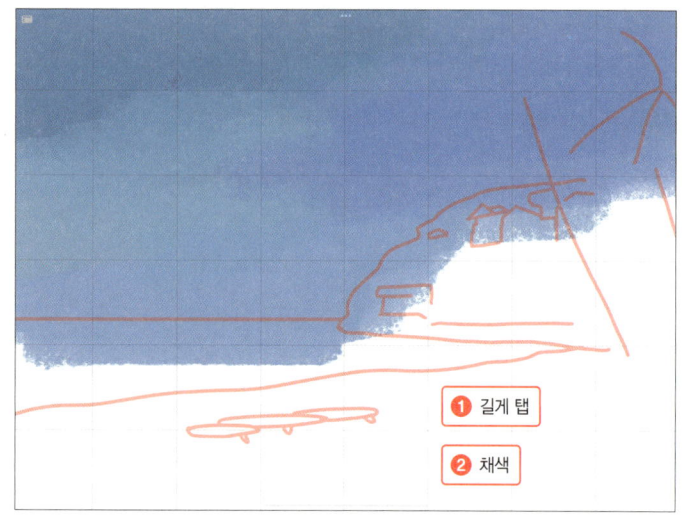

❶ 길게 탭
❷ 채색

04 | (레이어(■))에서 (+) 버튼을 탭하여 하늘을 그린 '레이어 4' 위에 새 레이어를 추가합니다.

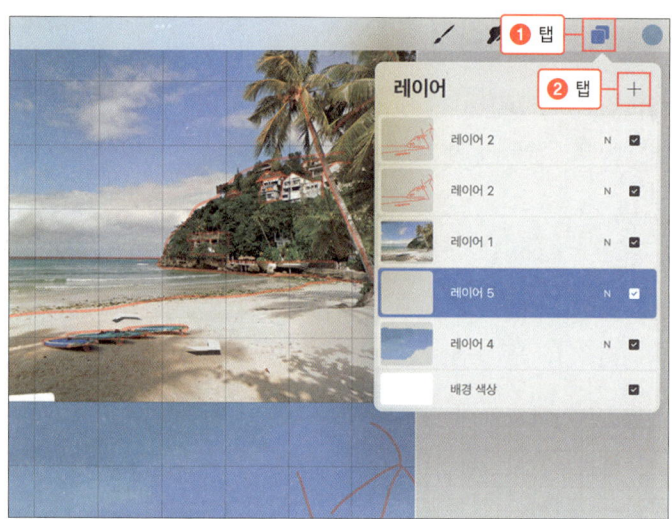

❶ 탭
❷ 탭

05 | 사진을 손가락으로 길게 탭하여 색을 추출한 다음 추출된 색으로 모래사장을 칠합니다. 색을 여러 번 추출하며 덧그립니다.

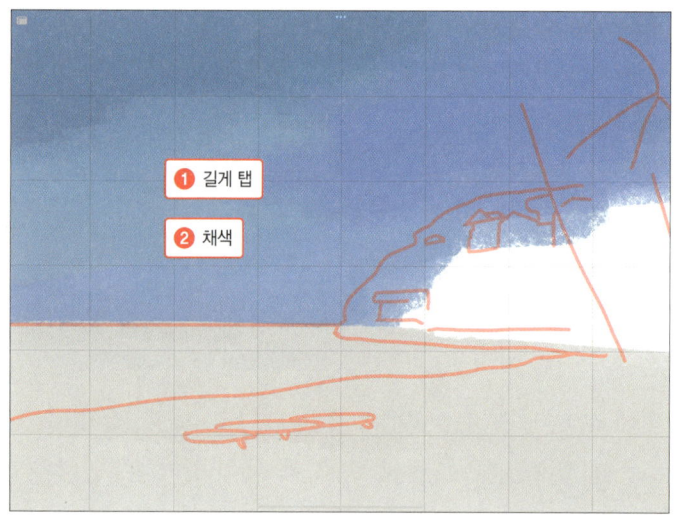

❶ 길게 탭
❷ 채색

06 (레이어(▣))에서 (+) 버튼을 탭하여 모래사장을 그린 '레이어 5' 위에 새 레이어를 추가합니다.

추가한 '레이어 6'을 탭하여 표시되는 레이어 옵션에서 (클리핑 마스크)를 선택합니다.

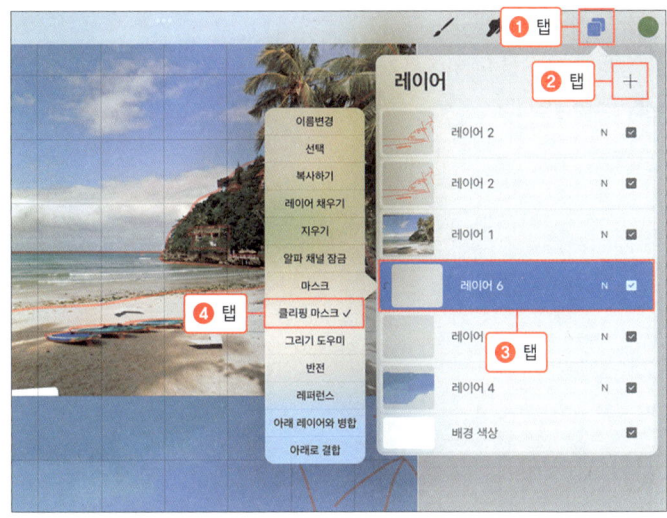

07 사진을 손가락으로 길게 탭하여 색을 추출한 다음 추출된 색으로 바다를 칠합니다. 색을 여러 번 추출하며 덧그립니다.

08 (레이어(▣))에서 (+) 버튼을 탭하여 바다를 그린 '레이어 6' 위에 새 레이어를 추가합니다.

추가한 '레이어 7'을 탭하여 표시되는 레이어 옵션에서 (클리핑 마스크)를 선택합니다.

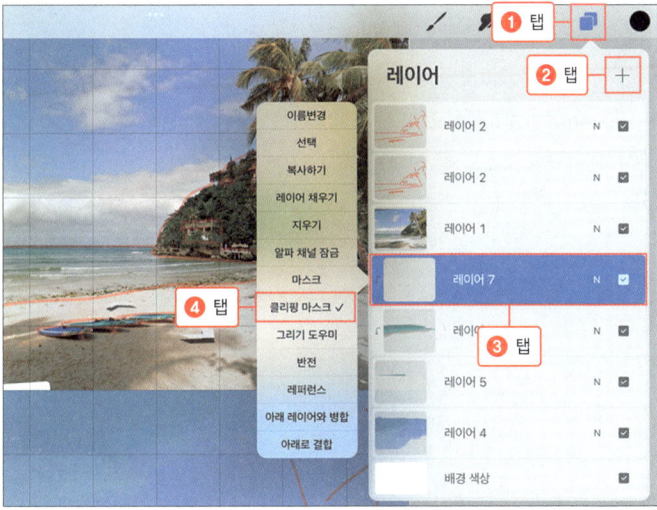

09 | '레이어 7'의 (N)을 탭하여 불투명도를 '20%'로 조절한 다음 혼합 모드를 [선형 번]으로 변경합니다.

10 | 브러시 크기를 작게 조절한 다음 그림과 같이 바다에 물결을 그립니다.

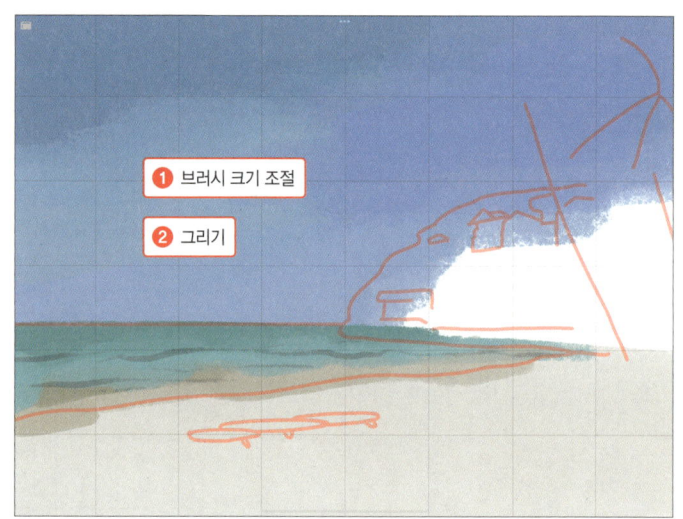

11 | [+] 버튼을 탭하여 물결을 그린 '레이어 7' 위에 새 레이어를 추가합니다. 추가한 '레이어 8'을 탭하여 표시되는 레이어 옵션에서 [클리핑 마스크]를 선택합니다.

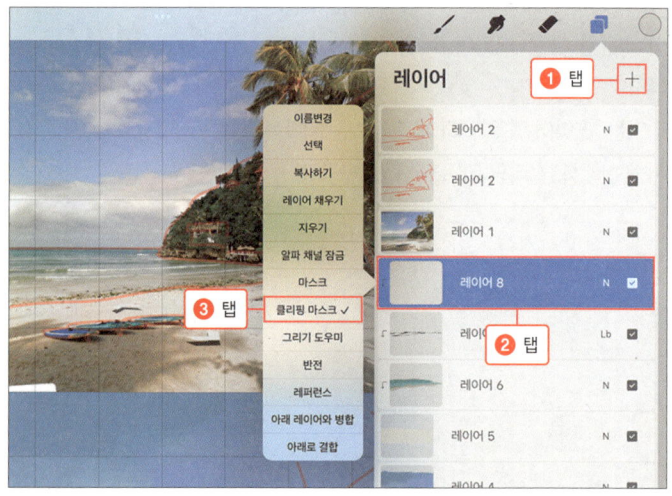

12 '레이어 8'의 (N)을 탭하여 불투명도를 '80%'로 조절한 다음 혼합 모드를 (오버레이)로 변경합니다.

13 밝은색으로 물결을 그려 줍니다.

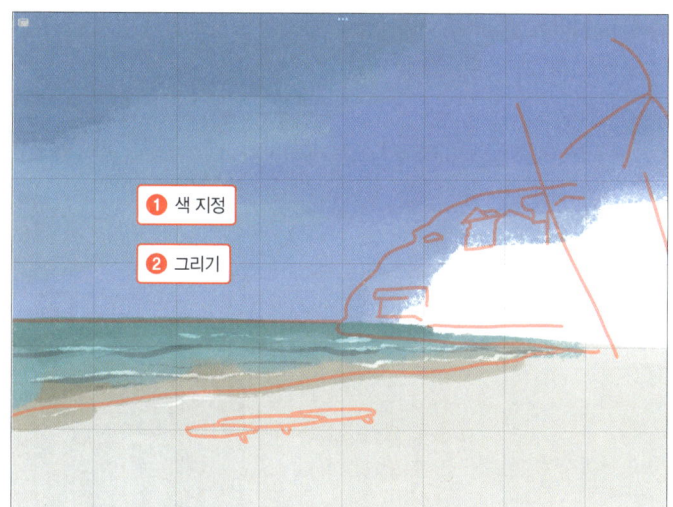

Tip 손에 힘을 뺐다 주었다 하며 끝이 얇아지도록 물결 선을 그립니다.

절벽과 건물 그리기

01 (레이어(■))에서 (+) 버튼을 탭하여 '레이어 1' 아래에 새 레이어를 추가합니다.

02 절벽에 자란 풀을 그립니다.

03 (레이어(■))에서 (+) 버튼을 탭하여 풀을 그린 '레이어 9' 위에 새 레이어를 추가합니다.
추가한 '레이어 10'을 탭하여 표시되는 레이어 옵션에서 (클리핑 마스크)를 선택합니다.

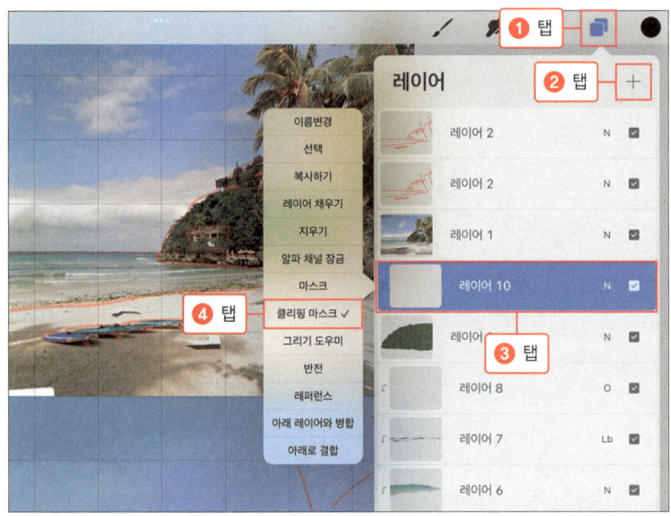

04 (브러시(✏))를 탭하여 브러시 라이브러리에서 (미술) → (오로라) 브러시를 선택합니다.

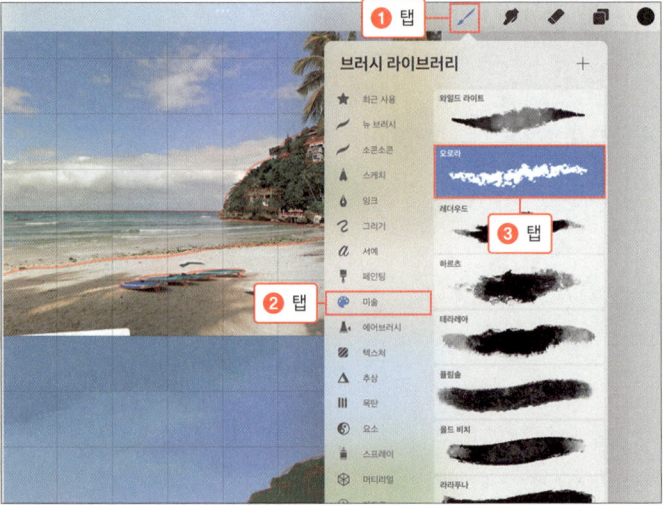

05 '어두운 녹색'을 선택하여 어두운 풀숲을 표현합니다.

06 '밝은 녹색'을 선택하여 밝은 풀숲을 표현합니다.

07 [+] 버튼을 탭하여 풀숲을 그린 '레이어 10' 위에 새 레이어를 추가합니다.

08 | (브러시(✏️))를 탭하여 브러시 라이브러리에서 (그리기) → (오베론) 브러시를 선택합니다.

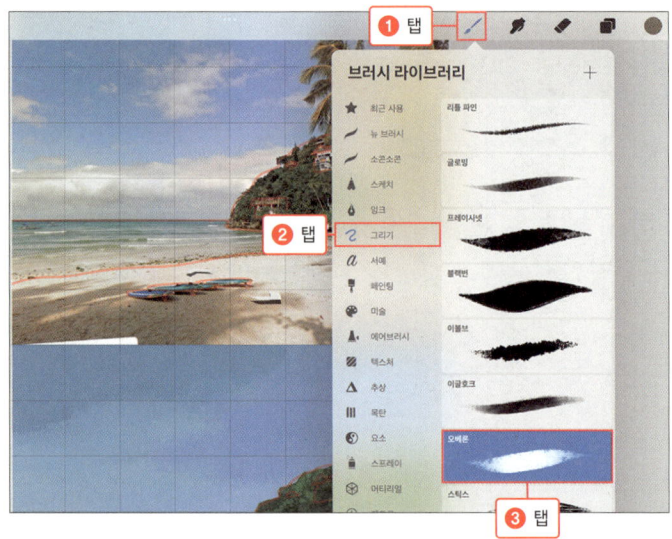

09 | 절벽에 건물과 절벽 아래에 바위의 밑색을 칠합니다. 건물은 조금씩 다른 색을 선택하여 칠한 다음 건물 경계를 명암으로 표현하여 구분합니다.

10 | (레이어(📄))에서 (+) 버튼을 탭하여 건물과 바위를 그린 '레이어 11' 위에 새 레이어를 추가합니다.
추가한 '레이어 12'를 탭하여 표시되는 레이어 옵션에서 (클리핑 마스크)를 선택합니다.

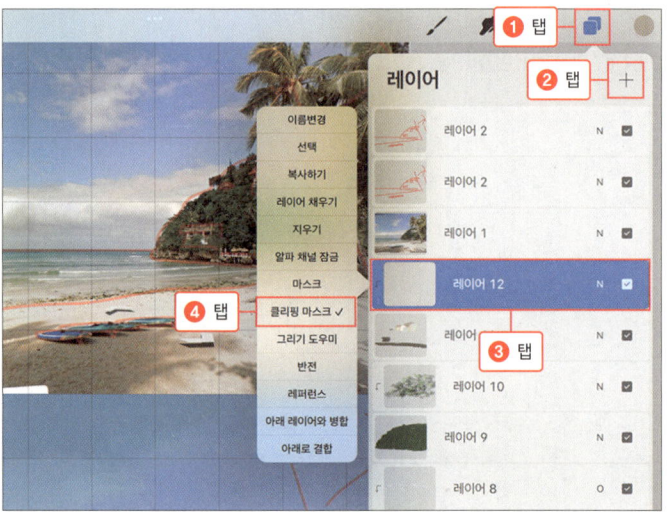

11 (브러시(□))를 탭하여 브러시 라이브러리에서 (스케치) → (6B 연필) 브러시를 선택합니다.

12 건물과 바위에 창문, 무늬, 음영 등을 그립니다.

Tip 멀리 있는 요소는 섬세하게 그리지 않아도 괜찮습니다. 잘 보이지 않는 부분은 상상해 그리며 밀도만 가볍게 올려 줍니다.

13 (레이어(□))에서 (+) 버튼을 탭하여 '레이어 1' 아래에 새 레이어를 추가합니다.

01 필리핀 보라카이 디니위드 해변

14 (브러시(✏️))를 탭하여 브러시 라이브러리에서 (그리기) → (리틀 파인) 브러시를 선택합니다.

15 건물 아랫부분에 풀들을 그려 건물 아랫부분을 자연스럽게 가립니다.

16 '갈색'을 선택하여 멀리 있는 야자수와 밀짚 지붕들을 그립니다.

야자수 그리기

01 〔레이어(■)〕에서 〔+〕 버튼을 탭하여 '레이어 1' 아래에 새 레이어를 추가합니다.

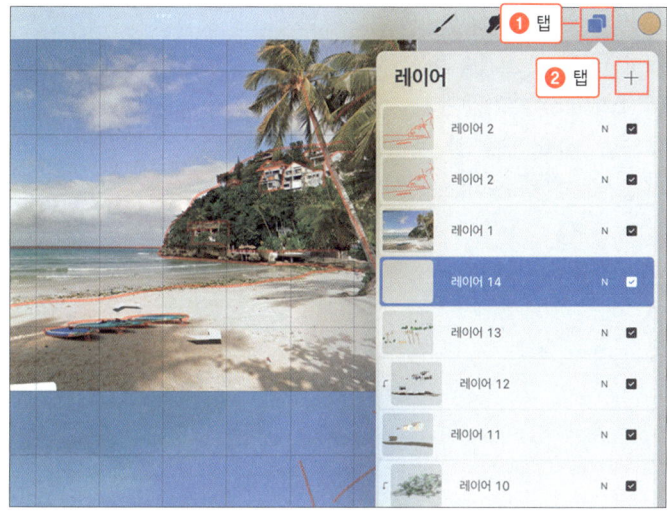

02 〔브러시(✎)〕를 탭하여 브러시 라이브러리에서 〔서예〕 → 〔셰일 브러시〕 브러시를 선택합니다.

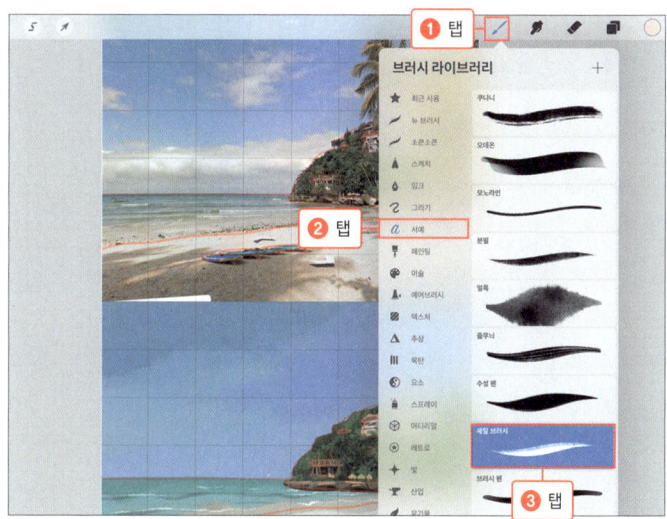

03 야자수의 큰 줄기를 그립니다.

04 (레이어(■))에서 (+) 버튼을 탭하여 야자수의 큰 줄기를 그린 '레이어 14' 위에 새 레이어를 추가합니다.

추가한 '레이어 15'를 탭하여 표시되는 레이어 옵션에서 (클리핑 마스크)를 선택합니다.

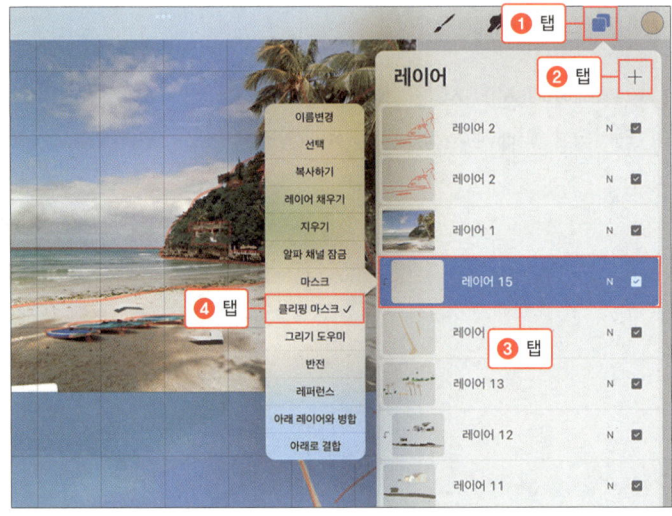

05 가로선을 여러 번 그려 야자수 무늬 모양대로 어두운 음영을 추가합니다.

Tip 위아래 끝 쪽은 어두운색으로 촘촘히, 가운데는 연한 색으로 흐리게 야자수 무늬를 표현합니다.

06 (레이어(■))에서 (+) 버튼을 탭하여 '레이어 1' 아래에 새 레이어를 추가합니다.

07 〔브러시(✏️)〕를 탭하여 브러시 라이브러리에서 〔잉크〕 → 〔틴더박스〕 브러시를 선택합니다.

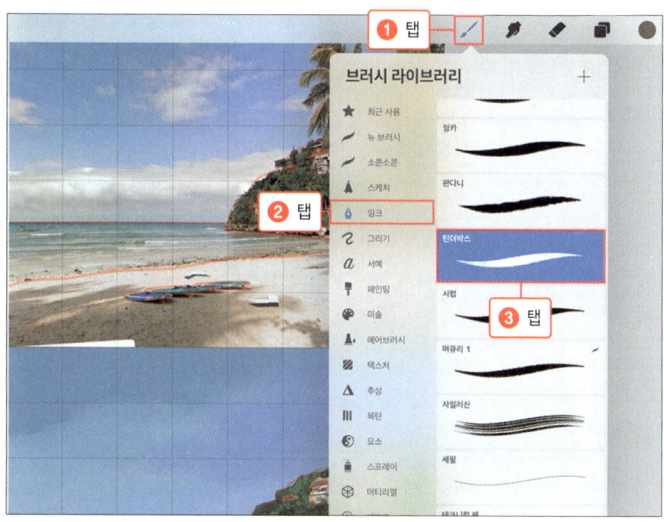

08 야자수의 나뭇가지를 그립니다.

Tip 중력으로 끝이 쳐진 모습을 생각하며 휘어진 모습으로 그립니다.

09 나뭇가지 양쪽으로 선을 짧게 촘촘히 그리며 야자 잎을 표현합니다.

10 | 08번~09번 과정과 같은 방법으로 오른쪽에 다른 야자수의 나뭇가지와 잎도 그려 줍니다.

11 | (레이어(■))에서 (+) 버튼을 탭하여 야자수의 줄기를 그린 '레이어 14' 아래에 새 레이어를 추가합니다.

12 | 02번~09번 과정과 같은 방법으로 뒤에 있는 야자수를 그립니다. 어두운색을 선택해 앞에 있는 야자수와 구분합니다.

13 | (+) 버튼을 탭하여 '레이어 1' 아래에 새 레이어를 추가합니다.

14 | 추가한 '레이어 18'의 (N)을 탭하여 혼합 모드를 (오버레이)로 변경합니다.

15 | 야자수 잎에 어두운 음영을 표현합니다.

16 | '밝은 올리브색'을 선택하고 나무줄기에 밝은 음영을 표현합니다.

서핑 보드와 모래사장 그리기

01 | (레이어(■))에서 (+) 버튼을 탭하여 '레이어 1' 아래에 새 레이어를 추가합니다.

02 | (브러시(✏))를 탭하여 브러시 라이브러리에서 (스케치) → (6B 연필) 브러시를 선택합니다.

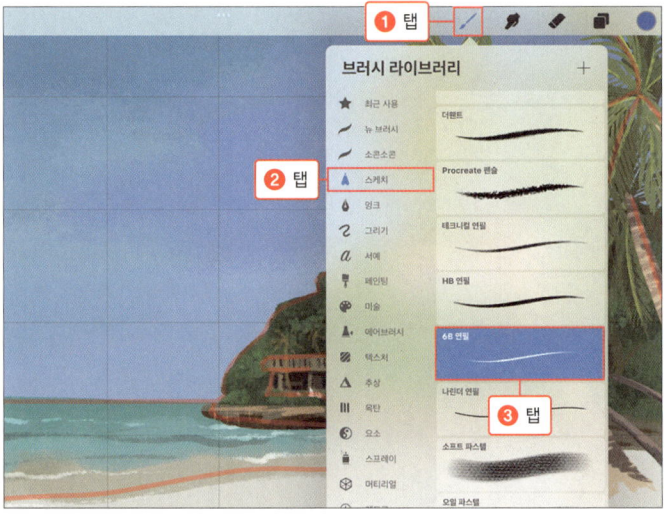

03 색이 다른 세 개의 서핑 보드를 그립니다.

04 (레이어(■))에서 (+) 버튼을 탭하여 서핑 보드를 그린 '레이어 19' 위에 새 레이어를 추가합니다.
추가한 '레이어 20'을 탭하여 표시되는 레이어 옵션에서 (클리핑 마스크)를 선택합니다.

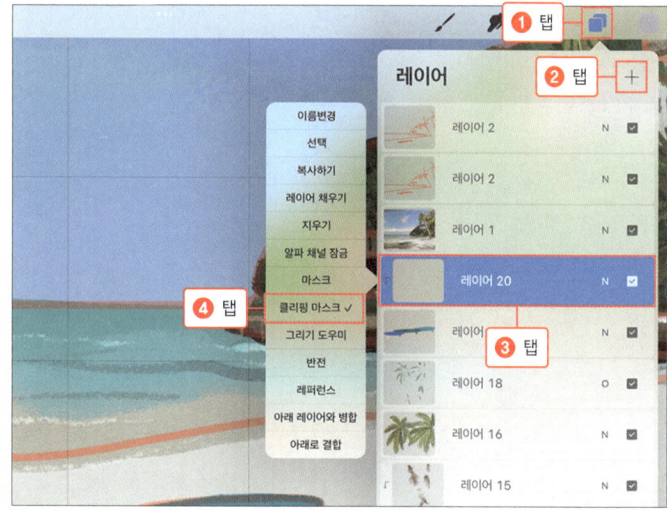

05 서핑 보드의 무늬를 추가합니다.

06 (레이어(⬛))에서 (+) 버튼을 탭하여 서핑 보드의 무늬를 그린 '레이어 20' 위에 새 레이어를 추가합니다.
추가한 '레이어 21'을 탭하여 표시되는 레이어 옵션에서 (클리핑 마스크)를 선택합니다.

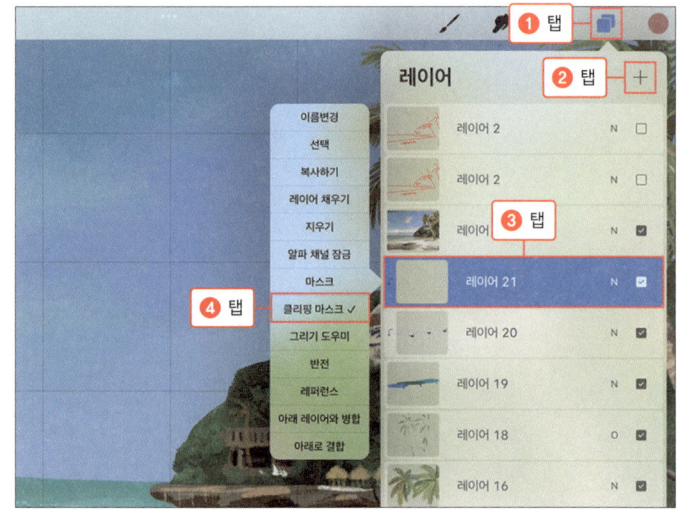

07 '레이어 21'의 (N)을 탭하여 불투명도를 '60%'로 조절한 다음 혼합 모드를 (오버레이)로 변경합니다.

08 서핑 보드의 어두운 음영을 추가합니다.

09 (레이어(🗂))에서 (+) 버튼을 탭하여 모래사장을 그린 '레이어 5' 위에 새 레이어를 추가합니다.

10 추가한 '레이어 22'의 (N)을 탭하여 불투명도를 '65%'로 조절한 다음 혼합 모드를 (색상 번)으로 변경합니다.

11 (브러시(✏️))를 탭하여 브러시 라이브러리에서 (스프레이) → (중간 노즐) 브러시를 선택합니다.

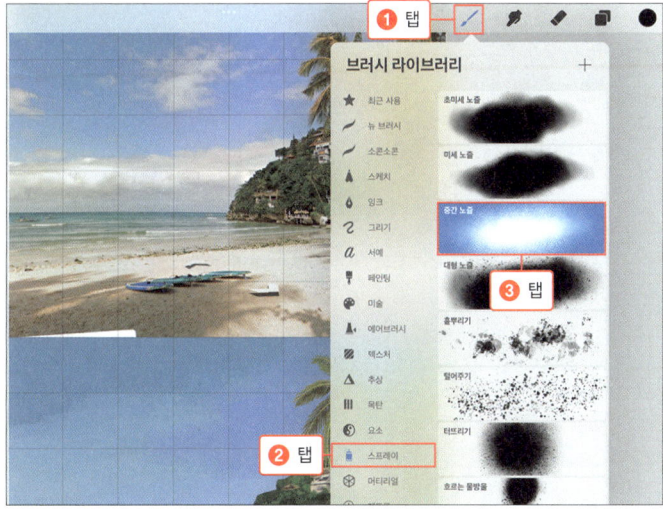

12 모래 질감을 표현해 줍니다.

13 (레이어(■))에서 (+) 버튼을 탭하여 모래 질감을 그린 '레이어 22' 위에 새 레이어를 추가합니다.

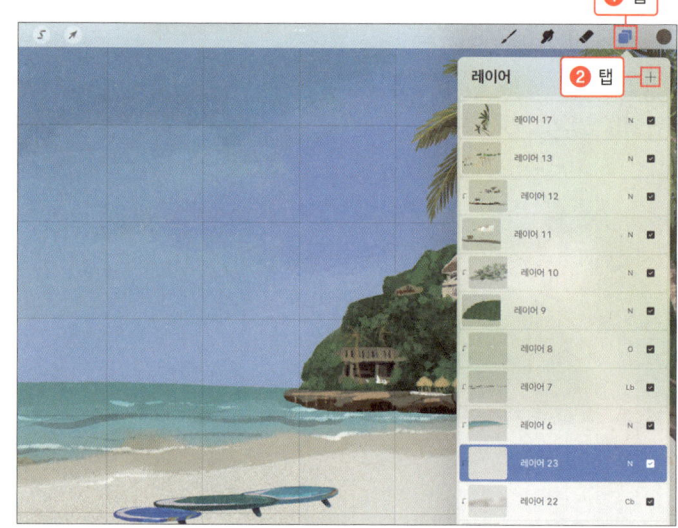

14 추가한 '레이어 23'의 (N)을 탭하여 불투명도를 '50%'로 조절합니다.

15 〔브러시(✏️)〕를 탭하여 브러시 라이브러리에서 〔에어브러시〕 → 〔미디움 브러시〕 브러시를 선택합니다.

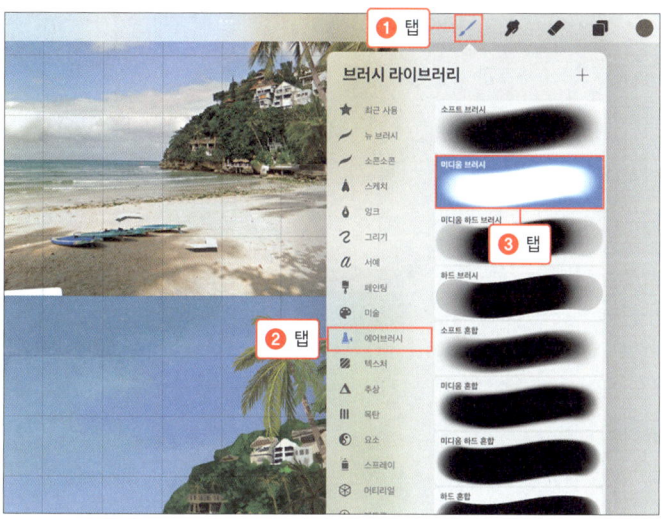

16 모래사장에 그림자를 표현합니다.

17 〔레이어(🗐)〕에서 〔+〕 버튼을 탭하여 그림자를 그린 '레이어 23' 위에 새 레이어를 추가합니다.

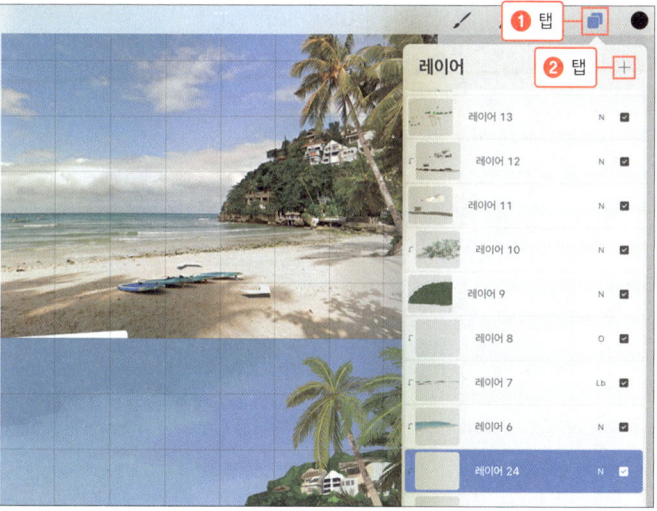

18 서핑 보드의 그림자를 추가합니다.

19 (레이어(■))에서 (+) 버튼을 탭하여 '레이어 1' 아래에 새 레이어를 추가합니다.

20 (브러시(✎))를 탭하여 브러시 라이브러리에서 (미술) → (오로라) 브러시를 선택합니다.

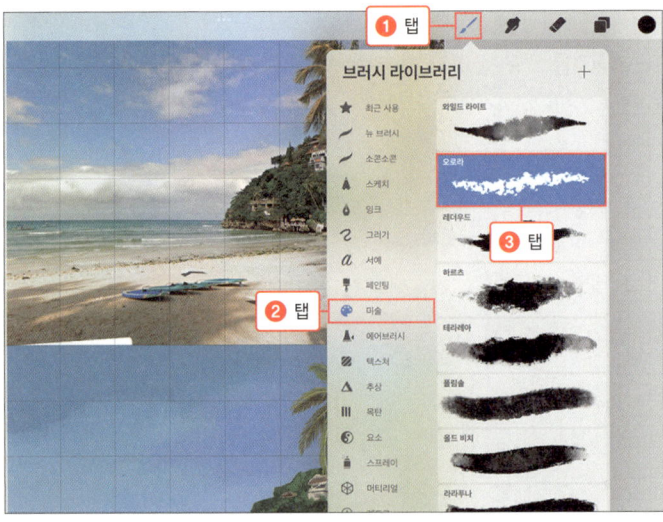

21 | 파도로 쓸려 온 해조류를 표현합니다.

구름 그리고
캔버스 크기 조절하기

01 | (레이어(📑))에서 (+) 버튼을 탭하여 하늘을 그린 '레이어 4' 위에 새 레이어를 추가합니다.

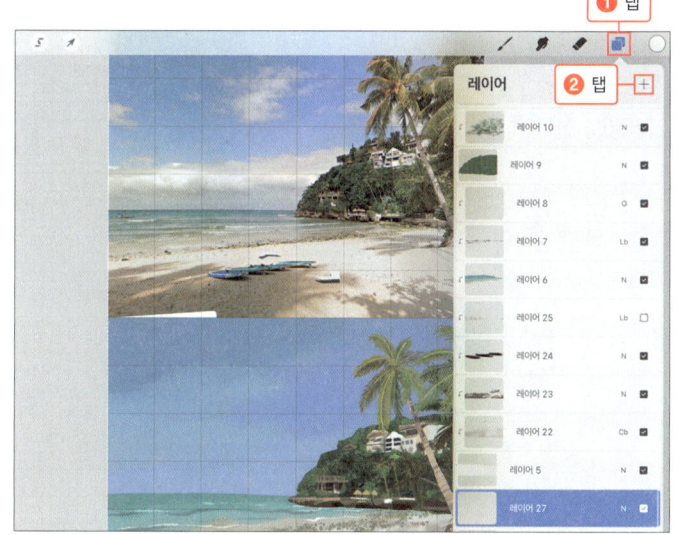

02 | (브러시(✏️))를 탭하여 브러시 라이브러리에서 (물) → (물에 젖은 스펀지) 브러시를 선택합니다.

01 필리핀 보라카이 디니위드 해변 **195**

03 콕콕 여러 번 찍어 구름을 그립니다.

04 (동작(🔧)) → (캔버스) → (그리기 가이드)를 비활성화한 다음 (잘라내기 및 크기변경)을 선택합니다.

05 (설정)을 탭한 다음 2배로 조절했던 세로 크기를 원래 크기로 설정하고 (스냅)을 활성화합니다.

06 | 조절점을 아래로 드래그하여 캔버스가 잘리는 영역을 설정한 다음 (완료) 버튼을 탭합니다.

07 | 필리핀 보라카이 디니위드 해변을 완성합니다.

포르투갈 카르보에이루

포르투갈 알가르브의 카르보에이루 마을에 위치한 해변입니다. 여름에는 매우 붐비는 도시 해변으로 입구부터 긴 계단으로 이루어져 해변을 한눈에 볼 수 있어요. 많은 레스토랑과 바가 있는 시내 광장 바로 앞에 위치한 해변이에요. 양쪽에 절벽이 둘러싸고 있어 맑고 깨끗한 에메랄드 바다와 함께 멋진 절경을 함께할 수 있습니다.

구글 맵 여행

- 예제 파일 : 03\카르보에이루.jpg
- 완성 파일 : 03\카르보에이루_완성.jpg, 카르보에이루_완성.procreate

Brush

모노라인	오베론	6B 연필	스워드그라스	탄연
서예 → 모노라인 : 밑그림	그리기 → 오베론 : 밑색, 드로잉	스케치 → 6B 연필 : 세밀 드로잉	유기물 → 스워드그라스 : 풀	목탄 → 탄연 : 풀숲
이글호크	황무지	대양	눈보라	Procreate 펜슬
그리기 → 이글호크 : 음영	산업 → 황무지 : 절벽 질감 표현	요소 → 대양 : 물결	요소 → 눈보라 : 모래 질감 표현	스케치 → Procreate 펜슬 : 세밀 드로잉

Color 7099bb 076a8b 2f9096 7f9275 294a00 c9ada0 c6a673 b75e26

카르보에이루 사진 불러와
밑그림 그리기

01 | 갤러리 화면에서 (사진)을 탭한 다음 구글 맵에서 캡처한 카르보에이루 사진을 탭하여 불러옵니다.

Tip 또는 (가져오기)를 탭하여 03 폴더에서 '카르보에이루.jpg' 파일을 불러와 예제를 진행할 수도 있습니다.

02 | (동작(🔧)) → (캔버스) → (그리기 가이드)를 활성화한 다음 (그리기 가이드 편집)을 선택합니다.

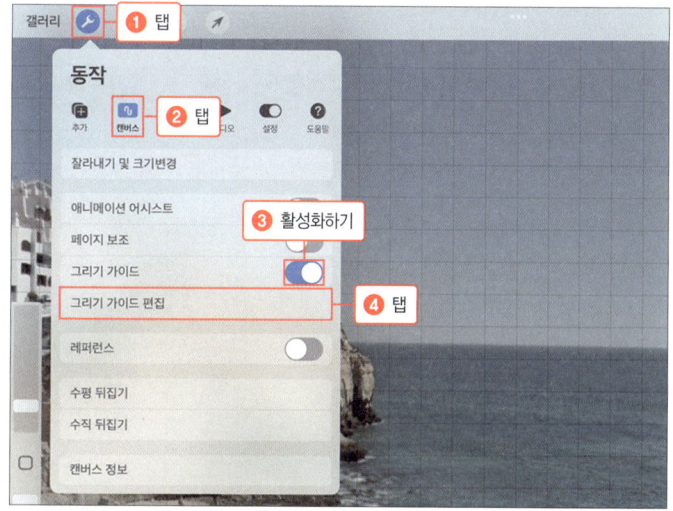

03 | 사진의 상단과 하단이 격자와 맞닿는 수치로 격자 크기를 조절합니다. 수치는 사진을 캡처한 아이패드 기종에 따라 달라집니다.
아이패드 프로 12.9인치 경우 '342px'로 설정합니다. 설정이 완료되었으면 (완료) 버튼을 탭합니다.

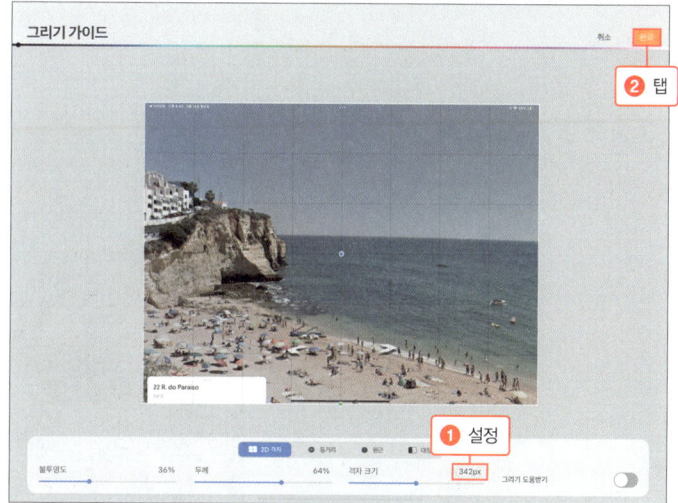

04 (변형(📐))을 탭한 다음 하단 메뉴에서 (균등)과 (왜곡)을 선택합니다. 그림과 같이 가이드를 참고하여 사진을 수평에 맞게 조절합니다.

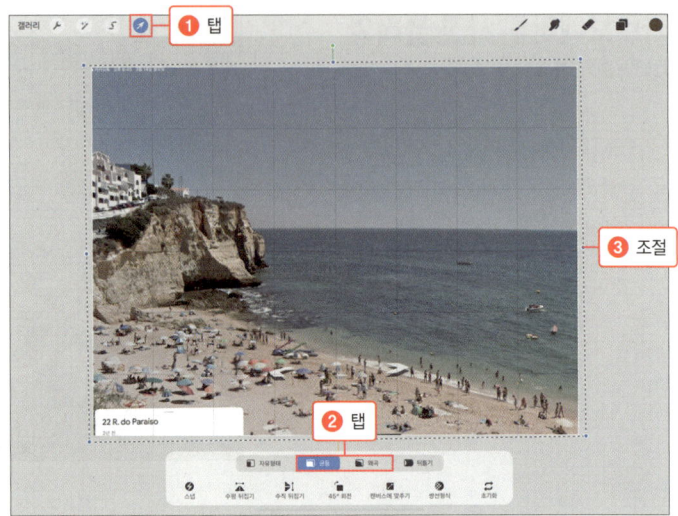

05 사진의 색감을 조절합니다. (조정(🧭)) → (색조, 채도, 밝기)를 선택합니다.

Tip 현재 사진의 색감이 마음에 든다면 해당 과정은 생략해도 무관합니다.

06 색조, 채도, 밝기를 조절하여 사진의 색감을 변경합니다.

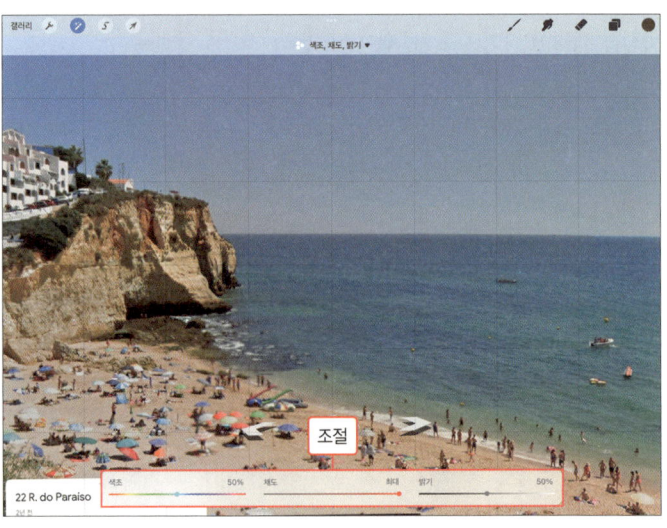

07 밑그림을 그리기 위해 (레이어(■))에서 (+) 버튼을 탭하여 새 레이어를 추가합니다.

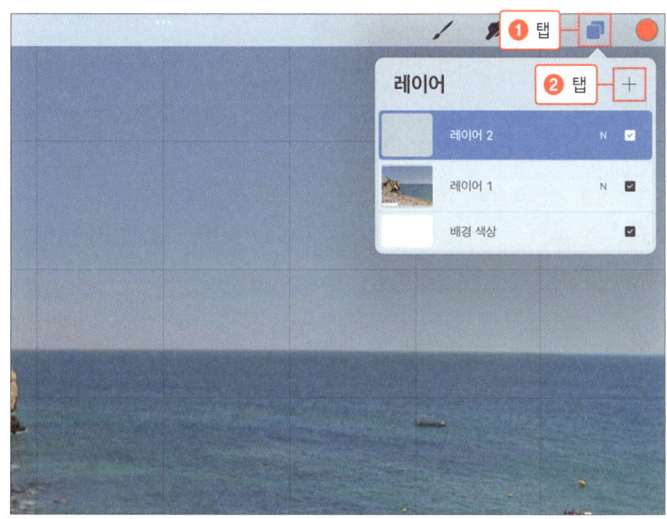

08 (서예) → (모노라인) 브러시를 사용하여 그림과 같이 형태의 큰 외곽선을 그려줍니다.

09 (동작(🔧)) → (캔버스) → (잘라내기 및 크기변경)을 선택합니다.

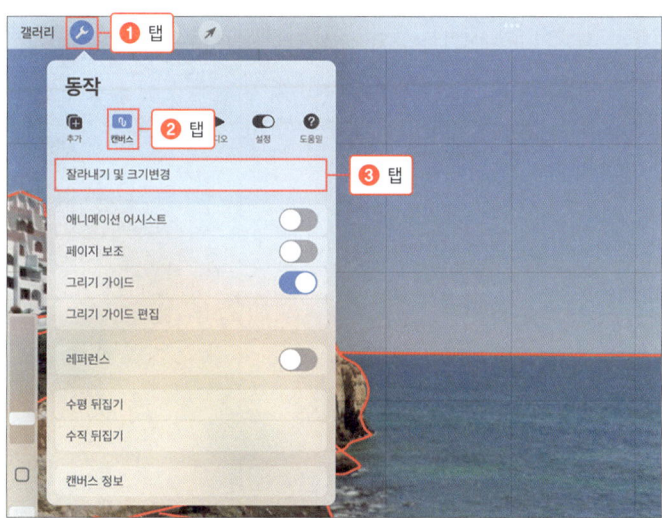

10 〔설정〕을 탭한 다음 세로 크기를 원래 크기의 2배로 설정하여 〔완료〕 버튼을 탭합니다.

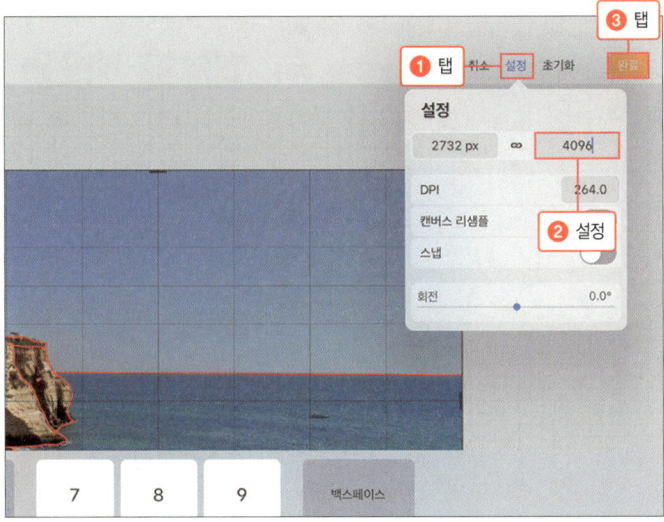

11 〔레이어(■)〕에서 '레이어 2'를 왼쪽으로 드래그한 다음 〔복제〕 버튼을 탭합니다.

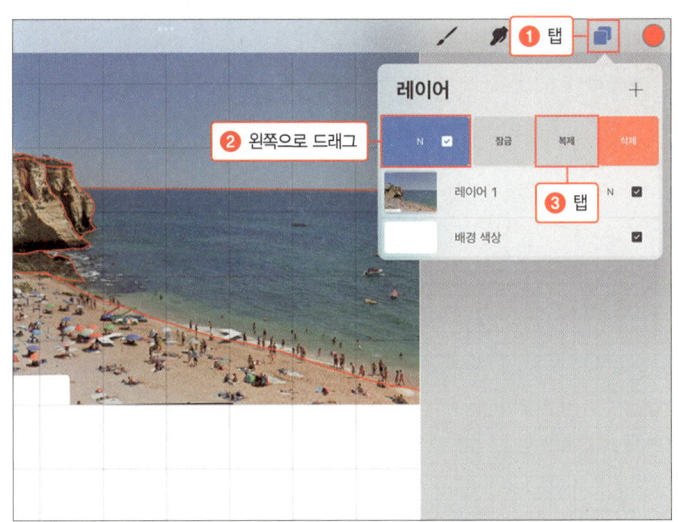

12 복제된 레이어가 선택된 상태에서 〔변형(■)〕을 탭합니다. 하단 메뉴에서 〔스냅〕을 선택한 다음 〔자석〕과 〔스냅〕을 활성화합니다.

13 복제한 밑그림을 드래그하여 아래로 이동합니다. 이때 위치는 격자 가이드를 확인하며 사진에 있는 밑그림과 위치를 맞춥니다.

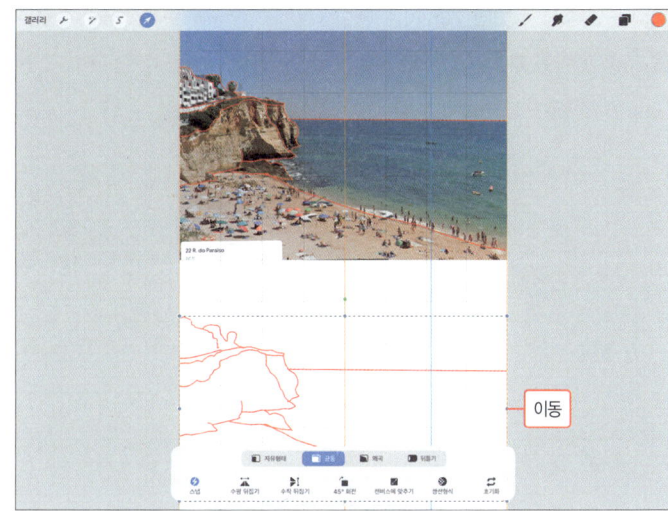

하늘과 모래사장, 바다 그리기

01 (레이어(■))에서 (+) 버튼을 탭하여 '레이어 1' 아래에 새 레이어를 추가합니다.

Tip 레이어 순서는 레이어를 드래그하여 변경할 수 있습니다.

02 (브러시(✎))를 탭하여 브러시 라이브러리에서 (그리기) → (오베론) 브러시를 선택합니다.

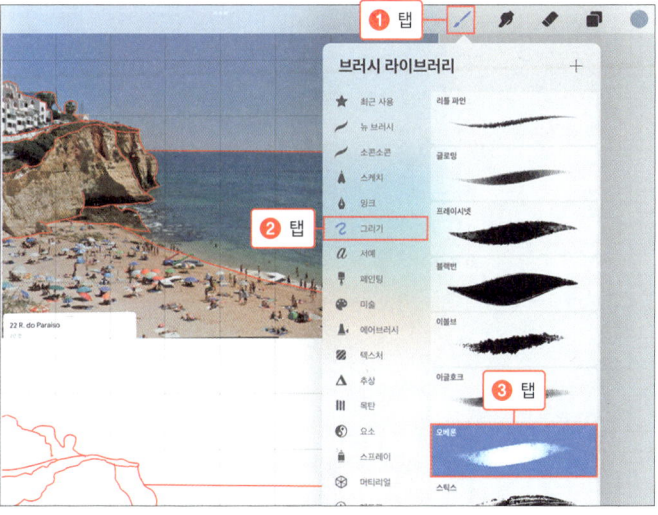

03 | 사진을 손가락으로 길게 탭하여 색을 추출한 다음 추출된 색으로 하늘을 칠합니다. 색을 여러 번 추출하며 덧그립니다.

04 | (스머지( ))를 탭하여 브러시 라이브러리에서 (그리기) → (무릴라) 브러시를 선택합니다.

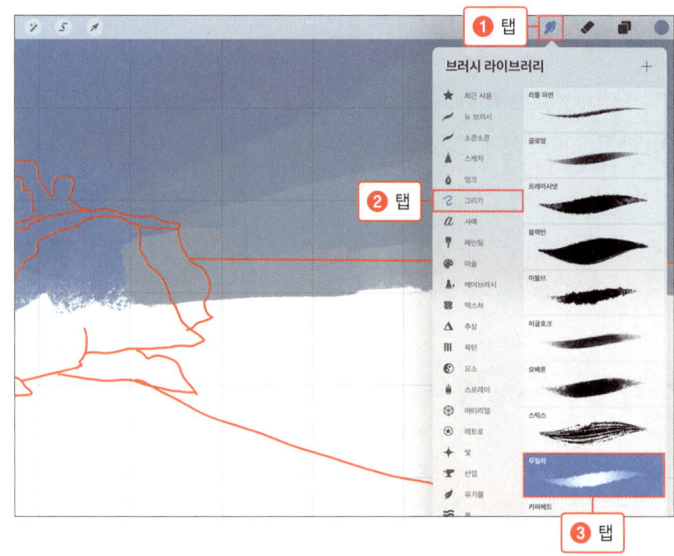

05 | 스머지로 문질러서 하늘의 경계를 부드럽게 풉니다.

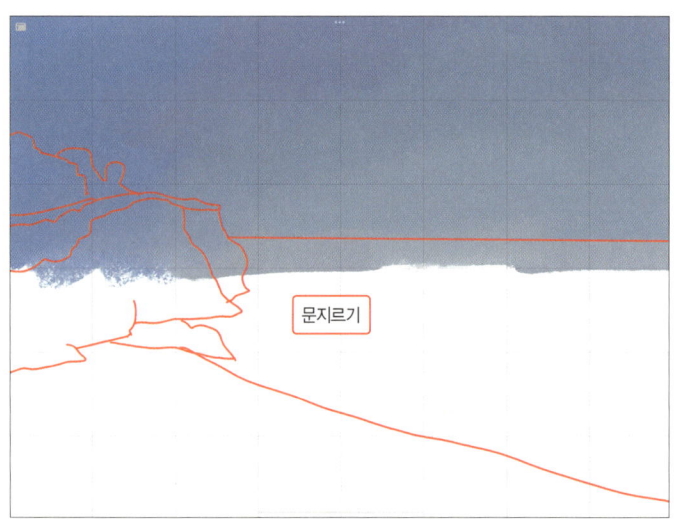

06 〔레이어(📄)〕에서 〔+〕 버튼을 탭하여 하늘을 그린 '레이어 4' 위에 새 레이어를 추가합니다.

07 하단에 모래사장을 그립니다.

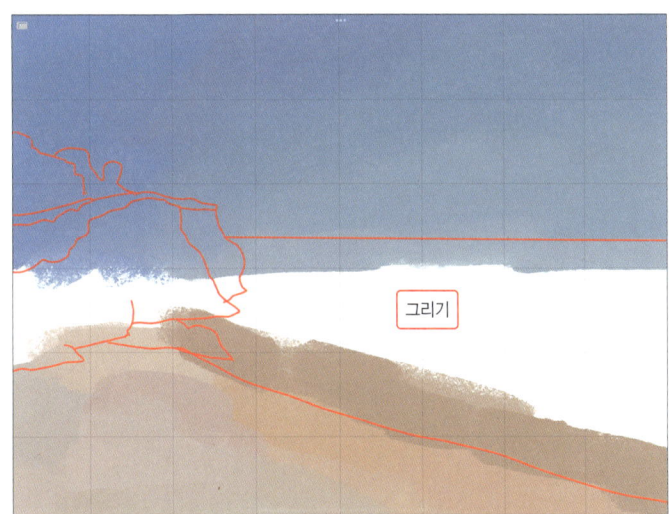

Tip 바다와 절벽 경계 위로 넘어가도록 영역을 넓게 그립니다.

08 〔레이어(📄)〕에서 〔+〕 버튼을 탭하여 모래사장을 그린 '레이어 5' 위에 새 레이어를 추가합니다.
추가한 '레이어 6'을 탭하여 표시되는 레이어 옵션에서 〔클리핑 마스크〕를 선택합니다.

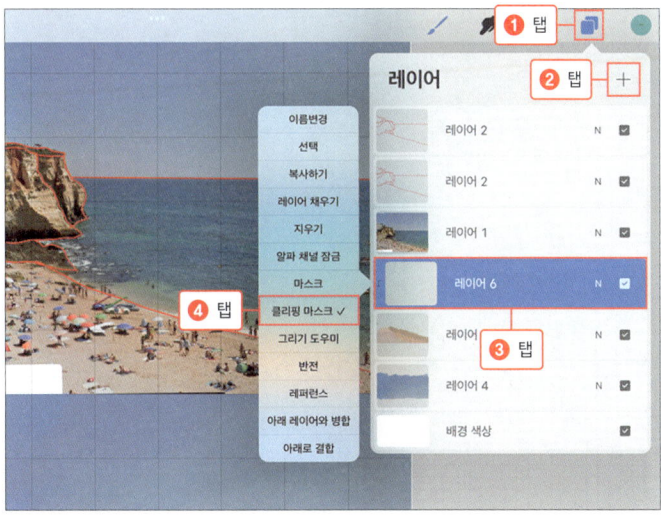

09 〔브러시( )〕를 탭하여 브러시 라이브러리에서 〔요소〕 → 〔눈보라〕 브러시를 선택합니다.

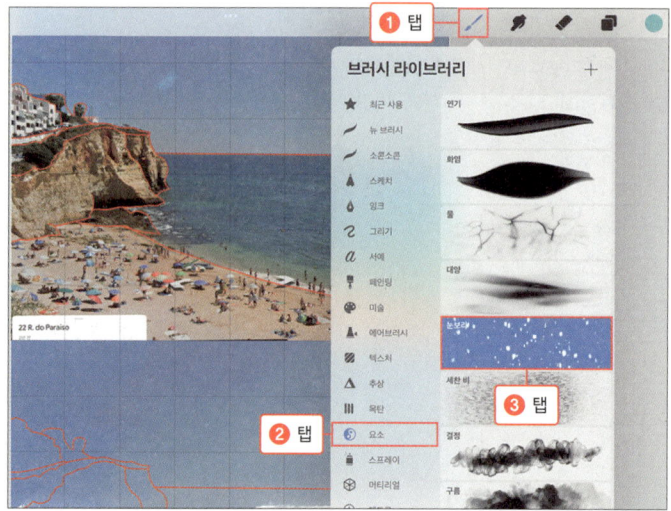

10 모래사장에서 어두운 부분을 손가락으로 길게 탭하여 색을 추출한 다음 추출된 색으로 모래 질감을 표현합니다.

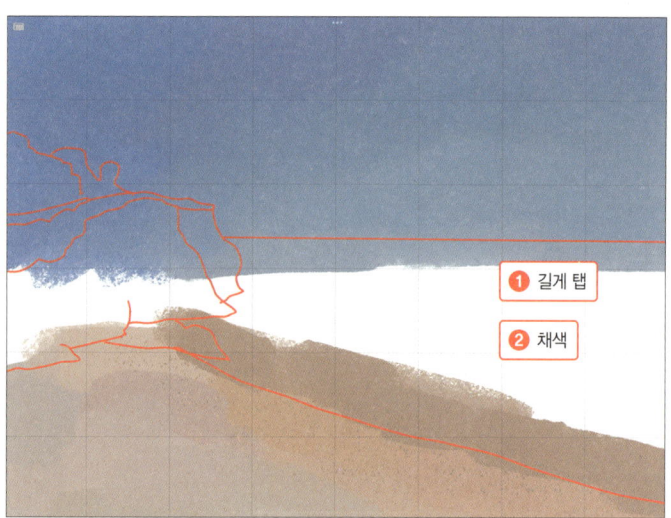

11 〔레이어( )〕에서 〔+〕 버튼을 탭하여 새 레이어를 추가합니다.

12 │ (그리기) → (오베론) 브러시를 사용하여 바다를 그립니다.

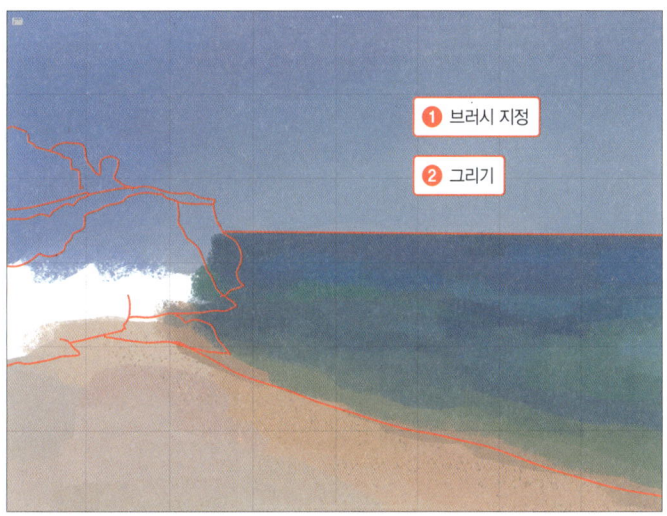

13 │ (스머지(✦))를 탭하여 브러시 라이브러리에서 (그리기) → (무릴라) 브러시를 선택합니다.

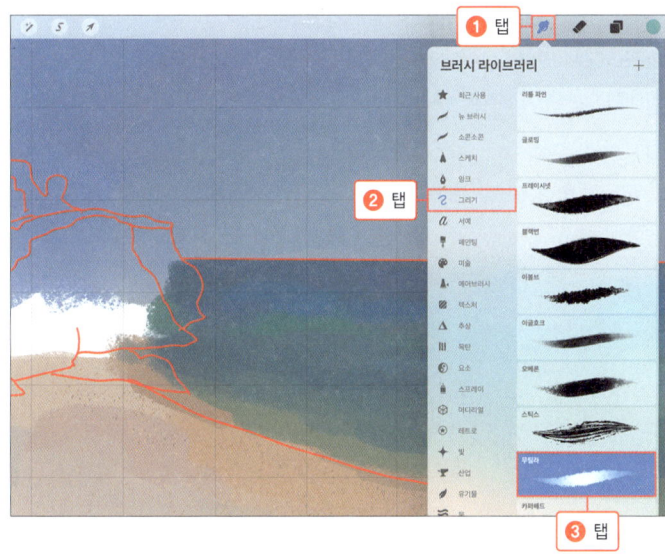

14 │ 스머지로 문질러 바다의 경계를 부드럽게 풉니다.

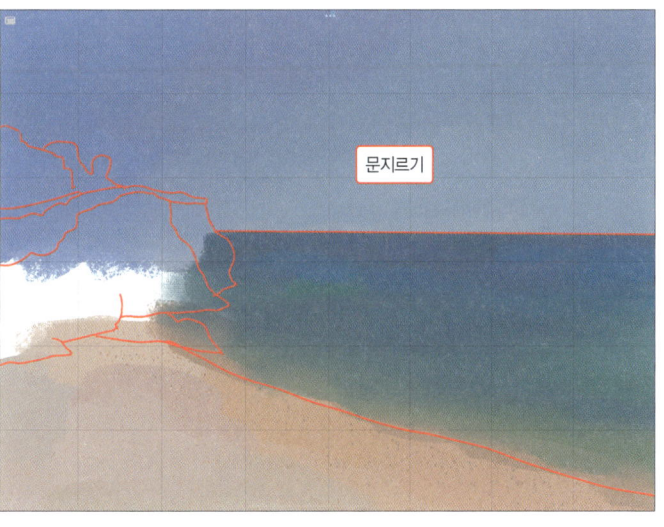

15 │ (레이어(□))에서 (+) 버튼을 탭하여 바다를 그린 '레이어 7' 위에 새 레이어를 추가합니다.
추가한 '레이어 8'을 탭하여 표시되는 레이어 옵션에서 (클리핑 마스크)를 선택합니다.

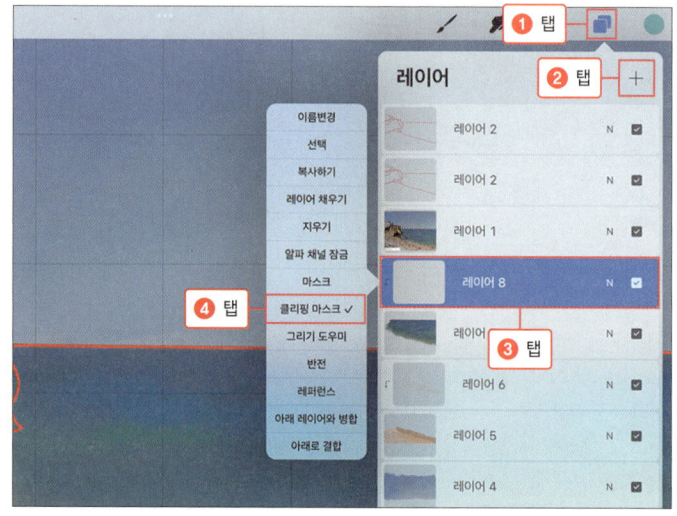

16 │ (브러시(✏))를 탭하여 브러시 라이브러리에서 (요소) → (대양) 브러시를 선택합니다.

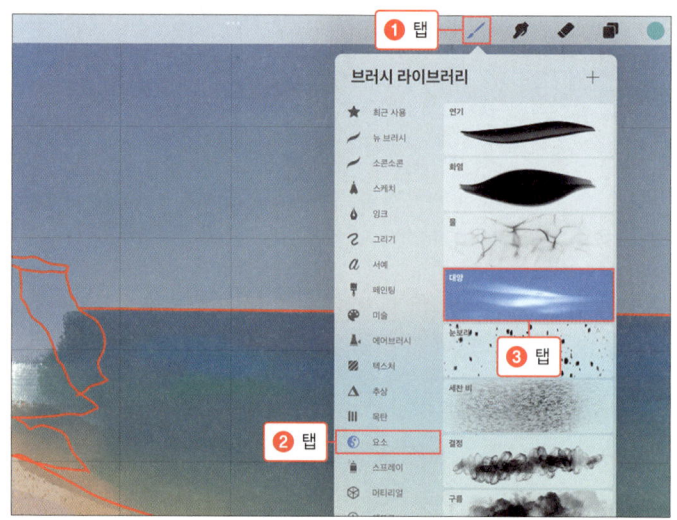

17 │ 바다에서 어두운 부분을 손가락으로 길게 탭하여 색을 추출한 다음 추출된 색으로 물결을 그립니다.

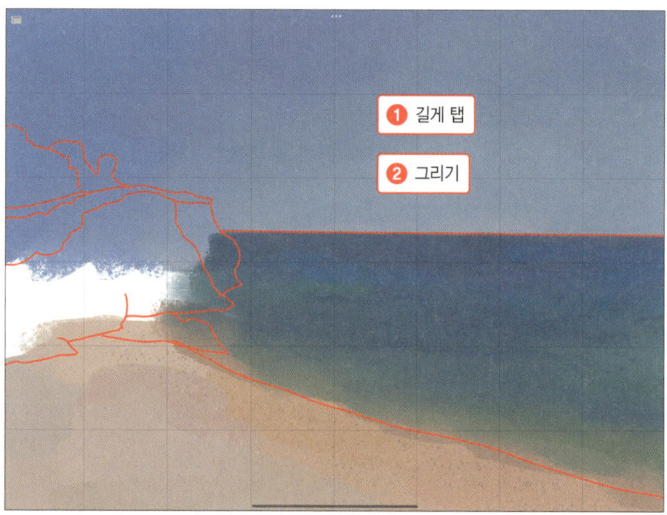

18 | (레이어(■))에서 (+) 버튼을 탭하여 물결을 그린 '레이어 8' 위에 새 레이어를 추가합니다.
추가한 '레이어 9'를 탭하여 표시되는 레이어 옵션에서 (클리핑 마스크)를 선택합니다.

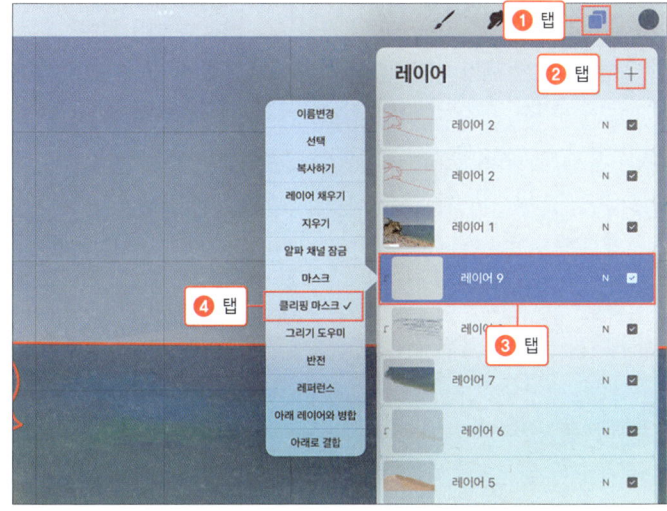

19 | 바다의 색보다 살짝 밝은색을 선택한 다음 밝은 물결을 표현합니다.

절벽과 건물 그리기

01 | (레이어(■))에서 (+) 버튼을 탭하여 새 레이어를 추가합니다.

02 | (그리기) → (오베론) 브러시를 사용하여 절벽을 그립니다.

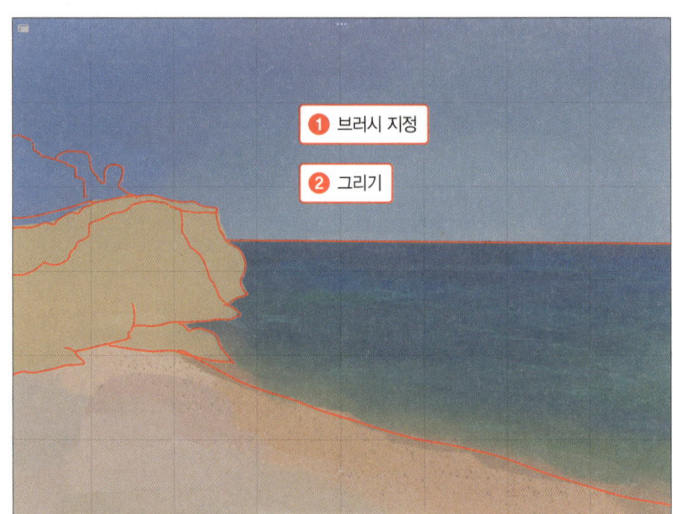

03 | (레이어(■))에서 (+) 버튼을 탭하여 절벽을 그린 '레이어 10' 위에 새 레이어를 추가합니다.
추가한 '레이어 11'을 탭하여 표시되는 레이어 옵션에서 (클리핑 마스크)를 선택합니다.

04 | (브러시(✎))를 탭하여 브러시 라이브러리에서 (그리기) → (이글호크) 브러시를 선택합니다.

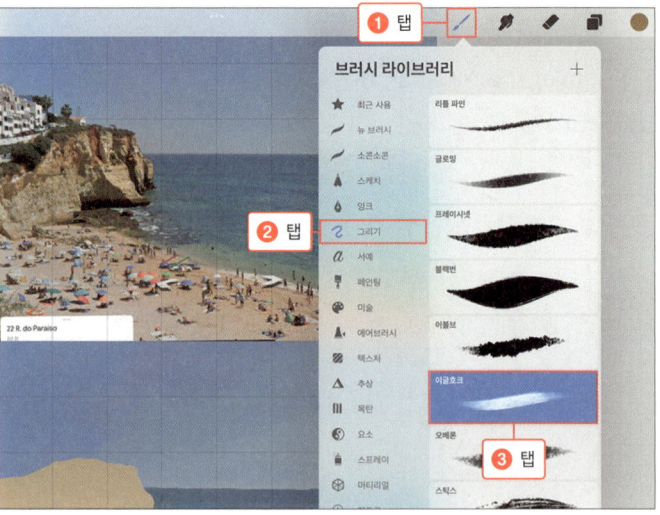

05 사진을 손가락으로 길게 탭하여 색을 추출한 다음 추출된 색으로 여러 번 덧칠하여 절벽의 어두운 명암을 표현합니다.

06 (레이어(■))에서 (+) 버튼을 탭하여 절벽의 명암을 그린 '레이어 11' 위에 새 레이어를 추가합니다.
추가한 '레이어 12'를 탭하여 표시되는 레이어 옵션에서 (클리핑 마스크)를 선택합니다.

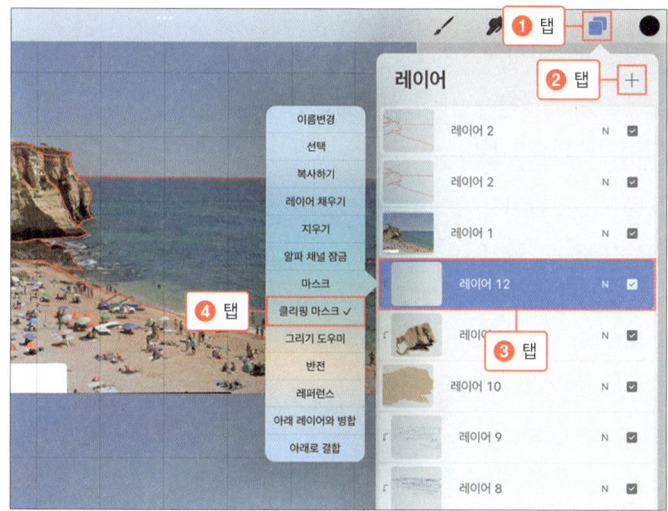

07 (브러시(✎))를 탭하여 브러시 라이브러리에서 (산업) → (황무지) 브러시를 선택합니다.

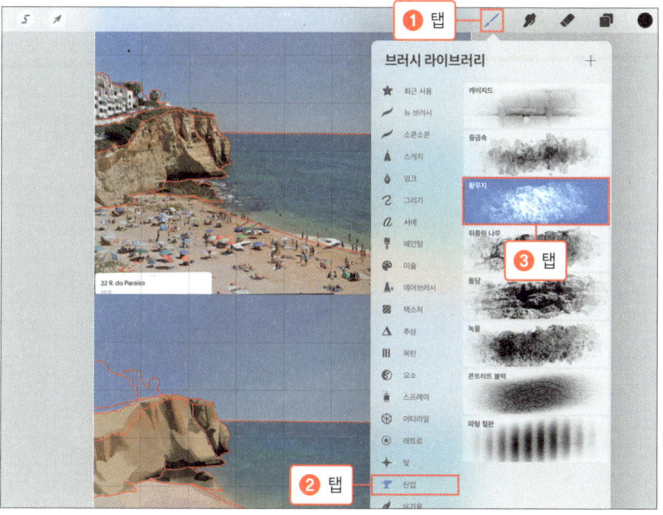

08 어두운색으로 절벽의 질감을 표현합니다.

09 (레이어(■))에서 절벽의 질감을 표현한 '레이어 12'의 (N)을 탭한 다음 불투명도를 '65%'로 조절한 다음 혼합 모드를 (오버레이)로 변경합니다.

10 (+) 버튼을 탭하여 새 레이어를 추가합니다.

11 (브러시(　))를 탭하여 브러시 라이브러리에서 (목탄) → (탄연) 브러시를 선택합니다.

12 절벽 위에 풀숲을 그립니다. 둥글게 스프링을 그리는 모양으로 몽글몽글하게 그립니다.

13 (레이어(　))에서 (+) 버튼을 탭하여 풀숲을 그린 '레이어 13' 아래에 새 레이어를 추가합니다.

14 〔브러시(✏)〕를 탭하여 브러시 라이브러리에서 〔스케치〕 → 〔6B 연필〕 브러시를 선택합니다.

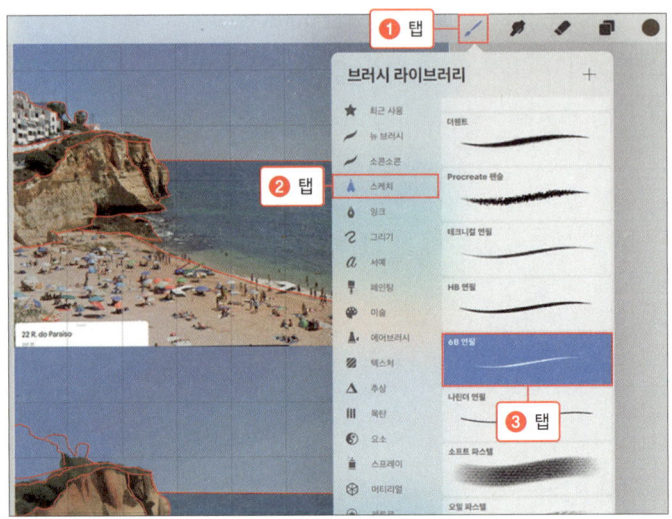

15 절벽 위에 건물의 밑색을 칠합니다.

16 〔레이어(▣)〕에서 〔+〕 버튼을 탭하여 건물의 밑색을 그린 '레이어 14' 위에 새 레이어를 추가합니다.
추가한 '레이어 15'를 탭하여 표시되는 레이어 옵션에서 〔클리핑 마스크〕를 선택합니다.

17 건물의 다양한 색을 표현합니다.

18 '밝은 상아색'을 선택하고 건물의 형태를 정리합니다. 창문 주변 위주로 색을 칠합니다.

19 어두운색을 군데군데 칠해 창문을 표현합니다.

20 [레이어(■)]에서 [+] 버튼을 탭하여 건물의 밑색을 그린 '레이어 14' 아래에 새 레이어를 추가합니다.

21 [브러시(/)]를 탭하여 브러시 라이브러리에서 [스케치] → [Procreate 펜슬] 브러시를 선택합니다.

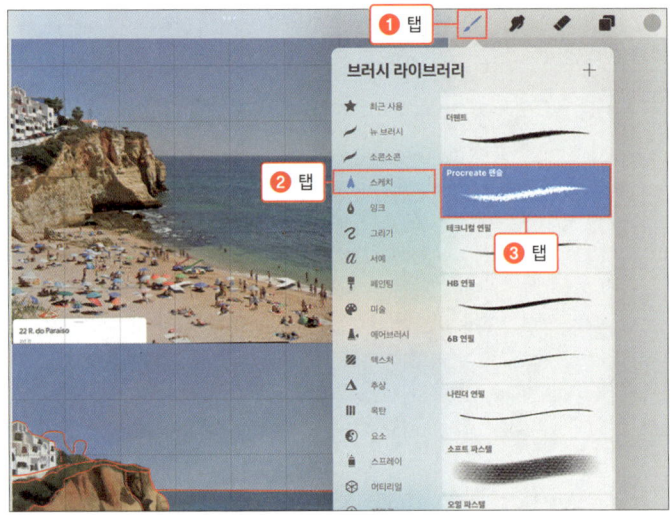

22 절벽 위에 멀리 있는 나무들을 작게 그립니다.

여러 가지 작은 요소 그리기

01 (레이어(■))에서 (+) 버튼을 탭하여 새 레이어를 추가합니다.

02 (브러시(✎))를 탭하여 브러시 라이브러리에서 (스케치) → (6B 연필) 브러시를 선택합니다.

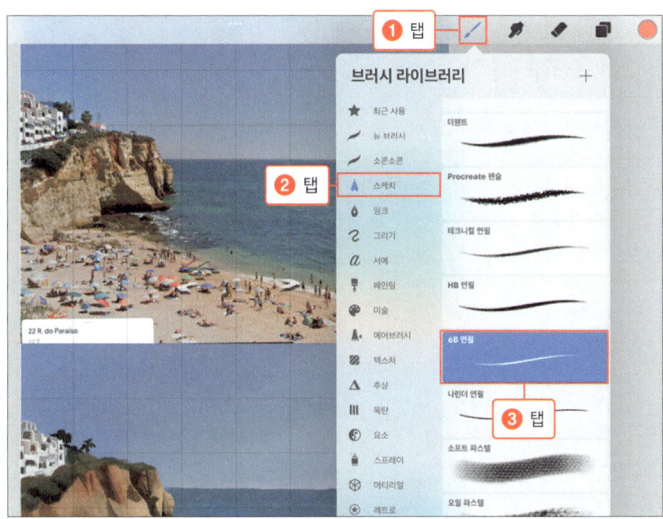

03 파라솔과 사람, 바다 위 부표를 그립니다.

04 | (레이어(■))에서 (+) 버튼을 탭하여 새 레이어를 추가합니다. 추가한 '레이어 18'을 탭하여 표시되는 레이어 옵션에서 (클리핑 마스크)를 선택합니다.

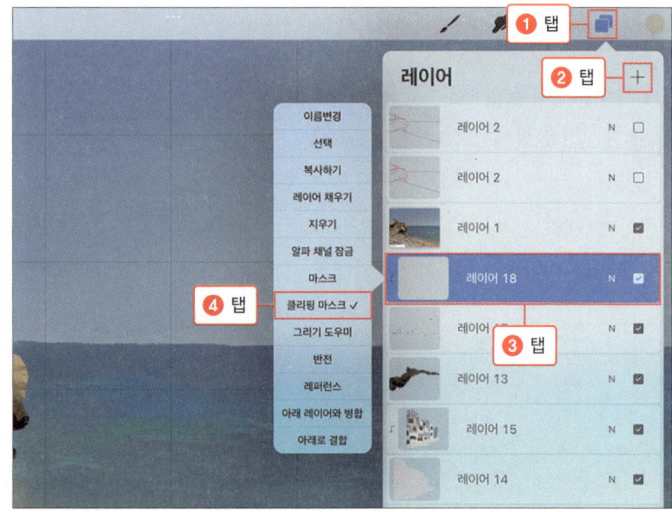

05 | 파라솔과 사람, 부표에 어두운 음영을 그려 표현합니다.

Tip 멀리 있는 요소는 섬세하게 그리지 않아도 괜찮습니다. 잘 보이지 않는 부분은 상상해 그리며 밀도만 가볍게 올려 줍니다.

06 | (레이어(■))에서 여러 요소의 음영을 그린 '레이어 18'의 (N)을 탭하여 불투명도를 '30%'로 조절한 다음 혼합 모드를 (선형 라이트)로 변경합니다.

07 [+] 버튼을 탭하여 풀숲을 그린 '레이어 13' 위에 새 레이어를 추가합니다.

08 파라솔과 사람, 부표의 그림자를 그립니다.

09 여러 요소의 그림자를 그린 '레이어 19'의 (N)을 탭하여 불투명도를 '70%'로 조절한 다음 혼합 모드를 (곱하기)로 변경합니다.

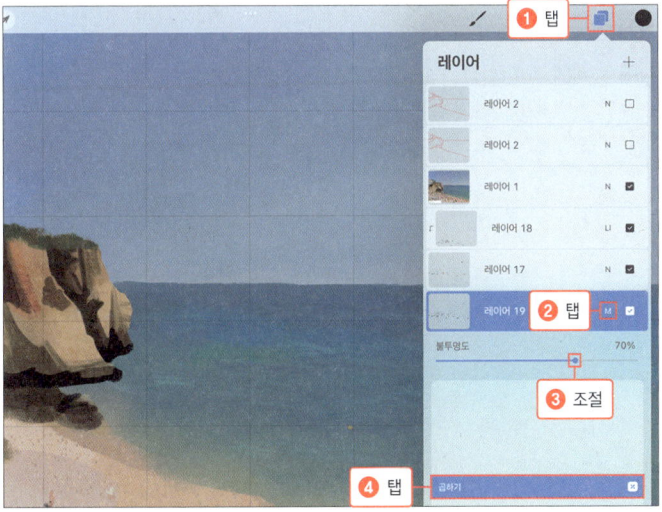

10 〔레이어(■)〕에서 〔+〕 버튼을 탭하여 새 레이어를 추가합니다.

11 〔브러시(✏)〕를 탭하여 브러시 라이브러리에서 〔스케치〕 → 〔Procreate 펜슬〕 브러시를 선택합니다.

12 '밝은 하늘색'으로 바다와 모래사장, 절벽 경계에 파도를 그려 표현합니다.

13 〔레이어(▣)〕에서 〔+〕 버튼을 탭하여 '레이어 1' 아래에 새 레이어를 추가합니다.

14 〔브러시(✎)〕를 탭하여 브러시 라이브러리에서 〔유기물〕 → 〔스워드그라스〕 브러시를 선택합니다.

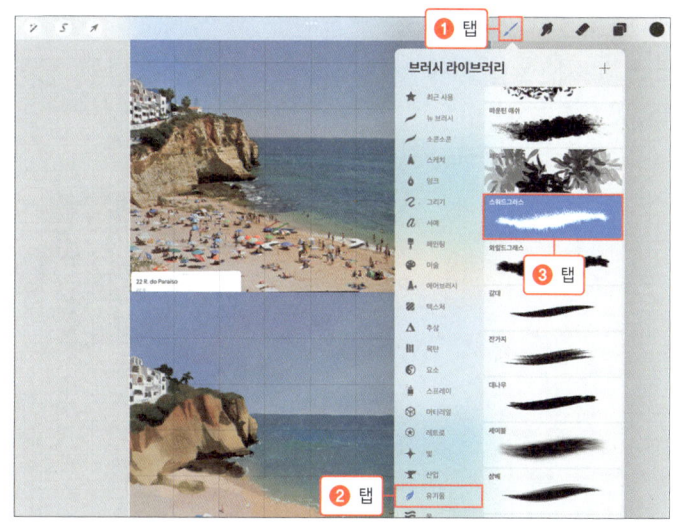

15 왼쪽 하단에 풀을 얇게 겹쳐서 그려 줍니다.

흐림 효과 적용하고
캔버스 크기 조절하기

01 (조정( )) → (가우시안 흐림 효과)를 선택합니다.

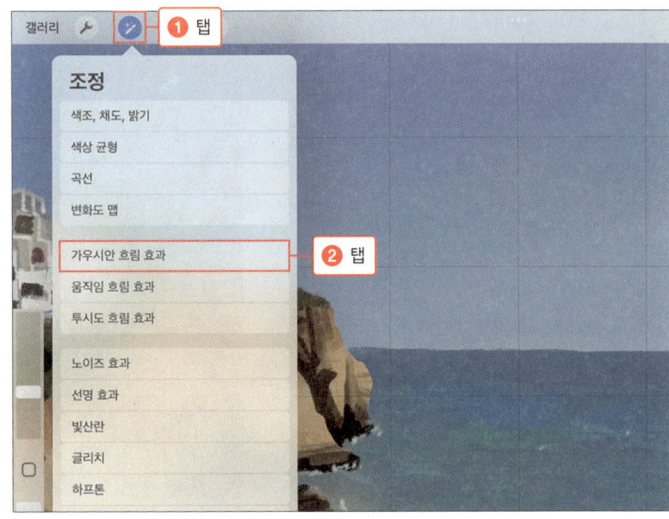

02 펜으로 화면을 오른쪽으로 드래그하여 가우시안 흐림 효과를 '3%'로 조절합니다.

03 (동작( )) → (캔버스) → (그리기 가이드)를 비활성화한 다음 (잘라내기 및 크기변경)을 선택합니다.

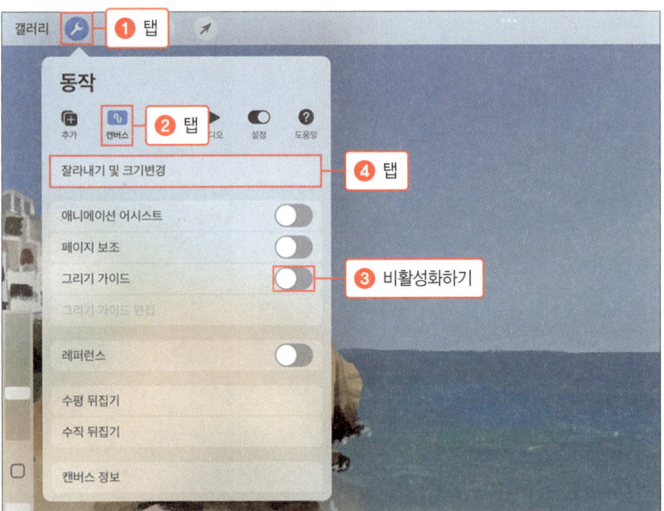

04 [설정]을 탭한 다음 2배로 조절했던 세로 크기를 원래 크기로 설정하고 [스냅]을 활성화합니다.

05 조절점을 아래로 드래그하여 캔버스가 잘리는 영역을 설정한 다음 [완료] 버튼을 탭합니다.

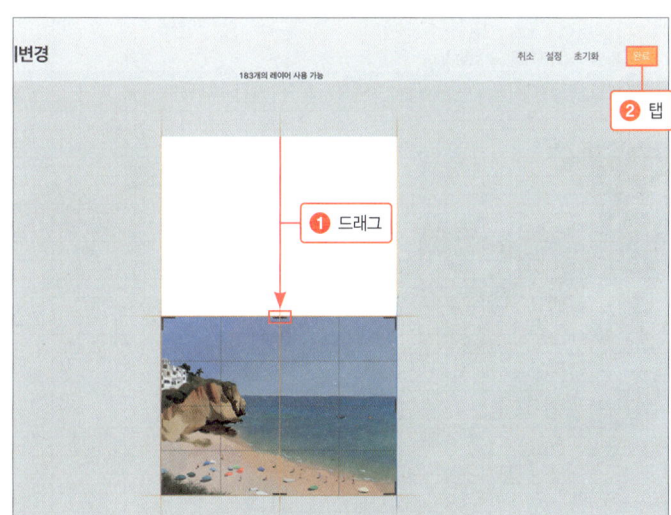

06 카르보에이루의 해변을 완성합니다.

캐나다 요호 국립 공원 에메랄드 호수

요호 국립 공원은 캐나다 브리티시컬럼비아주에 있어요. 요호는 원주민 크리(Cree)족의 말로 '굉장한', '경이로운'이라는 뜻을 갖고 있어요. 요호 국립 공원에는 약 60여 개의 호수가 있는데 그중 가장 인기 있는 곳은 에메랄드 호수입니다. 물감을 풀어 놓은 듯한 거대한 호수 주변으로 트레킹 코스가 있어 마음껏 아름다운 호수를 느끼고 즐길 수 있어요.

구글 맵 여행

- 예제 파일 : 03\에메랄드 호수.jpg
- 완성 파일 : 03\에메랄드 호수_완성.jpg, 에메랄드 호수_완성.procreate

Brush

Color bcdbf0 9ec1da 5ba5c4 4f7395 2b5184 6f5c29 594e2b 250b01

에메랄드 호수 사진 불러와 밑그림 그리기

01 | 갤러리 화면에서 (사진)을 탭한 다음 구글 맵에서 캡처한 캐나다 요호 국립 공원 에메랄드 호수 사진을 탭하여 불러옵니다.

Tip 또는 (가져오기)를 탭하여 03 폴더에서 '에메랄드 호수.jpg' 파일을 불러와 예제를 진행할 수도 있습니다.

02 | (동작(🔧)) → (캔버스) → (그리기 가이드)를 활성화한 다음 (그리기 가이드 편집)을 선택합니다.

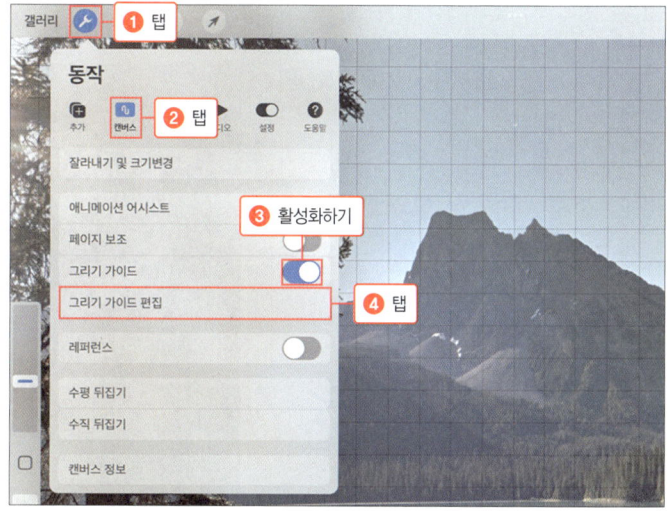

03 | 사진의 상단과 하단이 격자와 맞닿는 수치로 격자 크기를 조절합니다. 수치는 사진을 캡처한 아이패드 기종에 따라 달라집니다.
아이패드 프로 12.9인치 경우 '342px'로 설정합니다. 설정이 완료되었으면 (완료) 버튼을 탭합니다.

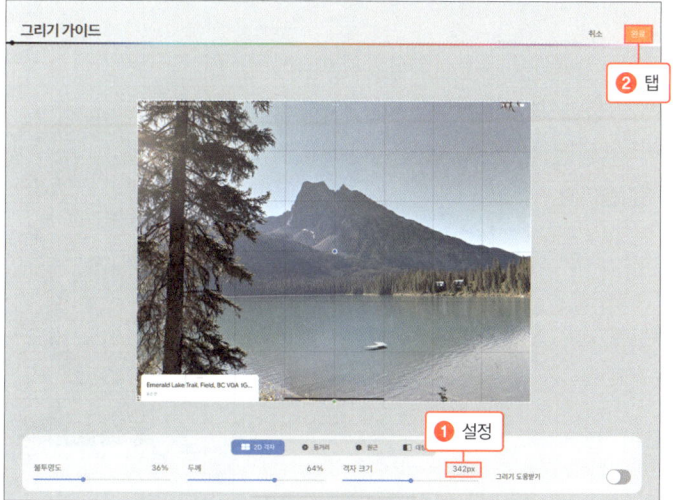

04 사진의 색감을 조절합니다. [조정(　)] → [색조, 채도, 밝기]를 선택합니다.

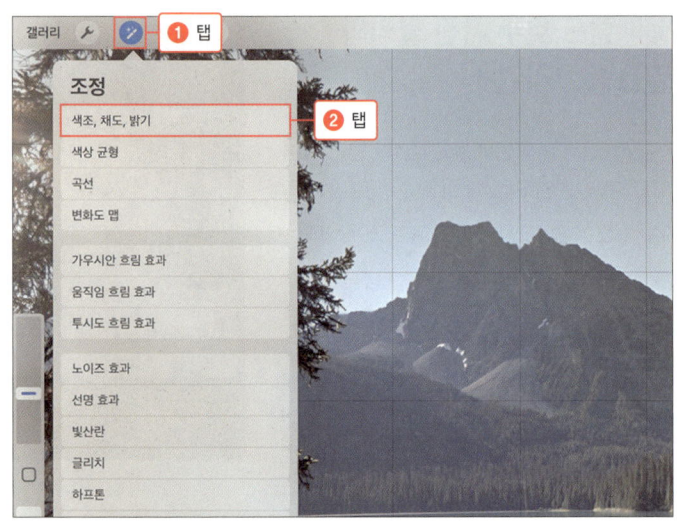

05 색조, 채도, 밝기를 조절하여 사진의 색감을 변경합니다.

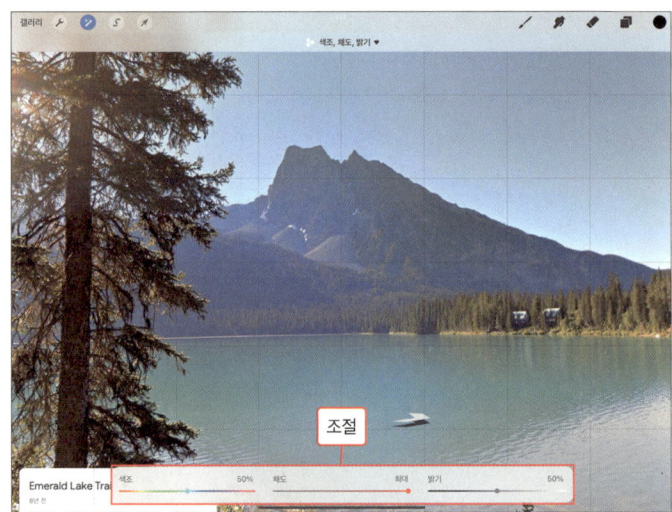

06 [변형(　)]을 탭한 다음 하단 메뉴에서 [균등]과 [왜곡]을 선택합니다. 그림과 같이 가이드를 참고하여 사진을 수평에 맞게 조절합니다.

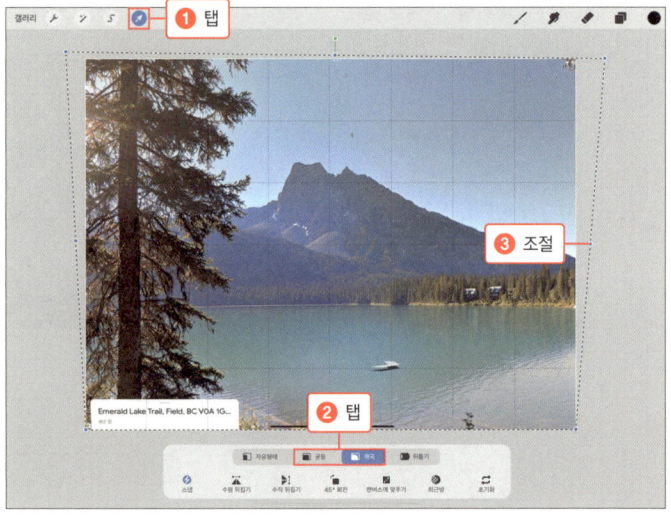

07 | 밑그림을 그리기 위해 (레이어(■))에서 (+) 버튼을 탭하여 새 레이어를 추가합니다.

08 | (서예) → (모노라인) 브러시를 사용하여 그림과 같이 형태의 큰 외곽선을 그려줍니다.

09 | (동작(▸)) → (캔버스) → (잘라내기 및 크기변경)을 선택합니다.

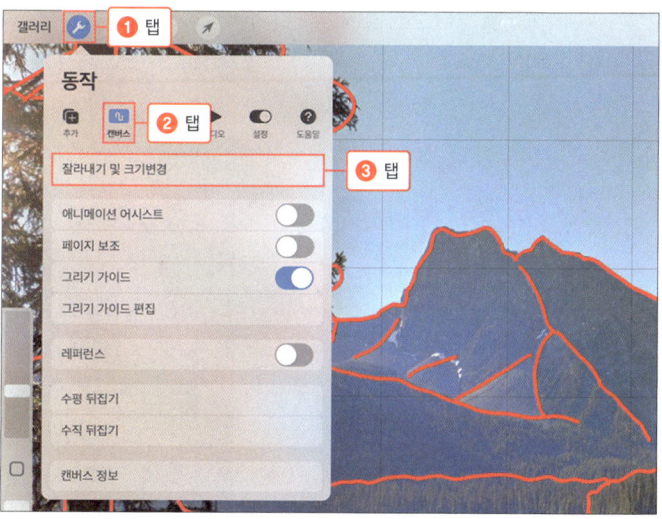

10 (설정)을 탭한 다음 세로 크기를 원래 크기의 2배로 설정하고 (완료) 버튼을 탭합니다.

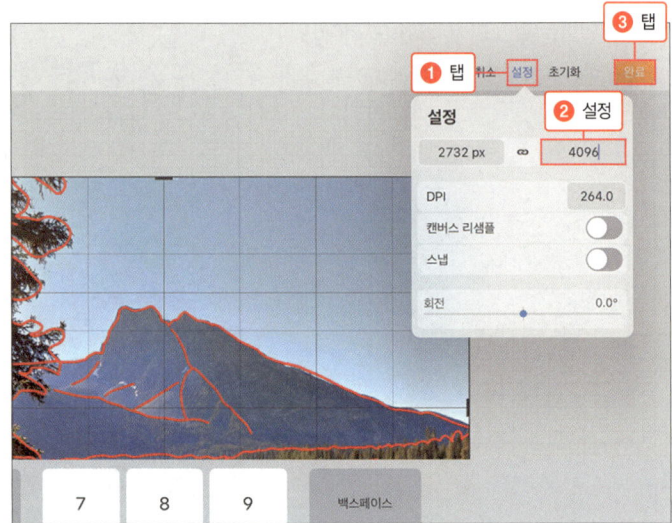

11 (레이어(■))에서 밑그림을 그린 '레이어 2'의 (N)을 탭한 다음 불투명도를 '35%'로 조절합니다.

12 '레이어 2'를 왼쪽으로 드래그한 다음 (복제) 버튼을 탭합니다.

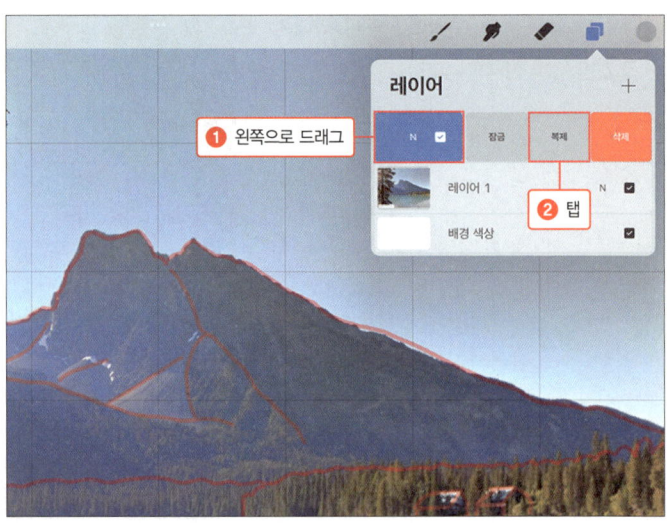

13 〔변형(↗)〕을 탭한 다음 하단 메뉴에서 〔스냅〕을 선택하여 〔자석〕과 〔스냅〕을 활성화합니다.

복제한 밑그림을 드래그하여 아래로 이동합니다. 이때 격자 가이드를 확인하며 사진에 있는 밑그림과 위치를 맞춥니다.

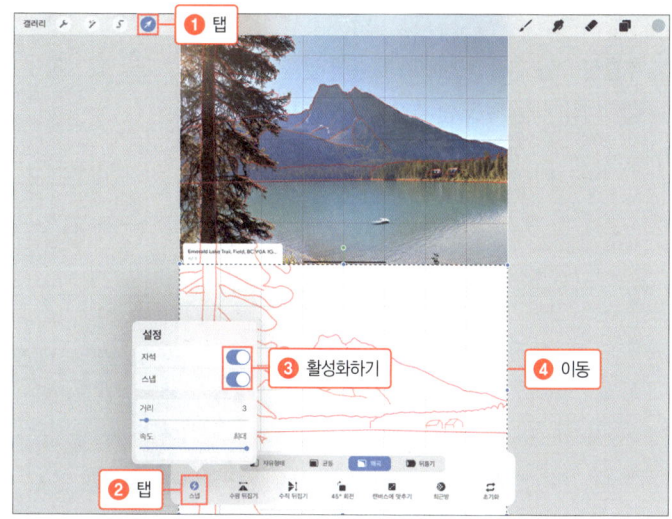

호수와 산 그리기

01 〔레이어(■)〕에서 〔+〕 버튼을 탭하여 '레이어 1' 아래에 새 레이어를 추가합니다.

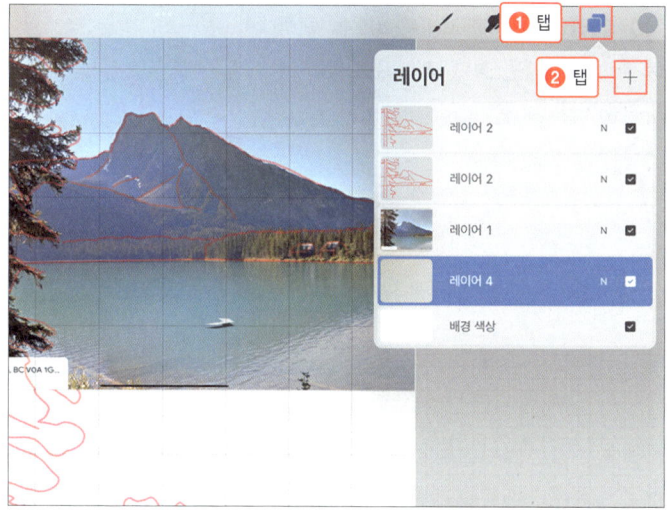

Tip 레이어 순서는 레이어를 드래그하여 변경할 수 있습니다.

02 〔브러시(✏)〕를 탭하여 브러시 라이브러리에서 〔그리기〕 → 〔오베론〕 브러시를 선택합니다.

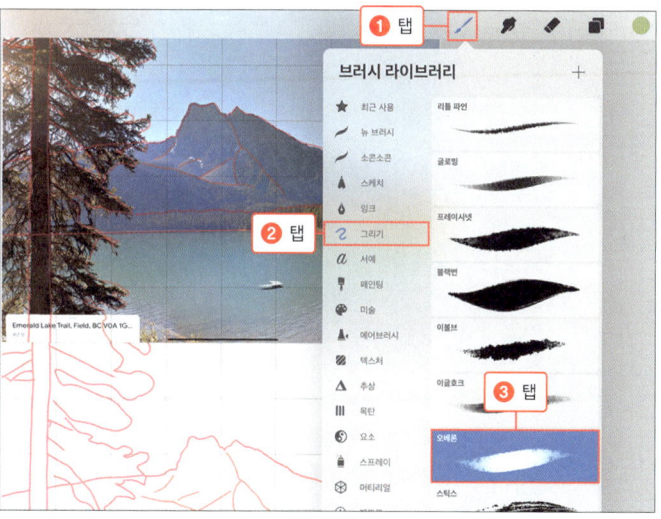

03 | 사진을 손가락으로 길게 탭하여 색을 추출한 다음 추출된 색으로 호수의 밑색을 칠합니다. 색을 여러 번 추출하며 덧그립니다.

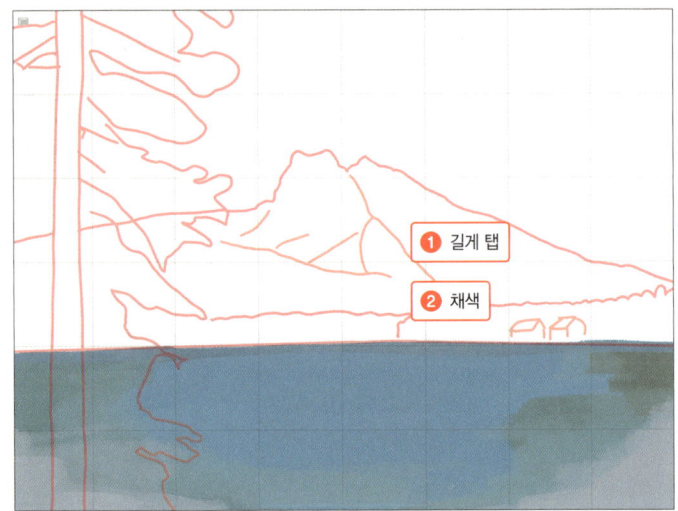

04 | (레이어(■))에서 (+) 버튼을 탭하여 호수의 밑색을 칠한 '레이어 4' 아래에 새 레이어를 추가합니다.

05 | 산의 밑색을 칠합니다.

Tip 손가락으로 산을 길게 탭해 색을 추출하여 밑색을 칠합니다. 여러 번 색을 추출하여 다양한 색으로 음영을 주며 색을 칠합니다.

06 | (+) 버튼을 탭하여 산의 밑색을 칠한 '레이어 5' 아래에 새 레이어를 추가합니다. 하늘의 밑색도 칠합니다.

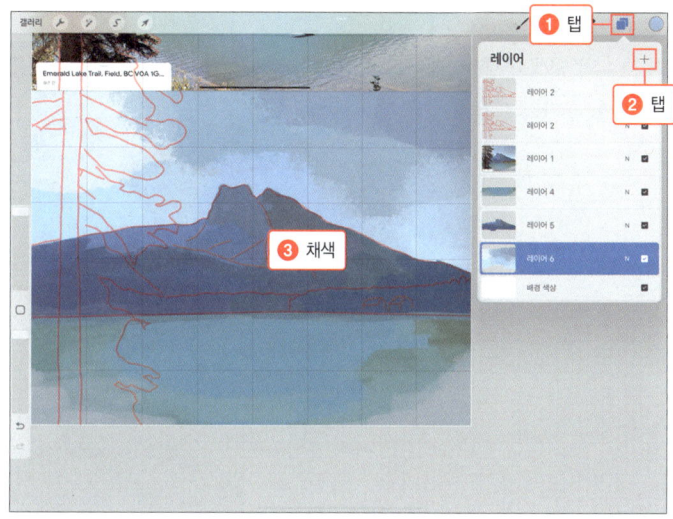

07 | (스머지(🍃))를 탭하여 브러시 라이브러리에서 (그리기) → (무릴라) 브러시를 선택합니다.

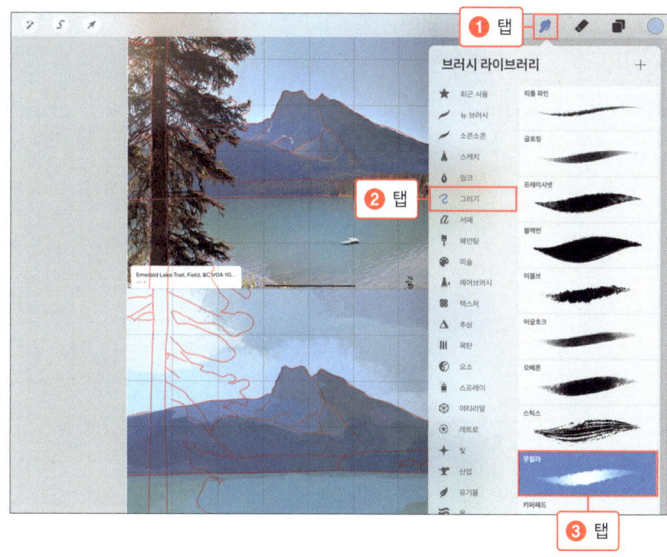

08 | 스머지로 드래그하여 하늘 밑색의 경계를 부드럽게 풉니다.

09 (레이어(■))에서 (+) 버튼을 탭하여 호수의 밑색을 칠한 '레이어 4' 위에 새 레이어를 추가합니다.

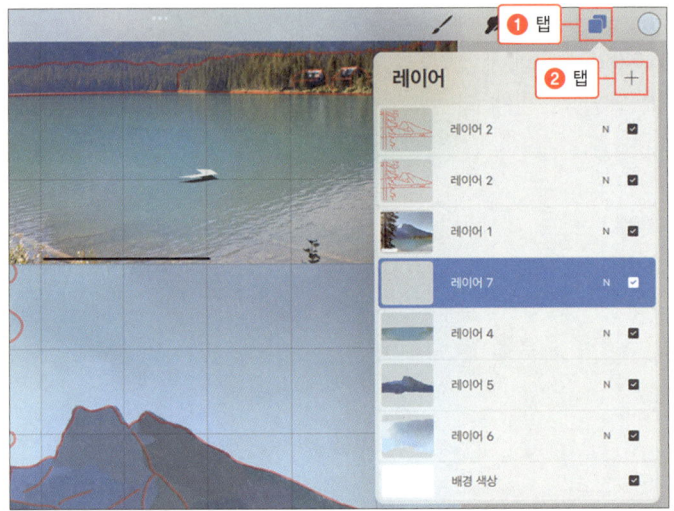

10 추가한 '레이어 7'의 (N)을 탭하여 불투명도를 '30%'로 조절한 다음 혼합 모드를 (추가)로 변경합니다.

11 (브러시(✎))를 탭하여 브러시 라이브러리에서 (그리기) → (무릴라) 브러시를 선택합니다.

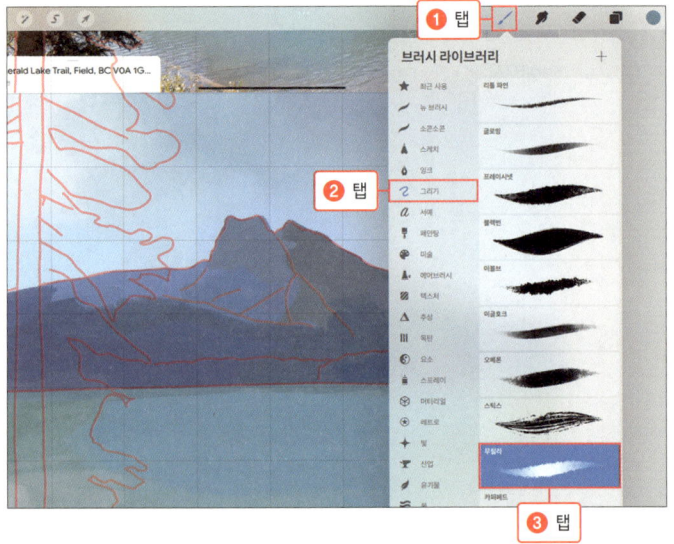

12 대각선 방향으로 물결을 그립니다. 손의 힘을 다르게 주며 굵기를 다양하게 표현합니다. 캔버스 외곽으로 갈수록 촘촘하게 그립니다.

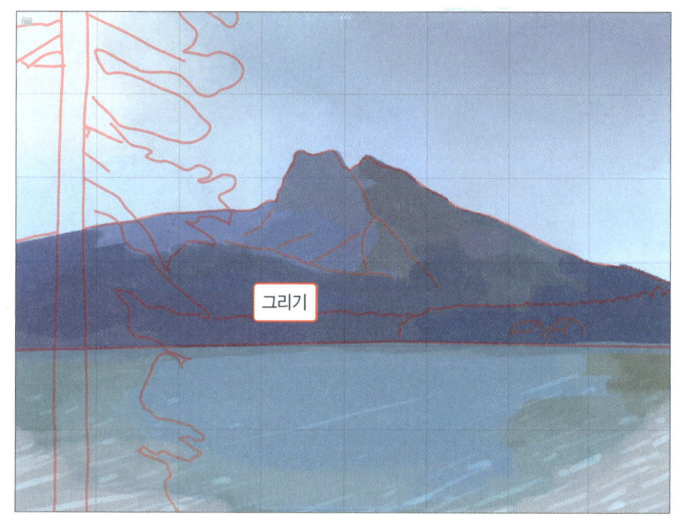

13 (레이어(■))에서 (+) 버튼을 탭하여 호수의 밑색을 칠한 '레이어 4' 아래에 새 레이어를 추가합니다.
추가한 '레이어 8'을 탭하여 표시되는 레이어 옵션에서 (클리핑 마스크)를 선택합니다.

14 '레이어 8'의 (N)을 탭하여 불투명도를 '70%'로 조절한 다음 혼합 모드를 (곱하기)로 변경합니다.

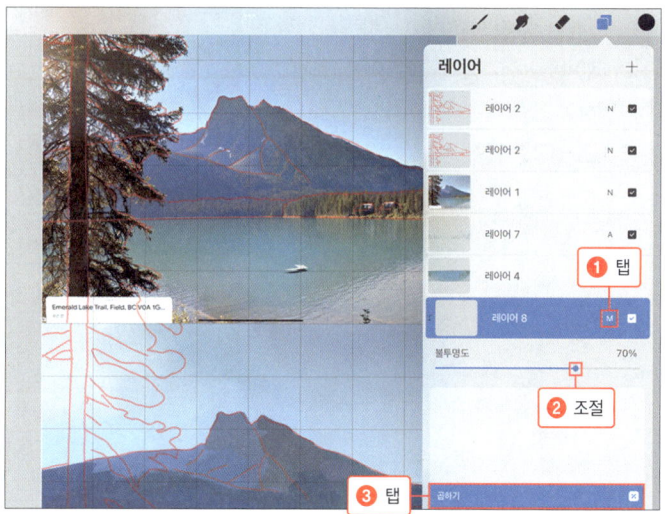

15 │ (브러시(✏️))를 탭하여 브러시 라이브러리에서 (텍스처) → (커러웡) 브러시를 선택합니다.

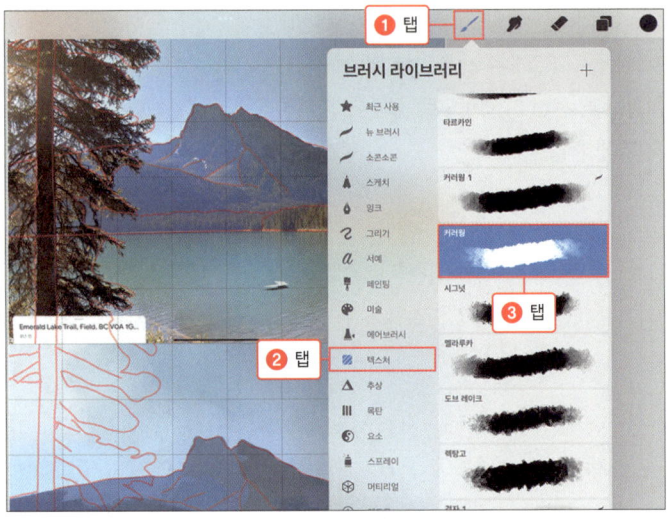

16 │ 어두운색으로 산의 음영을 표현합니다.

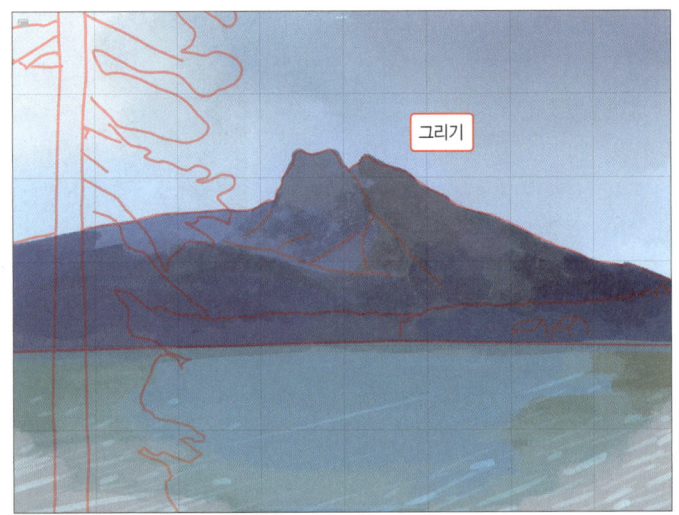

17 │ (레이어(◼))에서 (+) 버튼을 탭하여 새 레이어를 추가합니다. 추가한 '레이어 9'를 탭하여 표시되는 레이어 옵션에서 (클리핑 마스크)를 선택합니다.

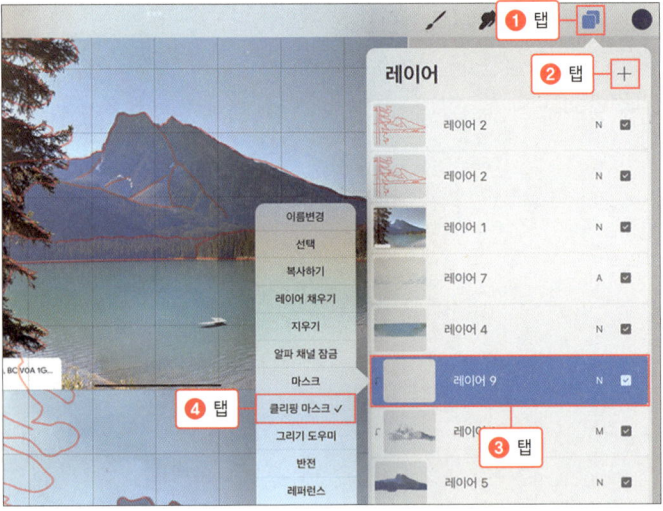

18 | '레이어 9'의 (N)을 탭하여 불투명도를 '50%'로 조절한 다음 혼합 모드를 (색상 닷지)로 변경합니다.

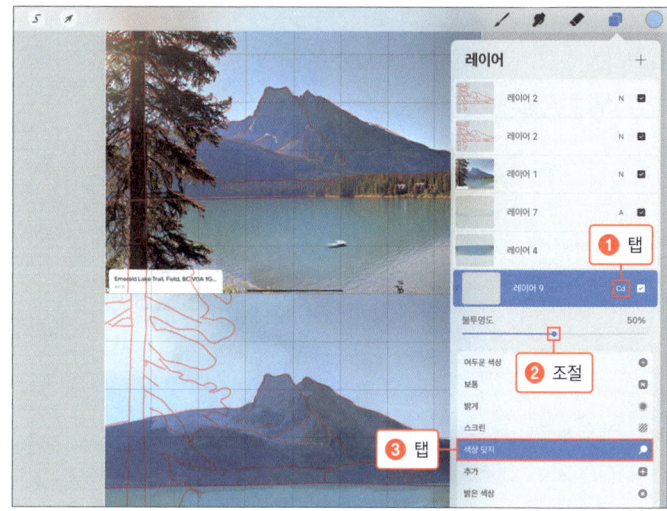

19 | 산의 밝은 음영을 표현합니다.

나무와 집 그리기

01 | (레이어(■))에서 (+) 버튼을 탭하여 호수의 밑색을 칠한 '레이어 4' 아래에 새 레이어를 추가합니다.

02 (브러시(✏️))를 탭하여 브러시 라이브러리에서 (스케치) → (Procreate 펜슬) 브러시를 선택합니다.

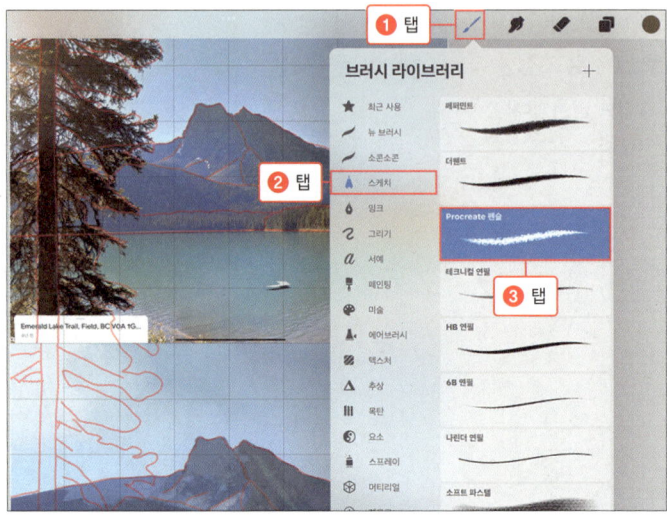

03 아래에서 위로 세로선을 짧게 촘촘히 그려 산 아래 나무를 표현합니다.

Tip 나무 위쪽에서 힘을 풀어 위쪽이 얇아지게 나무들을 그립니다.

04 (브러시(✏️))를 탭하여 브러시 라이브러리에서 (스케치) → (6B 연필) 브러시를 선택합니다.

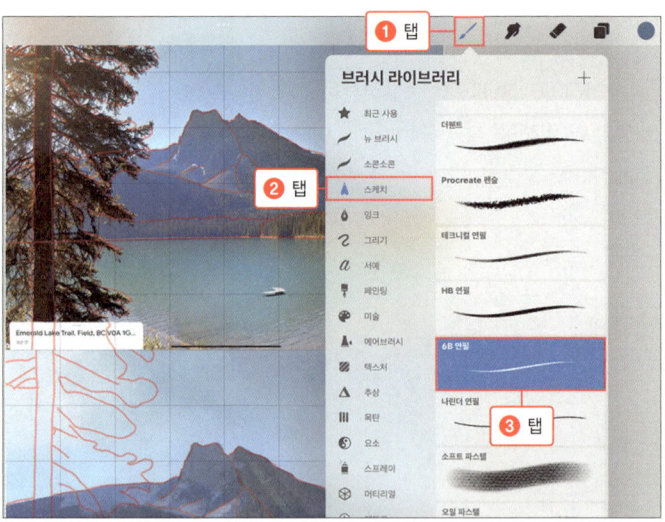

05 사진과 밑그림을 참고하여 두 개의 집을 그립니다.

06 (스케치) → (Procreate 펜슬) 브러시를 사용하여 밝은색의 나무를 그립니다.

07 나무와 집을 그린 '레이어 10'을 왼쪽으로 드래그한 다음 (복제) 버튼을 탭합니다.

08 | 복제한 '레이어 10'을 호수의 밑색을 칠한 '레이어 4' 위로 드래그하여 이동한 다음 탭하여 레이어 옵션이 표시되면 (클리핑 마스크)를 선택합니다.

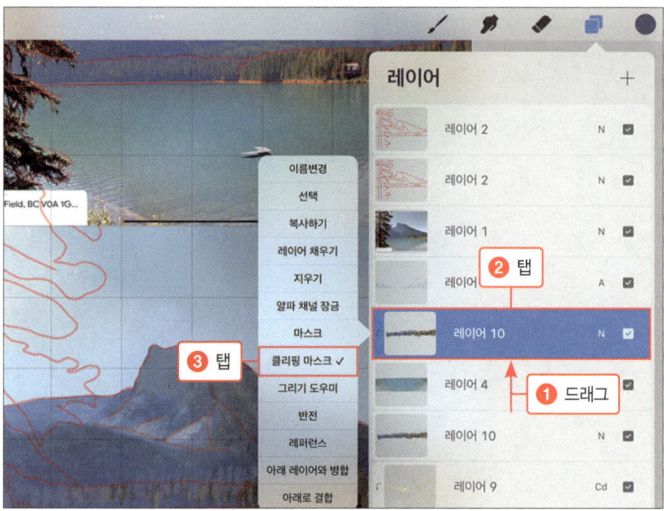

09 | (변형( ))을 탭한 다음 하단 메뉴에서 (수직 뒤집기)를 선택합니다.

10 | 하단 메뉴에서 (스냅)을 선택한 다음 (자석)과 (스냅)을 활성화합니다.

11 아래로 드래그하여 물 위에 비친 모습을 표현합니다.

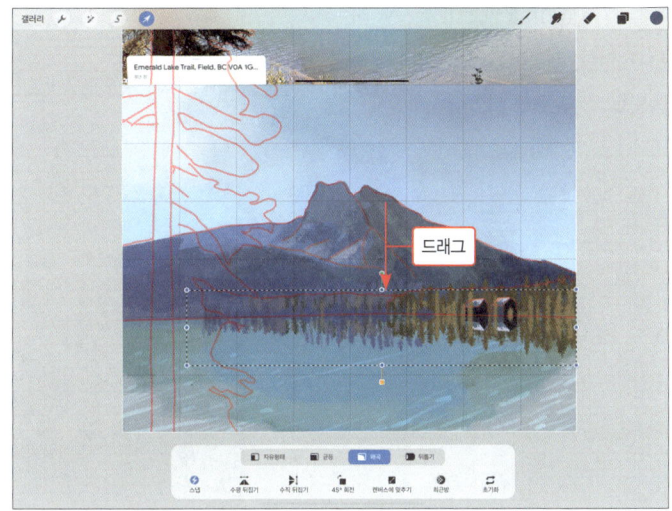

12 (조정( )) → (움직임 흐림 효과)를 선택합니다.

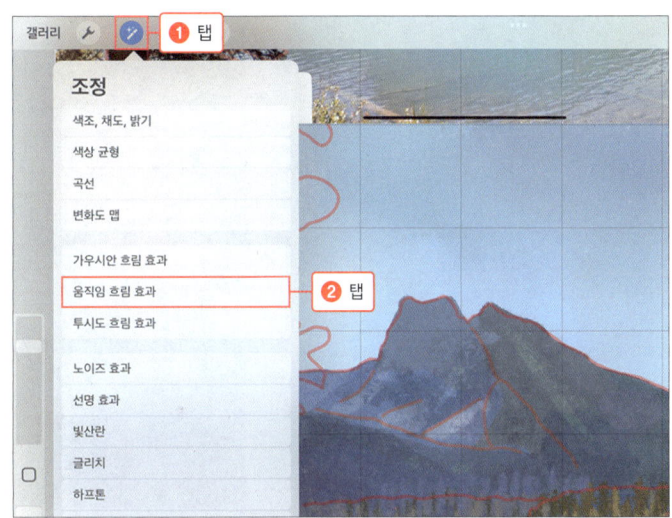

13 펜으로 화면을 아래쪽으로 드래그하여 움직임 흐림 효과를 '20%'로 조절합니다.

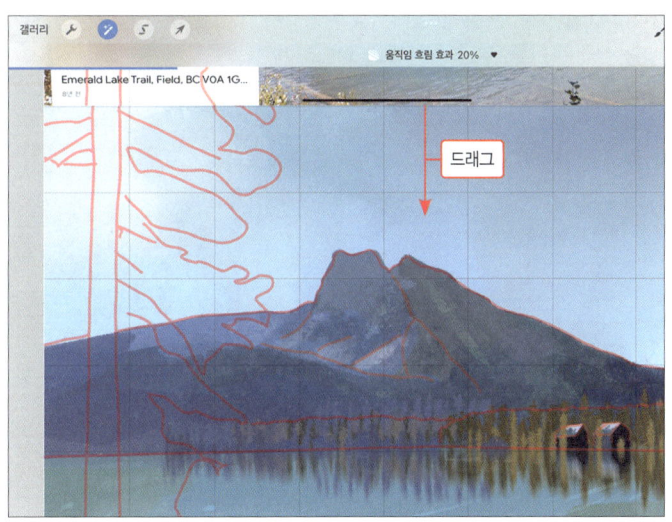

14 | (레이어(▣))에서 호수에 비친 나무를 표현한 '레이어 10'의 (N)을 탭하여 불투명도를 '55%'로 조절합니다.

15 | (+) 버튼을 탭하여 호수에 비친 나무를 표현한 '레이어 10' 위에 새 레이어를 추가합니다.

16 | (스케치) → (Procreate 펜슬) 브러시를 선택한 다음 '밝은 감람색'을 선택하여 호수의 경계를 콕콕 찍어 풀을 표현합니다.

17 〔레이어(▣)〕에서 〔+〕 버튼을 탭하여 '레이어 1' 아래에 새 레이어를 추가합니다.

18 〔서예〕 → 〔분필〕 브러시를 선택한 다음 '어두운 갈색'을 선택하여 나무 기둥과 나뭇가지를 그립니다.

19 〔레이어(▣)〕에서 〔+〕 버튼을 탭하여 나무 기둥과 나뭇가지를 그린 '레이어 13' 아래에 새 레이어를 추가합니다.

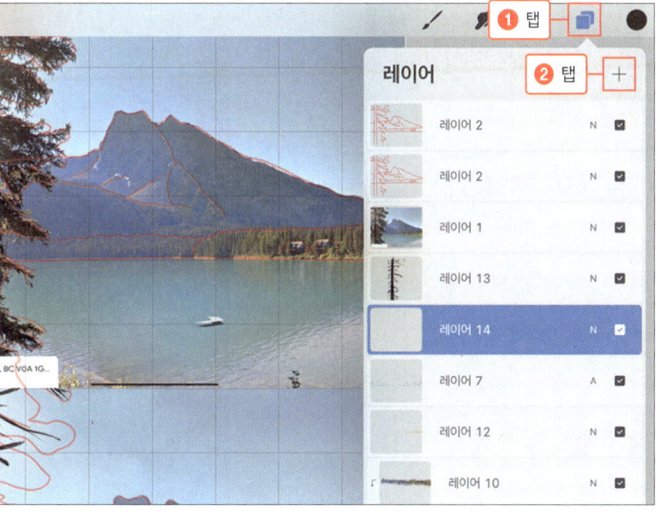

20 | (브러시(✏️))를 탭하여 브러시 라이브러리에서 (미술) → (오로라) 브러시를 선택합니다.

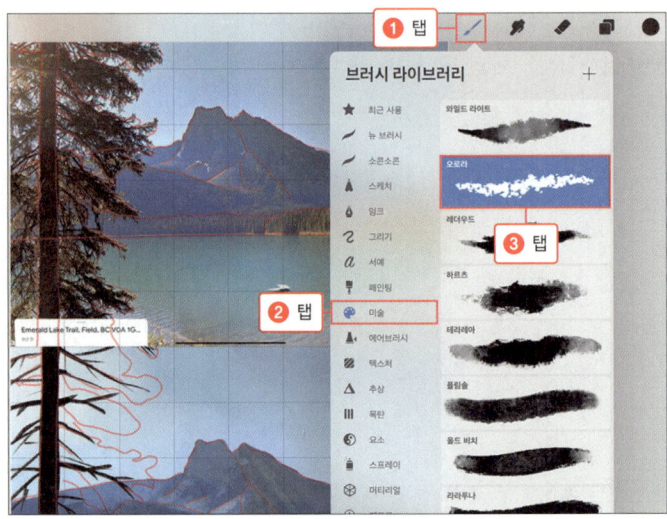

21 | '어두운 감람색'을 선택하고 여러 번 콕콕 찍어 나뭇잎을 표현합니다.

22 | (레이어(📄))에서 (+) 버튼을 탭하여 나뭇잎을 그린 '레이어 14' 위에 새 레이어를 추가합니다.
추가한 '레이어 15'를 탭하여 표시되는 레이어 옵션에서 (클리핑 마스크)를 선택합니다.

23 │ '레이어 15'의 (N)을 탭하여 불투명도를 '40%'로 조절한 다음 혼합 모드를 (하드 라이트)로 변경합니다.

24 │ '밝은 감람색'과 '밝은 갈색'으로 콕콕 찍어 빛을 받은 나뭇잎을 표현합니다.

빛 표현하고 캔버스 크기 조절하기

01 │ (+) 버튼을 탭하여 나뭇잎을 그린 '레이어 14' 아래에 새 레이어를 추가합니다. 추가한 '레이어 16'의 (N)을 탭하여 불투명도를 '40%'로 조절한 다음 혼합 모드를 (추가)로 변경합니다.

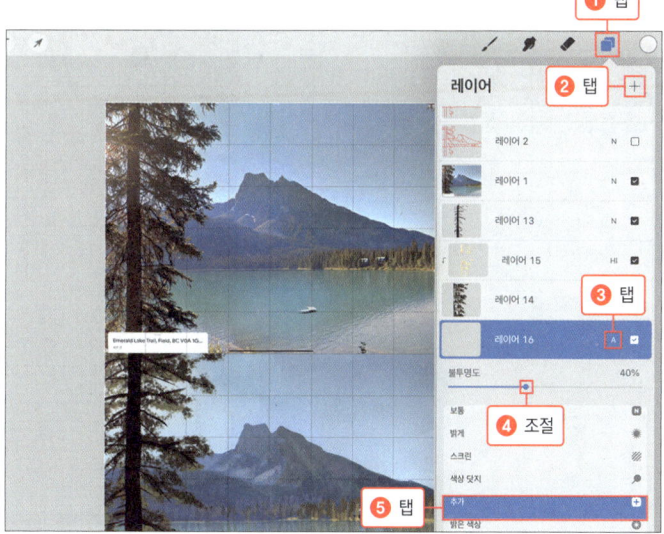

02 | (브러시(✏️))를 탭하여 브러시 라이브러리에서 (빛) → (빛샘) 브러시를 선택합니다.

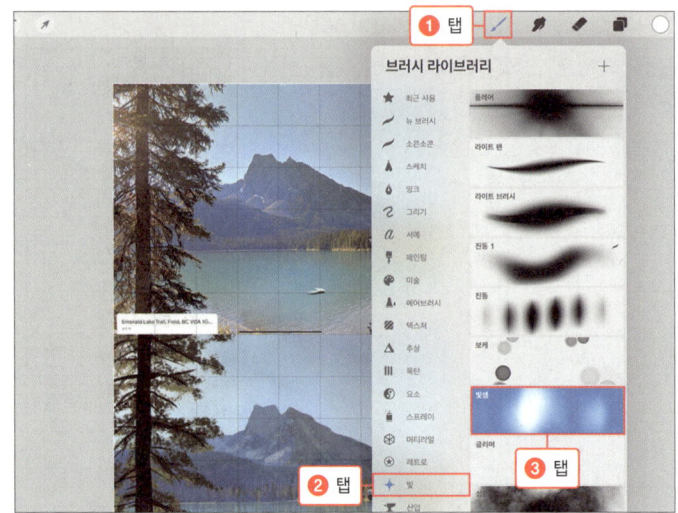

03 | '흰색'을 선택하고 빛을 표현합니다.

04 | (동작(🔧)) → (캔버스) → (그리기 가이드)를 비활성화한 다음 (잘라내기 및 크기변경)을 선택합니다.

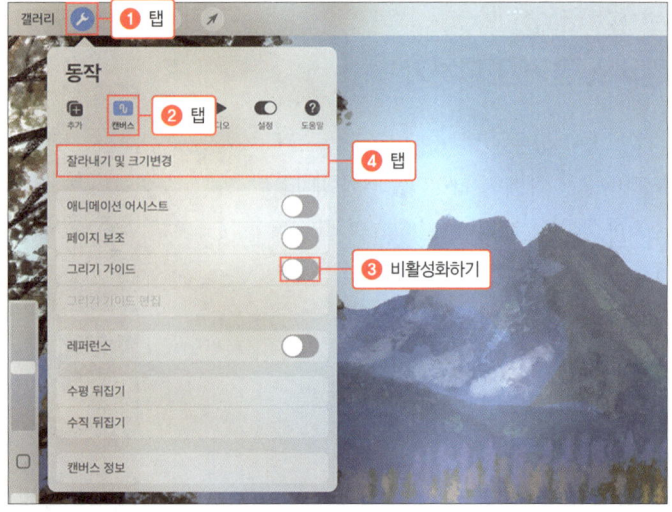

05 (설정)을 탭한 다음 2배로 조절했던 세로 크기를 원래 크기로 설정하고 (스냅)을 활성화합니다.

06 조절점을 아래로 드래그하여 캔버스가 잘리는 영역을 설정한 다음 (완료) 버튼을 탭합니다.

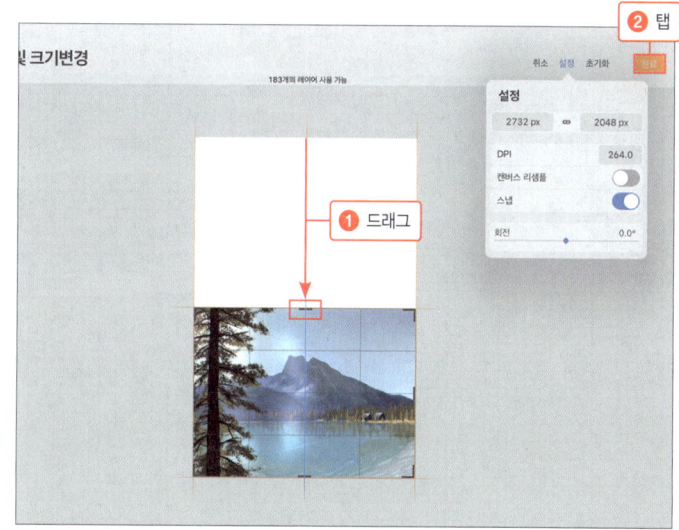

07 캐나다 요호 국립 공원 에메랄드 호수를 완성합니다.

Part 4
산과 들에서 힐링하기

숨쉬는 것만으로도 힐링하기 좋은 여행지로 산과 들은 어떤가요?
맑은 공기와 함께 자연의 소리만 가득해 활기를 불어넣어
줄 수 있는 산과 들로 떠나 보아요.

스위스 융프라우 요흐

융프라우 요흐는 스위스 베르너 오베란트 지방의 산으로, 유럽의 지붕으로 불려요. 3,000m가 넘는 높은 산으로 연중 영하의 기온에 빙하와 만년설이 있는 곳이에요. 융프라우 철도가 융프라우 요흐역까지 연결되어 있는데, 해발 3,454m에 위치한 융프라우 요흐역은 유럽에서 가장 해발이 높은 철도역이에요. 멋진 절경으로 자연의 위대함을 느낄 수 있답니다.

- 예제 파일 : 04\융프라우 요흐.jpg
- 완성 파일 : 04\융프라우 요흐_완성.jpg, 융프라우 요흐_완성.procreate

구글 맵 여행

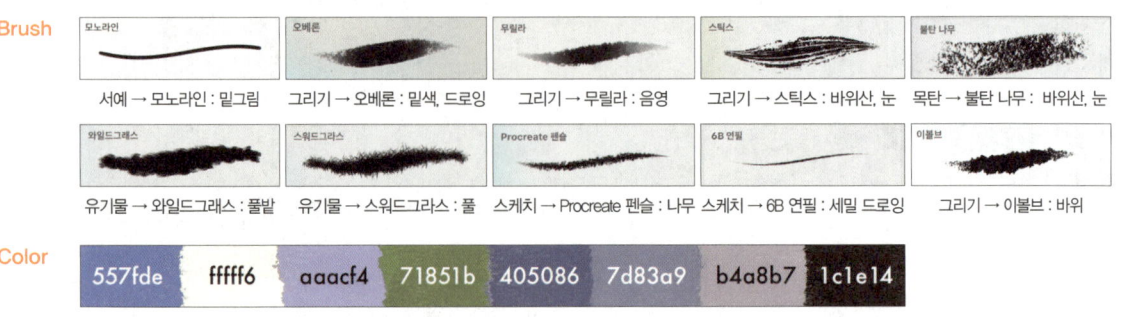

융프라우 요흐
사진 불러와 밑그림 그리기

01 갤러리 화면에서 (사진)을 탭한 다음 구글 맵에서 캡처한 스위스 융프라우 요흐 사진을 탭하여 불러옵니다.

Tip 또는 (가져오기)를 탭하여 04 폴더에서 '융프라우 요흐.jpg' 파일을 불러와 예제를 진행할 수도 있습니다.

02 (동작(⚒)) → (캔버스) → (그리기 가이드)를 활성화한 다음 (그리기 가이드 편집)을 선택합니다.

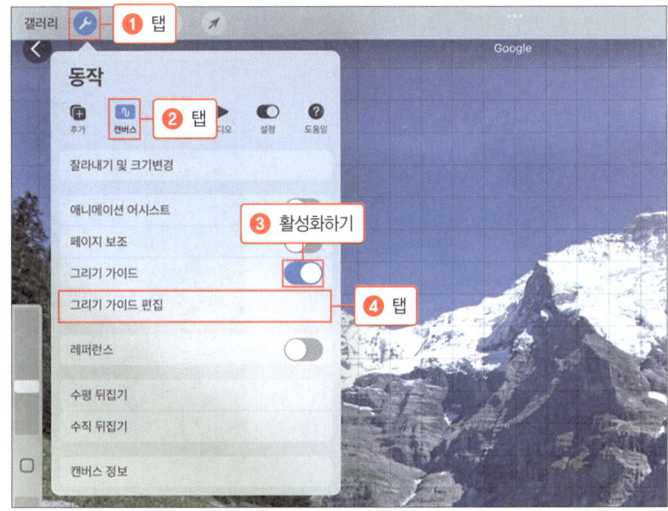

03 사진의 상단과 하단이 격자와 맞닿는 수치로 격자 크기를 조절합니다. 수치는 사진을 캡처한 아이패드 기종에 따라 달라집니다.
아이패드 프로 12.9인치 경우 '342px'로 설정합니다. 설정이 완료되었으면 (완료) 버튼을 탭합니다.

04 | 사진의 색감을 조절합니다. (조정 ( )) → (색조, 채도, 밝기)를 선택합니다.

05 | 색조, 채도, 밝기를 조절하여 사진의 색감을 변경합니다.

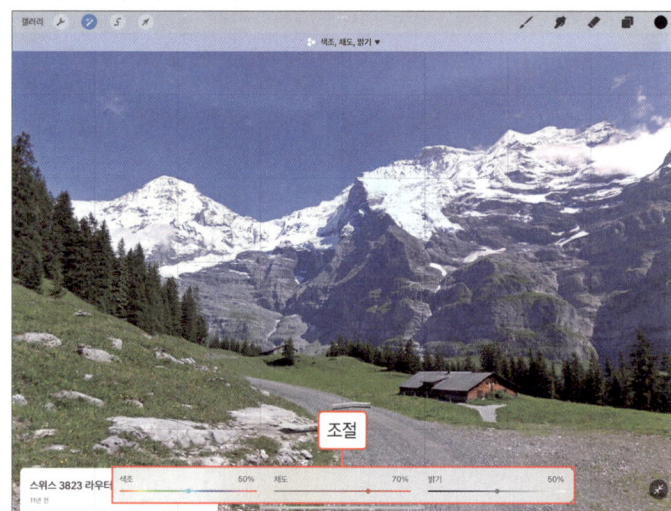

06 | 밑그림을 그리기 위해 (레이어( )) 에서 (+) 버튼을 탭하여 새 레이어를 추가 합니다.

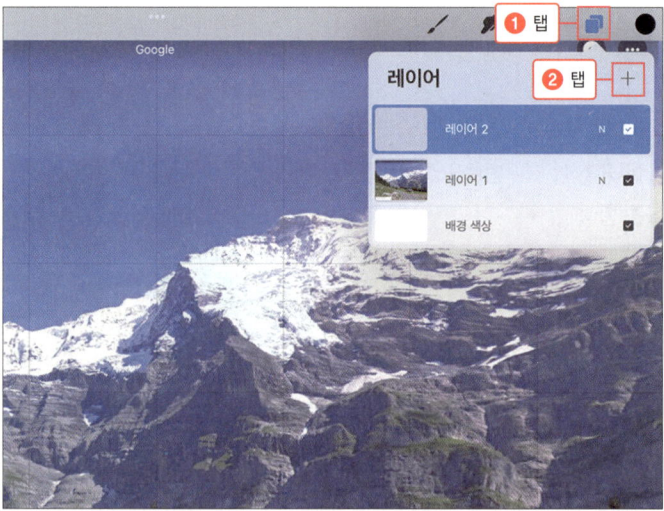

07 [서예] → [모노 라인] 브러시를 사용하여 형태의 큰 외곽선을 그려 줍니다.

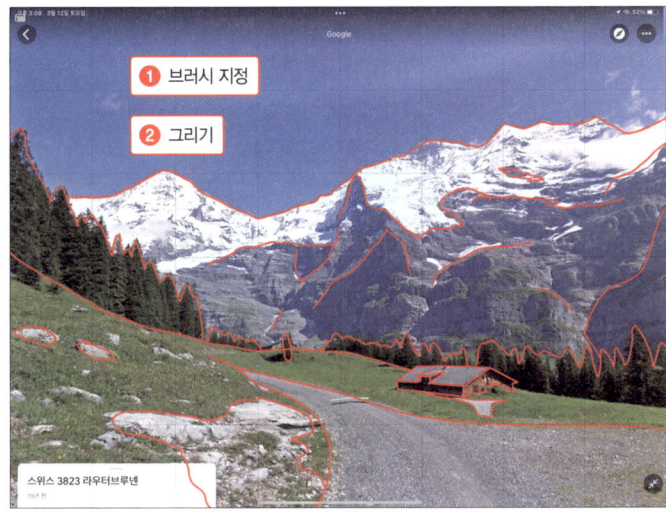

08 [동작(🔧)] → [캔버스] → [잘라내기 및 크기변경]을 선택합니다.

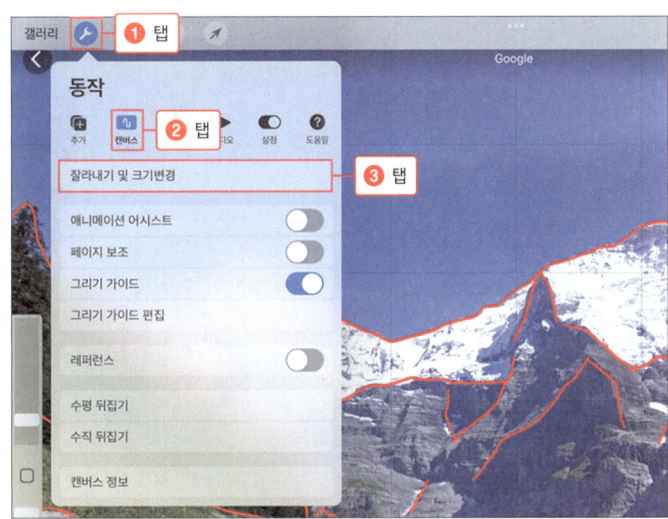

09 [설정]을 탭한 다음 세로 크기를 원래 크기의 2배로 설정하여 [완료] 버튼을 탭합니다.

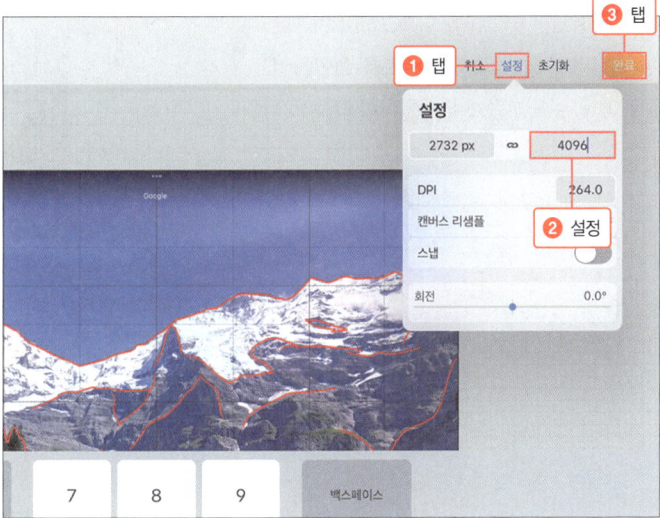

10 | (레이어(■))에서 '레이어 2'를 왼쪽으로 드래그한 다음 (복제) 버튼을 탭합니다.

11 | 복제된 레이어가 선택된 상태에서 (변형(↗))을 탭합니다. (스냅)을 선택한 다음 (자석)과 (스냅)을 활성화합니다.

12 | 복제한 밑그림을 드래그하여 아래로 이동합니다. 이때 격자 가이드를 확인하며 사진에 있는 밑그림과 위치를 맞춥니다.

하늘과 눈 쌓인 산 그리기

01 │ (브러시(✏️))를 탭하여 브러시 라이브러리에서 (그리기) → (오베론) 브러시를 선택합니다.

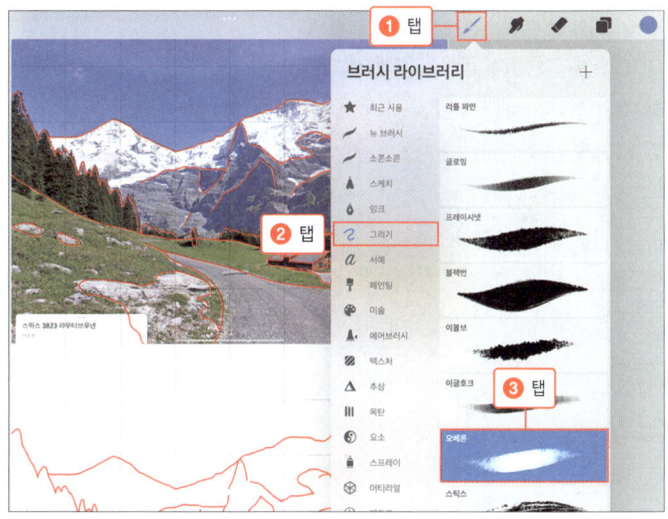

02 │ (레이어(🗂️))에서 (+) 버튼을 탭하여 '레이어 1' 아래에 새 레이어를 추가합니다.

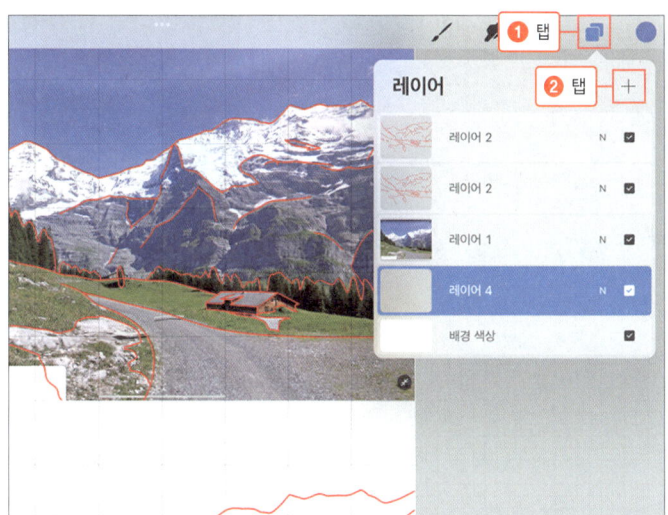

03 │ 사진을 손가락으로 길게 탭하여 색을 추출한 다음 추출된 색으로 하늘을 칠합니다. 색을 여러 번 추출하며 덧그립니다.

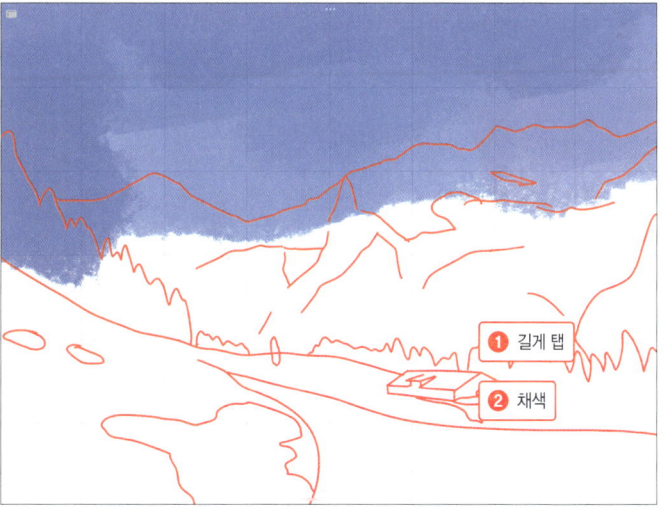

04 | [레이어(■)]에서 [+] 버튼을 탭하여 하늘을 그린 '레이어 4' 위에 새 레이어를 추가합니다. '배경 색상'을 체크 해제하여 안 보이게 합니다.

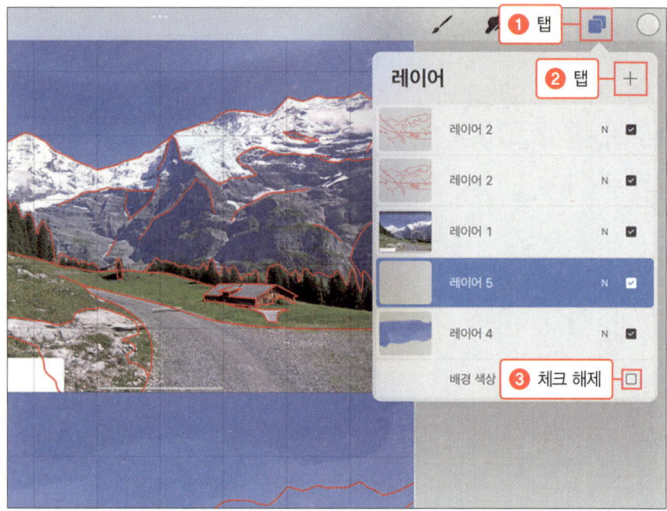

05 | '흰색'으로 눈 쌓인 산을 그립니다.

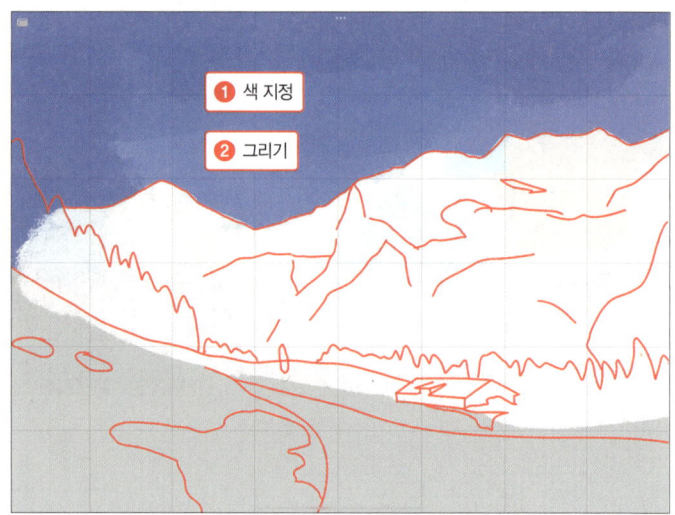

06 | [레이어(■)]에서 [+] 버튼을 탭하여 산을 그린 '레이어 5' 위에 새 레이어를 추가합니다.
추가한 '레이어 6'을 탭하여 표시되는 레이어 옵션에서 [클리핑 마스크]를 선택합니다.

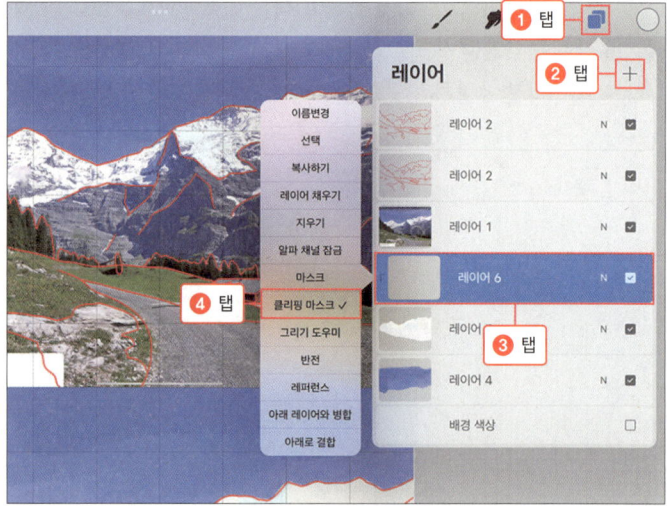

07 [브러시(✏️)]를 탭하여 브러시 라이브러리에서 [그리기] → [스틱스] 브러시를 선택합니다.

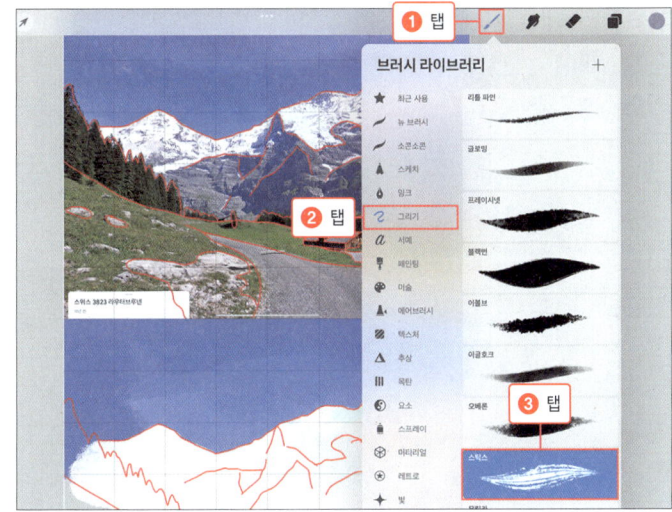

08 가로로 브러시 질감을 살리며 산의 바위를 칠합니다.

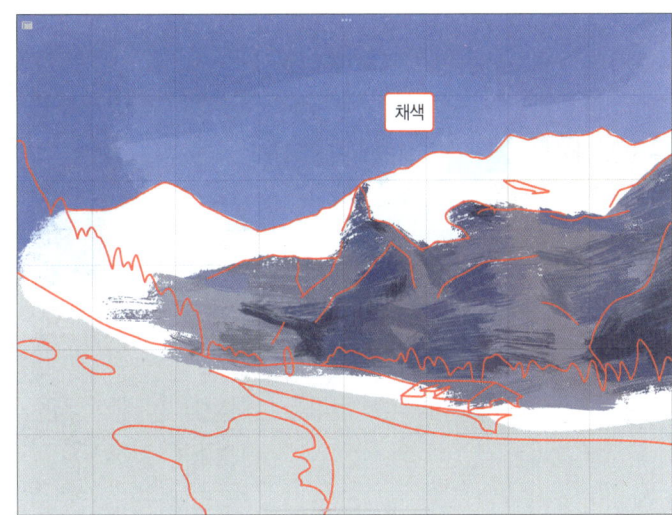

09 [브러시(✏️)]를 탭하여 브러시 라이브러리에서 [목탄] → [불탄 나무] 브러시를 선택합니다.

10 '연보라색'을 선택하여 눈의 질감을 표현합니다.

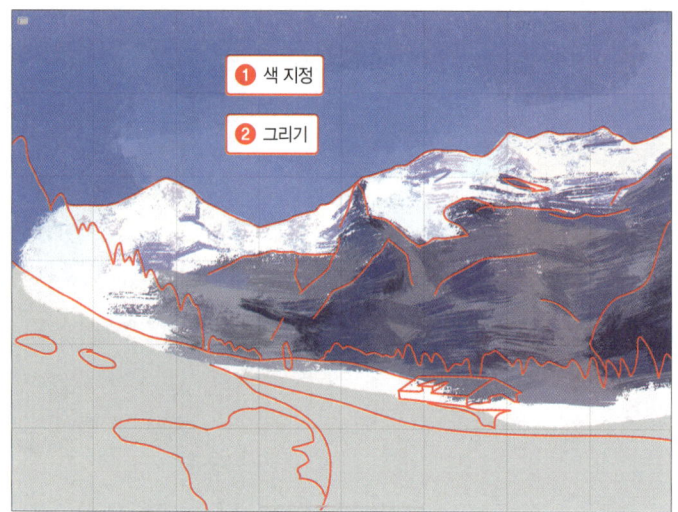

11 (레이어(■))에서 (+) 버튼을 탭하여 바위를 그린 '레이어 6' 위에 새 레이어를 추가합니다.
추가한 '레이어 7'을 탭하여 표시되는 레이어 옵션에서 (클리핑 마스크)를 선택합니다.

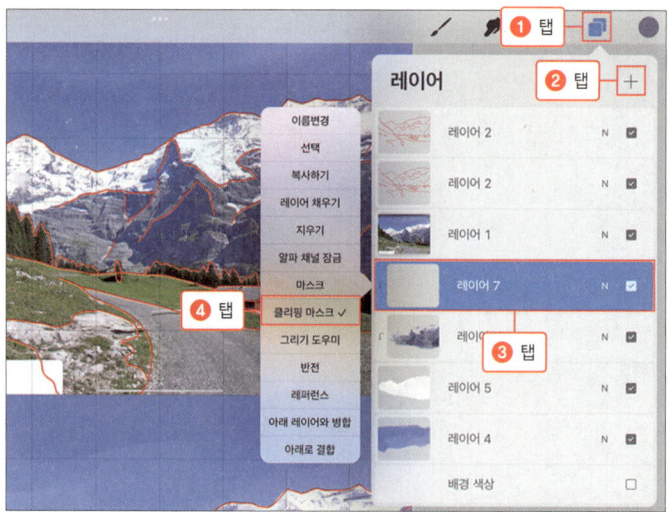

12 (그리기) → (스틱스) 브러시를 선택합니다. '흰색'을 선택한 다음 바위의 어두운 부분에 쌓인 눈을 그립니다.

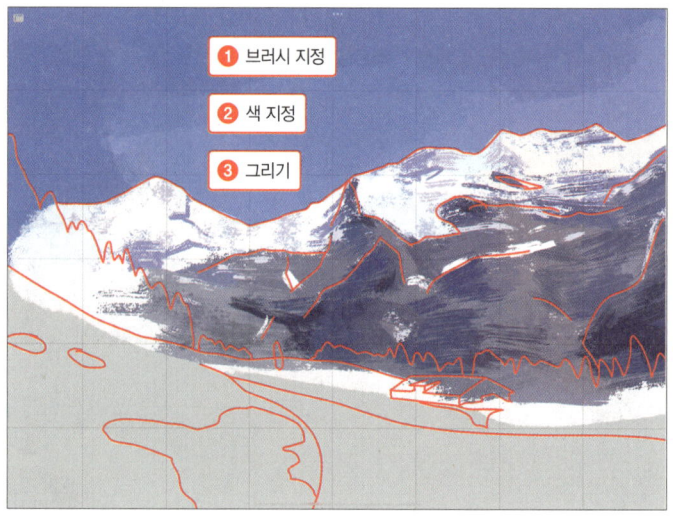

13 | '탁한 녹색'을 선택하여 산 중턱의 나무들을 표현합니다.

14 | (레이어(■))에서 (+) 버튼을 탭하여 '레이어 1' 아래에 새 레이어를 추가합니다. 추가한 '레이어 8'을 탭하여 표시되는 레이어 옵션에서 (클리핑 마스크)를 선택합니다.

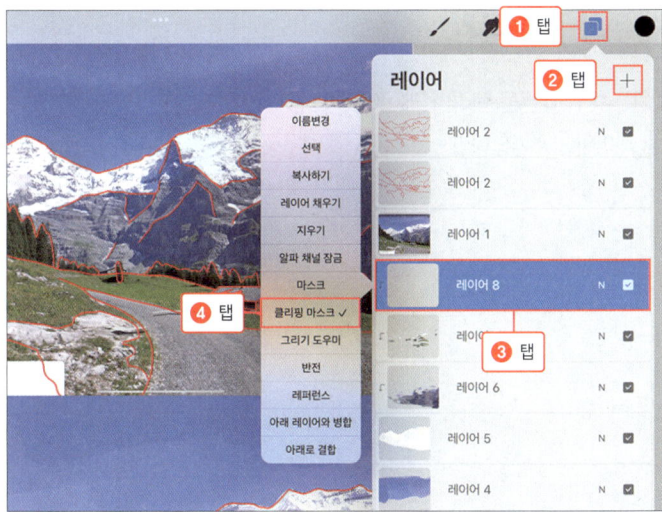

15 | (목탄) → (불탄 나무) 브러시를 선택한 다음 '어두운 회색'을 선택하여 산 전체에 바위 질감을 표현합니다.

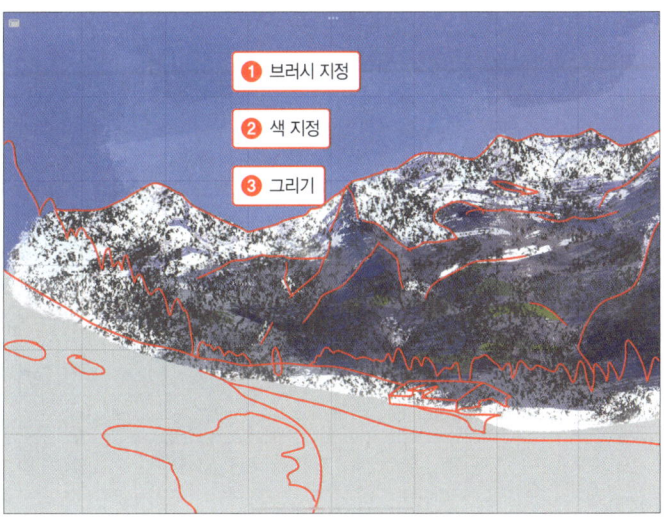

16 | (레이어(■))에서 바위 질감을 표현한 '레이어 8'의 (N)을 탭하여 불투명도를 '25%'로 조절한 다음 혼합 모드를 (추가)로 변경합니다.

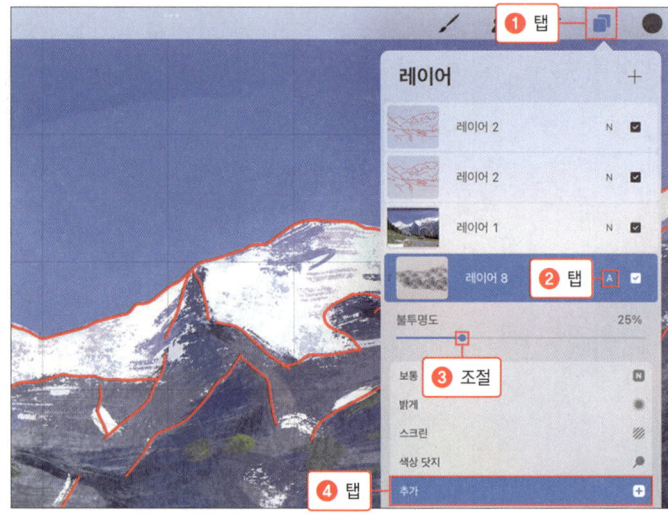

나무와 길 그리기

01 | (+) 버튼을 탭하여 '레이어 1' 아래에 새 레이어를 추가합니다.

02 | (브러시(✐))를 탭하여 브러시 라이브러리에서 (스케치) → (Procreate 펜슬) 브러시를 선택합니다.

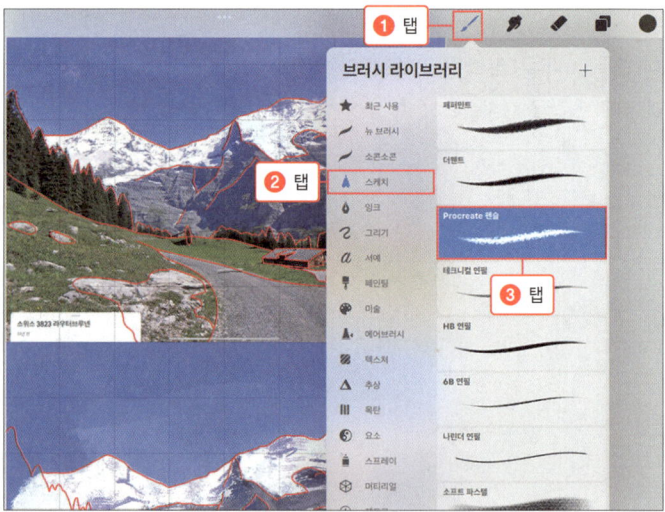

03 | '녹색'을 선택하여 지그재그 모양으로 띄엄띄엄 나무를 그립니다.

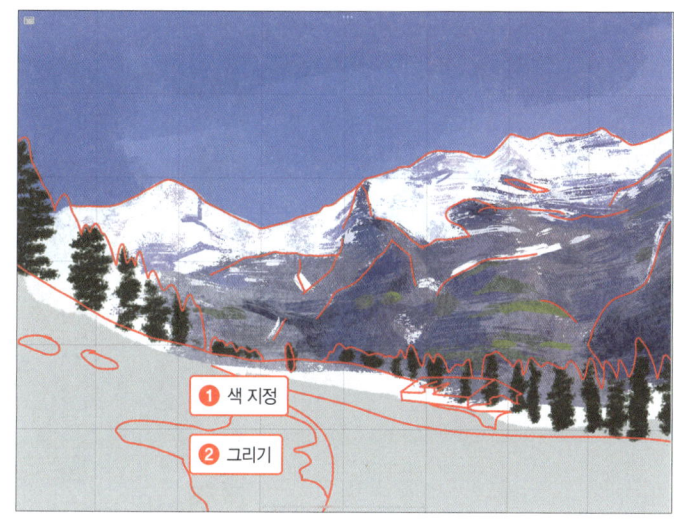

04 | '밝은 녹색' → '중간 녹색' → '짙은 녹색' 순으로 겹겹이 나무를 그립니다.

05 | (레이어( ))에서 (+) 버튼을 탭하여 나무를 그린 '레이어 9' 위에 새 레이어를 추가합니다.

06 〔브러시(✏️)〕를 탭하여 브러시 라이브러리에서 〔그리기〕 → 〔오베론〕 브러시를 선택합니다.

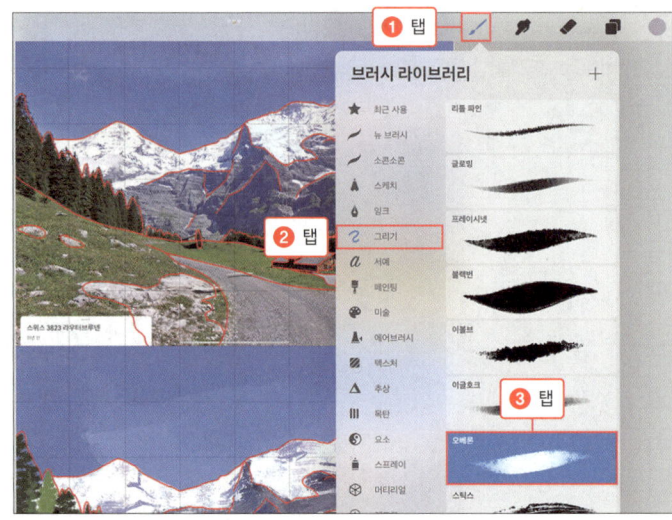

07 점점 좁아지게 길을 그립니다.

08 〔조정(🪄)〕 → 〔노이즈 효과〕를 선택합니다.

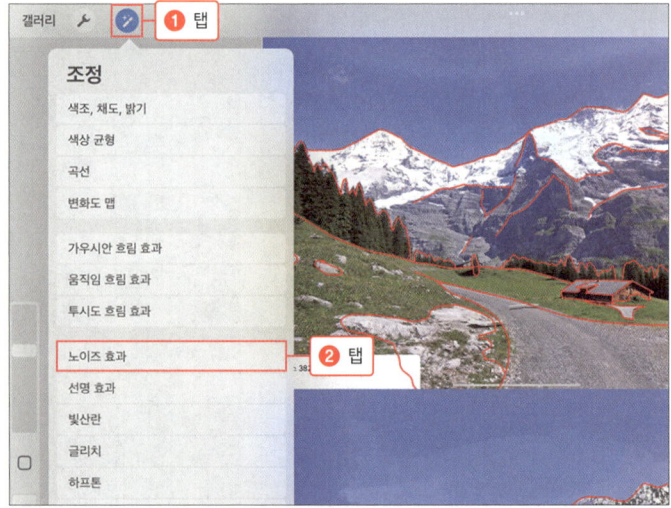

09 | 하단 메뉴에서 (소용돌이)를 선택한 다음 펜으로 화면을 오른쪽으로 드래그하여 노이즈 효과를 '15%'로 조절합니다. 비율과 난류도 조절합니다.

풀밭과 바위 그리기

01 | (레이어( ))에서 (+) 버튼을 탭하여 길을 그린 '레이어 10' 위에 새 레이어를 추가합니다.

02 | (브러시( ))를 탭하여 브러시 라이브러리에서 (유기물) → (와일드그래스) 브러시를 선택합니다.

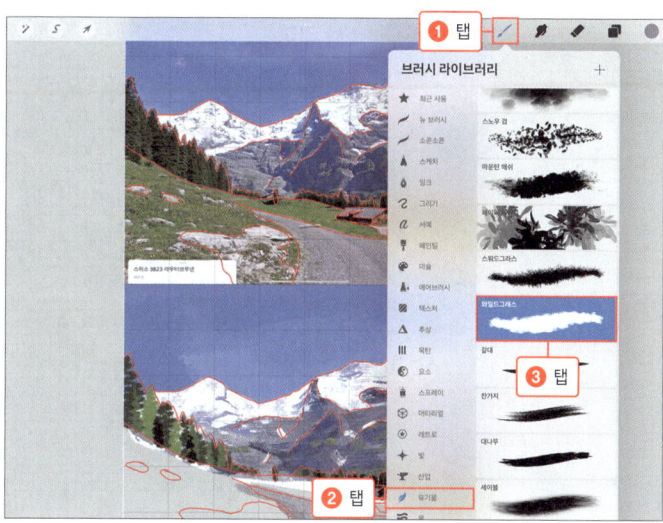

03 | 브러시 크기를 작게 조절한 다음 촘촘히 풀밭을 칠합니다.

04 | (레이어(■))에서 (+) 버튼을 탭하여 풀밭을 그린 '레이어 11' 위에 새 레이어를 추가합니다.

05 | (브러시(✎))를 탭하여 브러시 라이브러리에서 (그리기) → (이볼브) 브러시를 선택합니다.

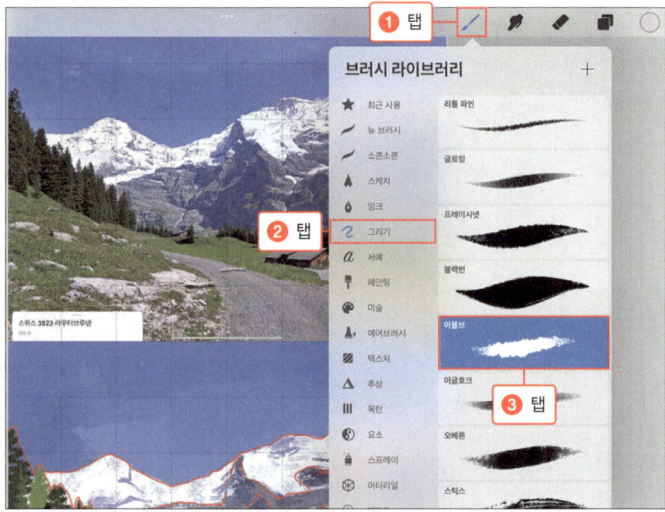

06 풀밭 사이에 바위들을 그립니다.

07 (레이어(■))에서 (+) 버튼을 탭하여 바위를 그린 '레이어 12' 위에 새 레이어를 추가합니다.
추가한 '레이어 13'을 탭하여 표시되는 레이어 옵션에서 (클리핑 마스크)를 선택합니다.

08 '레이어 13'의 (N)을 탭하여 불투명도를 '50%'로 조절한 다음 혼합 모드를 (곱하기)로 변경합니다.

09 | [브러시(　)]를 탭하여 브러시 라이브러리에서 [그리기] → [무릴라] 브러시를 선택합니다.

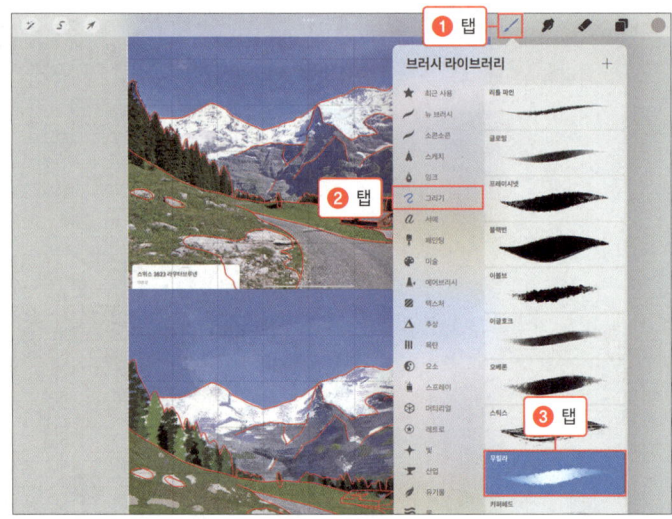

10 | 바위의 어두운 음영을 표현합니다.

디테일한 요소 그리고 캔버스 크기 조절하기

01 | [레이어(　)]에서 [+] 버튼을 탭하여 '레이어 1' 아래에 새 레이어를 추가합니다.

02 | (브러시(✏️))를 탭하여 브러시 라이브러리에서 (스케치) → (6B 연필) 브러시를 선택합니다.

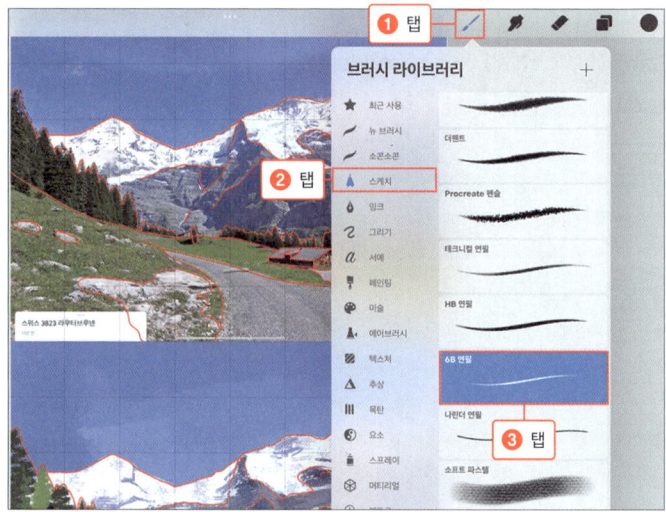

03 | 입체적으로 음영을 표현하며 집을 그립니다.

Tip 캔버스를 크게 확대하여 깔끔하게 정리하며 그립니다.

04 | (레이어(▢))에서 (+) 버튼을 탭하여 집을 그린 '레이어 14' 위에 새 레이어를 추가합니다.

05 〔브러시(⬚)〕를 탭하여 브러시 라이브러리에서 〔스케치〕 → 〔Procreate 펜슬〕 브러시를 선택합니다.

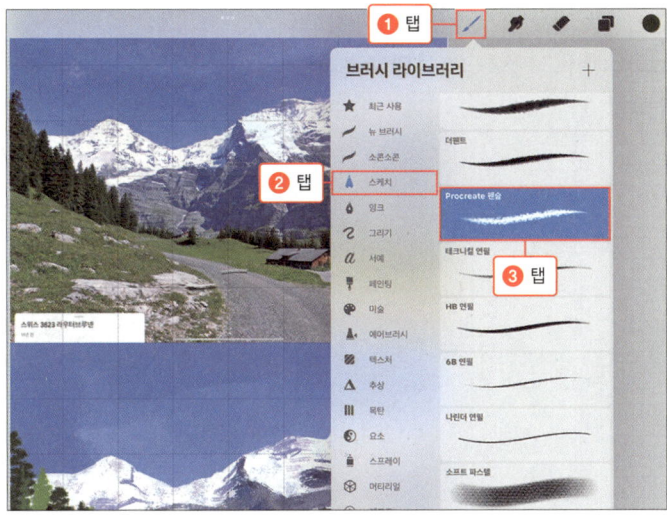

06 집 주변과 집 왼쪽의 풀밭, 나무 경계에 나무를 추가로 그립니다.

07 〔레이어(⬚)〕에서 〔+〕 버튼을 탭하여 풀밭을 그린 '레이어 11' 위에 새 레이어를 추가합니다.
추가한 '레이어 16'을 탭하여 표시되는 레이어 옵션에서 〔클리핑 마스크〕를 선택합니다.

08 | '레이어 16'의 (N)을 탭하여 불투명도를 '34%'로 조절한 다음 혼합 모드를 (곱하기)로 변경합니다.

09 | 바위, 나무, 집의 주변과 길, 풀밭 경계 등 전체적으로 그림자를 추가합니다.

10 | (레이어(■))에서 (+) 버튼을 탭하여 '레이어 1' 아래에 새 레이어를 추가합니다.

11 | [브러시(✏️)]를 탭하여 브러시 라이브러리에서 [유기물] → [스워드그라스] 브러시를 선택합니다.

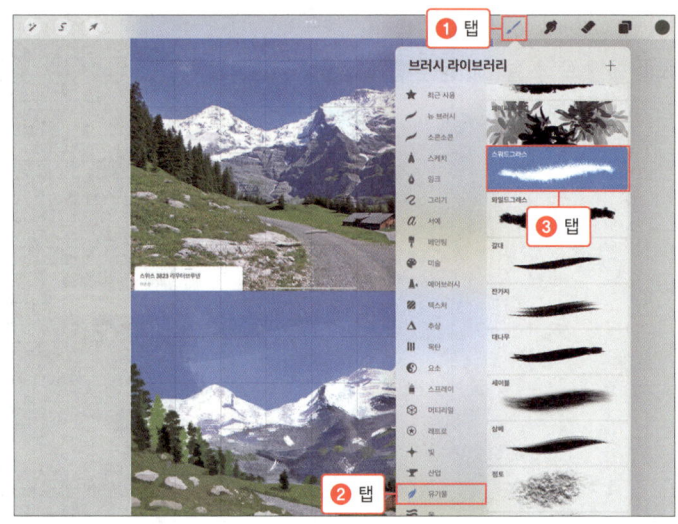

12 | 바위 주변을 콕콕 찍어 풀들을 추가합니다.

13 | [동작(🔧)] → [캔버스] → [그리기 가이드]를 비활성화한 다음 [잘라내기 및 크기 변경]을 선택합니다.

14 (설정)을 탭한 다음 2배로 조절했던 세로 크기를 원래 크기로 설정하고 (스냅)을 활성화합니다.

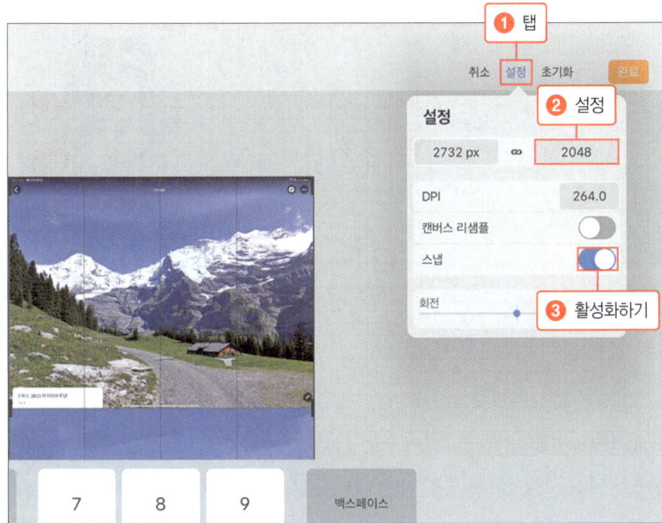

15 조절점을 아래로 드래그하여 캔버스가 잘리는 영역을 설정한 다음 (완료) 버튼을 탭합니다.

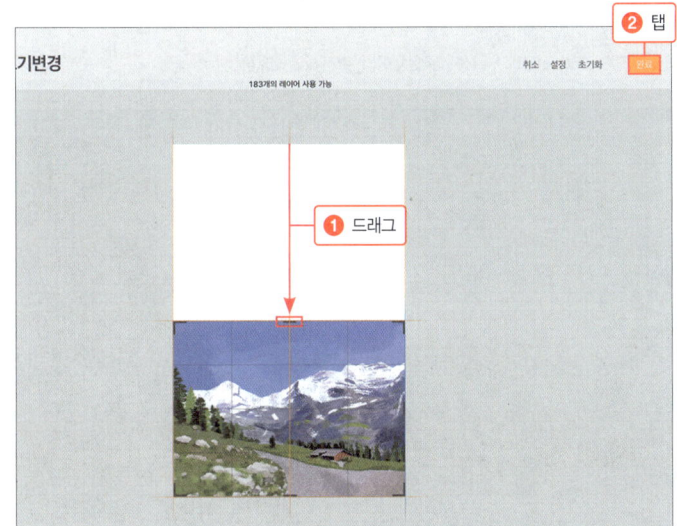

16 스위스 융프라우 요흐를 완성합니다.

미국 요세미티 국립 공원

요세미티 국립 공원은 미국 캘리포니아 중부에 위치한 국립 공원이에요. 1984년 유네스코 세계자연유산으로 등록되었습니다. 1,400여 종의 식물과 포유류 80여 종, 조류 230여 종 등 다양한 동식물이 서식하고 있어요.

- 예제 파일 : 04\요세미티.jpg
- 완성 파일 : 04\요세미티_완성.jpg, 요세미티_완성.procreate

구글 맵 여행

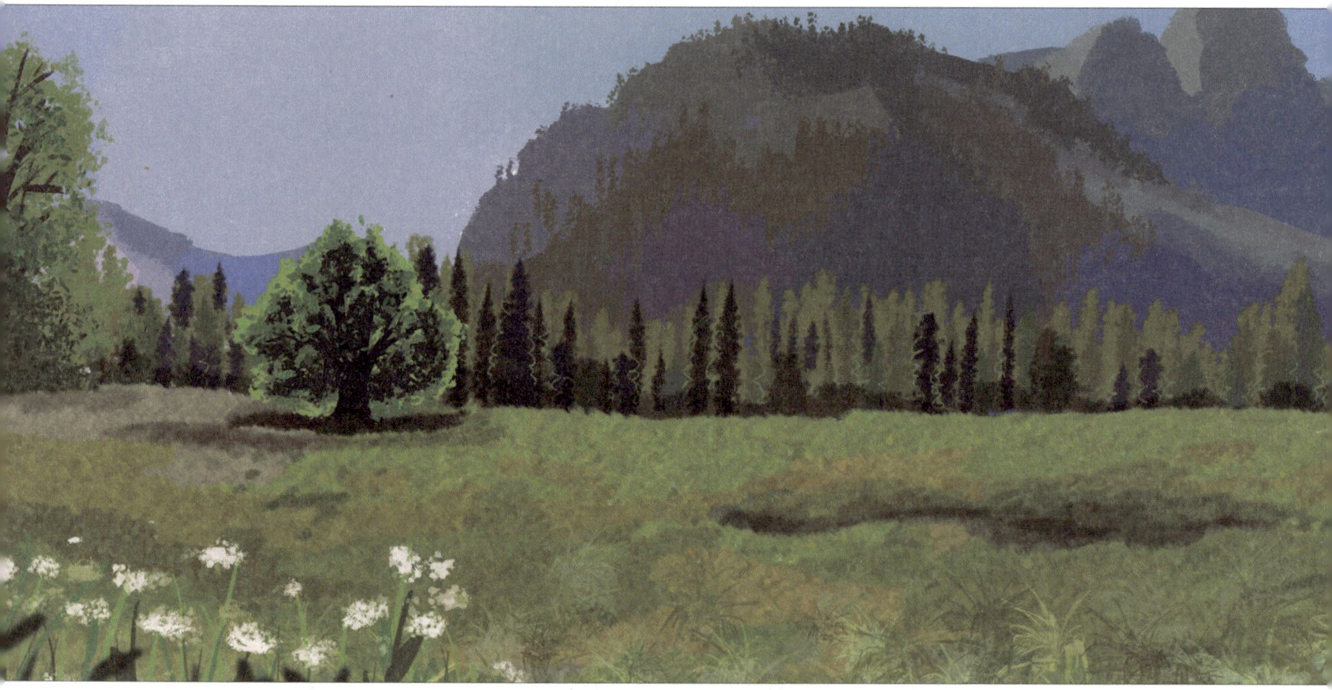

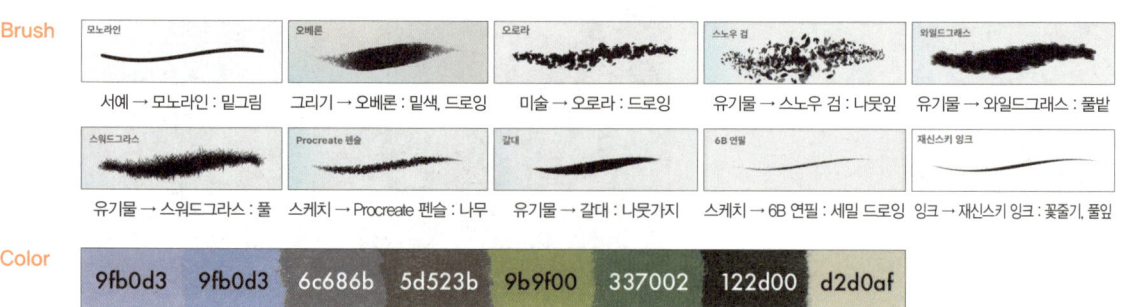

요세미티 국립 공원 사진 불러와 밑그림 그리기

01 갤러리 화면에서 (사진)을 탭한 다음 구글 맵에서 캡처한 미국 요세미티 국립 공원 사진을 탭하여 불러옵니다.

Tip 또는 (가져오기)를 탭하여 04 폴더에서 '요세미티.jpg' 파일을 불러와 예제를 진행할 수도 있습니다.

02 (동작(▲)) → (캔버스) → (그리기 가이드)를 활성화한 다음 (그리기 가이드 편집)을 선택합니다.

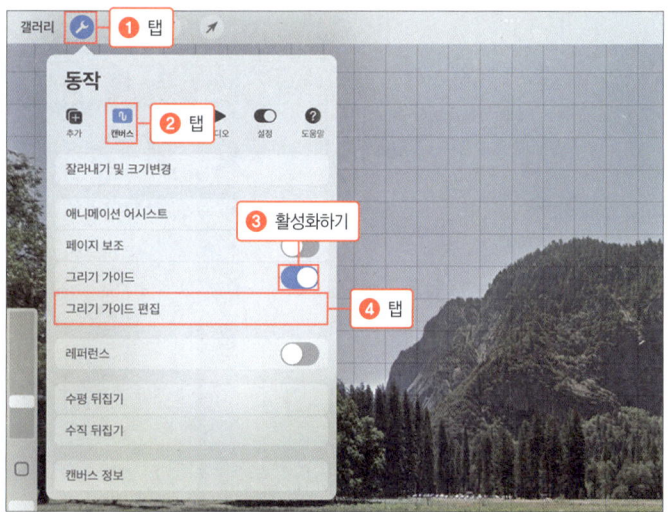

03 사진의 상단과 하단이 격자와 맞닿는 수치로 격자 크기를 조절합니다. 수치는 사진을 캡처한 아이패드 기종에 따라 달라집니다.
아이패드 프로 12.9인치 경우 '342px'로 설정합니다. 설정이 완료되었으면 (완료) 버튼을 탭합니다.

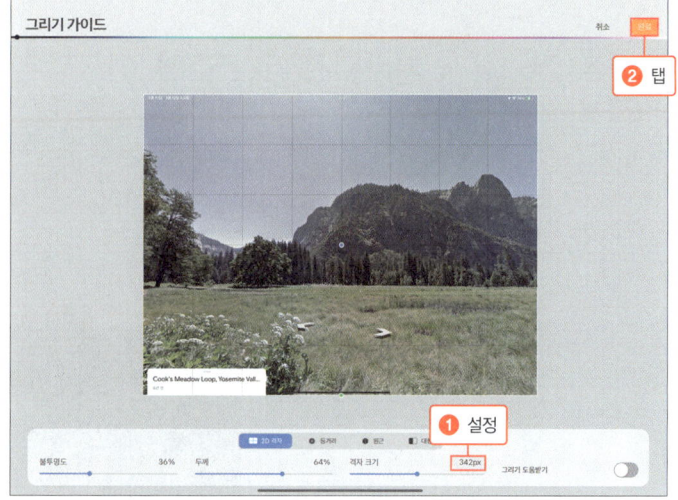

04 (변형( )))을 탭한 다음 하단 메뉴에서 (균등)과 (왜곡)을 선택하여 그림과 같이 사진을 조절합니다. 가이드를 참고하여 사진을 수평에 맞게 조절합니다.

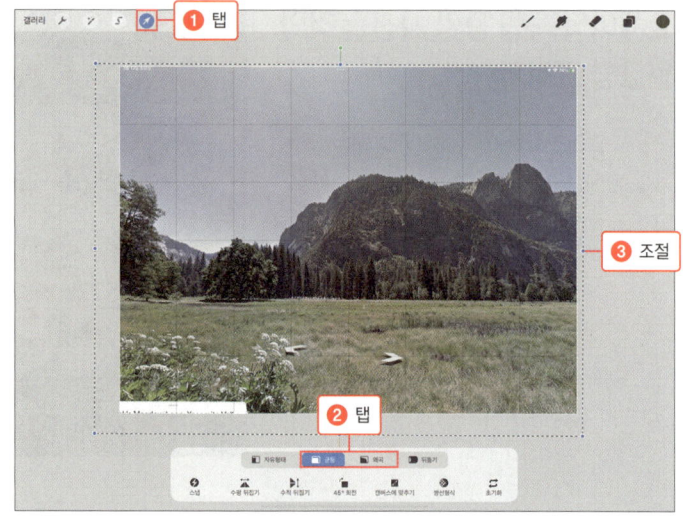

05 사진의 색감을 조절합니다. (조정( )) → (색조, 채도, 밝기)를 선택합니다.

06 색조, 채도, 밝기를 조절하여 사진의 색감을 변경합니다.

07 | 밑그림을 그리기 위해 [레이어(▣)]에서 [+] 버튼을 탭하여 새 레이어를 추가합니다.

08 | [서예] → [모노라인] 브러시를 사용하여 형태의 큰 외곽선을 그립니다.

09 | [동작(🔧)] → [캔버스] → [잘라내기 및 크기변경]을 선택합니다.

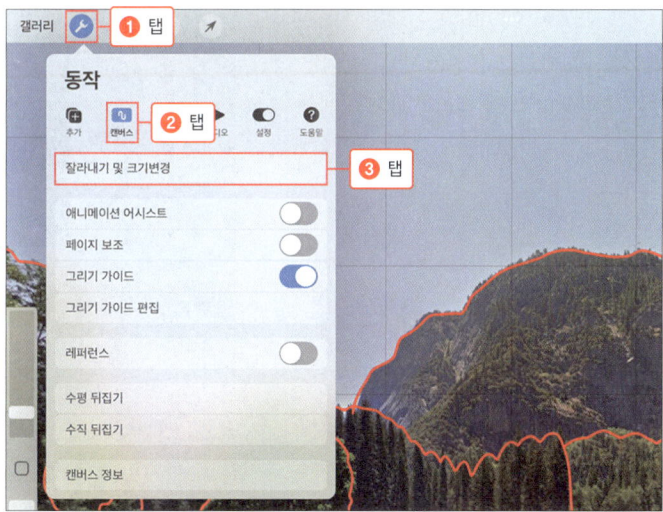

10 | (설정)을 탭한 다음 세로 크기를 원래 크기의 2배로 설정하여 (완료) 버튼을 탭합니다.

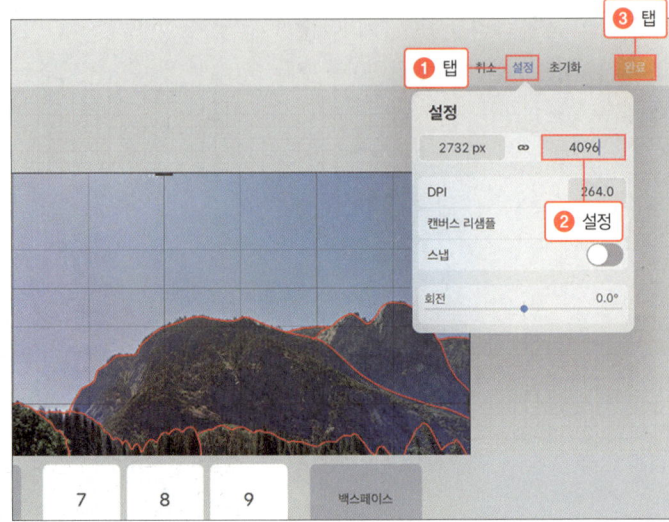

11 | (레이어(■))에서 '레이어 2'를 왼쪽으로 드래그한 다음 (복제) 버튼을 탭합니다.

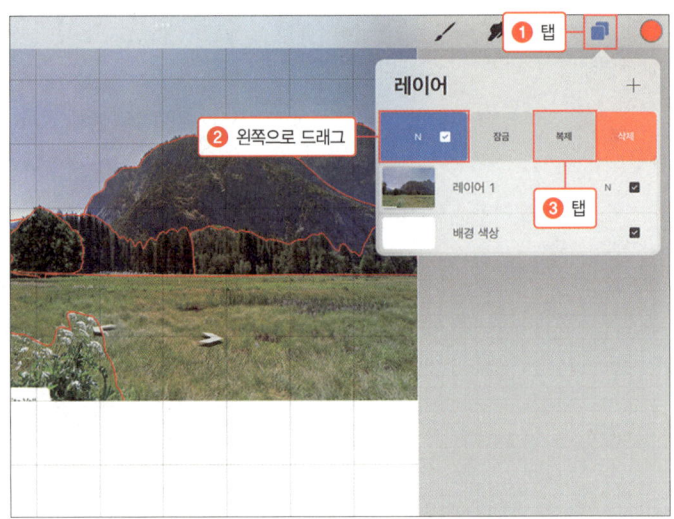

12 | 복제된 레이어가 선택된 상태에서 (변형(↗))을 탭합니다. (스냅)을 선택한 다음 (자석)과 (스냅)을 활성화합니다.

13 | 복제한 밑그림을 아래로 드래그하여 이동합니다. 이때 격자 가이드를 확인하며 사진에 있는 밑그림과 위치를 맞춥니다.

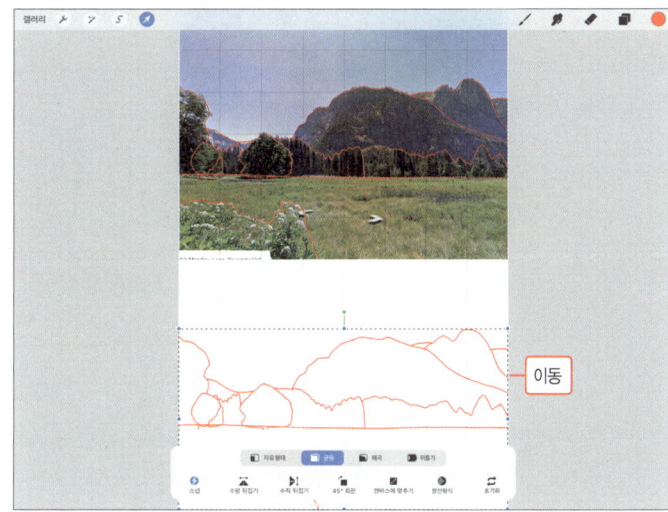

하늘과 산 그리기

01 | (레이어(■))에서 (+) 버튼을 탭하여 '레이어 1' 아래에 새 레이어를 추가합니다.

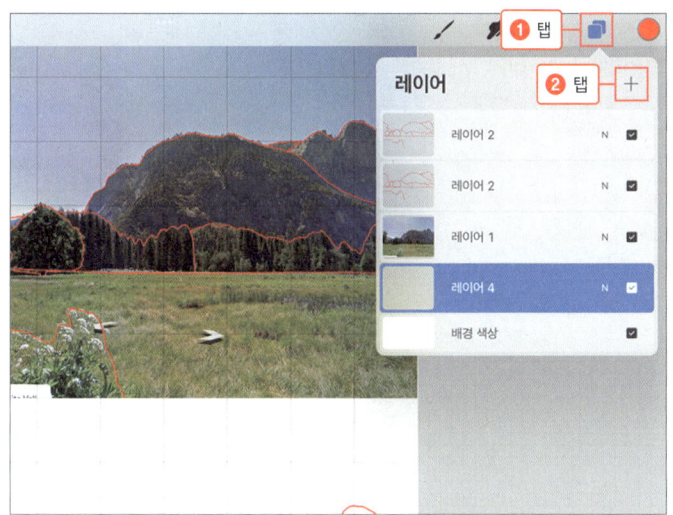

02 | (브러시(✐))를 탭하여 브러시 라이브러리에서 (그리기) → (오베론) 브러시를 선택합니다.

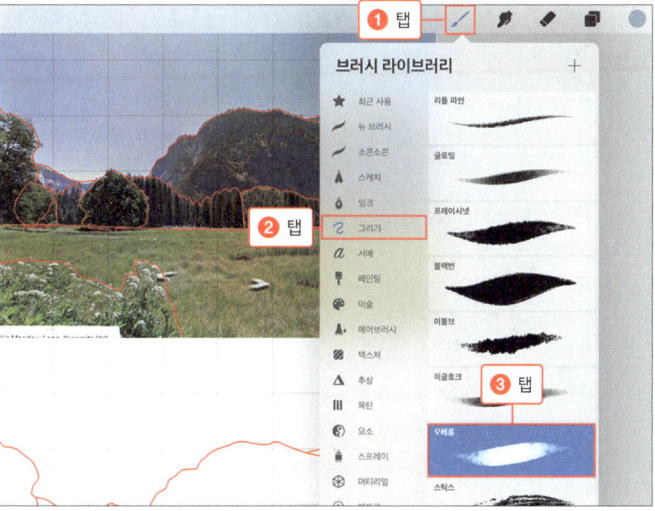

03 | 사진을 손가락으로 길게 탭하여 색을 추출한 다음 추출된 색으로 하늘을 칠합니다. 색을 여러 번 추출하며 덧그립니다.

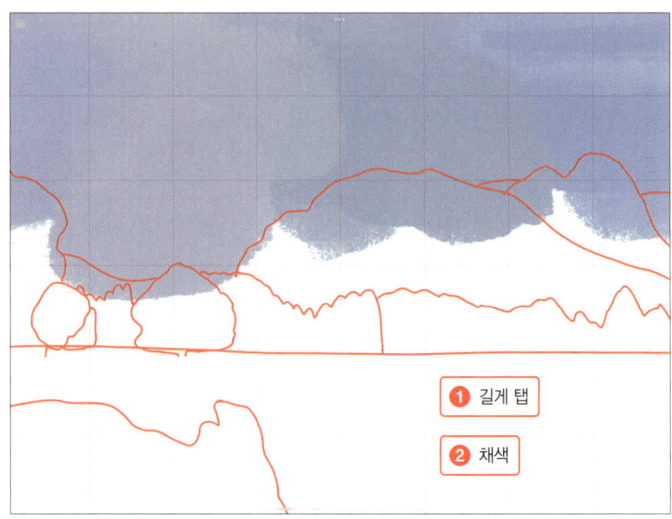

❶ 길게 탭
❷ 채색

04 | [스머지(⬛)]를 탭하여 브러시 라이브러리에서 [그리기] → [무릴라] 브러시를 선택합니다.

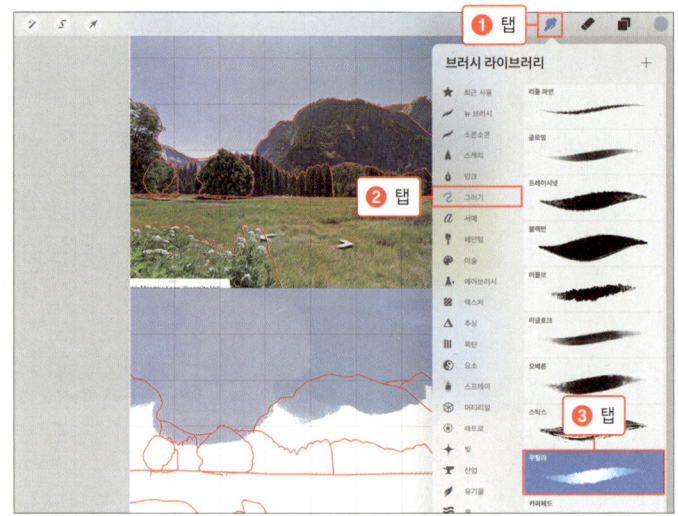

❶ 탭
❷ 탭
❸ 탭

05 | 스머지로 문질러 하늘의 경계를 부드럽게 풀어줍니다.

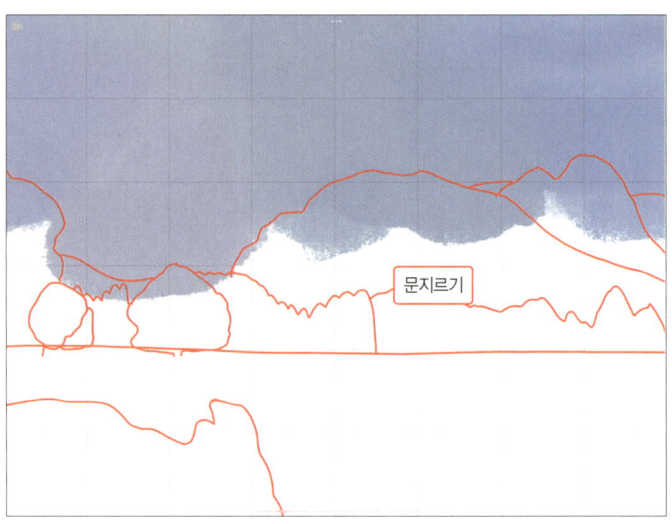

문지르기

06 〔레이어(🗇)〕에서 〔+〕 버튼을 탭하여 하늘을 그린 '레이어 4' 위에 새 레이어를 추가합니다.

07 〔그리기〕 → 〔오베론〕 브러시를 사용하여 가장 원거리에 있는 산의 밑색을 칠합니다.

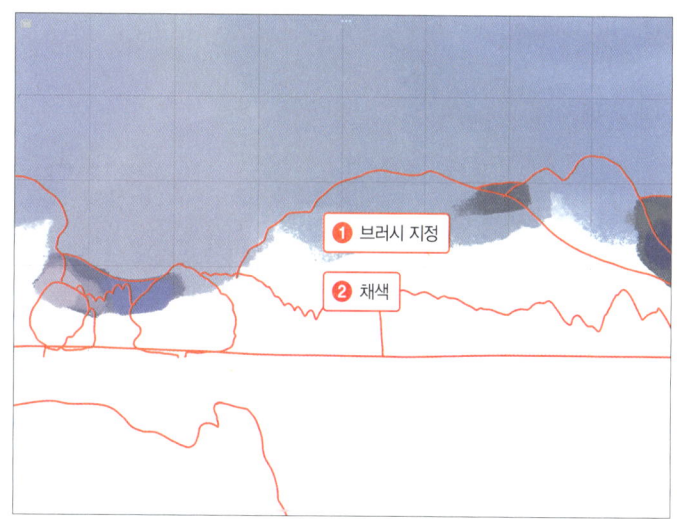

08 〔레이어(🗇)〕에서 〔+〕 버튼을 탭하여 가장 원거리에 있는 산을 그린 '레이어 5' 위에 새 레이어를 추가합니다.

09 중간 거리에 있는 산의 밑색을 칠합니다.

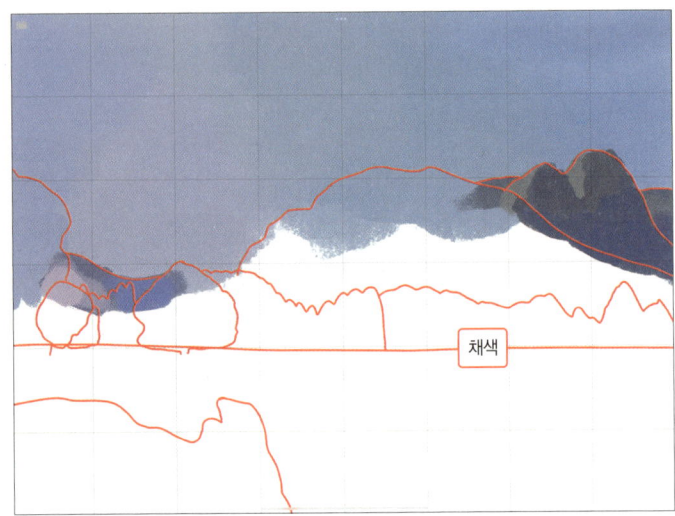

10 〔레이어(■)〕에서 〔+〕 버튼을 탭하여 중간 거리에 있는 산을 그린 '레이어 6' 위에 새 레이어를 추가합니다.

11 산의 나머지 부분을 칠합니다.

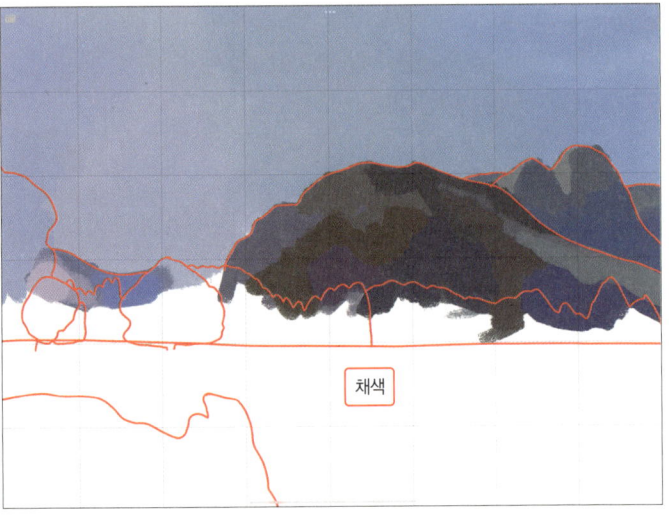

12 | (레이어(🗂))에서 (+) 버튼을 탭하여 산을 그린 '레이어 7' 위에 새 레이어를 추가합니다.

13 | (브러시(✏))를 탭하여 브러시 라이브러리에서 (미술) → (오로라) 브러시를 선택한 다음 브러시 크기를 작게 조절합니다.

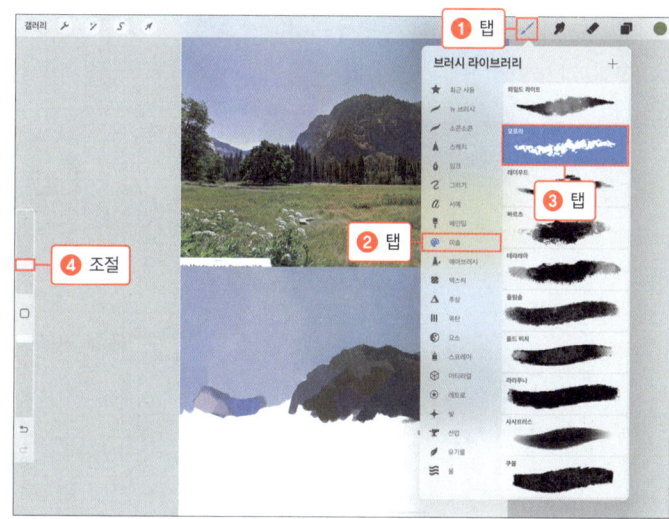

14 | 산에 세로로 선을 짧게 촘촘히 그려 나무를 표현합니다. 부분마다 산의 색을 길게 탭해 색을 추출하여 그립니다.

풀숲 그리기

01 〔레이어(■)〕에서 〔+〕 버튼을 탭하여 '레이어 1' 아래에 새 레이어를 추가합니다.

02 〔브러시(✏)〕를 탭하여 브러시 라이브러리에서 〔스케치〕 → 〔Procreate 펜슬〕 브러시를 선택합니다.

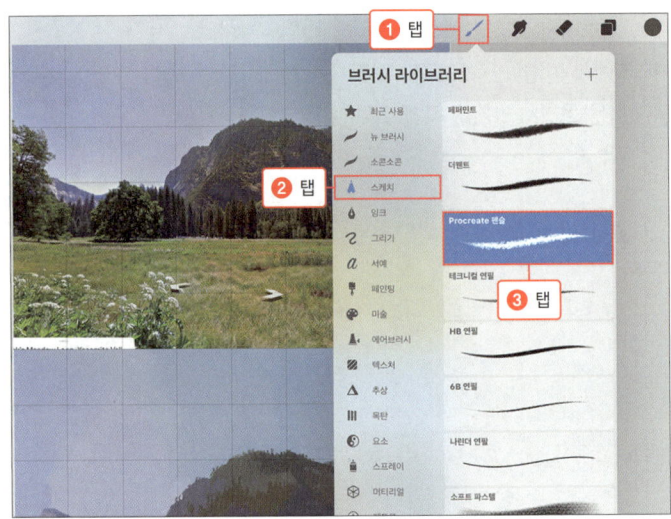

03 아래에서 위로 세로선을 짧게 덧그리며 나무를 표현합니다. 뒤에 있는 밝은색의 나무부터 촘촘히 그린 다음 앞에 있는 어두운색의 나무를 그립니다.

04 (브러시(❏))를 탭하여 브러시 라이브러리에서 (스케치) → (6B 연필) 브러시를 선택합니다.

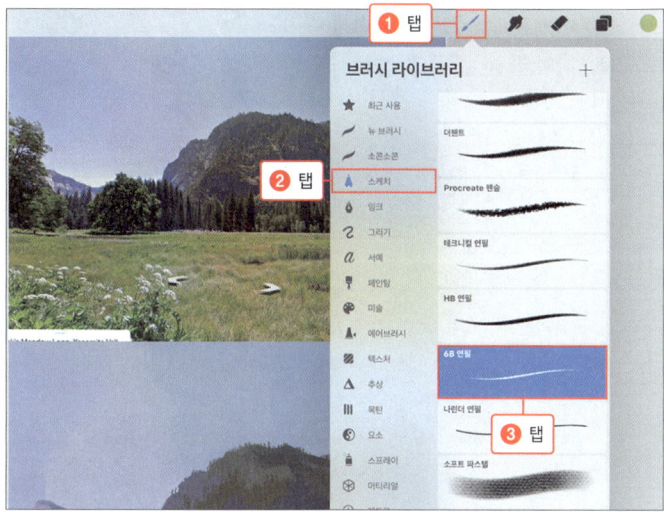

05 앞에 있는 어두운색의 나무 주변을 용수철 모양으로 얇게 그려 나무의 경계를 구분합니다.

06 (레이어(❏))에서 (+) 버튼을 탭하여 나무를 그린 '레이어 9' 위에 새 레이어를 추가합니다.

07 [브러시(🖌)]를 탭하여 브러시 라이브러리에서 [미술] → [오로라] 브러시를 선택합니다.

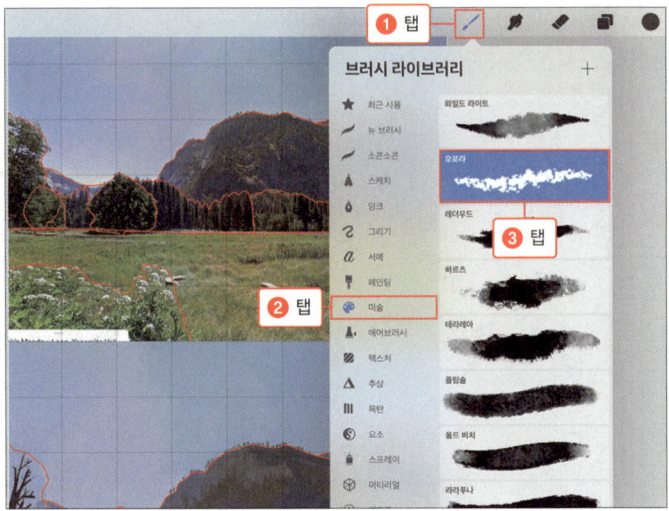

08 '연두색'을 선택하여 왼쪽에 나뭇잎을 표현합니다.

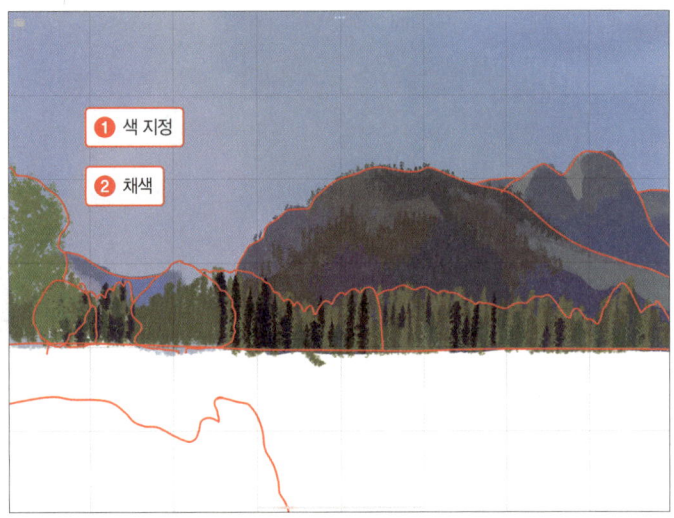

09 [레이어(🗂)]에서 [+] 버튼을 탭하여 나뭇잎을 그린 '레이어 10' 위에 새 레이어를 추가합니다.

10 〔유기물〕 → 〔갈대〕 브러시를 사용하여 왼쪽 나뭇잎에 나뭇가지를 그립니다.

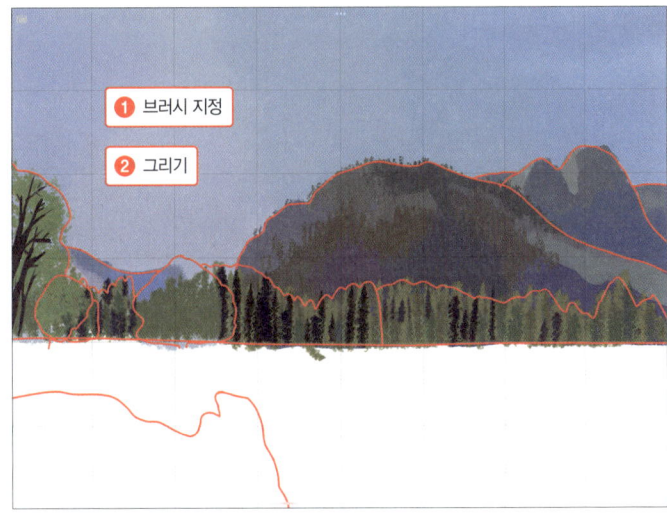

11 〔레이어(▣)〕에서 〔+〕 버튼을 탭하여 나뭇가지를 그린 '레이어 11' 위에 새 레이어를 추가합니다.

12 〔유기물〕 → 〔스노우 검〕 브러시를 선택한 다음 '진한 녹색'을 선택하여 나뭇가지에 나뭇잎을 그립니다.

풀밭과 나무 그리기

01 [레이어(■)]에서 [+] 버튼을 탭하여 나뭇잎을 그린 '레이어 12' 위에 새 레이어를 추가합니다.

02 [브러시(✎)]를 탭하여 브러시 라이브러리에서 [유기물] → [와일드그래스] 브러시를 선택하고 브러시 크기를 작게 조절합니다.

03 촘촘히 풀밭을 그립니다.

04 [레이어(■)]에서 [+] 버튼을 탭하여 나무를 그린 '레이어 9' 위에 새 레이어를 추가합니다.
추가한 '레이어 14'를 탭하여 표시되는 레이어 옵션에서 [클리핑 마스크]를 선택합니다.

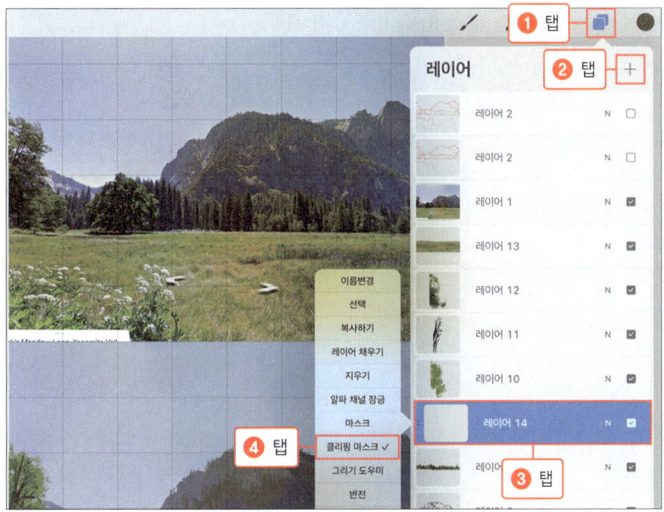

05 [브러시(✏)]를 탭하여 브러시 라이브러리에서 [스케치] → [Procreate 펜슬] 브러시를 선택합니다.

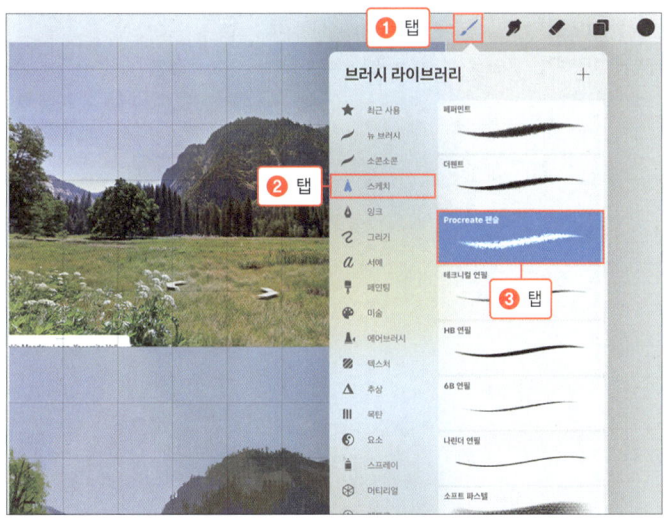

06 [레이어(■)]에서 '레이어 14'의 [N]을 탭하여 불투명도를 '55%'로 조절한 다음 혼합 모드를 [곱하기]로 변경합니다.
어두운색으로 나무 아래쪽에 그림자를 추가하여 풀밭과 경계를 구분합니다.

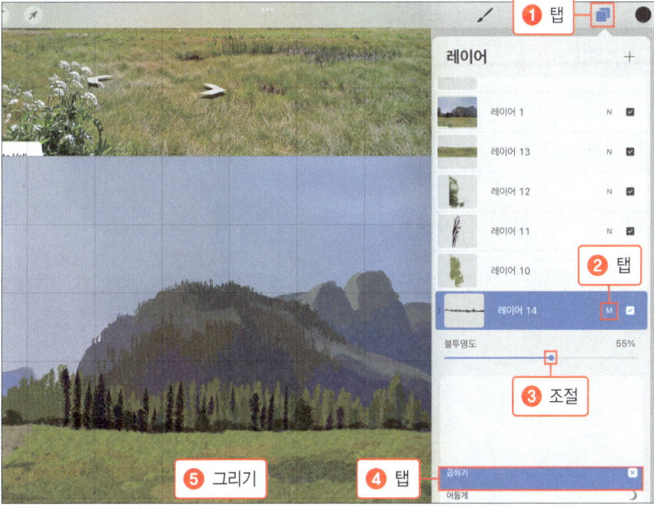

07 | [+] 버튼을 탭하여 '레이어 1' 아래에 새 레이어를 추가합니다.

08 | [미술] → [오로라] 브러시를 사용하여 동그랗게 나뭇잎을 표현합니다.

09 | '진한 녹색'을 선택하여 나뭇잎을 덧그립니다.

Tip 가장자리에 밝은 나뭇잎이 남도록 안쪽 위주로 덧그립니다.

10 〔유기물〕 → 〔갈대〕 브러시를 사용하여 나뭇잎에 나뭇가지를 그립니다.

11 〔미술〕 → 〔오로라〕 브러시를 사용하여 진한 색을 사용해 나뭇가지 위에 나뭇잎을 그려 음영을 표현합니다.

12 〔유기물〕 → 〔스노우 검〕 브러시를 선택한 다음 '밝은 녹색'을 선택하여 밝은 나뭇잎을 표현합니다.

13 〔레이어(▦)〕에서 〔+〕 버튼을 탭하여 나무를 그린 '레이어 15' 아래에 새 레이어를 추가합니다.

14 〔유기물〕 → 〔와일드그래스〕 브러시를 선택한 다음 어두운색을 선택하여 나무 아래에 그림자를 그립니다.

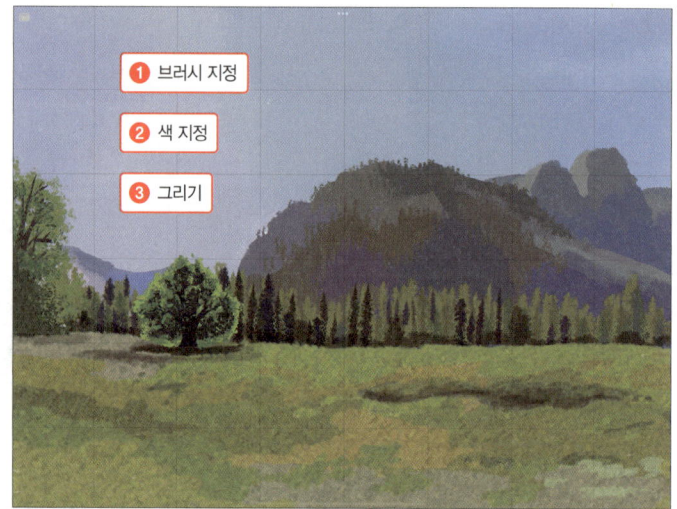

풀과 꽃 그리고 캔버스 크기 조절하기

01 〔레이어(▦)〕에서 〔+〕 버튼을 탭하여 '레이어 1' 아래에 새 레이어를 추가합니다.

02 (브러시( ))를 탭하여 브러시 라이브러리에서 (유기물) → (스워드그라스) 브러시를 선택합니다.

03 풀밭에서 밝은 부분과 어두운 부분을 손가락으로 길게 탭하여 색을 추출한 다음 아래쪽 위주로 근거리의 풀을 표현합니다.

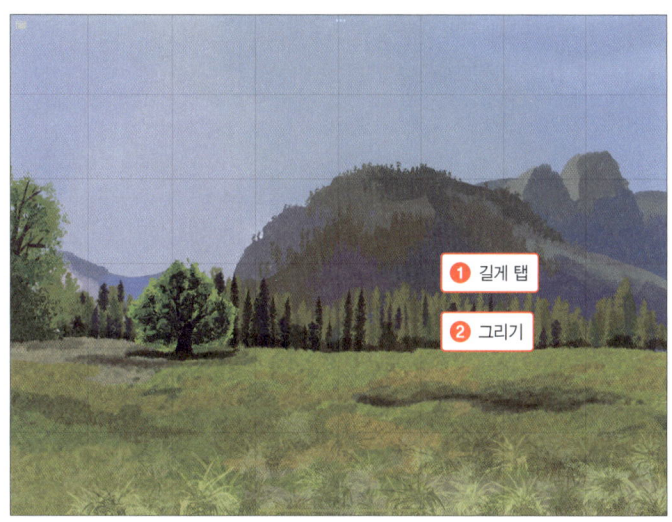

04 (레이어( ))에서 (+) 버튼을 탭하여 '레이어 1' 아래에 새 레이어를 추가합니다.

05 | (브러시(　))를 탭하여 브러시 라이브러리에서 (잉크) → (재신스키 잉크) 브러시를 선택합니다.

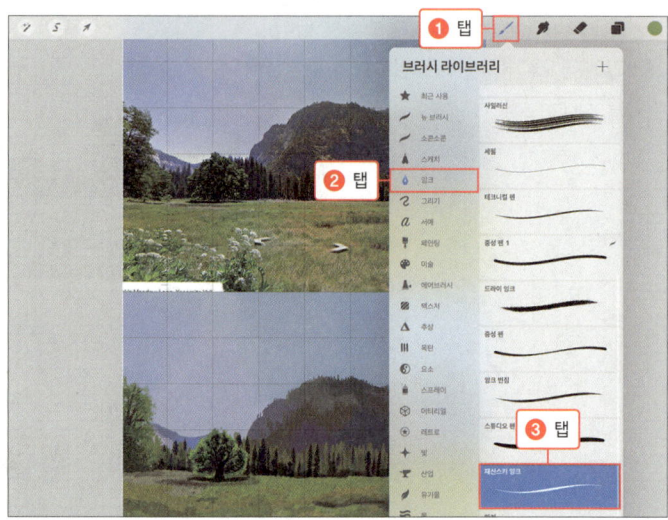

06 | 왼쪽 하단에 꽃줄기를 그립니다. 밝은색 → 중간색 → 어두운색으로 겹겹이 그립니다.

07 | (레이어(　))에서 (+) 버튼을 탭하여 꽃줄기를 그린 '레이어 18' 위에 새 레이어를 추가합니다.

08 (브러시(✏️))를 탭하여 브러시 라이브러리에서 [미술] → [오로라] 브러시를 선택하고 브러시 크기를 작게 조절합니다.

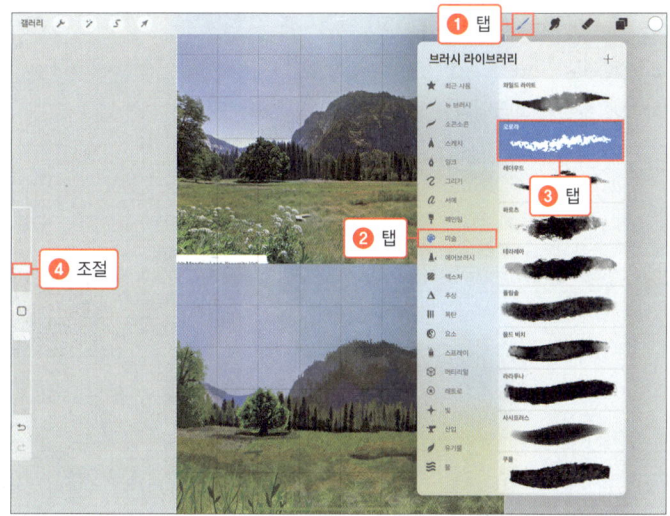

09 콕콕 찍으며 꽃잎을 표현합니다.

10 (레이어(🗂))에서 [+] 버튼을 탭하여 꽃잎을 그린 '레이어 19' 위에 새 레이어를 추가합니다.

11 │ (잉크) → (재신스키 잉크) 브러시를 선택합니다. 어두운색을 선택하여 꽃줄기 사이에 풀잎을 그립니다.

12 │ (조정( )) → (가우시안 흐림 효과)를 선택합니다.

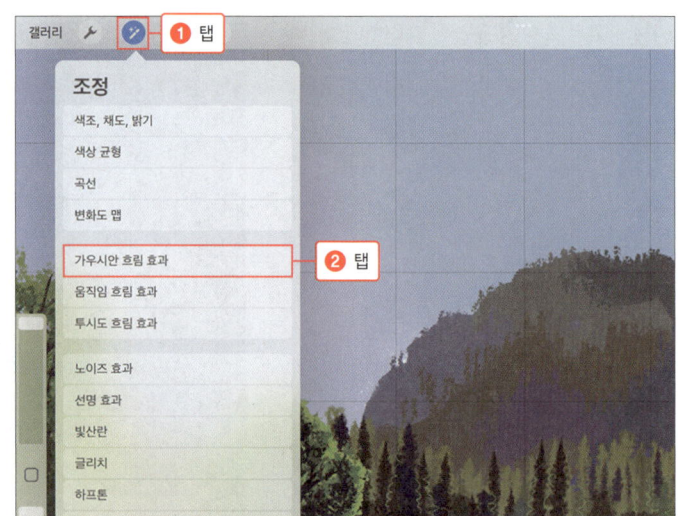

13 │ 펜으로 화면을 오른쪽으로 드래그하여 가우시안 흐림 효과를 '3%'로 조절합니다.

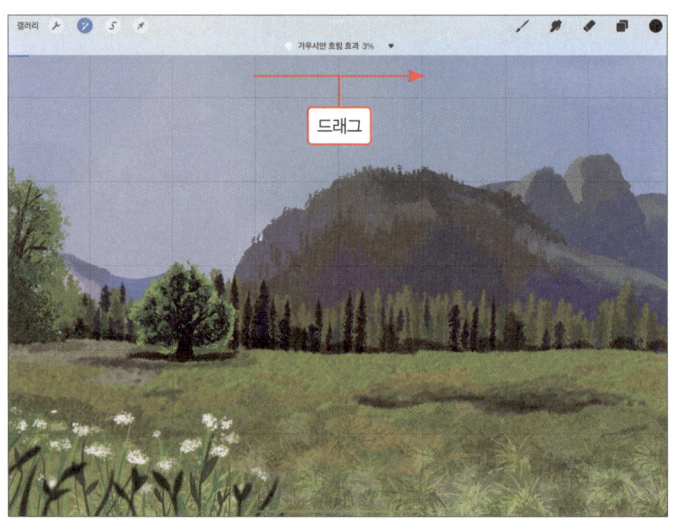

14 (동작(🔧)) → (캔버스) → (그리기 가이드)를 비활성화한 다음 (잘라내기 및 크기변경)을 선택합니다.

15 (설정)을 탭한 다음 2배로 조절했던 세로 크기를 원래 크기로 설정하고 (스냅)을 활성화합니다.

16 조절점을 아래로 드래그하여 캔버스가 잘리는 영역을 설정한 다음 (완료) 버튼을 탭합니다.
미국 요세미티 국립 공원 그림을 마무리합니다.

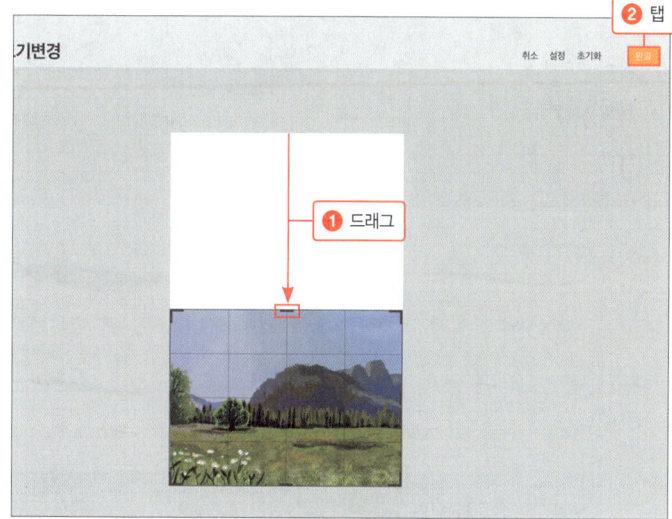

미국 레이크 할리우드 공원

미국 LA의 상징인 할리우드 사인을 가장 가까이에서 볼 수 있는 공원입니다. 초록색 들판과 모래색 할리우드 사인이 멋진 그림을 완성합니다. 공원 위쪽으로 할리우드 사인 바로 아래까지 하이킹을 즐기며 훨씬 더 가까운 할리우드 사인을 만날 수 있어요.

- 예제 파일 : 04\할리우드 공원.jpg
- 완성 파일 : 04\할리우드 공원_완성.jpg, 할리우드 공원_완성.procreate

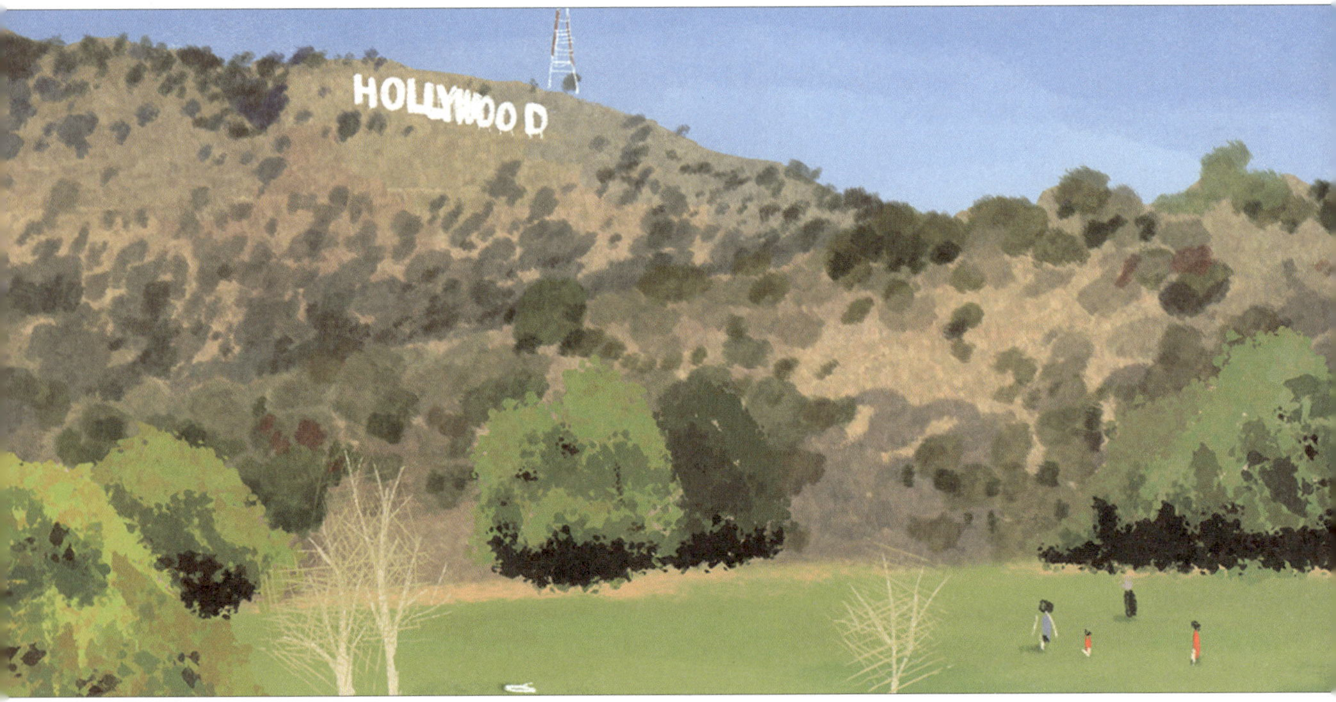

구글 맵 여행

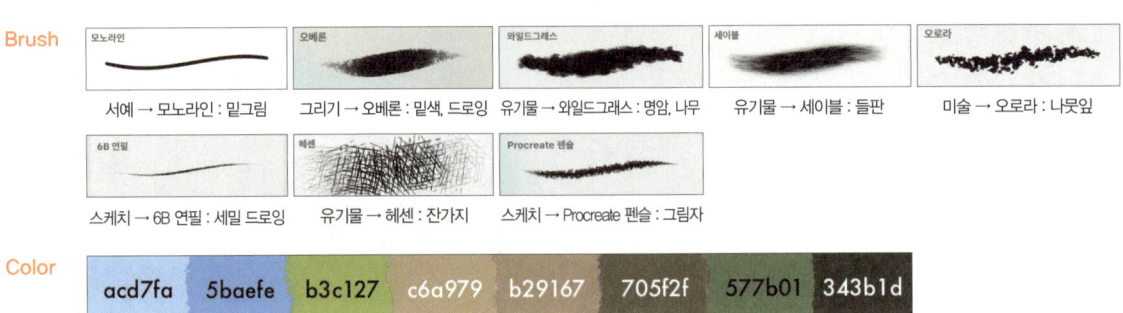

레이크 할리우드 공원 사진 불러와 밑그림 그리기

01 갤러리 화면에서 (사진)을 탭한 다음 구글 맵에서 캡처한 미국 레이크 할리우드 공원 사진을 탭하여 불러옵니다.

Tip 또는 (가져오기)를 탭하여 04 폴더에서 '할리우드 공원.jpg' 파일을 불러와 예제를 진행할 수도 있습니다.

02 (동작( )) → (캔버스) → (그리기 가이드)를 활성화한 다음 (그리기 가이드 편집)을 선택합니다.

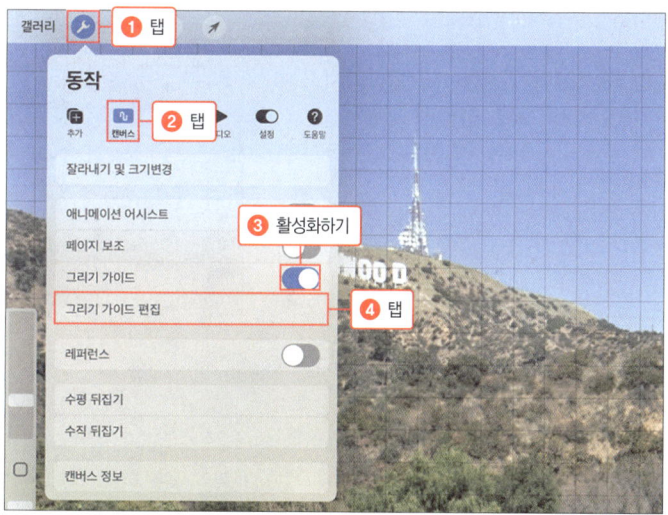

03 사진의 상단과 하단이 격자와 맞닿는 수치로 격자 크기를 조절합니다. 수치는 사진을 캡처한 아이패드 기종에 따라 달라집니다.
아이패드 프로 12.9인치 경우 '342px'로 설정합니다. 설정이 완료되었으면 (완료) 버튼을 탭합니다.

04 │ (변형(❖))을 탭한 다음 하단 메뉴에서 (균등)과 (왜곡)을 선택하여 그림과 같이 사진을 조절합니다. 가이드를 참고하여 사진을 수평에 맞게 조절합니다.

05 │ 사진의 색감을 조절합니다. (조정(❖)) → (색조, 채도, 밝기)를 선택합니다.

06 │ 색조, 채도, 밝기를 조절하여 사진의 색감을 변경합니다.

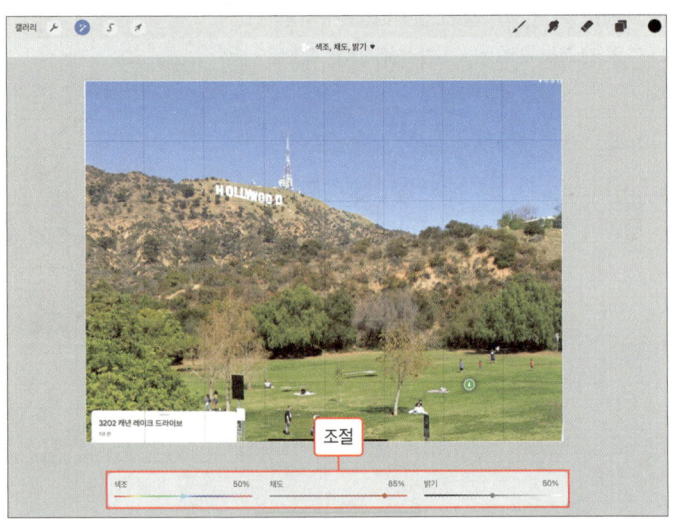

07 밑그림을 그리기 위해 (레이어())에서 (+) 버튼을 탭하여 새 레이어를 추가합니다.

08 (서예) → (모노라인) 브러시를 사용하여 형태의 큰 외곽선을 그립니다.

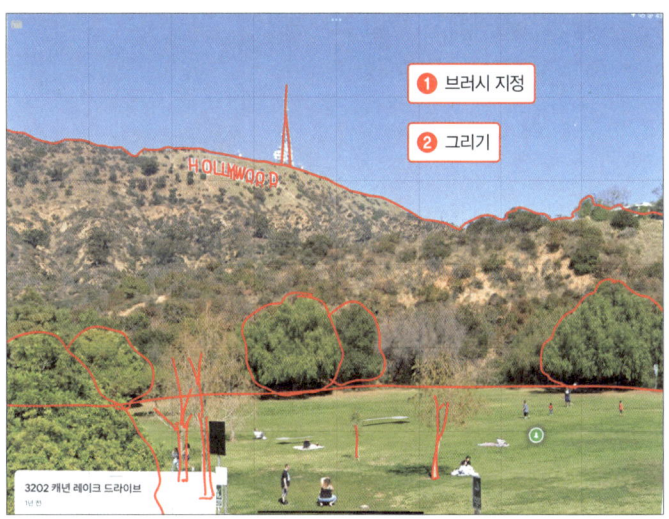

09 (동작()) → (캔버스) → (잘라내기 및 크기변경)을 선택합니다.

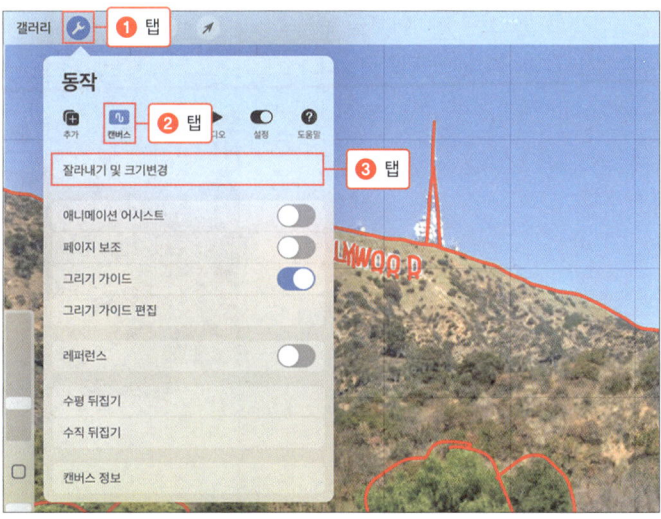

10 │ (설정)을 탭한 다음 세로 크기를 원래 크기의 2배로 설정하여 (완료) 버튼을 탭합니다.

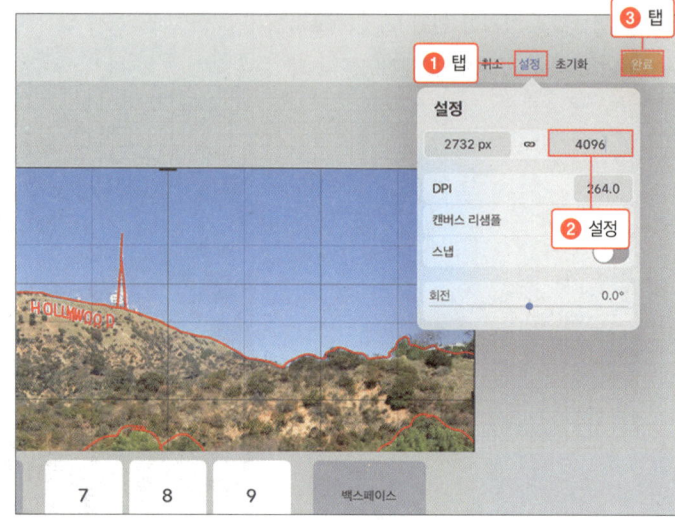

11 │ (레이어(■))에서 밑그림을 그린 '레이어 2'의 (N)을 탭하여 불투명도를 '35%'로 조절합니다.

12 │ 가이드를 그린 '레이어 2'를 왼쪽으로 드래그한 다음 (복제) 버튼을 탭합니다.

13 | 복제된 레이어가 선택된 상태에서 〔변형( )〕을 탭한 다음 복제한 밑그림을 드래그하여 아래로 이동합니다.
이때 격자 가이드를 확인하며 사진에 있는 밑그림과 위치를 맞춥니다.

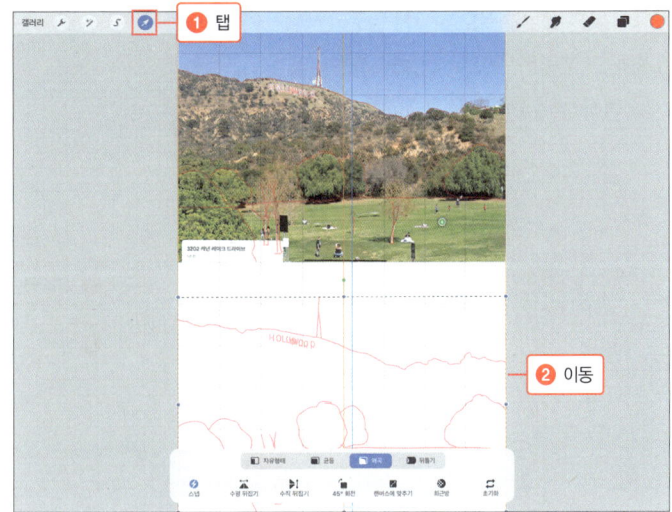

하늘과 산 그리기

01 | 〔레이어( )〕에서 〔+〕 버튼을 탭하여 사진이 있는 '레이어 1' 아래에 새 레이어를 추가합니다.

02 | 〔브러시( )〕를 탭하여 브러시 라이브러리에서 〔그리기〕 → 〔오베론〕 브러시를 선택합니다.

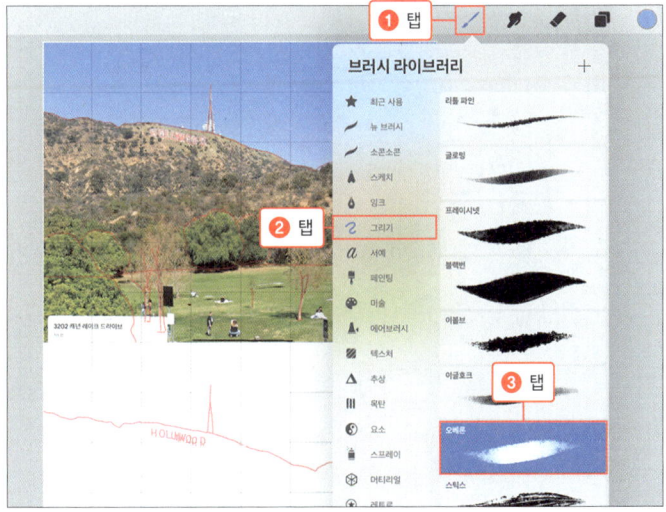

03 사진을 손가락으로 길게 탭하여 색을 추출하고 추출된 색으로 하늘을 칠합니다. 색을 여러 번 추출하며 덧그립니다.

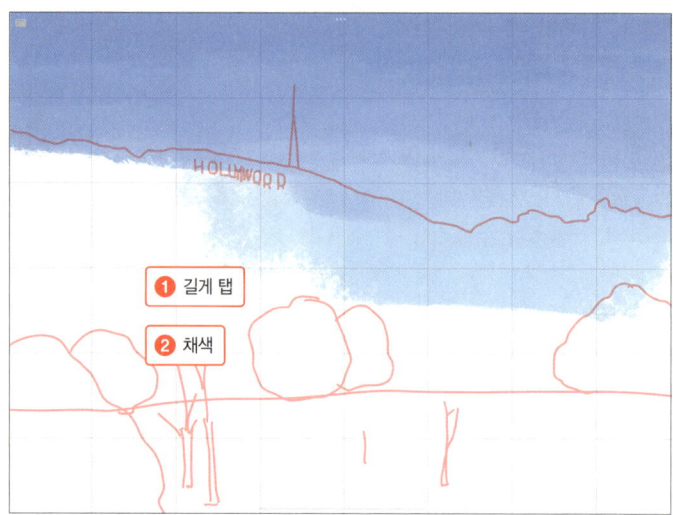

04 [레이어(■)]에서 [+] 버튼을 탭하여 사진이 있는 '레이어 1' 아래에 새 레이어를 추가합니다.

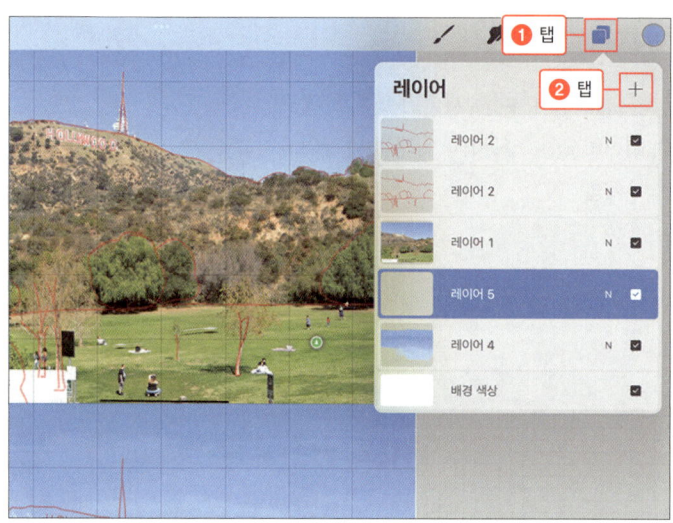

05 산의 밑색을 채색합니다.

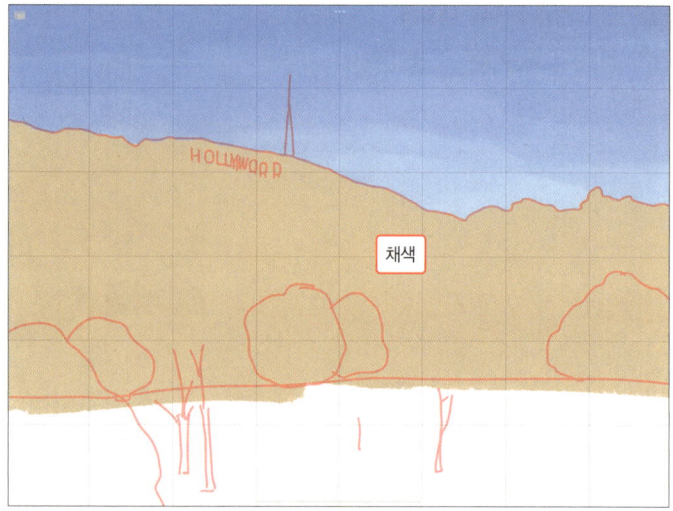

06 〔레이어(▣)〕에서 〔+〕 버튼을 탭하여 산을 그린 '레이어 5' 위에 새 레이어를 추가합니다.
추가한 '레이어 6'을 탭하여 표시되는 옵션에서 〔클리핑 마스크〕를 선택합니다.

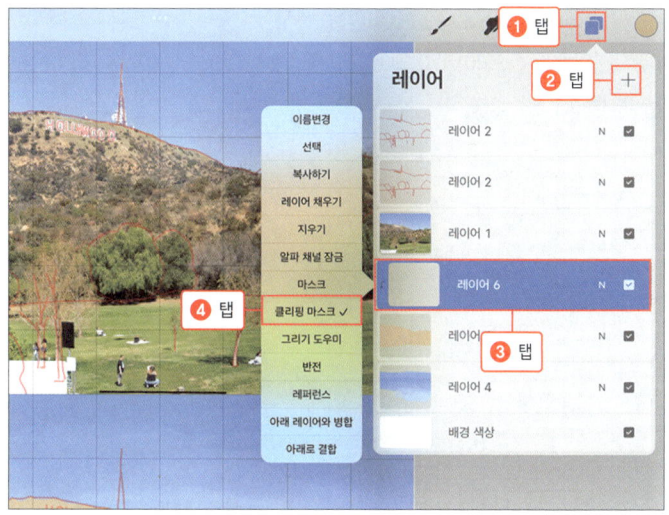

07 〔브러시(✐)〕를 탭하여 브러시 라이브러리에서 〔유기물〕 → 〔와일드그래스〕 브러시를 선택합니다.

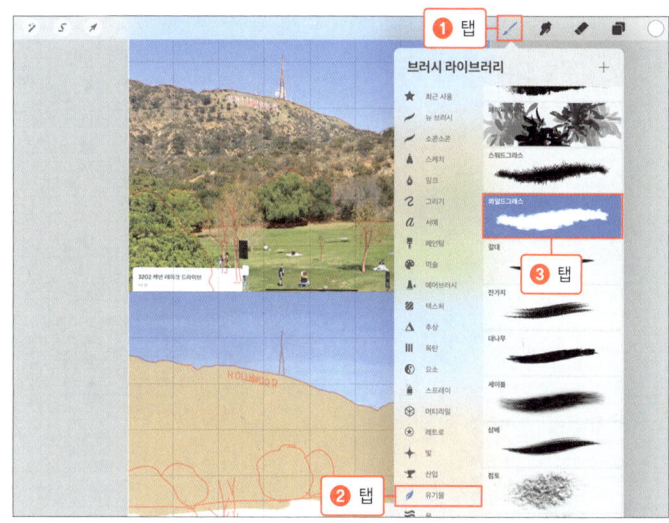

08 사진을 손가락으로 길게 탭하여 색을 추출하고 추출된 색으로 명암을 표현합니다.

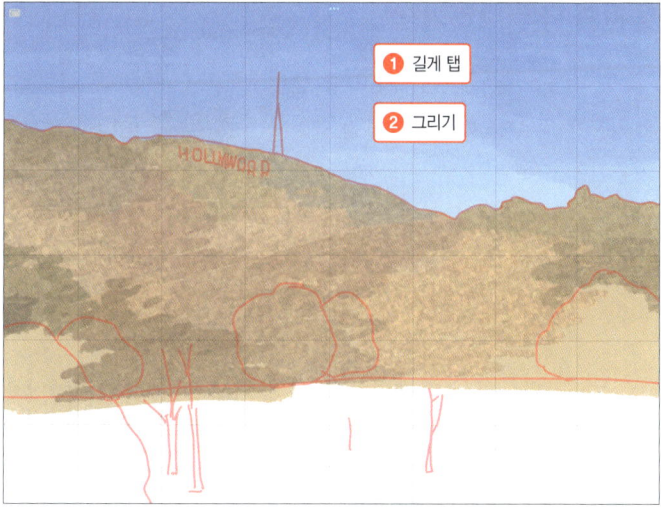

Tip 브러시 크기를 작게 조절하여 촘촘히 색칠합니다.

09 〔레이어(■)〕에서 〔+〕 버튼을 탭하여 사진이 있는 '레이어 1' 아래에 새 레이어를 추가합니다.

10 〔와일드그래스〕 브러시로 점과 면을 찍으며 나무를 표현합니다.

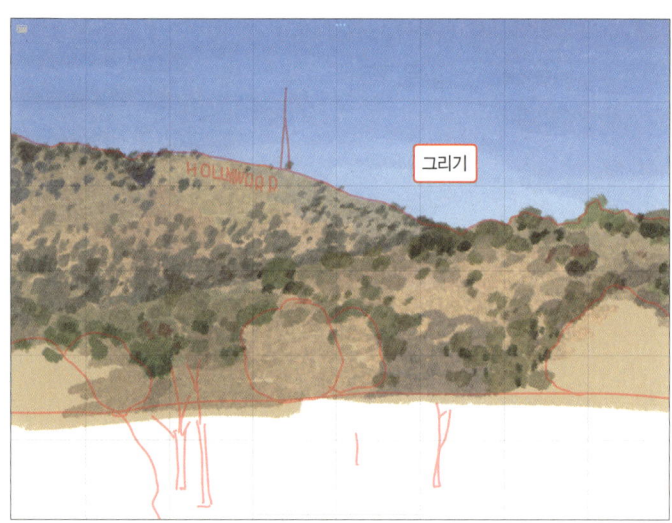

들판과 나무 그리기

01 〔레이어(■)〕에서 〔+〕 버튼을 탭하여 사진이 있는 '레이어 1' 아래에 새 레이어를 추가합니다.

02 〔브러시(▱)〕를 탭하여 브러시 라이브러리에서 〔유기물〕 → 〔세이블〕 브러시를 선택합니다.

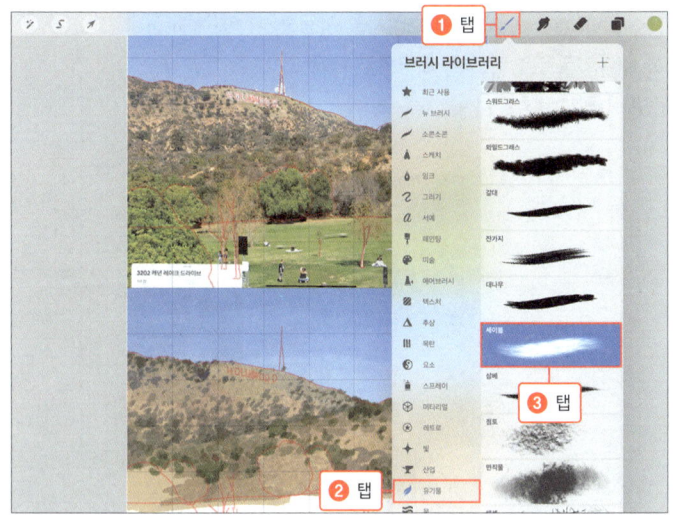

03 '연두색'을 선택하여 들판을 채색합니다.

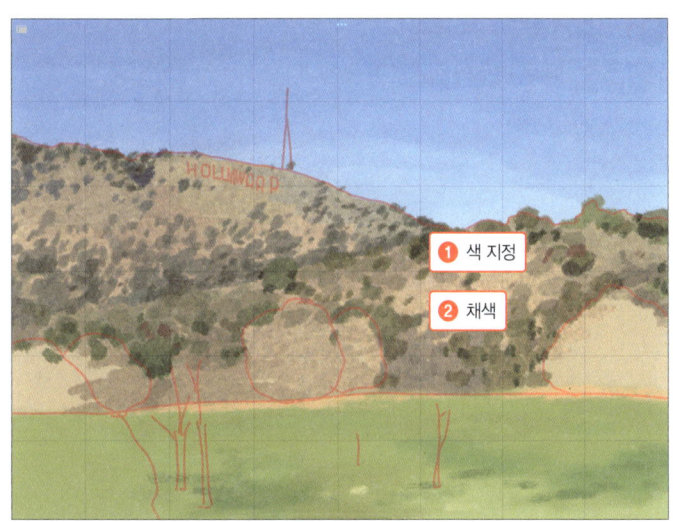

04 〔레이어(▱)〕에서 〔+〕 버튼을 탭하여 사진이 있는 '레이어 1' 아래에 새 레이어를 추가합니다.

05 | [미술] → [오로라] 브러시를 사용하여 나뭇잎들을 그립니다. 나무별로 색을 다르게 칠해 구분합니다.

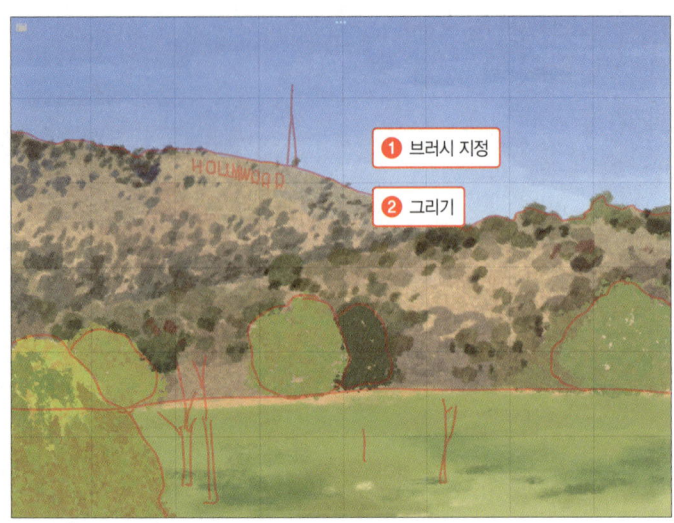

06 | 중간 명암 → 어두운 명암 → 밝은 명암을 순서대로 나무의 질감을 표현합니다.

07 | [레이어(■)]에서 [+] 버튼을 탭하여 나무를 그린 '레이어 9' 위에 새 레이어를 추가합니다.
추가한 '레이어 10'을 탭하여 표시되는 레이어 옵션에서 [클리핑 마스크]를 선택합니다.

08 들판에 있는 나무의 짙은 그림자를 표현합니다.

09 (레이어(■))에서 '레이어 10'의 (N)을 탭하여 불투명도를 '75%'로 조절한 다음 혼합 모드를 (곱하기)로 선택합니다.

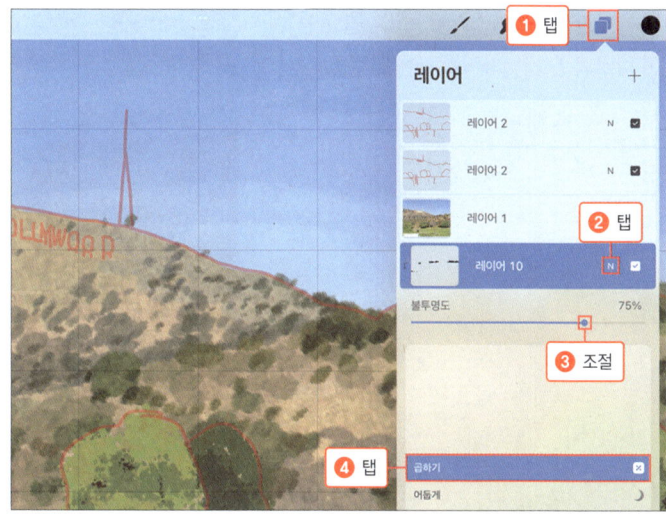

10 (레이어(■))에서 (+) 버튼을 탭하여 사진이 있는 '레이어 1' 아래에 새 레이어를 추가합니다.

11 [스케치] → [6B 연필] 브러시를 사용하여 들판 가운데 나무 기둥을 그립니다.

12 [유기물] → [헤센] 브러시를 사용하여 나무의 잔 나뭇가지를 표현합니다.

사람 그리고 캔버스 크기 조절하기

01 [레이어(■)]에서 [+] 버튼을 탭하여 사진이 있는 '레이어 1' 아래에 새 레이어를 추가합니다.

02 | (브러시(✏️))를 탭하여 브러시 라이브러리에서 (스케치) → (6B 연필) 브러시를 선택합니다.

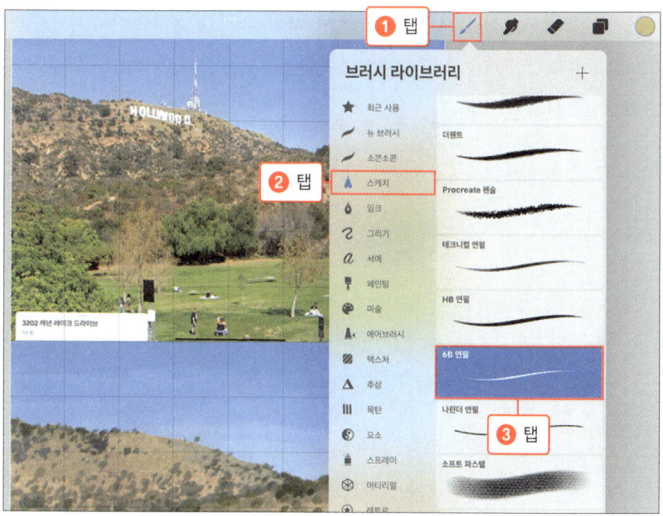

03 | 사람들과 돗자리를 그립니다. 멀리 있는 물체이기 때문에 자세히 묘사하지 않아도 괜찮습니다.

04 | (레이어(◼️))에서 (+) 버튼을 탭하여 들판을 그린 '레이어 8' 위에 새 레이어를 추가합니다.

05 (브러시(✏️))를 탭하여 브러시 라이브러리에서 (스케치) → (Procreate 펜슬) 브러시를 선택합니다.

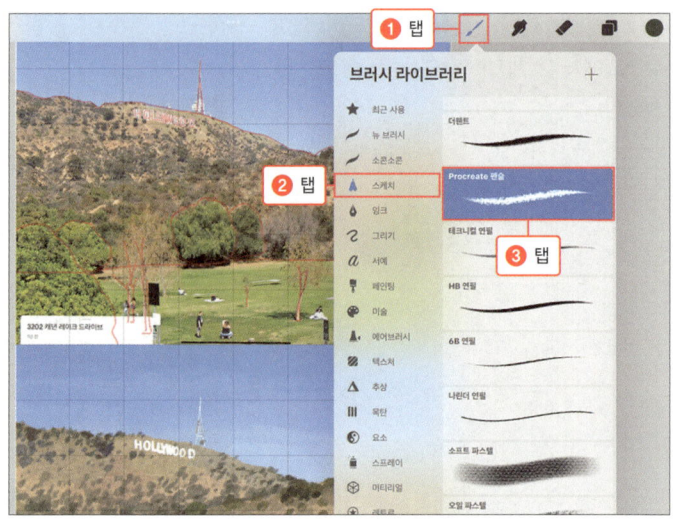

06 나무의 그림자를 표현한 다음 (레이어(■))에서 '레이어 13'의 (N)을 탭하여 불투명도를 '55%'로 조절합니다.

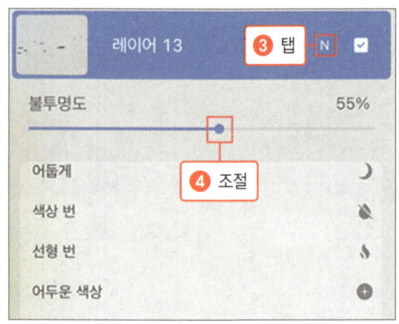

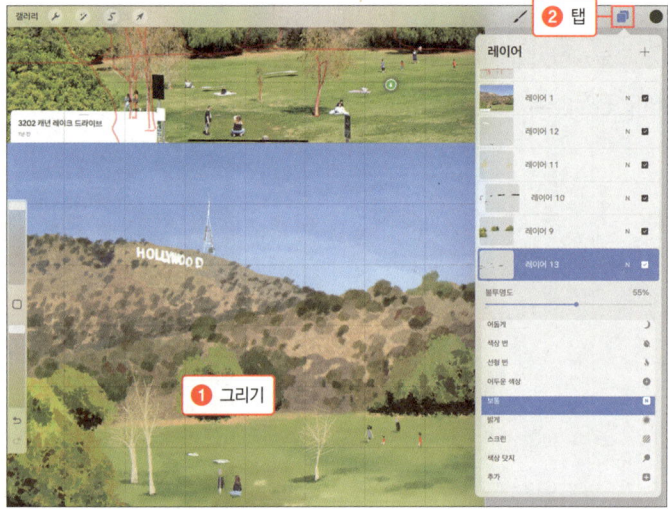

07 (동작(🔧)) → (캔버스) → (그리기 가이드)를 비활성화한 다음 (잘라내기 및 크기변경)을 선택합니다.

08 | (설정)을 탭한 다음 2배로 조절했던 세로 크기를 원래 크기로 설정하고 (스냅)을 활성화합니다.

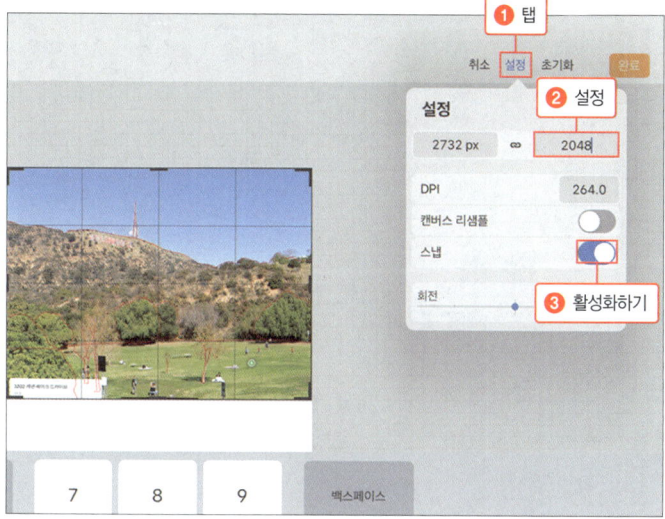

09 | 조절점을 아래로 드래그하여 캔버스가 잘리는 영역을 설정한 다음 (완료) 버튼을 탭합니다.

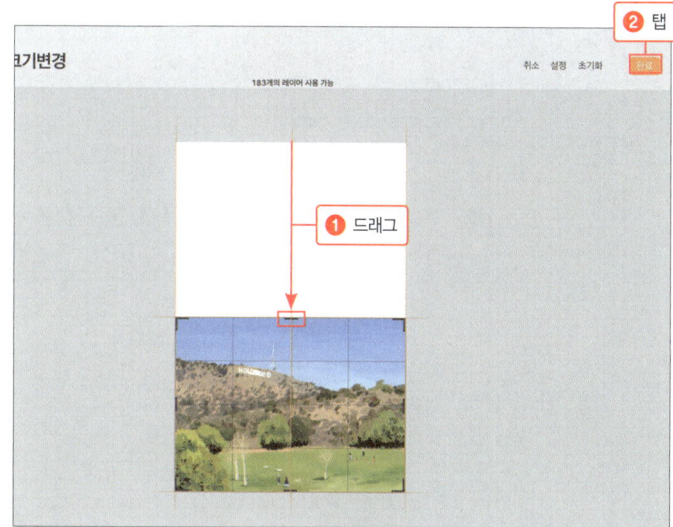

10 | 미국 레이크 할리우드 공원을 완성합니다.

Part 5
랜드마크와 건축물 그리기

각 나라에는 그 나라를 대표하는 여러 랜드마크가 있어요.
나라마다 각양각색의 문화를 느낄 수 있는
건축물과 조형물들을 떠나 봅시다.

영국 타워 브리지

타워 브리지는 영국 런던의 랜드마크로 꼽히는 건축물이에요. 런던 시내를 흐르는 아름다운 템스강을 가로질러 지어진 다리입니다. 런던 탑과 조화롭게 어우러지도록 중세 고딕 양식으로 지어져 웅장한 분위기가 느껴지며, 배가 지나갈 수 있도록 설계된 개폐식 다리여서 장관을 볼 수 있어요. 타워 브리지 두 개의 탑을 연결하는 전망대에 올라가면 템스강과 멀리 런던의 경치까지 바라볼 수 있어 최고의 전망대라 할 수 있습니다.

● 예제 파일 : 05\타워 브리지.jpg
● 완성 파일 : 05\타워 브리지_완성.jpg, 타워 브리지_완성.procreate

구글 맵 여행

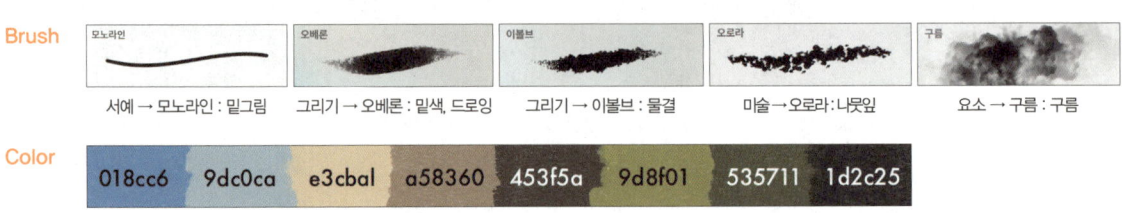

Brush
- 서예 → 모노라인 : 밑그림
- 그리기 → 오베론 : 밑색, 드로잉
- 그리기 → 이볼브 : 물결
- 미술 → 오로라 : 나뭇잎
- 요소 → 구름 : 구름

Color 018cc6 · 9dc0ca · e3cba1 · a58360 · 453f5a · 9d8f01 · 535711 · 1d2c25

타워 브리지 사진 불러와 밑그림 그리기

01 갤러리 화면에서 (사진)을 탭한 다음 구글 맵에서 캡처한 영국 타워 브리지 사진을 탭하여 불러옵니다.

Tip 또는 (가져오기)를 탭하여 05 폴더에서 '타워 브리지.jpg' 파일을 불러와 예제를 진행할 수도 있습니다.

02 (동작(▲)) → (캔버스) → (그리기 가이드)를 활성화한 다음 (그리기 가이드 편집)을 선택합니다.

03 사진의 상단과 하단이 격자와 맞닿는 수치로 격자 크기를 조절합니다. 수치는 사진을 캡처한 아이패드 기종에 따라 달라집니다.
아이패드 프로 12.9인치 경우 '342px'로 설정합니다. 설정이 완료되었으면 (완료) 버튼을 탭합니다.

01 영국 타워 브리지 **313**

04 [변형(↗)]을 탭한 다음 하단 메뉴에서 [균등]과 [왜곡]을 선택하여 그림과 같이 사진을 조절합니다.
가이드를 참고하여 타워 브리지의 중앙이 화면의 2/3 지점에 오도록 조절합니다.

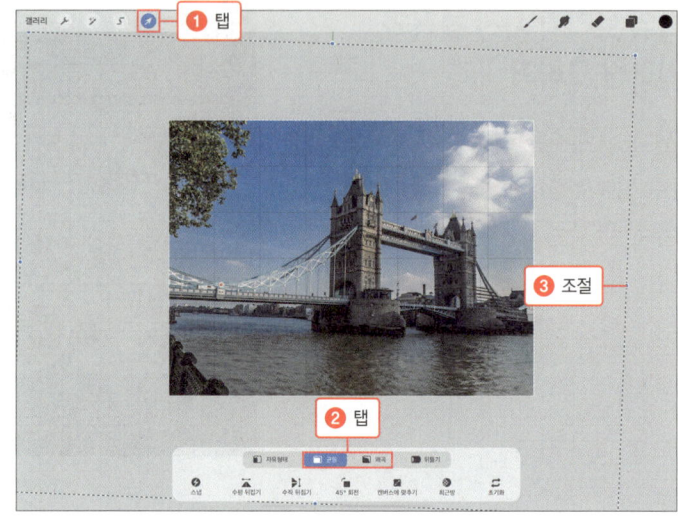

05 밑그림을 그리기 위해 [레이어(▣)]에서 [+] 버튼을 탭하여 새 레이어를 추가합니다.

06 [서예] → [모노라인] 브러시를 사용하여 형태의 큰 외곽선을 그려 줍니다.

07 (레이어(■))에서 밑그림을 그린 '레이어 2'의 (N)을 탭하여 불투명도를 '35%'로 조절합니다.

08 '레이어 2'를 왼쪽으로 드래그한 다음 (복제) 버튼을 탭합니다.

09 (동작(▸)) → (캔버스) → (잘라내기 및 크기변경)을 선택합니다.

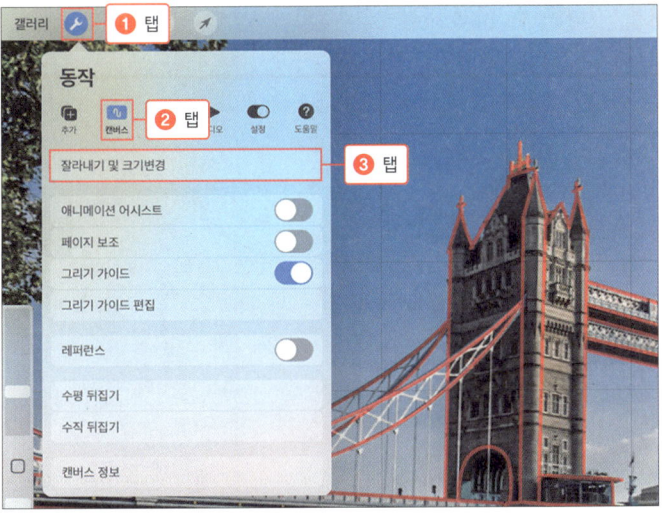

10 | (설정)을 탭한 다음 세로 크기를 원래 크기의 2배로 설정하여 (완료) 버튼을 탭합니다.

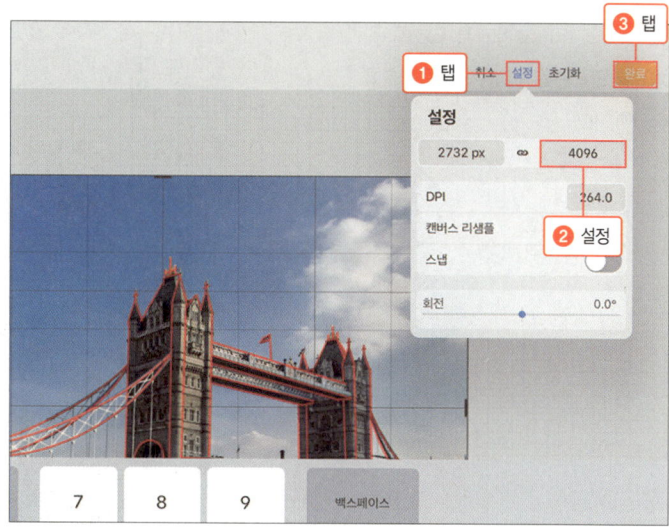

11 | (변형(↗))을 탭한 다음 하단 메뉴에서 (스냅)을 선택합니다. (자석)과 (스냅)을 활성화합니다.

12 | 복제한 밑그림을 아래로 드래그하여 이동합니다. 이때 격자 가이드를 확인하며 사진에 있는 밑그림과 위치를 맞춥니다.

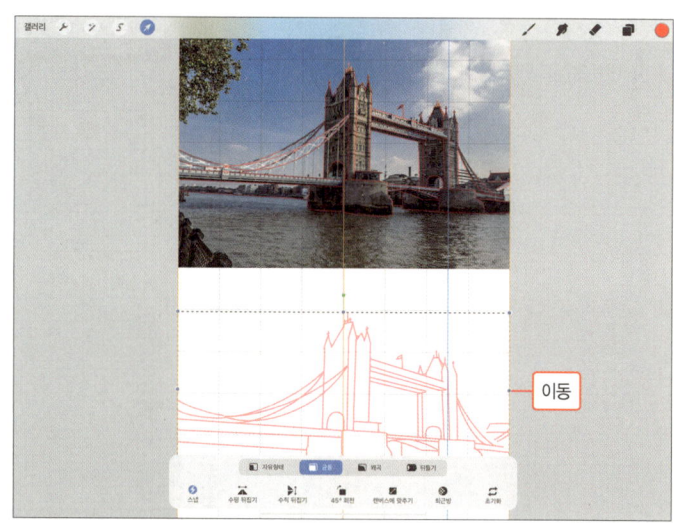

13 | [+] 버튼을 탭하여 '레이어 1' 아래에 새 레이어를 추가합니다.

14 | 사진의 색감을 조절합니다. [조정(▼)] → [색조, 채도, 밝기]를 선택합니다.

15 | 색조, 채도, 밝기를 조절하여 사진의 색감을 변경합니다.

하늘과 강, 타워 브리지 그리기

01 [그리기] → [오베론] 브러시를 선택합니다. [레이어(📑)]에서 '레이어 4'를 탭한 다음 사진을 손가락으로 길게 탭하여 색을 추출합니다.

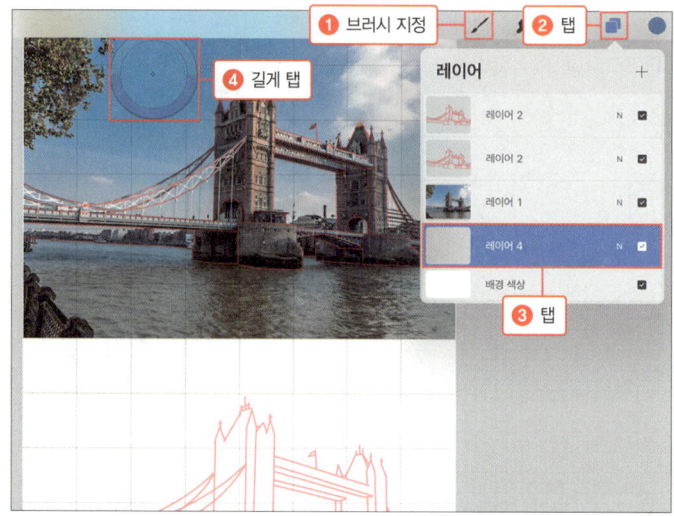

02 추출된 색으로 하늘을 칠합니다. 색을 여러 번 추출하며 덧그립니다.

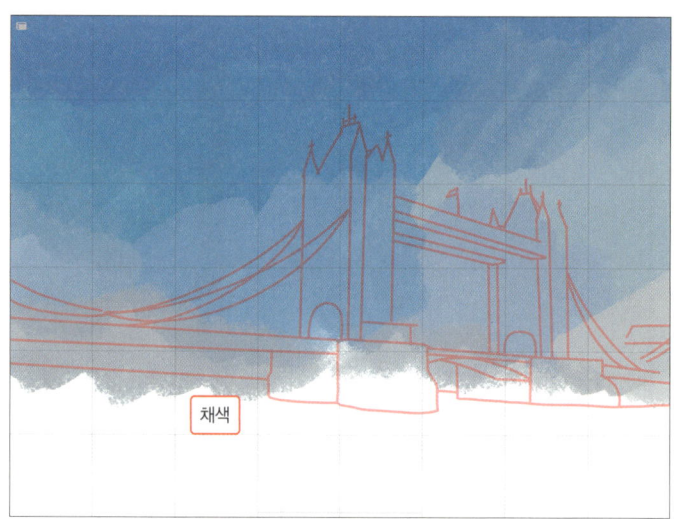

03 [스머지(🖌)]를 탭하여 브러시 라이브러리에서 [서예] → [얼룩] 브러시를 선택합니다. 스머지로 문질러 색의 경계가 부드러워지도록 풀어 줍니다.

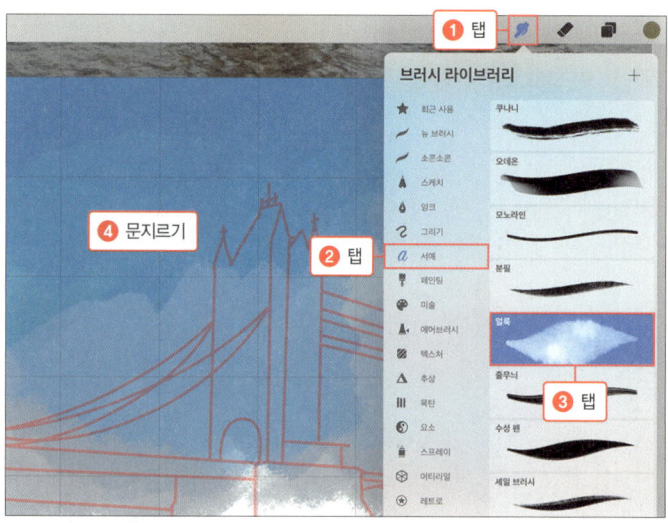

04 (레이어(■))에서 (+) 버튼을 탭하여 하늘을 그린 '레이어 4' 위에 새 레이어를 추가합니다.

05 (그리기) → (오베론) 브러시를 사용하여 강과 멀리 있는 건물들의 밑색을 칠합니다.

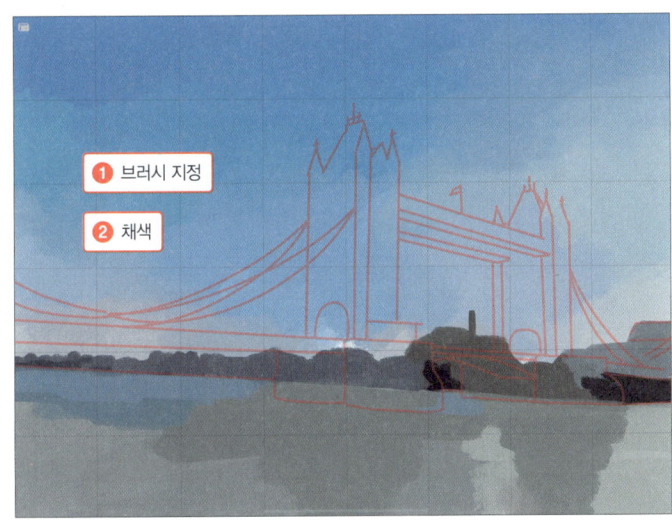

06 (레이어(■))에서 (+) 버튼을 탭하여 강과 건물을 그린 '레이어 5' 위에 새 레이어를 추가합니다.

07 | 구조물의 밑색을 칠합니다. 자세하게 형태를 그리지 않고 덩어리로 나누어 칠해 줍니다.
(레이어(■))에서 (+) 버튼을 탭하여 구조물을 그린 '레이어 6' 위에 새 레이어를 추가합니다.

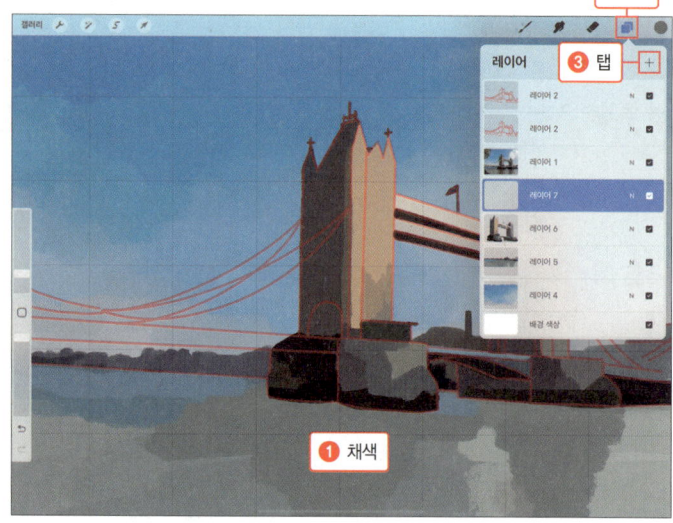

08 | 다리를 그립니다. 여러 선이 겹쳐 있는 부분은 다음 단계에서 정리하면 됩니다. 전체적인 형태를 보고 따라 그립니다.

09 | (레이어(■))에서 (+) 버튼을 탭하여 구조물을 그린 '레이어 6' 위에 새 레이어를 추가합니다.
추가한 '레이어 8'을 탭하여 표시되는 레이어 옵션에서 (클리핑 마스크)를 선택합니다.

10 | 명암을 표현합니다. 구조물을 직육면체 형태로 바라보고 크게 보이는 명암들을 나누어 줍니다.

11 | (레이어(■))에서 (+) 버튼을 탭하여 명암을 표현한 '레이어 8' 위에 새 레이어를 추가합니다.
추가한 '레이어 9'를 탭하여 표시되는 레이어 옵션에서 (클리핑 마스크)를 선택합니다.

12 | '레이어 9'의 (N)을 탭한 다음 혼합 모드를 (곱하기)로 변경합니다.

13 구조물의 창문, 무늬 등 어두운 영역을 그립니다.

Tip 밝은 음영 → 어두운 음영 순서로 그려 줍니다.

14 (레이어(■))에서 (+) 버튼을 탭하여 어두운 영역을 그린 '레이어 9' 위에 새 레이어를 추가합니다.
추가한 '레이어 10'을 탭하여 표시되는 레이어 옵션에서 (클리핑 마스크)를 선택합니다.

15 '레이어 10'의 (N)을 탭한 다음 혼합 모드를 (오버레이)로 변경합니다.

16 빛을 받은 구조물의 밝은 영역을 그립니다.

17 (레이어(■))에서 (+) 버튼을 탭하여 다리를 그린 '레이어 7' 위에 새 레이어를 추가합니다.
추가한 '레이어 11'을 탭하여 표시되는 레이어 옵션에서 (클리핑 마스크)를 선택합니다.

18 그림과 같이 다리의 디테일한 부분을 그립니다.

19 | (레이어(□))에서 (+) 버튼을 탭하여 다리의 디테일한 부분을 그린 '레이어 11' 위에 새 레이어를 추가합니다.
추가한 '레이어 12'를 탭하여 표시되는 레이어 옵션에서 (클리핑 마스크)를 선택합니다.

20 | '레이어 12'의 (N)을 탭한 다음 혼합 모드를 (곱하기)로 변경합니다.

21 | 다리 위의 구조물에 어두운 영역을 표현합니다.

22 (레이어(■))에서 (+) 버튼을 탭하여 강과 건물을 그린 '레이어 5' 위에 새 레이어를 추가합니다.
추가한 '레이어 13'을 탭하여 표시되는 레이어 옵션에서 (클리핑 마스크)를 선택합니다.

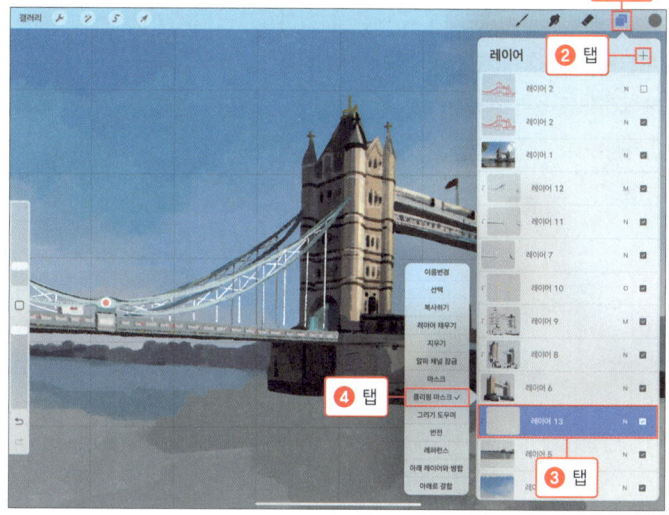

23 '레이어 13'의 (N)을 탭한 다음 혼합 모드를 (곱하기)로 변경합니다.

24 다리 뒤 멀리 있는 건물들의 명암을 표현합니다.

Tip 주요 피사체와 멀리 떨어진 물체는 색의 대비를 줄이고 디테일하지 않게 그려야 원근감이 높아집니다.

25 | (레이어(■))에서 (+) 버튼을 탭하여 건물들의 명암을 표현한 '레이어 13' 위에 새 레이어를 추가합니다.
추가한 '레이어 14'를 탭하여 표시되는 레이어 옵션에서 (클리핑 마스크)를 선택합니다.

26 | '레이어 14'의 (N)을 탭한 다음 혼합 모드를 (어두운 색상)으로 변경합니다.

27 | (브러시(✎))를 탭한 다음 브러시 라이브러리에서 (그리기) → (이볼브) 브러시를 두 번 탭하여 브러시 스튜디오를 표시합니다.

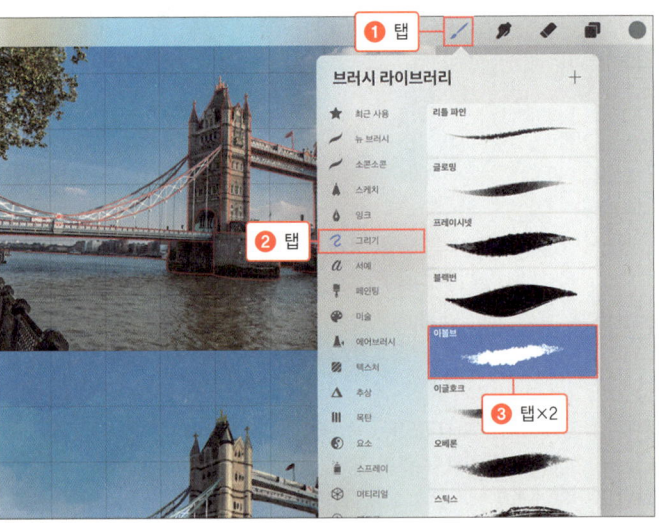

28 〔색상 움직임〕 탭에서 도장 색상 지터의 '색조'를 '없음', '채도'를 '없음', '밝기'를 '10%', '암흑'을 '5%', '보조 색상'을 '없음'으로 조절한 다음 〔완료〕 버튼을 탭합니다.

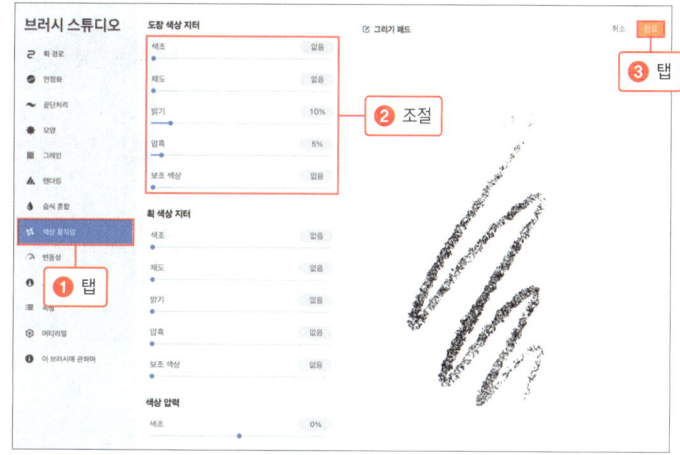

29 지그재그 모양으로 물결을 그립니다. 색을 여러 번 추출하며 덧그려서 강의 물결을 표현합니다.

여러 요소 그리고 캔버스 크기 조절하기

01 〔레이어(■)〕에서 〔+〕 버튼을 탭하여 '레이어 1' 아래에 새 레이어를 추가합니다.

02 (미술) → (오로라) 브러시를 사용하여 빈틈 있게 색을 칠하며 나뭇잎을 표현합니다.

03 (레이어(■))에서 (+) 버튼을 탭하여 나뭇잎을 그린 '레이어 15' 위에 새 레이어를 추가합니다.
추가한 '레이어 16'을 탭하여 표시되는 레이어 옵션에서 (클리핑 마스크)를 선택합니다.

04 (오로라) 브러시를 사용해 나뭇잎에 어두운색으로 두 단계의 명암을 표현한 다음 '주황색'으로 단풍을 표현합니다.

05 〔레이어(■)〕에서 〔+〕 버튼을 탭하여 나뭇잎의 명암을 표현한 '레이어 16' 위에 새 레이어를 추가합니다.

06 왼쪽 하단에 울타리를 그립니다. 〔지우개(■)〕를 사용해 뚫린 부분은 지워 표현합니다.

07 〔+〕 버튼을 탭하여 울타리를 그린 '레이어 17' 위에 새 레이어를 추가합니다. 추가한 '레이어 18'을 탭하여 표시되는 레이어 옵션에서 〔클리핑 마스크〕를 선택합니다.

08 울타리에 밝고 어두운 명암을 추가합니다.

Tip 그림 중앙에 시선이 머물기 위해 캔버스 가장자리에 있는 피사체에 대한 자세한 표현은 생략합니다.

09 (레이어(■))에서 (+) 버튼을 탭하여 하늘을 그린 '레이어 4' 위에 새 레이어를 추가합니다.

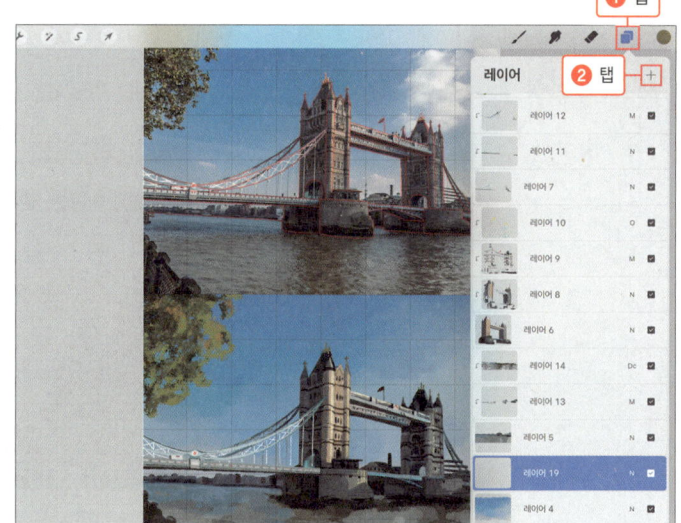

10 (요소) → (구름) 브러시를 사용하여 구름을 그립니다.

Tip 브러시 크기를 크고 작게 조절하며 구름의 크기를 다양하게 표현할 수 있습니다.

11 | (동작(▶)) → (캔버스) → (그리기 가이드)를 비활성화한 다음 (잘라내기 및 크기변경)을 선택합니다.

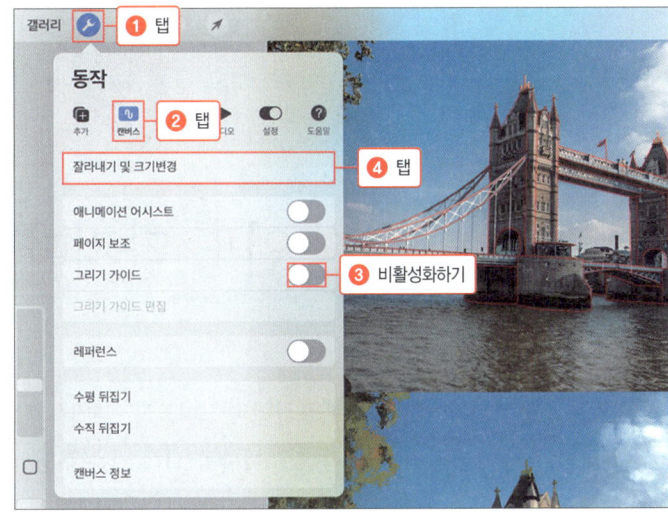

12 | (설정)을 탭한 다음 2배로 조절했던 세로 크기를 원래 크기로 설정하고 (스냅)을 활성화합니다.

13 | 조절점을 아래로 드래그하여 캔버스가 잘리는 영역을 설정합니다. (완료) 버튼을 탭하여 영국 타워 브리지 그림을 마무리합니다.

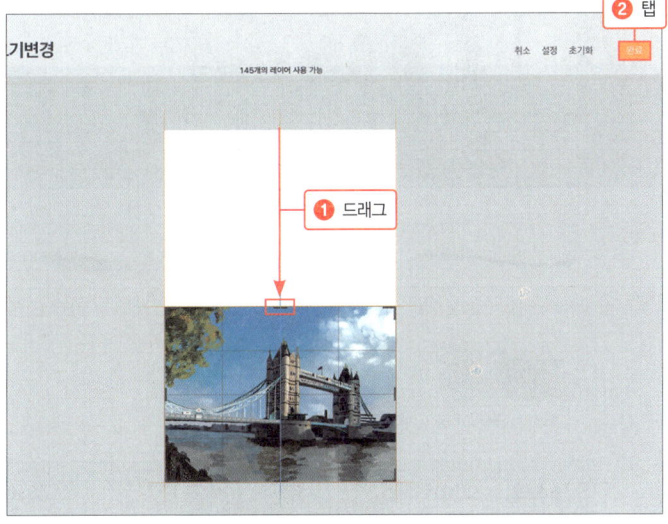

인도 타지마할

타지마할은 인도 아그라에 위치한 대표적인 랜드마크로, 유네스코 세계문화유산이에요. 무굴 제국 황제 샤 자한이 자신의 부인 뭄타즈 마할을 위해 지은 무덤입니다. 페르시아, 터키, 인도, 이슬람의 건축 양식이 고루 조합되어 있으며, 완벽한 대칭의 조형미가 돋보이는 건축물이에요.

● 구글 맵 여행

● 예제 파일 : 05\타지마할.jpg
● 완성 파일 : 05\타지마할_완성.jpg, 타지마할_완성.procreate

Brush

모노라인	오베론	무릴라	6B 연필	오로라
서예 → 모노라인 : 밑그림	그리기 → 오베론 : 밑색, 드로잉	그리기 → 무릴라 : 음영	스케치 → 6B 연필 : 세밀 드로잉	미술 → 오로라 : 나뭇잎

구름

요소 → 구름 : 구름

Color

| 97a4b2 | c2b098 | 826643 | 574029 | a38c8d | 738a9f | 293f48 | 293f48 |

타지마할 사진 불러와 밑그림 그리기

01 │ 갤러리 화면에서 (사진)을 탭한 다음 구글 맵에서 캡처한 인도 타지마할 사진을 탭하여 불러옵니다.

Tip 또는 (가져오기)를 탭하여 05 폴더에서 '타지마할.jpg' 파일을 불러와 예제를 진행할 수도 있습니다.

02 │ (동작(▸)) → (캔버스) → (그리기 가이드)를 활성화한 다음 (그리기 가이드 편집)을 선택합니다.

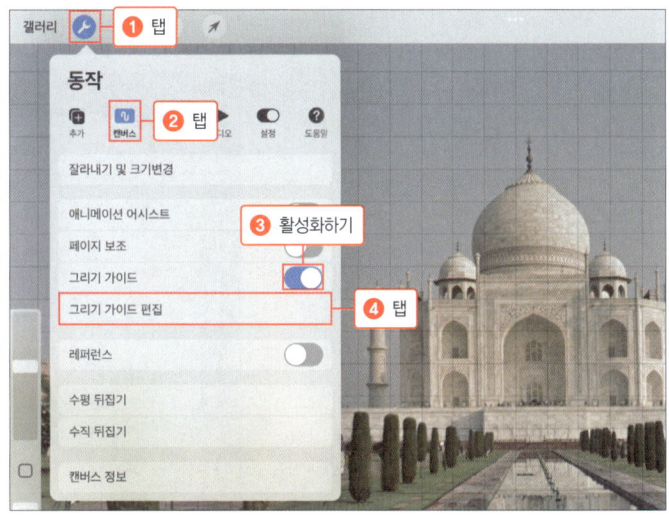

03 │ 사진의 상단과 하단이 격자와 맞닿는 수치로 격자 크기를 조절합니다. 수치는 사진을 캡처한 아이패드 기종에 따라 달라집니다.
아이패드 프로 12.9인치 경우 '342px'로 설정합니다. 설정이 완료되었으면 (완료) 버튼을 탭합니다.

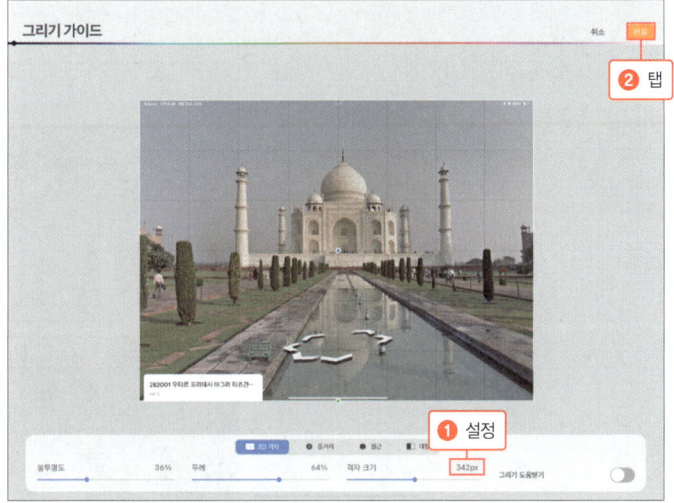

04 | (변형(↗))을 탭한 다음 하단 메뉴에서 (균등)과 (왜곡)을 선택하여 그림과 같이 사진을 조절합니다. 가이드를 참고하여 사진을 수평에 맞게 조절합니다.

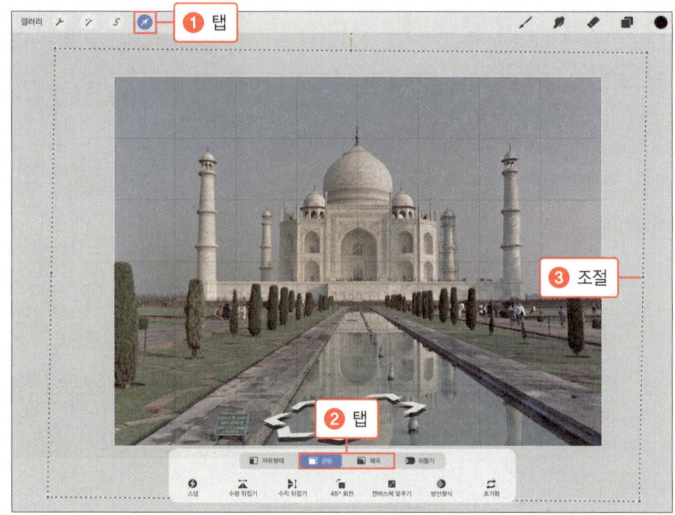

05 | 사진의 색감을 조절합니다. (조정(◈)) → (색조, 채도, 밝기)를 선택합니다.

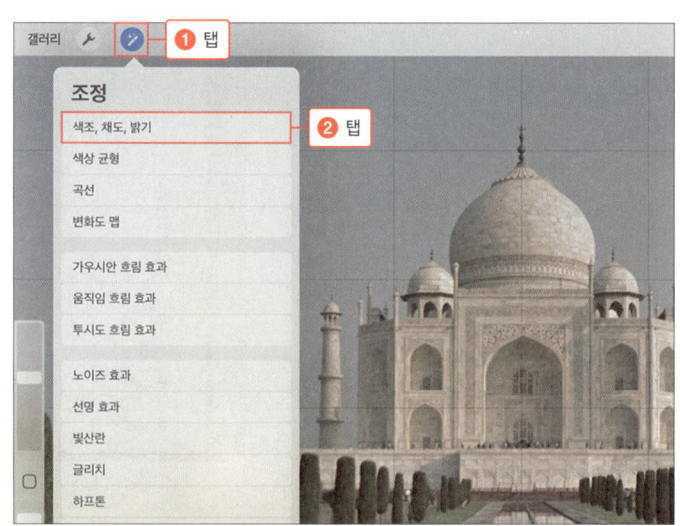

06 | 색조, 채도, 밝기를 조절하여 사진의 색감을 변경합니다.

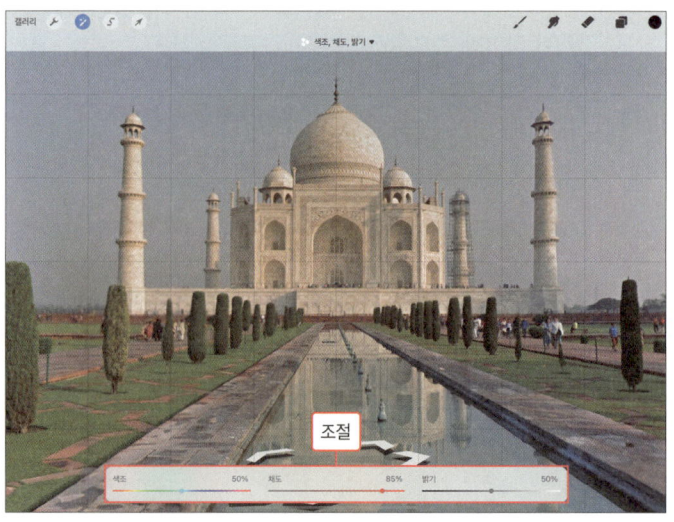

07 밑그림을 그리기 위해 (레이어(■))에서 (+) 버튼을 탭하여 새 레이어를 추가합니다.

08 (동작(⌇)) → (캔버스) → (그리기 가이드 편집)을 선택합니다.

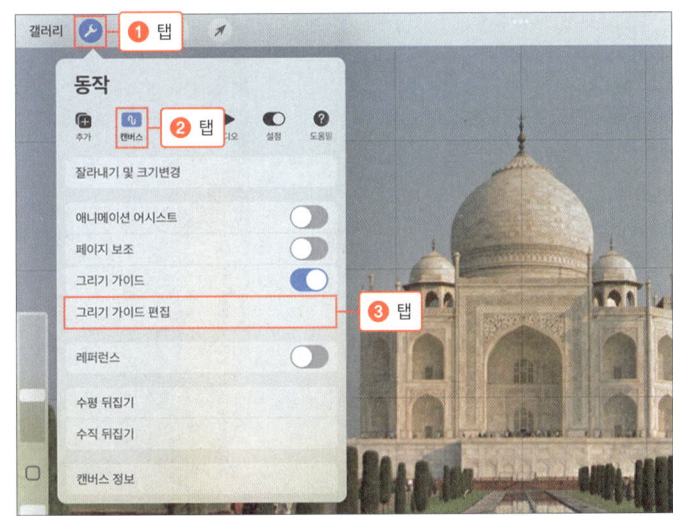

09 하단 메뉴에서 (대칭)을 선택하여 가이드의 종류를 변경합니다.
(옵션) 버튼을 탭한 다음 (수직)을 선택합니다.
(그리기 도움받기)를 활성화하고 (완료) 버튼을 탭합니다.

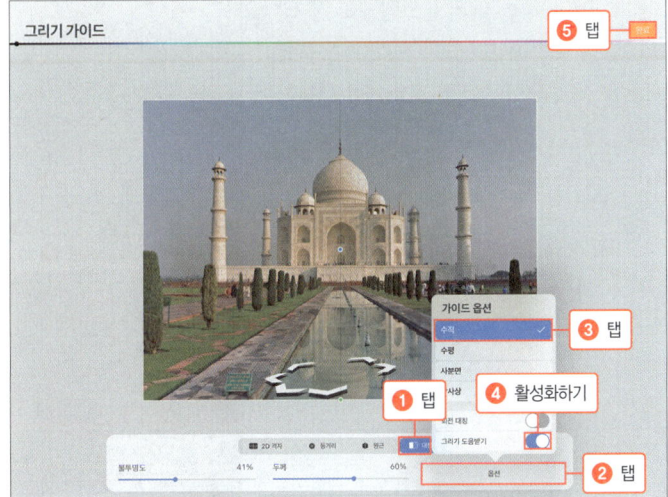

10 [레이어(□)]에서 '레이어 2'를 탭하여 표시되는 레이어 옵션에서 '그리기 도우미'가 체크 표시되어 있는지 확인합니다.

11 [서예] → [모노라인] 브러시를 사용하여 그림과 같이 형태의 큰 외곽선을 그려줍니다.
가이드를 중심으로 한쪽에 그림을 그리면 반대쪽에 자동으로 대칭된 그림이 그려집니다. 사진에서 대칭된 부분만 밑그림을 그립니다.

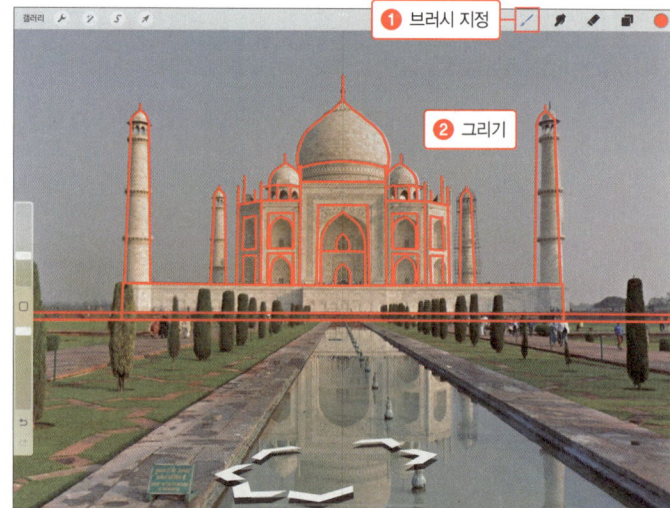

12 [레이어(□)]에서 밑그림을 그린 '레이어 2'를 탭하여 표시되는 레이어 옵션에서 [그리기 도우미]를 선택하여 체크 해제합니다.

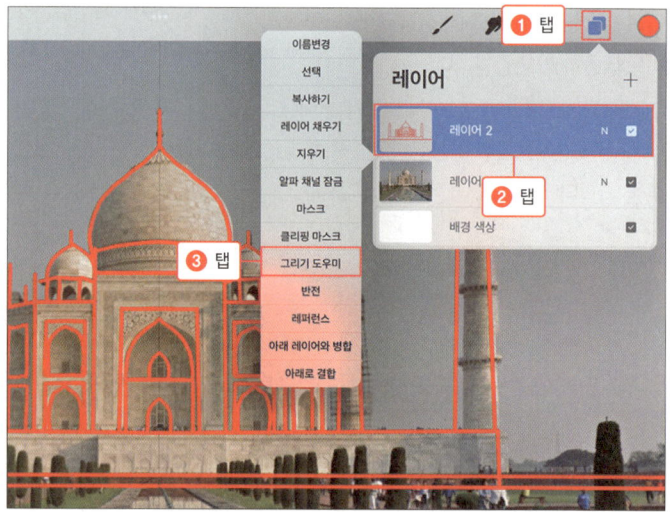

13 대칭이 아닌 나머지 부분도 밑그림을 그립니다.

14 (동작( )) → (캔버스) → (그리기 가이드 편집)을 선택합니다.

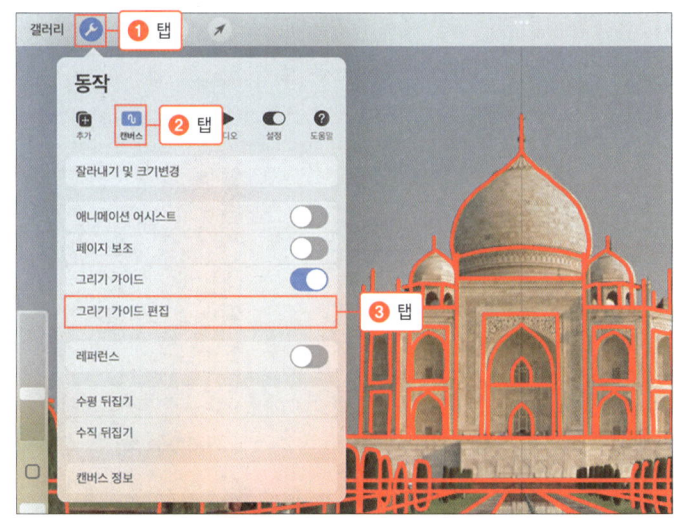

15 하단 메뉴에서 (2D 격자)를 선택하고 (그리기 도움받기)를 비활성화한 다음 (완료) 버튼을 탭합니다.

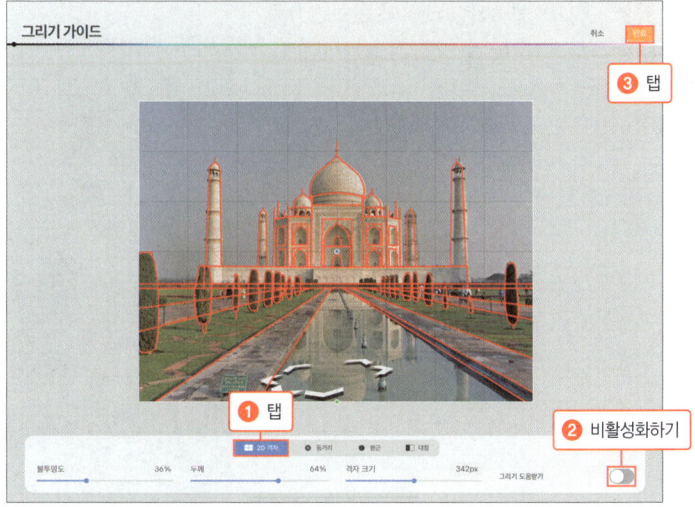

16 | (동작(🔧)) → (캔버스) → (잘라내기 및 크기변경)을 선택합니다.

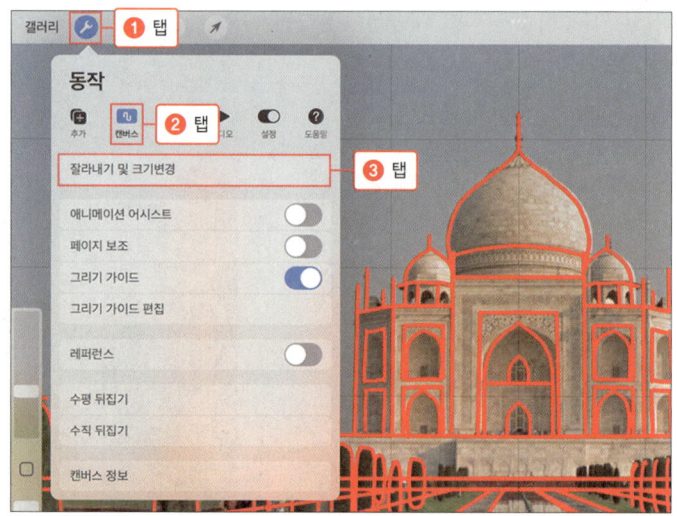

17 | (설정)을 탭한 다음 세로 크기를 원래 크기의 2배로 설정하여 (완료) 버튼을 탭합니다.

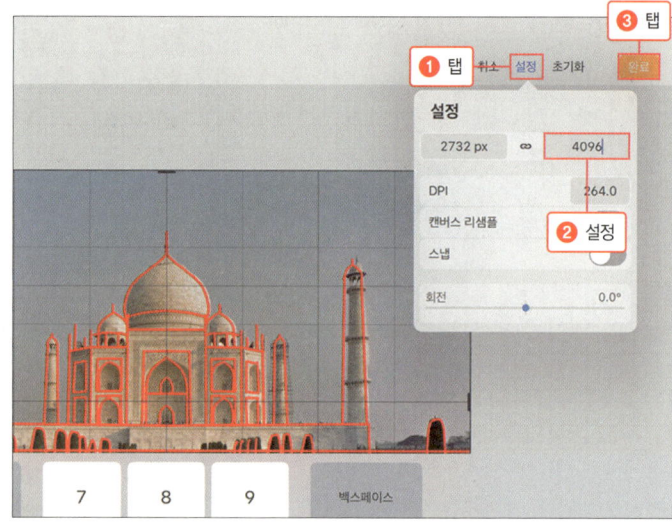

18 | 밑그림을 그린 '레이어 2'의 (N)을 탭한 다음 불투명도를 '30%'로 조절합니다.

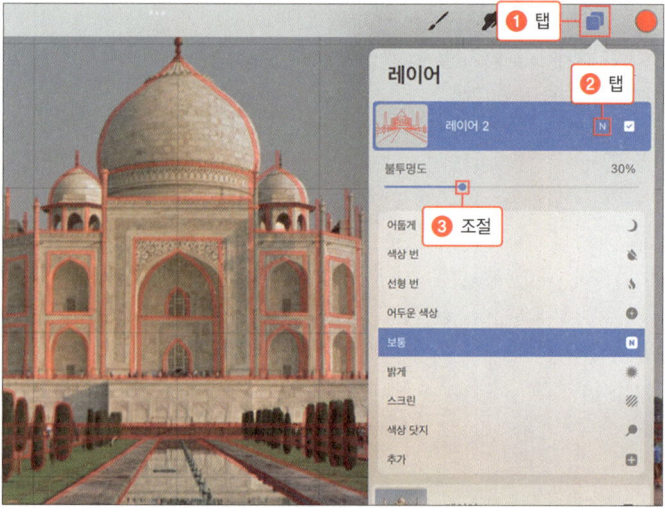

19 | '레이어 2'를 왼쪽으로 드래그한 다음 (복제) 버튼을 탭합니다.

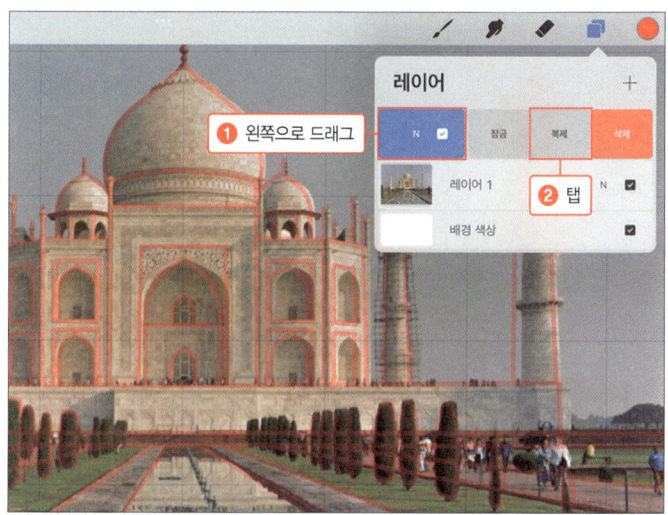

20 | 복제된 레이어가 선택된 상태에서 (변형( ))을 탭합니다. 하단 메뉴에서 (스냅)을 선택한 다음 (자석)과 (스냅)을 활성화합니다.

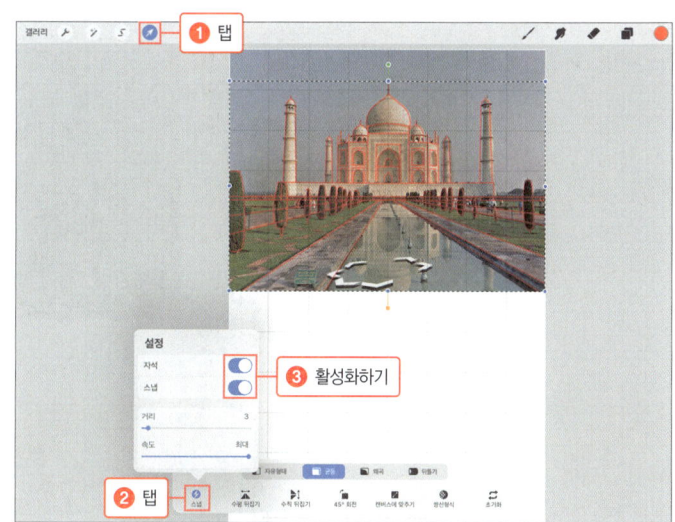

21 | 복제한 밑그림을 드래그하여 아래로 이동합니다. 이때 격자 가이드를 확인하며 사진에 있는 밑그림과 위치를 맞춥니다.

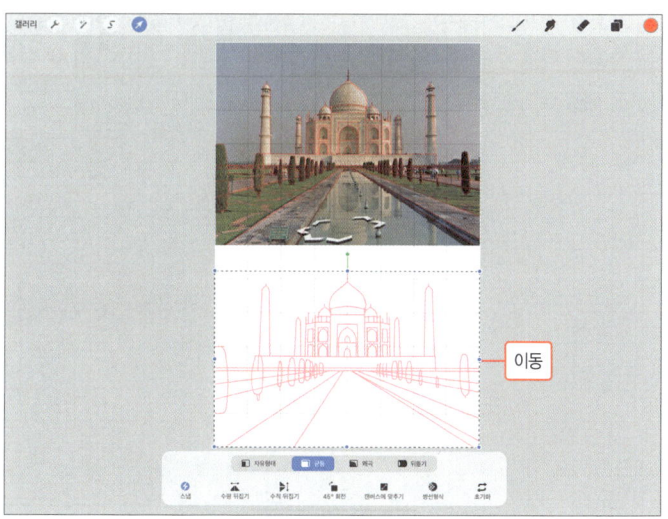

하늘과 땅, 타지마할 그리기

01 ㅣ (레이어(■))에서 (+) 버튼을 탭하여 '레이어 1' 아래에 새 레이어를 추가합니다.

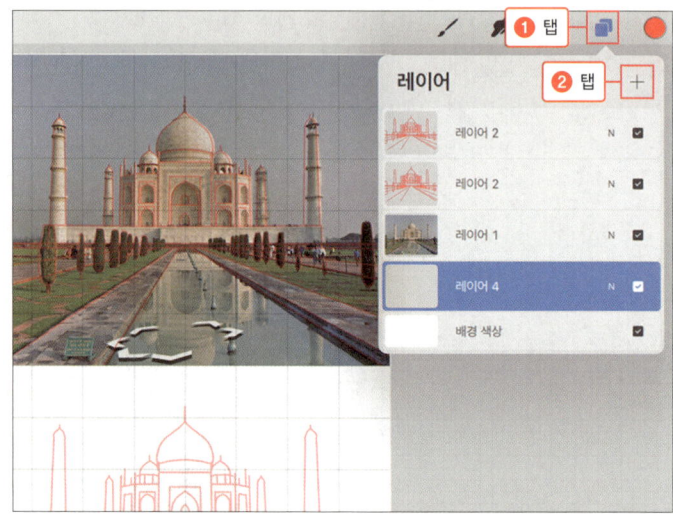

02 ㅣ (브러시(✏))를 탭하여 브러시 라이브러리에서 (그리기) → (오베론) 브러시를 선택합니다.

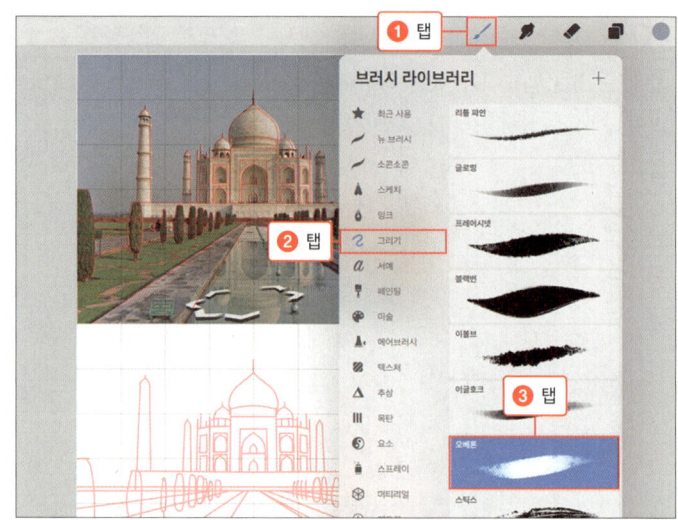

03 ㅣ 사진을 손가락으로 길게 탭하여 색을 추출한 다음 추출된 색으로 하늘을 칠합니다. 색을 여러 번 추출하며 덧그립니다.

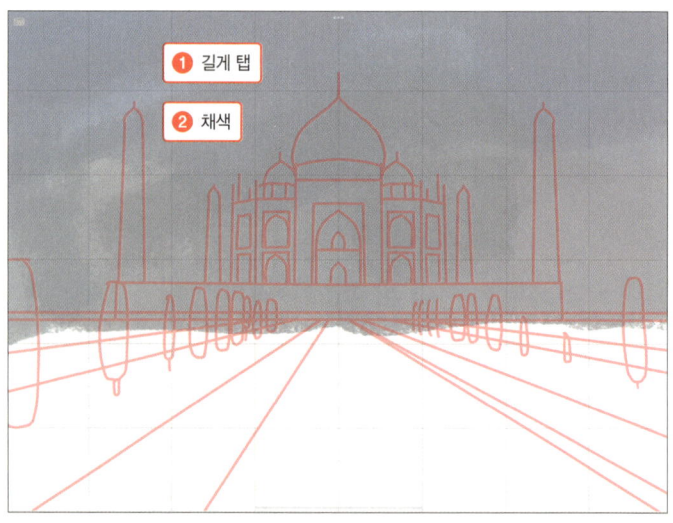

04 〔레이어(▣)〕에서 〔+〕 버튼을 탭하여 하늘을 그린 '레이어 4' 위에 새 레이어를 추가합니다.

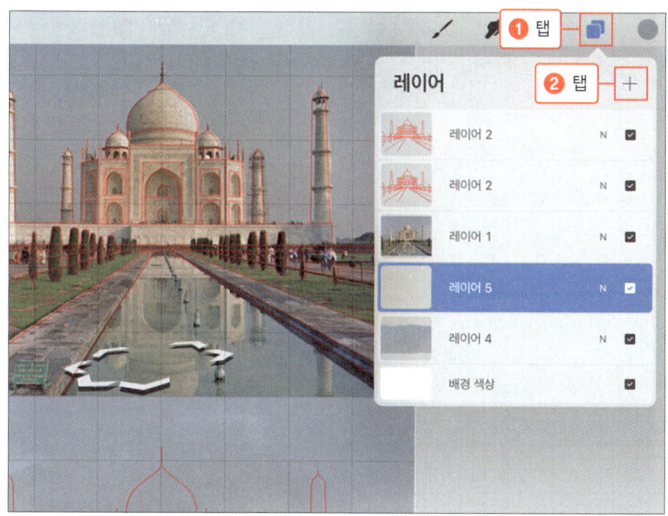

05 추가된 '레이어 5'에 땅을 칠합니다. 길과 물길 부분도 모두 칠합니다.

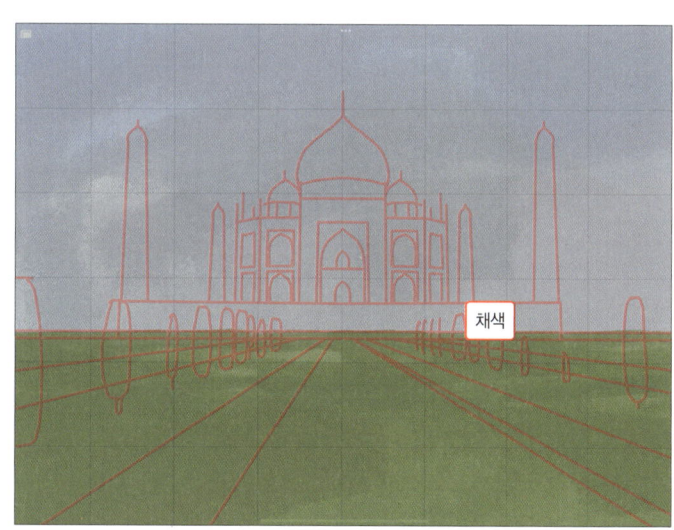

06 〔레이어(▣)〕에서 〔+〕 버튼을 탭하여 하늘과 땅을 그린 '레이어 4'와 '레이어 5' 사이에 새 레이어를 추가합니다.

07 (동작( )) → (캔버스) → (그리기 가이드 편집)을 선택합니다.

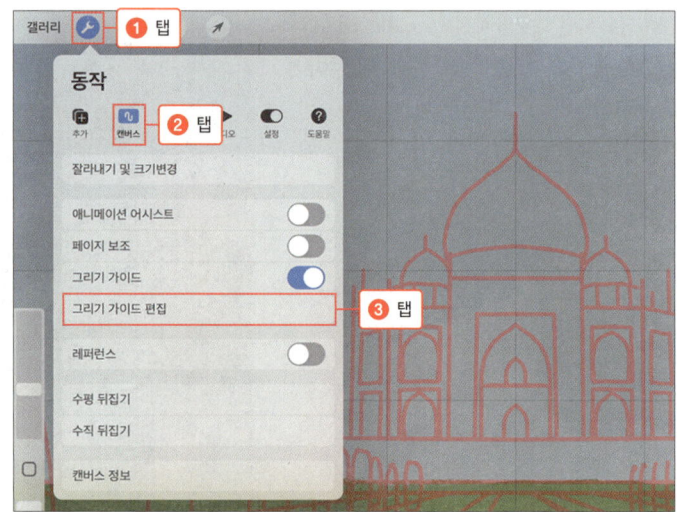

08 하단 메뉴에서 (대칭)을 선택한 다음 (완료) 버튼을 탭합니다.

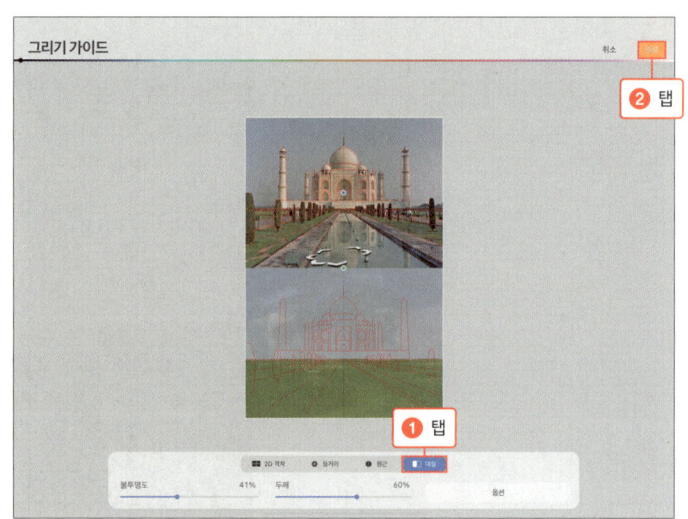

09 가이드를 기준으로 한쪽에 건축물의 밑색을 칠합니다. 반대쪽도 동시에 색이 칠해집니다.

Tip 밑색의 가장자리가 깔끔해지도록 정리하며 칠합니다.

10 〔레이어(■)〕에서 〔+〕 버튼을 탭하여 건축물의 밑색을 칠한 '레이어 6' 위에 새 레이어를 추가합니다.
추가한 '레이어 7'을 탭하여 표시되는 레이어 옵션에서 〔클리핑 마스크〕를 선택합니다.

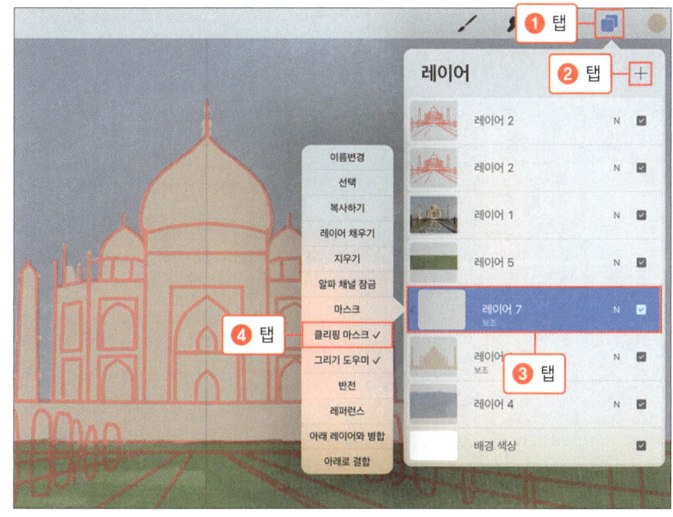

11 건축물 하단에 있는 외벽을 건축물보다 밝은색으로 칠해 건축물과 외벽을 구분합니다.

12 〔레이어(■)〕에서 〔+〕 버튼을 탭하여 외벽과 건축물의 밑색을 칠한 '레이어 6'과 '레이어 7' 사이에 새 레이어를 추가합니다.
추가한 '레이어 8'을 탭하여 표시되는 레이어 옵션에서 〔클리핑 마스크〕를 선택합니다.

13 | 자세한 형태는 생략하고 건축물의 덩어리를 나눈다 생각하며 뒤에 있는 건축물에 살짝 어두운 음영을 추가합니다.

14 | (레이어(■))에서 (+) 버튼을 탭하여 음영을 추가한 '레이어 8' 위에 새 레이어를 추가합니다.
추가한 '레이어 9'를 탭하여 표시되는 레이어 옵션에서 (클리핑 마스크)를 선택합니다.

15 | 손가락으로 화면을 길게 탭하여 색을 추출하면서 건축물의 장식, 문 등 큼직한 요소를 그립니다.

Tip 섬세한 형태를 그릴 때는 밑그림을 그린 '레이어 2'를 체크 해제하여 안 보이게 한 다음 그려 줍니다.

16 (브러시(✏️))를 탭하여 브러시 라이브러리에서 (스케치) → (6B 연필) 브러시를 선택합니다.

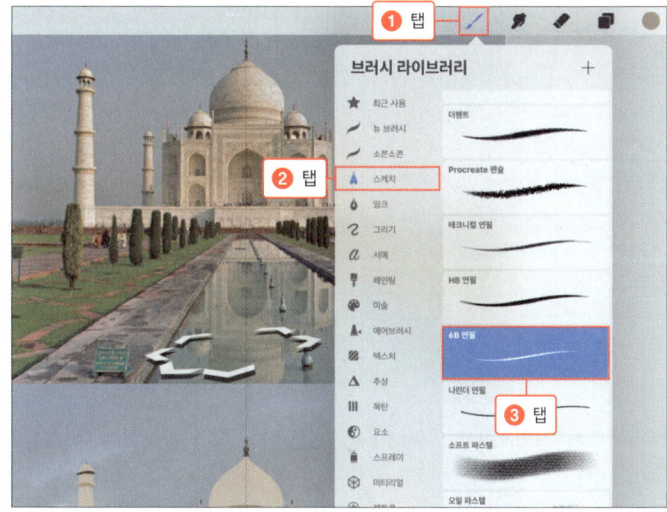

17 좀 더 세밀한 요소들을 그립니다. 사진에 보이는 것은 보이는 대로, 잘 보이지 않는 것은 상상하며 밀도를 채워 줍니다. 형태는 정확하게 그리지 않아도 괜찮습니다.

18 (레이어(📄))에서 (+) 버튼을 탭하여 외벽을 그린 '레이어 7' 위에 새 레이어를 추가합니다.
추가한 '레이어 10'을 탭하여 표시되는 레이어 옵션에서 (클리핑 마스크)를 선택합니다.

02 인도 타지마할 **345**

19 외벽에 벽돌이 쌓인 모습을 그립니다.

20 (레이어(■))에서 (+) 버튼을 탭하여 벽돌을 그린 '레이어 10' 위에 새 레이어를 추가합니다.
추가한 '레이어 11'을 탭하여 표시되는 레이어 옵션에서 (클리핑 마스크)를 선택합니다.

21 '레이어 11'의 (N)을 탭하여 불투명도를 '60%'로 조절한 다음 혼합 모드를 (곱하기)로 변경합니다.

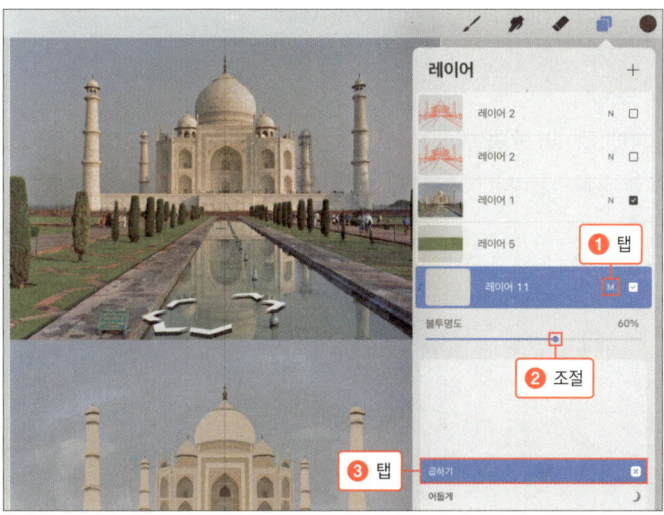

22 [브러시(✏️)]를 탭하여 브러시 라이브러리에서 [그리기] → [무릴라] 브러시를 선택합니다.

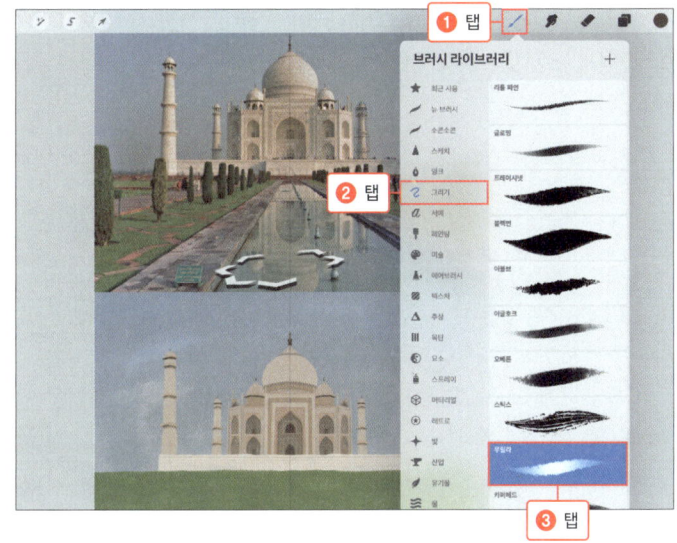

23 '어두운 갈색'으로 전체적인 어두운 음영을 추가합니다.

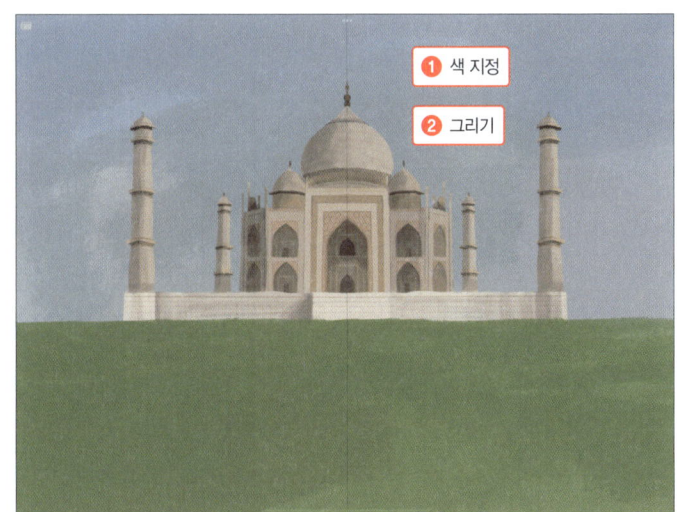

24 [레이어(▣)]에서 건축물의 밑색을 칠한 '레이어 6'을 탭합니다.

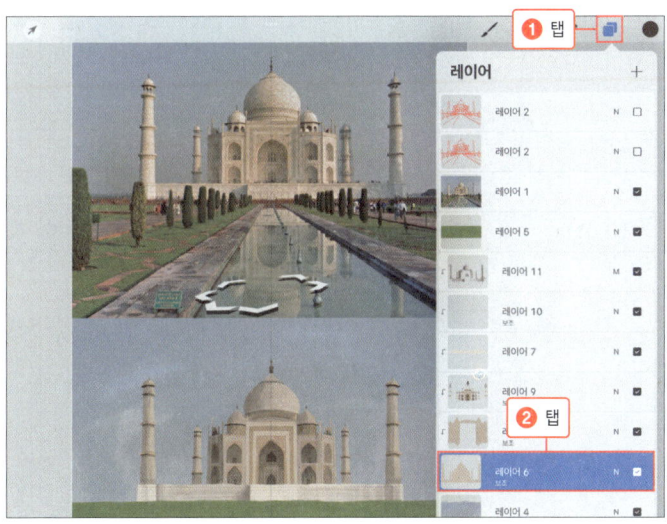

25 | (지우개( ))를 탭하여 브러시 라이브러리에서 (스케치) → (6B 연필) 브러시를 선택합니다.

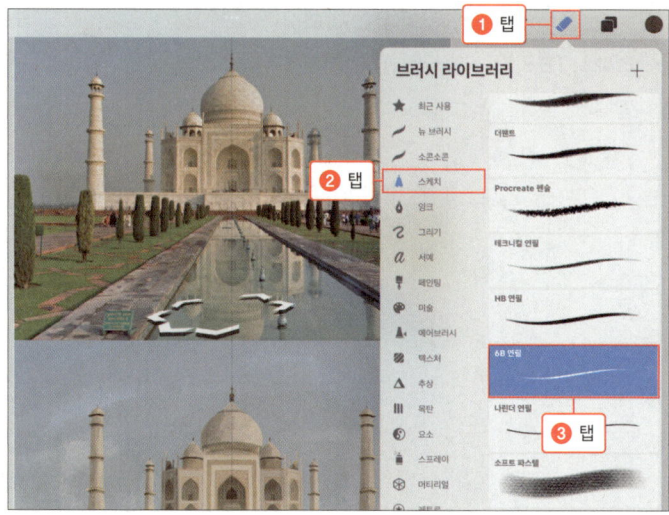

26 | 지우개로 그림과 같이 건축물을 지워 창문을 뚫습니다.

27 | 창문 주변 어두운 음영을 추가합니다.

28 [레이어(□)]에서 [+] 버튼을 탭하여 음영을 표현한 '레이어 11' 위에 새 레이어를 추가합니다.
추가한 '레이어 12'를 탭하여 표시되는 레이어 옵션에서 [클리핑 마스크]를 선택합니다.

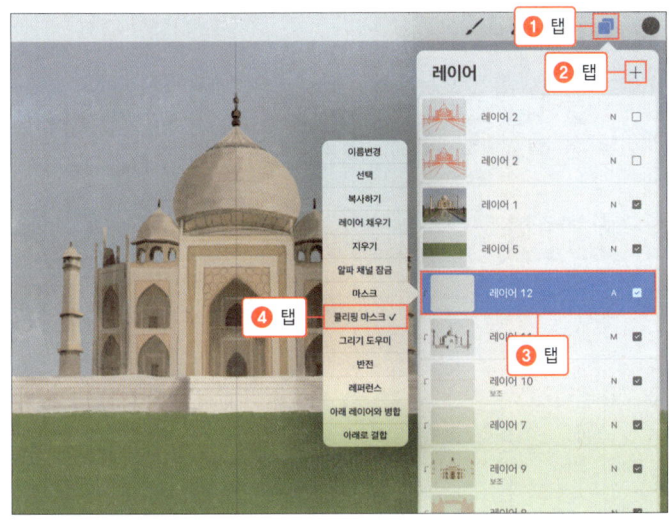

29 '레이어 12'의 [N]을 탭하여 불투명도를 '20%'로 조절한 다음 혼합 모드를 [추가]로 변경합니다.

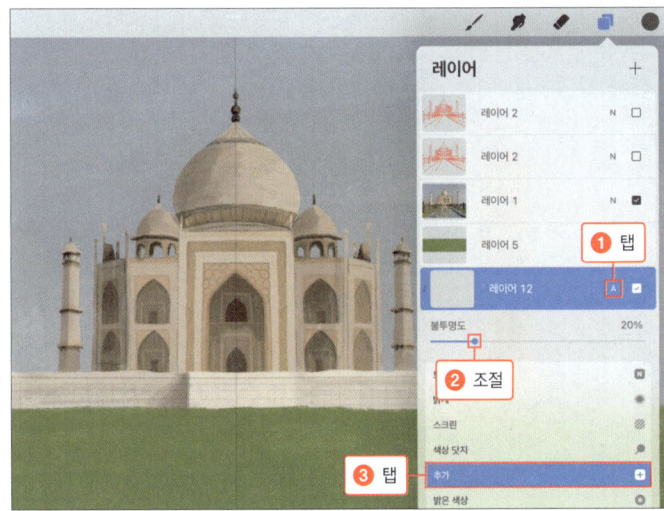

30 밝은색으로 햇빛을 받은 부분을 표현합니다.

물길과 길 그리기

01 (동작(▸)) → (캔버스) → (그리기 가이드 편집)을 선택합니다.

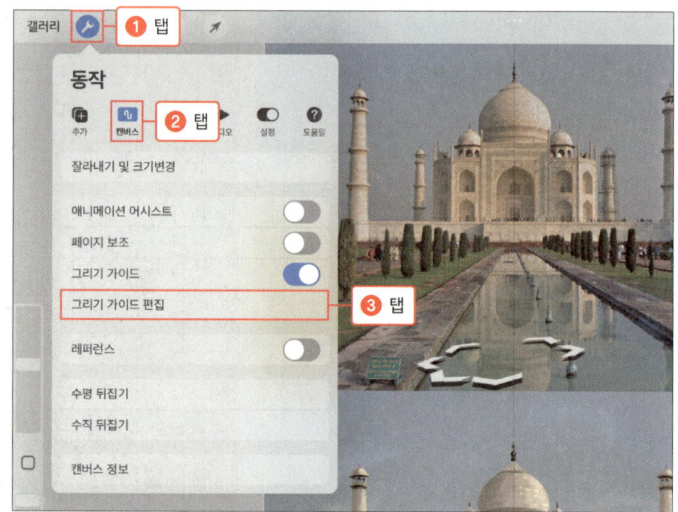

02 하단 메뉴에서 (2D 격자)를 선택한 다음 (완료) 버튼을 탭합니다.

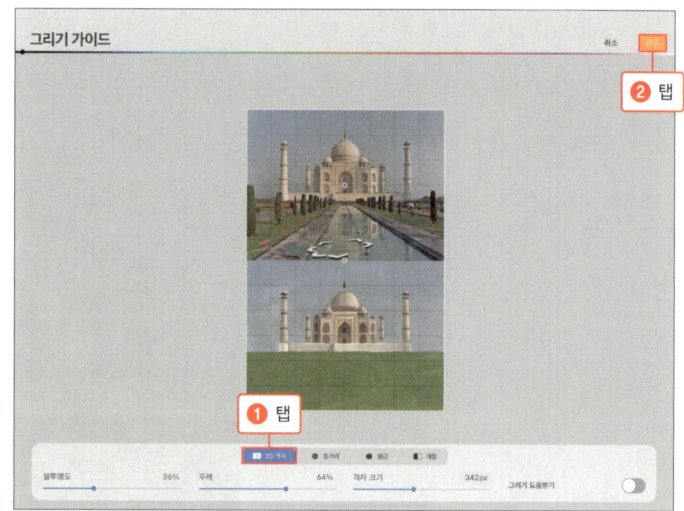

03 (레이어(▣))에서 (+) 버튼을 탭하여 땅을 그린 '레이어 5' 위에 새 레이어를 추가합니다.
추가한 '레이어 13'을 탭하여 표시되는 레이어 옵션에서 (클리핑 마스크)를 선택합니다.

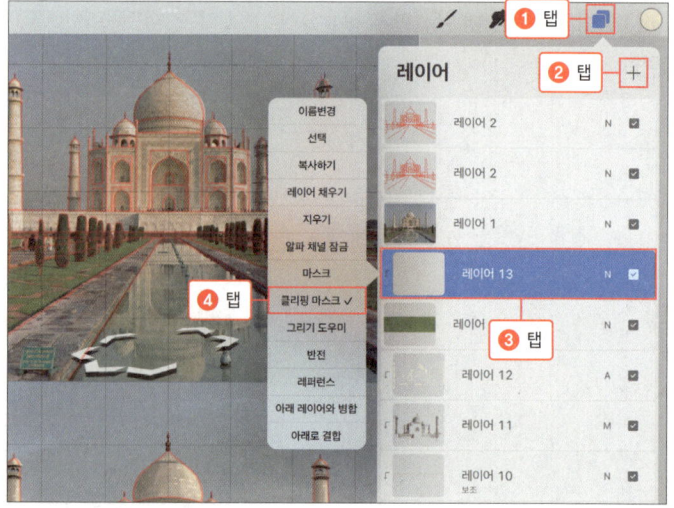

04 (브러시(❚))를 탭하여 브러시 라이브러리에서 (그리기) → (오베론) 브러시를 선택합니다.

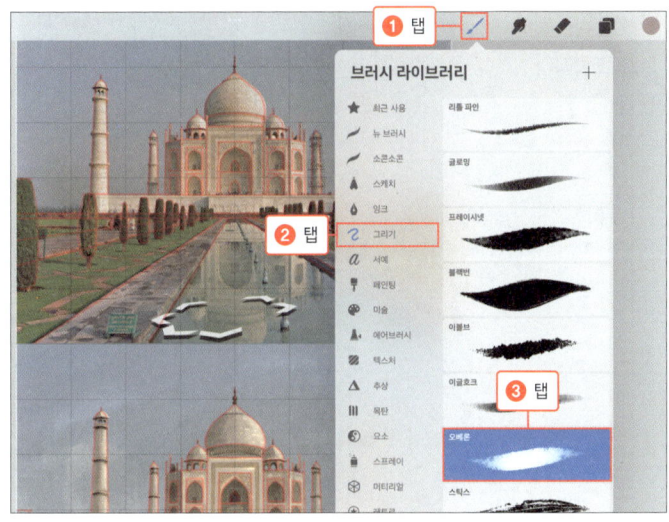

05 밑그림을 참고하여 물길을 그립니다.

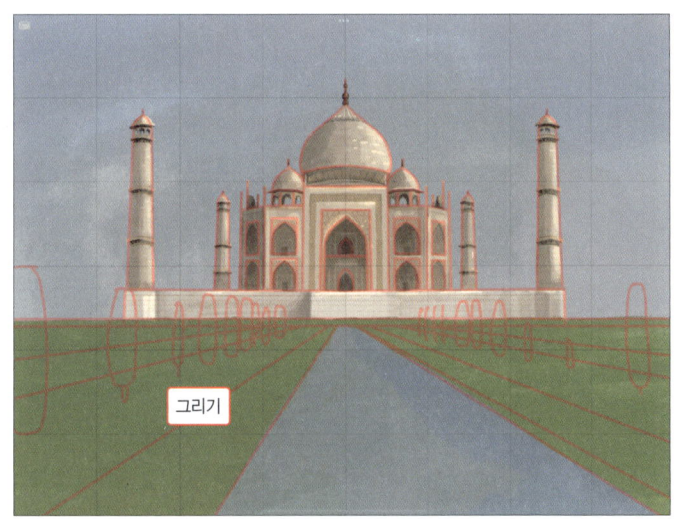

06 (레이어(▣))에서 (+) 버튼을 탭하여 물길을 그린 '레이어 13' 위에 새 레이어를 추가합니다.
추가한 '레이어 14'를 탭하여 표시되는 레이어 옵션에서 (클리핑 마스크)를 선택합니다.

07 | 밑그림을 참고하여 물길 양옆으로 길을 그립니다.

08 | 〔레이어(▣)〕에서 〔+〕 버튼을 탭하여 물길과 길을 그린 '레이어 13'과 '레이어 14' 사이에 새 레이어를 추가합니다.

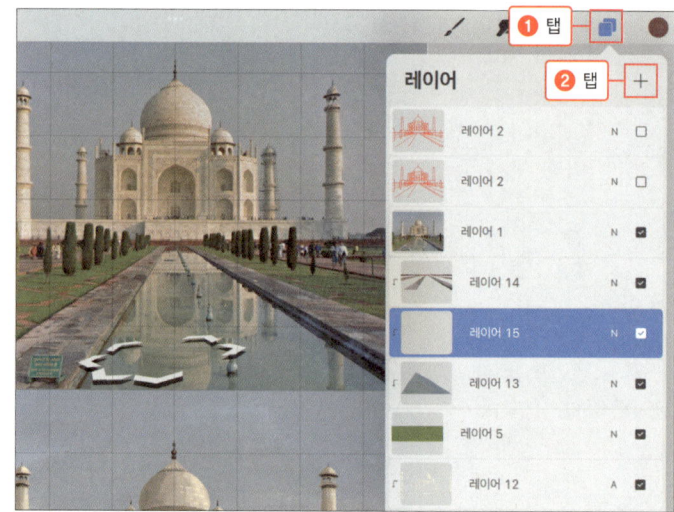

09 | 길에 갈라진 땅을 그려 표현합니다.

10 (레이어(▣))에서 그림과 같이 건축물에 해당하는 모든 레이어를 오른쪽으로 드래그하여 다중 선택합니다.
오른쪽 상단에 (그룹)을 탭하여 하나의 그룹으로 지정합니다.

11 '새로운 그룹'을 왼쪽으로 드래그한 다음 (복제) 버튼을 탭합니다.

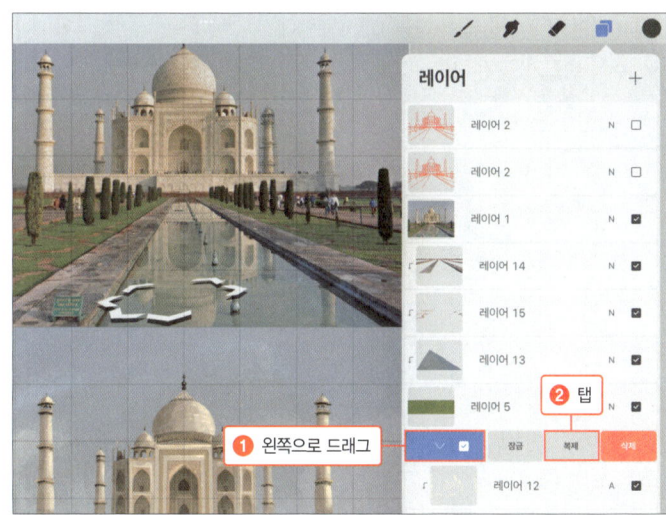

12 복제된 '새로운 그룹'을 탭하여 표시되는 그룹 레이어 옵션에서 (병합)을 선택합니다.

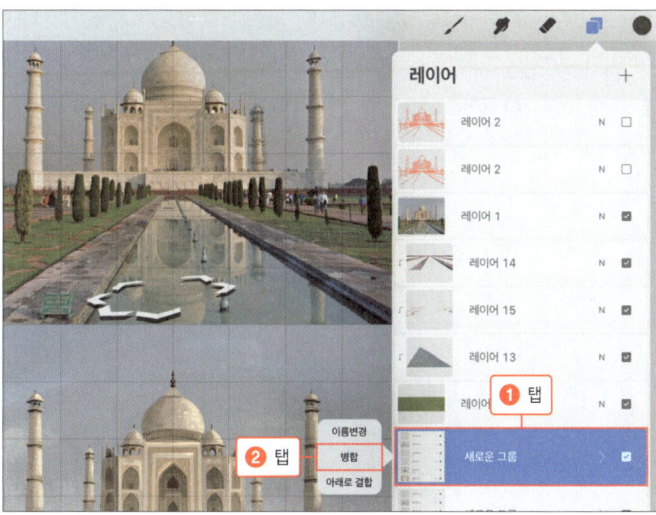

13 병합된 '레이어 6'을 드래그하여 물길을 그린 '레이어 13' 위로 이동합니다.

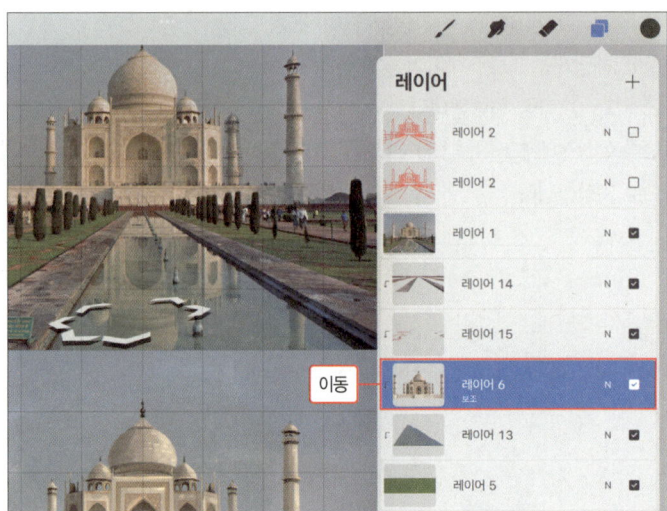

14 (변형())을 탭한 다음 하단 메뉴에서 (수직 뒤집기)를 선택합니다.

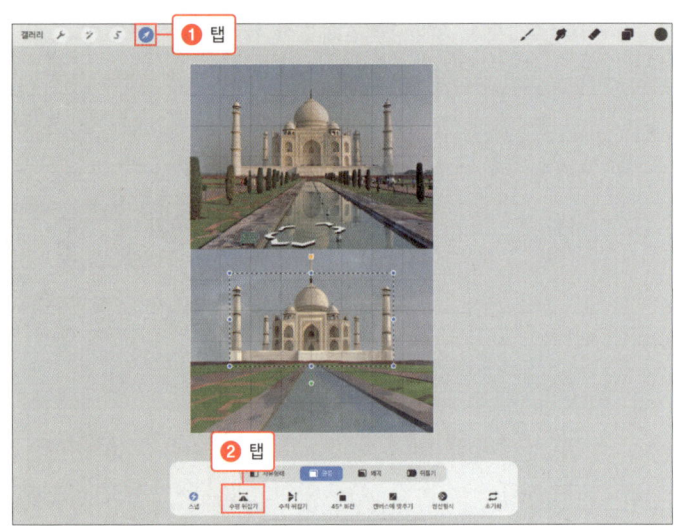

15 물길에 위치하도록 아래로 드래그하여 위치를 조절합니다. 물에 건축물이 비친 듯한 모습이 표현되었습니다.

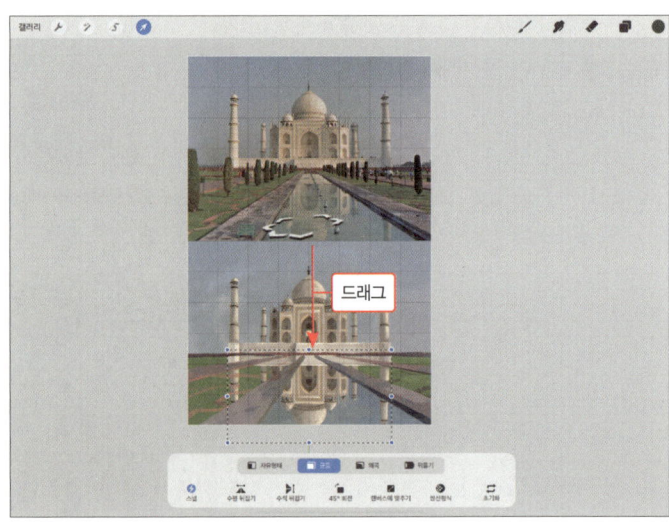

Tip (스냅)과 (자석)을 활성화하여 수직으로 이동합니다.

16 │ (레이어(🗂))에서 물에 비친 건축물을 표현한 '레이어 6'의 (N)을 탭한 다음 혼합 모드를 (소프트 라이트)로 변경합니다.

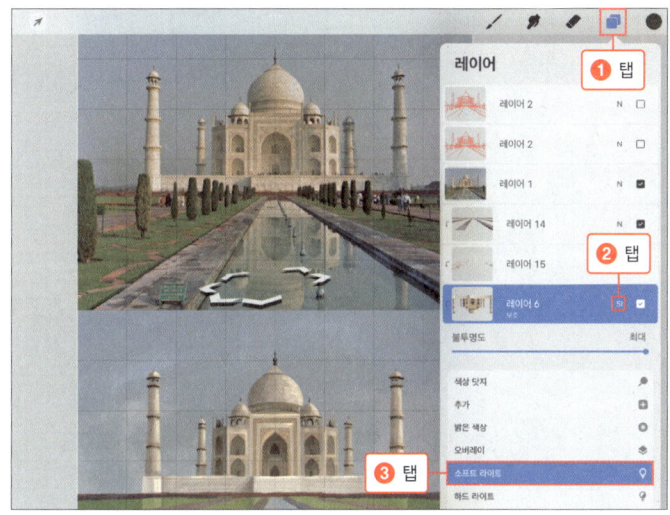

17 │ (지우개(🖊))를 사용해 물길에만 건축물이 비치도록 땅 부분에 보이는 건축물을 지웁니다.

나무와 구름 그리고 캔버스 크기 조절하기

01 │ (레이어(🗂))에서 (+) 버튼을 탭하여 '레이어 1' 아래에 새 레이어를 추가합니다.

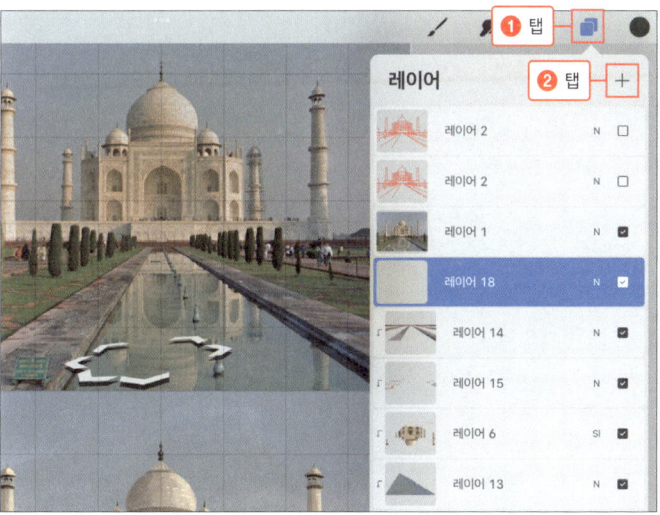

02 밑그림을 참고하여 중앙으로 갈수록 작아지게 나무를 그려 줍니다.

03 (레이어(■))에서 (+) 버튼을 탭하여 나무를 그린 '레이어 18' 위에 새 레이어를 추가합니다.
추가한 '레이어 19'를 탭하여 표시되는 레이어 옵션에서 (클리핑 마스크)를 선택합니다.

04 (브러시(╱))를 탭하여 브러시 라이브러리에서 (미술) → (오로라) 브러시를 선택합니다.

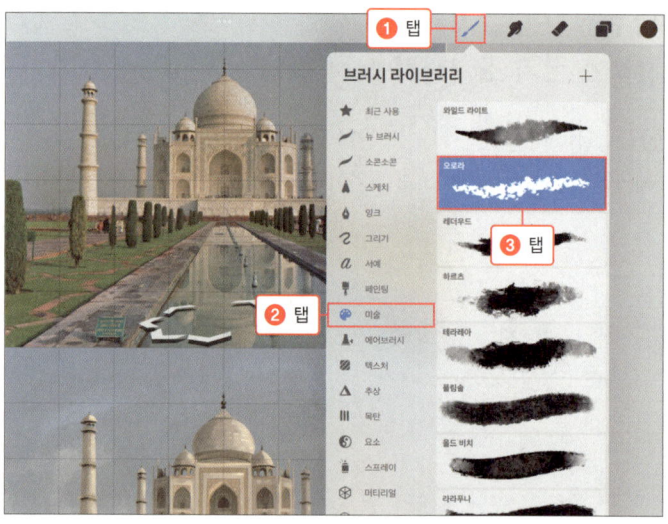

05 나무에 듬성듬성 나뭇잎들을 표현합니다.

06 (브러시( ))를 탭하여 브러시 라이브러리에서 (스케치) → (6B 연필) 브러시를 선택합니다.

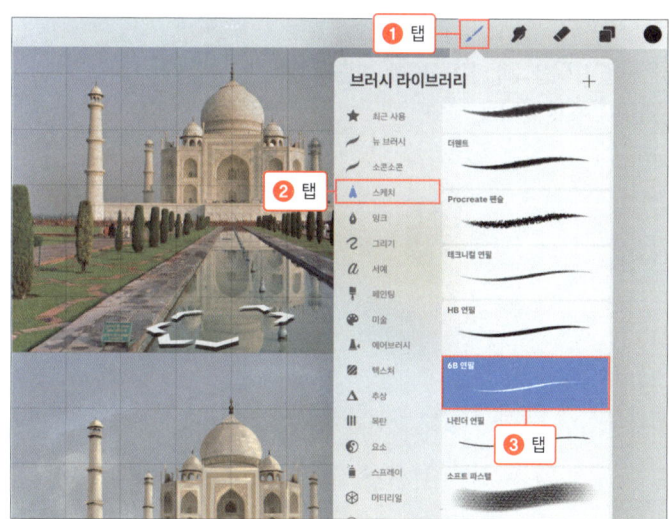

07 (레이어( ))에서 (+) 버튼을 탭하여 나무를 그린 '레이어 18' 아래에 새 레이어를 추가합니다.
추가한 '레이어 20'을 탭하여 표시되는 레이어 옵션에서 (클리핑 마스크)를 선택합니다.

08 | '레이어 20'의 (N)을 탭하여 불투명도를 '70%'로 조절한 다음 혼합 모드를 (어둡게)로 변경합니다.

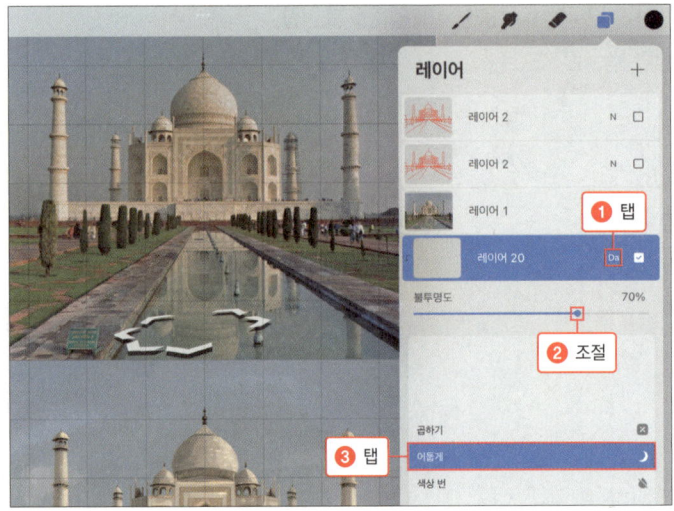

09 | 어두운색으로 나무 그림자, 길 그림자 등을 표현합니다. 전체적으로 그림을 깔끔하게 다듬어 줍니다.

10 | (레이어(■))에서 (+) 버튼을 탭하여 '레이어 1' 아래에 새 레이어를 추가합니다.
추가한 '레이어 21'의 (N)을 탭하여 불투명도를 '15%'로 조절한 다음 혼합 모드를 (추가)로 변경합니다.

11 | '밝은 노란색'으로 물길과 길 부분에 빛을 표현합니다.

12 | (레이어(■))에서 (+) 버튼을 탭하여 하늘을 그린 '레이어 4' 위에 새 레이어를 추가합니다.

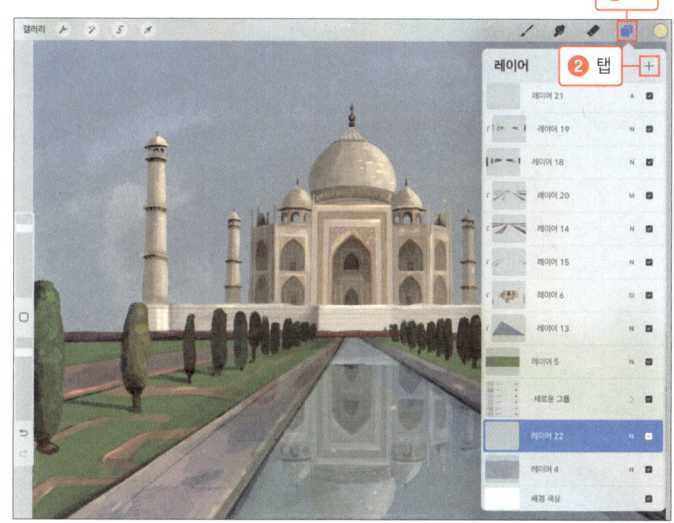

13 | (브러시(✎))를 탭하여 브러시 라이브러리에서 (요소) → (구름) 브러시를 선택합니다.

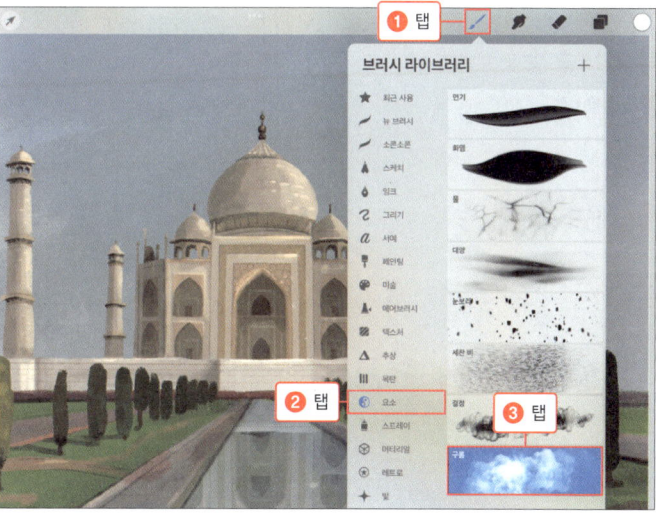

02 인도 타지마할

14 │ '흰색'으로 하늘 부분을 콕콕 찍어 구름을 표현합니다.

15 │ (동작(🔧)) → (캔버스) → (그리기 가이드)를 비활성화한 다음 (잘라내기 및 크기변경)을 선택합니다.

16 │ (설정)을 탭한 다음 2배로 조절했던 세로 크기를 원래 크기로 설정하고 (스냅)을 활성화합니다.

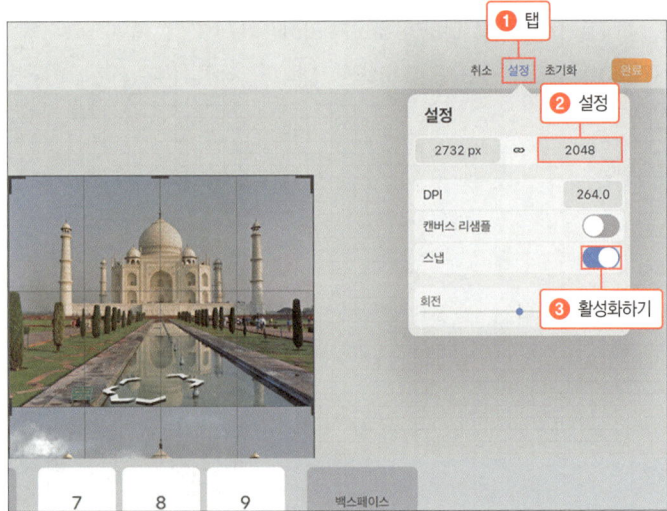

17 | 조절점을 아래로 드래그하여 캔버스가 잘리는 영역을 설정한 다음 (완료) 버튼을 탭합니다.

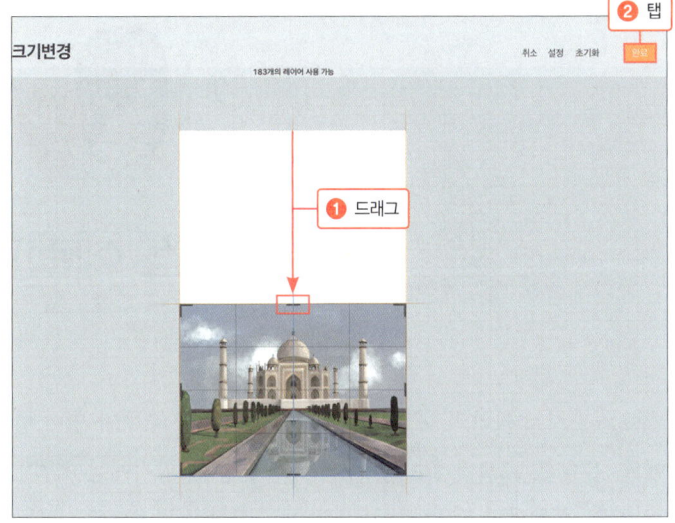

18 | 인도 타지마할을 완성합니다.

프랑스 에펠탑

에펠탑은 프랑스 파리의 대표적인 랜드마크로 매년 수백만 명이 방문하는 사랑 받는 건축물이에요. 유람선, 트로카데로 광장, 마르스 광장 등 파리에서 에펠탑을 다양한 시각으로 즐길 수 있어요. 에펠탑의 전망대에선 파리의 근사한 전망을 한눈에 관람할 수 있어 프랑스 파리 여행에서 빼놓을 수 없는 관광 코스입니다.

- 예제 파일 : 05\에펠탑.jpg
- 완성 파일 : 05\에펠탑_완성.jpg, 에펠탑_완성.procreate

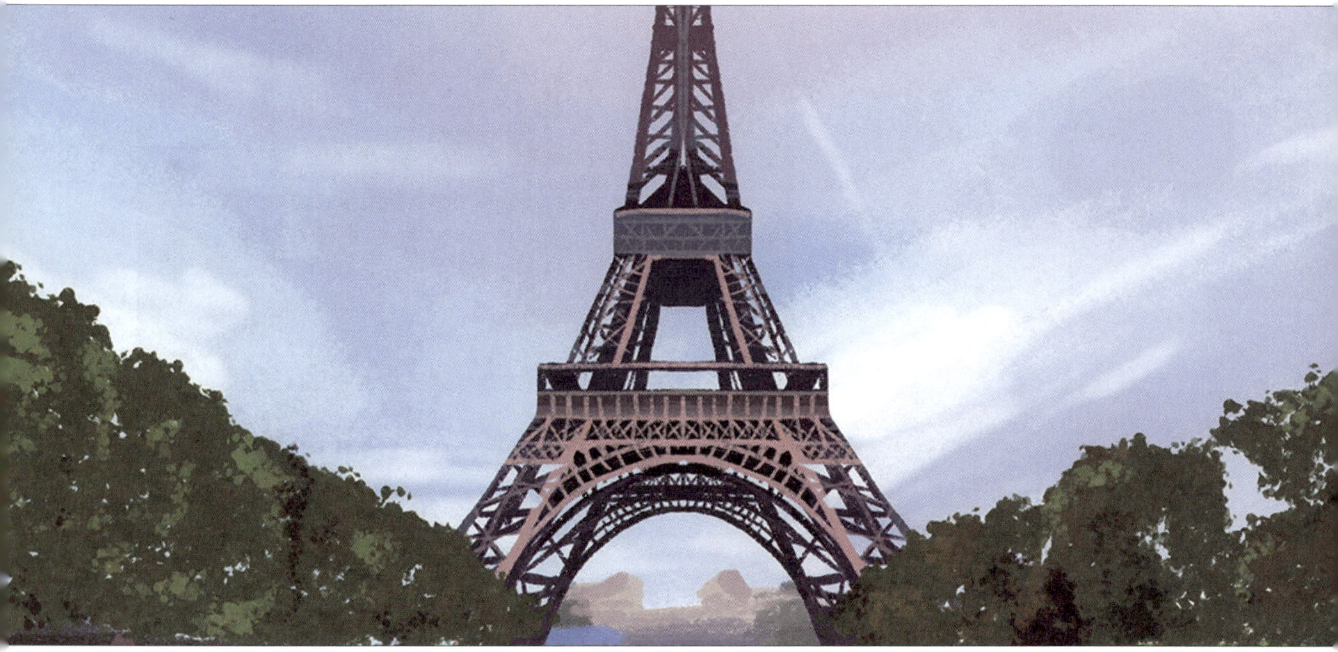

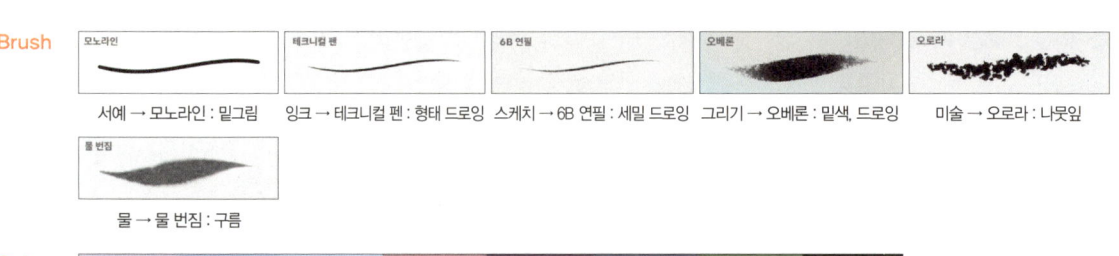

에펠탑 사진 불러와 밑그림 그리기

01 갤러리 화면에서 (사진)을 탭한 다음 구글 맵에서 캡처한 에펠탑 사진을 탭하여 불러옵니다.

Tip 또는 (가져오기)를 탭하여 05 폴더에서 '에펠탑.jpg' 파일을 불러와 예제를 진행할 수도 있습니다.

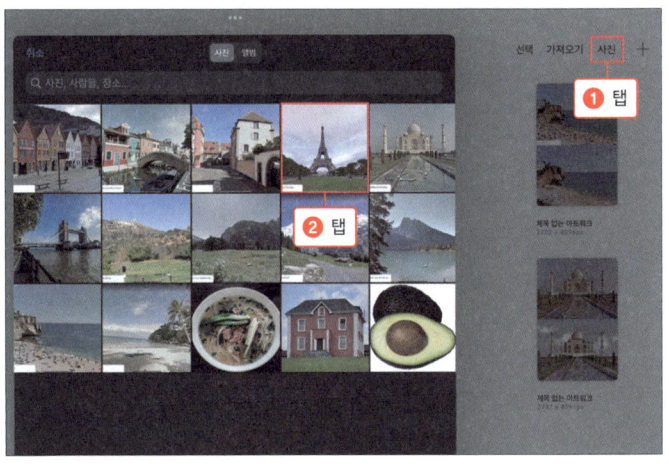

02 (동작(🔧)) → (캔버스) → (그리기 가이드)를 활성화한 다음 (그리기 가이드 편집)을 선택합니다.

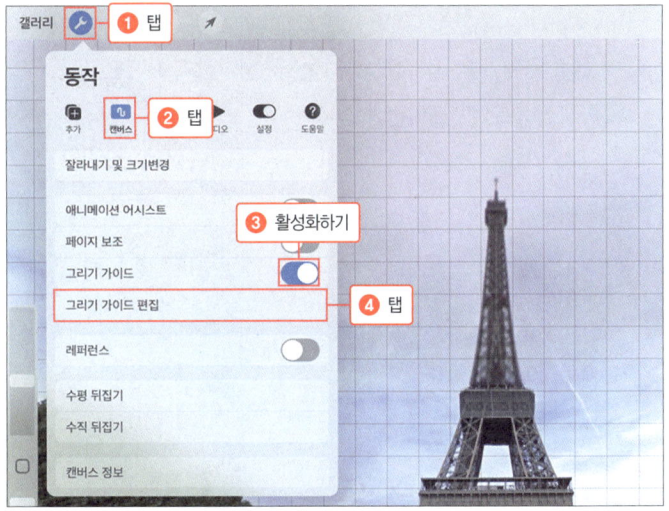

03 사진의 상단과 하단이 격자와 맞닿는 수치로 격자 크기를 조절합니다. 수치는 사진을 캡처한 아이패드 기종에 따라 달라집니다.
아이패드 프로 12.9인치 경우 '342px'로 설정합니다. 설정이 완료되었으면 (완료) 버튼을 탭합니다.

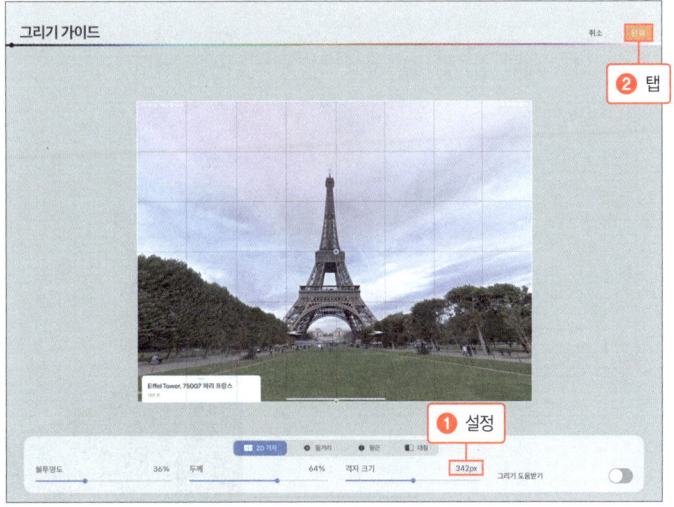

04 | (변형( ))을 탭한 다음 하단 메뉴에서 (균등)과 (왜곡)을 선택하여 그림과 같이 사진을 조절합니다.
가이드를 참고하여 사진을 수평에 맞게 에펠탑이 화면의 정중앙에 오도록 조절합니다.

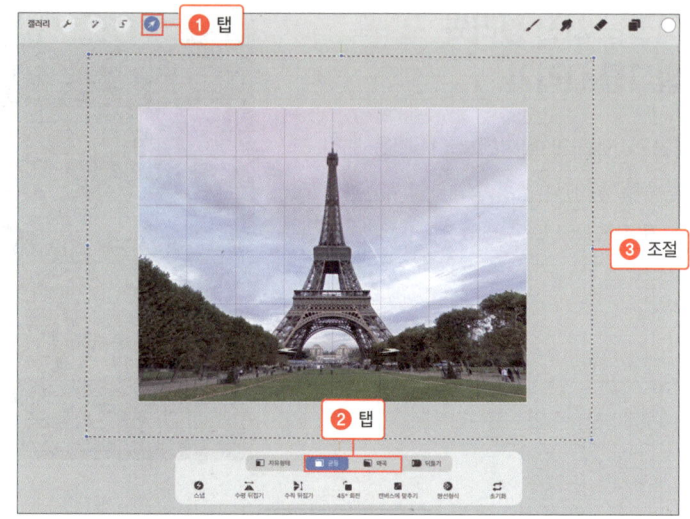

05 | 사진의 색감을 조절합니다. (조정( )) → (색조, 채도, 밝기)를 선택합니다.

06 | 색조, 채도, 밝기를 조절하여 색감을 변경합니다.

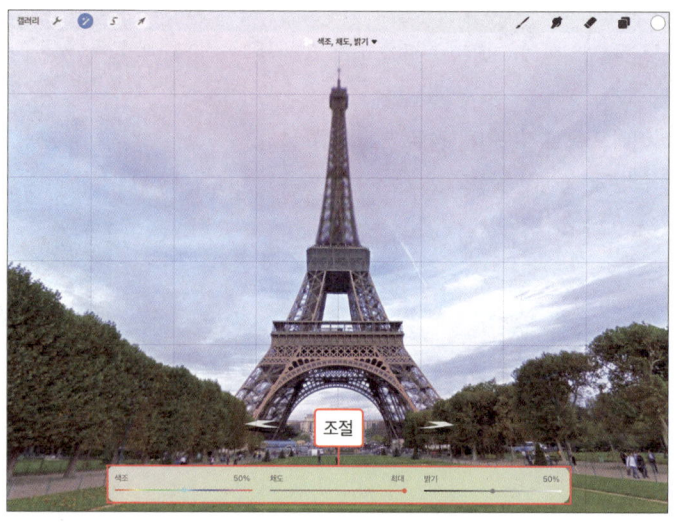

07 밑그림을 그리기 위해 (레이어(□))에서 (+) 버튼을 탭하여 새 레이어를 추가합니다.

08 (동작(🔧)) → (캔버스) → (그리기 가이드 편집)을 선택합니다.

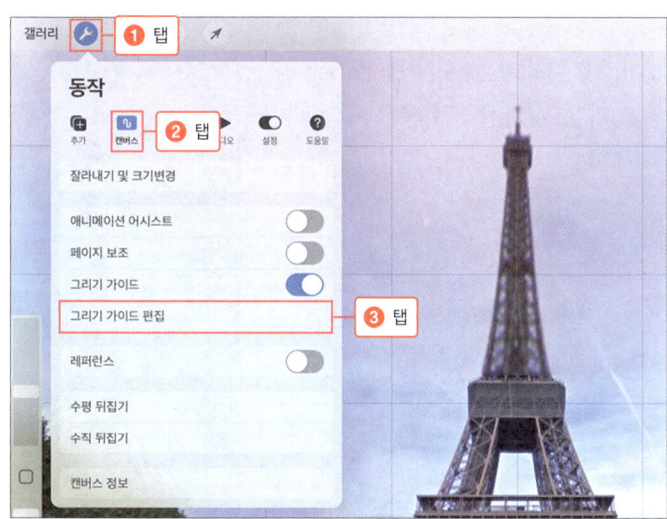

09 하단 메뉴에서 (대칭)을 선택하여 가이드의 종류를 변경합니다.
(옵션) 버튼을 탭한 다음 (수직)을 선택합니다.
(그리기 도움받기)를 활성화하고 (완료) 버튼을 탭합니다.

10 │ (서예) → (모노라인) 브러시를 사용하여 에펠탑의 형태를 밑그림으로 그립니다.

Tip 대칭 그리드 가이드 기능으로 한쪽에 그림을 그리면 자동으로 대칭된 그림이 그려집니다.

11 │ (레이어(■))에서 밑그림을 그린 '레이어 2'를 탭하여 표시되는 레이어 옵션에서 (그리기 도우미)를 선택하여 해제합니다.

12 │ 대칭이 아닌 나머지 부분도 밑그림을 그립니다.

13 〔레이어(■)〕에서 밑그림을 그린 '레이어 2'의 (N)을 탭하여 불투명도를 '35%'로 조절합니다.

14 〔동작(▸)〕 → 〔캔버스〕 → 〔그리기 가이드 편집〕을 선택합니다.

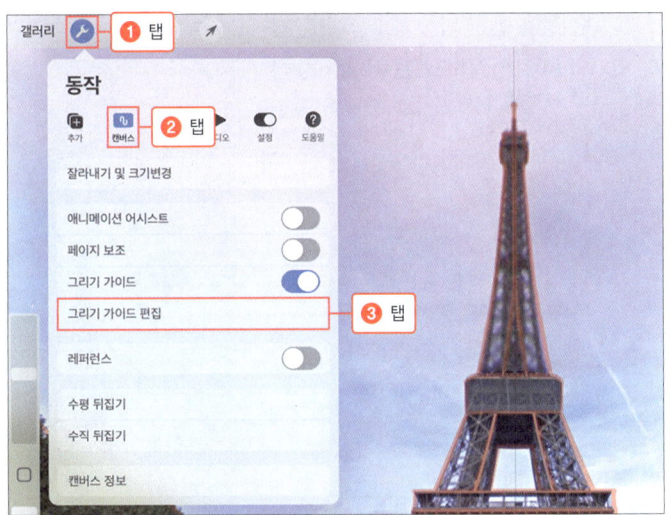

15 하단 메뉴에서 〔2D 격자〕를 선택하고 〔완료〕 버튼을 탭합니다.

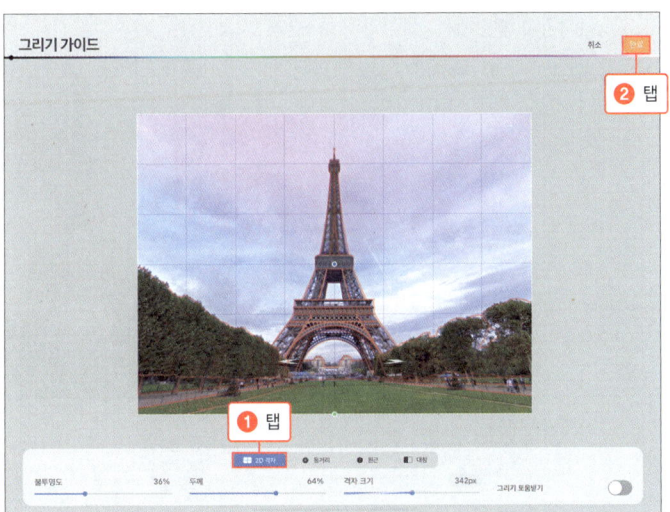

16 (동작(🔧)) → (캔버스) → (잘라내기 및 크기변경)을 선택합니다.

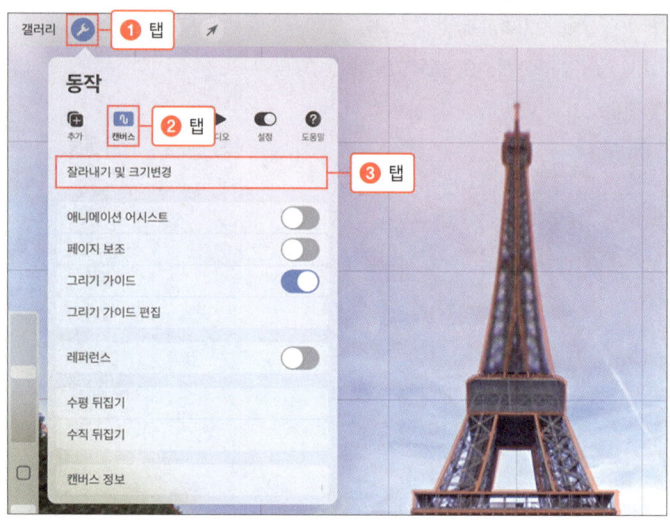

17 (설정)을 탭한 다음 세로 크기를 원래 크기의 2배로 설정하고 (완료) 버튼을 탭합니다.

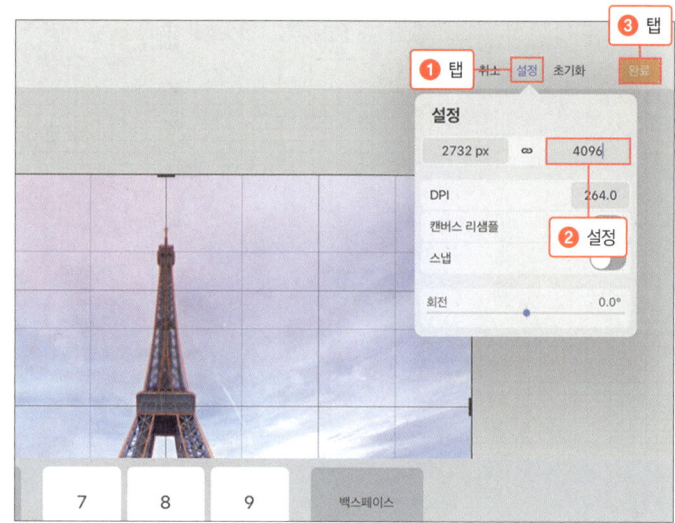

18 (레이어(■))에서 '레이어 2'를 왼쪽으로 드래그한 다음 (복제) 버튼을 탭합니다.

368 Part 5 랜드마크와 건축물 그리기

19 복제한 밑그림을 드래그하여 아래로 이동합니다. 이때 격자 가이드를 확인하며 사진에 있는 밑그림과 위치를 맞춥니다.

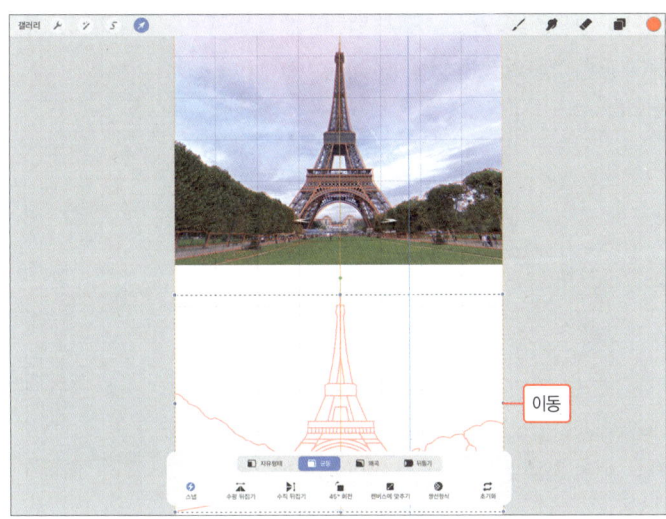

에펠탑과 하늘 그리기

01 (레이어(■))에서 [+] 버튼을 탭하여 사진이 있는 '레이어 1' 아래에 새 레이어를 추가합니다.

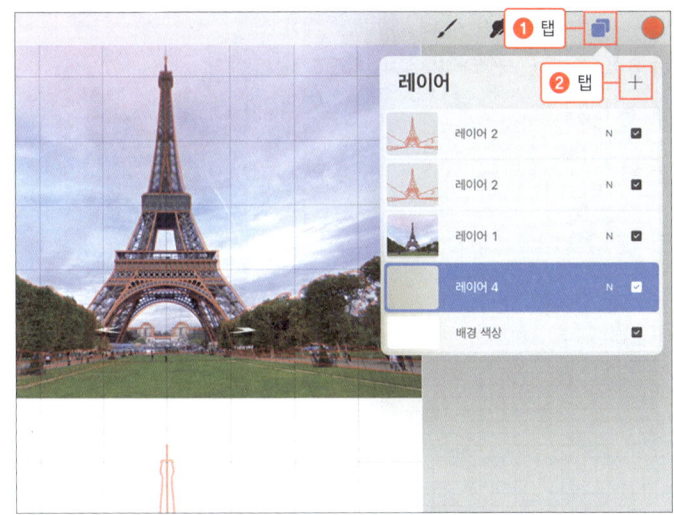

02 (브러시(◢))를 탭하여 브러시 라이브러리에서 [그리기] → [오베론] 브러시를 선택합니다.

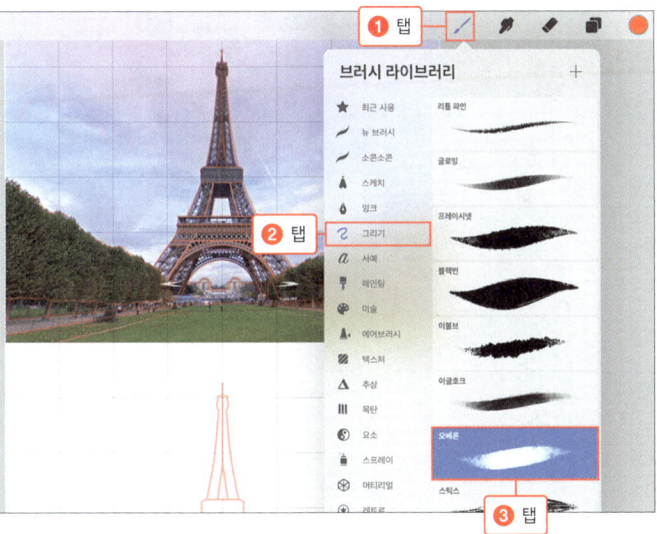

03 | 사진을 손가락으로 길게 탭하여 색을 추출한 다음 여러 번 덧칠하며 하늘을 칠합니다.

Tip 펜에 힘을 주었다 놓으며 색의 경계가 자연스럽게 칠합니다.

04 | (레이어(■))에서 (+) 버튼을 탭하여 하늘을 그린 '레이어 4' 위에 새 레이어를 추가합니다.

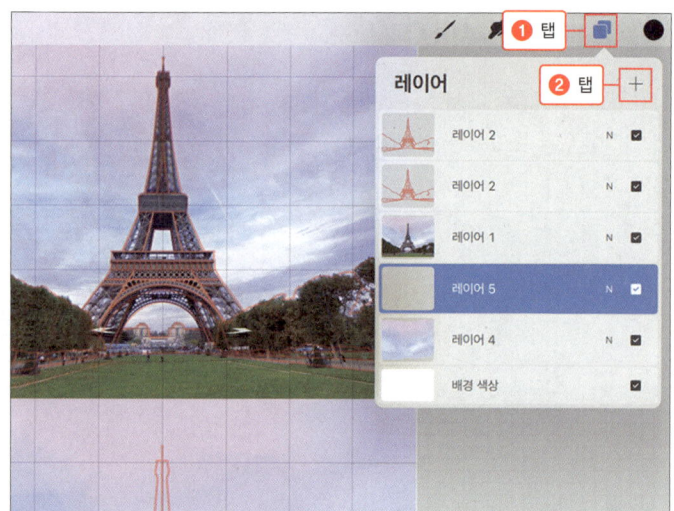

05 | (동작(✦)) → (캔버스) → (그리기 가이드 편집)을 선택합니다.

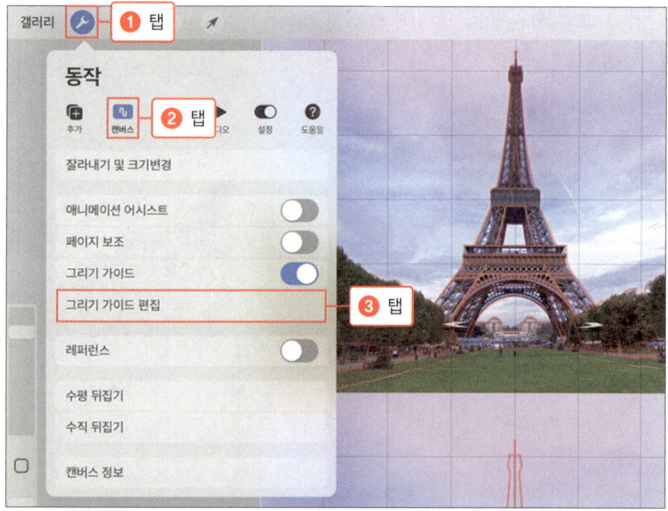

06 하단 메뉴에서 (대칭)을 선택한 다음 (완료) 버튼을 탭합니다.

07 (잉크) → (테크니컬 펜) 브러시를 사용하여 밑그림과 사진을 참고하여 에펠탑 형태를 그립니다.

Tip 완벽히 똑같이 그리지 않아도 괜찮습니다. 구조적으로 얼기설기 겹쳐 철물 구조를 표현합니다.

08 (브러시(✏️))를 탭하여 브러시 라이브러리에서 (스케치) → (6B 연필) 브러시를 선택합니다.

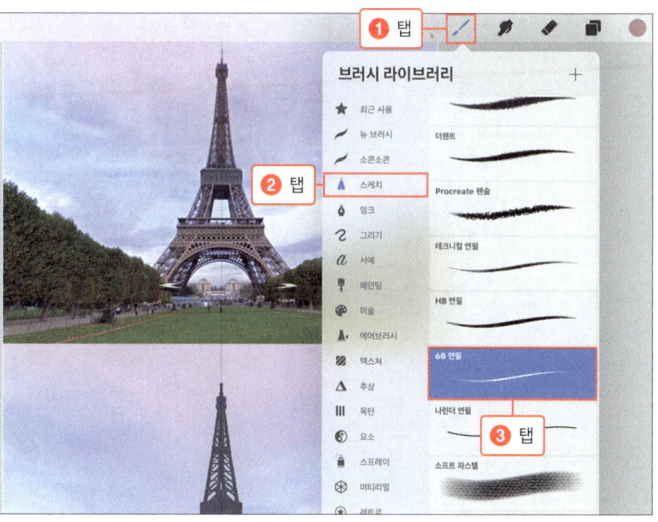

09 〔레이어(▣)〕에서 〔+〕 버튼을 탭하여 에펠탑을 그린 '레이어 5' 위에 새 레이어를 추가합니다.
추가한 '레이어 6'을 탭하여 표시되는 레이어 옵션에서 〔클리핑 마스크〕와 〔그리기 도우미〕를 선택합니다.

10 사진을 참고하여 에펠탑의 색과 어두운 음영을 표현합니다.

11 밝은 음영도 표현해 줍니다.

Tip 앞에 있는 구조물을 밝게 표현합니다.

에펠탑의 주변 요소 그리기

01 (동작(🔧)) → (캔버스) → (그리기 가이드 편집)을 선택합니다.

02 하단 메뉴에서 (2D 격자)를 선택한 다음 (완료) 버튼을 탭합니다.

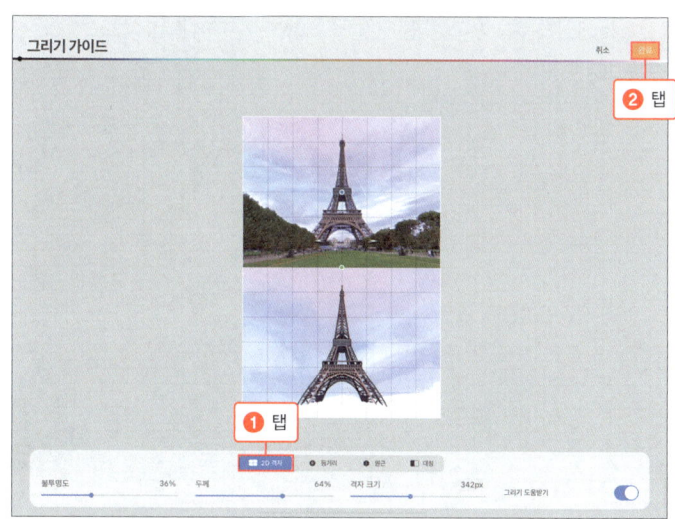

03 (레이어(▣))에서 (+) 버튼을 탭하여 하늘을 그린 '레이어 4' 위에 새 레이어를 추가합니다.

04 〔브러시(✏️)〕를 탭하여 브러시 라이브러리에서 〔그리기〕 → 〔오베론〕 브러시를 선택합니다.

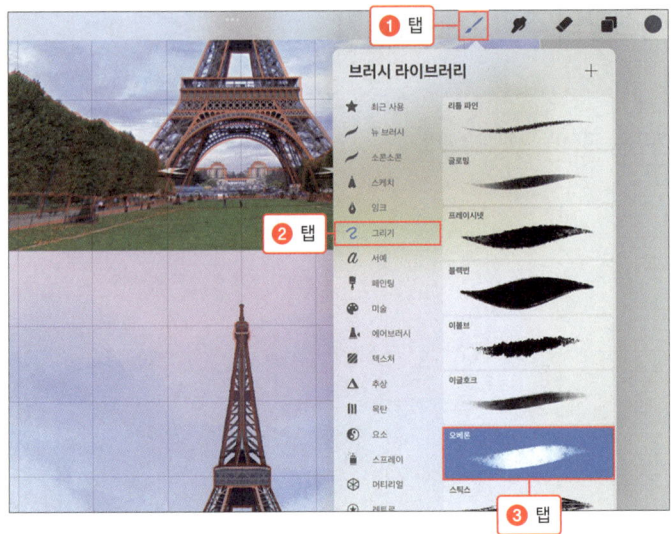

05 에펠탑 뒤의 멀리 있는 건물들을 표현합니다.

Tip 멀리 있는 요소는 형태를 자세히 묘사하지 않아도 괜찮습니다. 가까이 있는 요소에 집중이 되도록 간단히 색 변화로 형태를 표현합니다.

06 〔레이어(🗂️)〕에서 〔+〕 버튼을 탭하여 사진이 있는 '레이어 1' 아래에 새 레이어를 추가합니다.

07 | '녹색'으로 전체를 땅을 채색합니다.

08 | 땅 위의 양옆에 길을 그립니다.

09 | (레이어(▣))에서 (+) 버튼을 탭하여 땅을 그린 '레이어 8' 위에 새 레이어를 추가합니다.

10 〔미술〕 → 〔오로라〕 브러시를 사용하여 나뭇잎의 형태를 이어지게 전체적으로 표현합니다.

주변 요소 디테일하게 그리고 캔버스 크기 조절하기

01 나뭇잎의 어둡고 밝은 음영을 표현합니다.

02 〔레이어(■)〕에서 〔+〕 버튼을 탭하여 나뭇잎을 그린 '레이어 9' 아래에 새 레이어를 추가합니다.

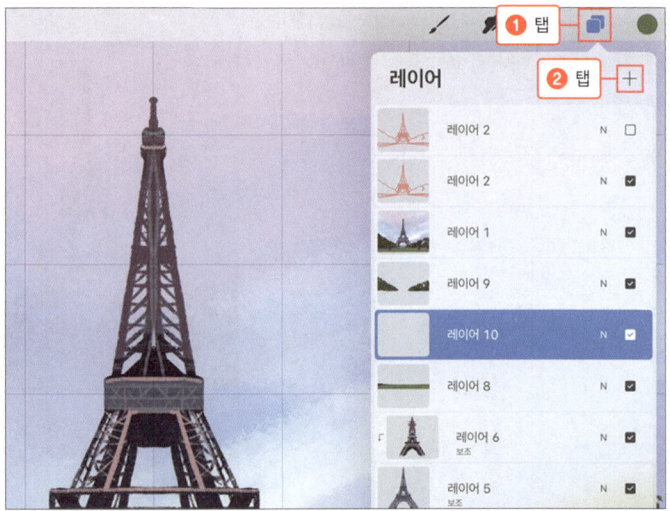

03 | (브러시( ))를 탭하여 브러시 라이브러리에서 (스케치) → (6B 연필) 브러시를 선택합니다.

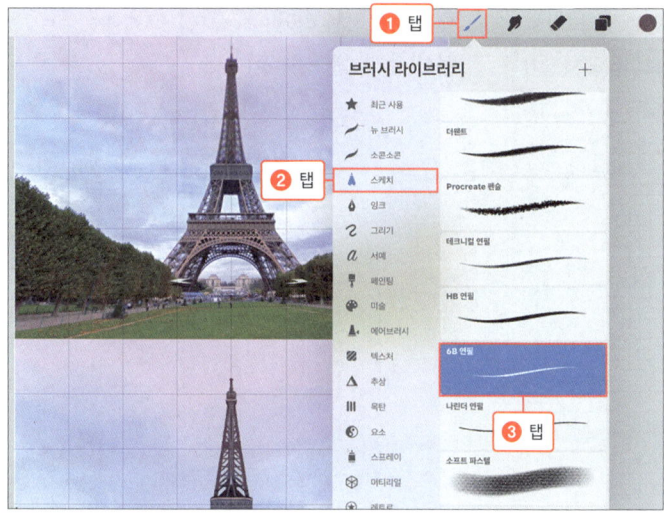

04 | 나무 기둥과 길 주변의 요소들을 그립니다.

05 | (레이어( ))에서 (+) 버튼을 탭하여 하늘을 그린 '레이어 4' 위에 새 레이어를 추가합니다.

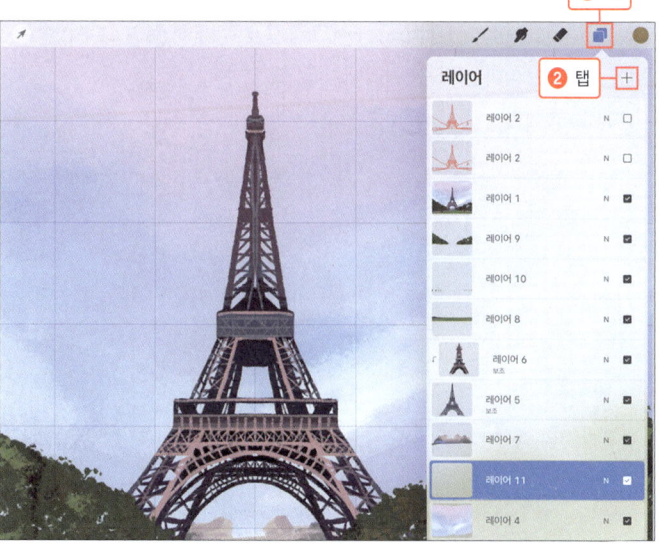

06 (브러시(✏️))를 탭하여 브러시 라이브러리에서 (물) → (물 번짐) 브러시를 선택합니다.

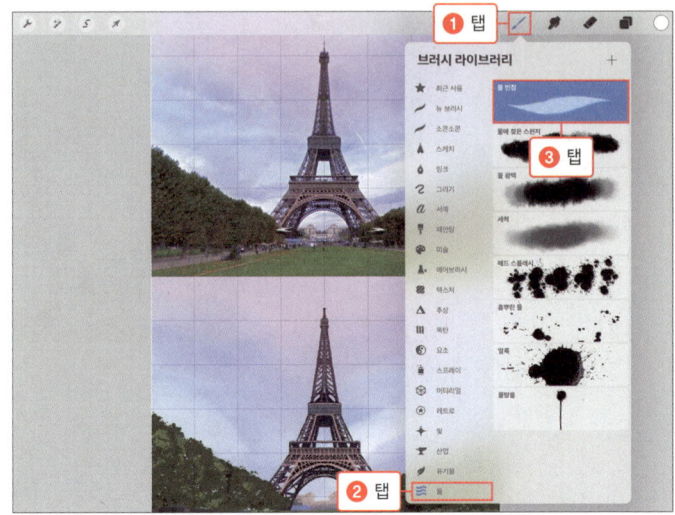

07 하늘의 은은한 구름을 표현합니다.

08 (동작(🔧)) → (캔버스) → (그리기 가이드)를 비활성화한 다음 (잘라내기 및 크기변경)을 선택합니다.

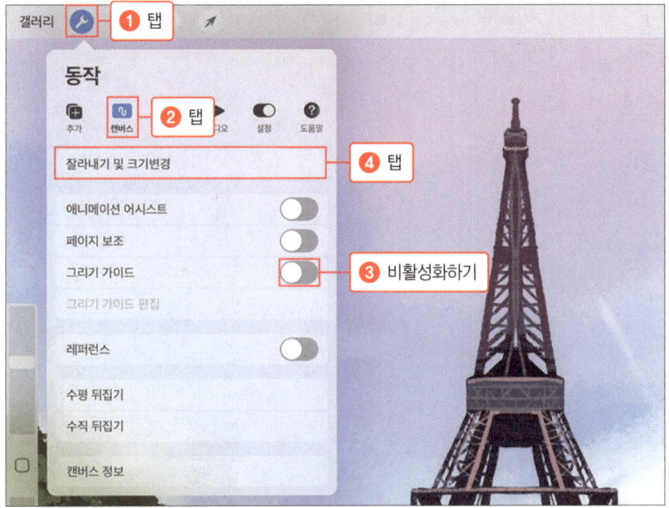

09 | (설정)을 탭한 다음 2배로 조절했던 세로 크기를 원래 크기로 설정하고 (스냅)을 활성화합니다.

10 | 조절점을 아래로 드래그하여 캔버스가 잘리는 영역을 설정한 다음 (완료) 버튼을 탭합니다.

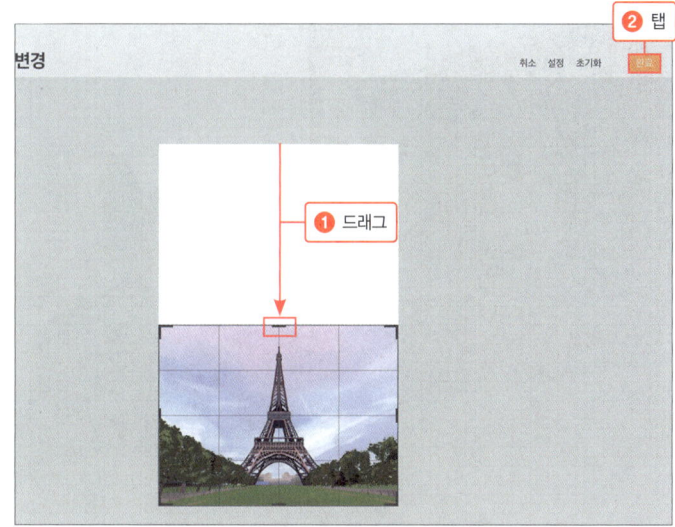

11 | 프랑스 에펠탑을 완성합니다.

Part 6
도시의 거리 산책하기

걷기만 해도 힐링이 되는 도시의 거리를 살펴봅니다. 천천히 거리를 걸으며 특색 있는 건물과 식물, 사람들의 일상을 느끼고 느린 시선으로 도시의 거리를 걸어 보아요.

프랑스 콜마르

콜마르는 알록달록한 전통 가옥으로 이루어진 작은 마을이에요. 조용하고 여유로운 거리를 느낄 수 있으며, 애니메이션 '하울의 움직이는 성'의 배경지이기도 합니다. 오랜 역사를 가진 아름다운 도시의 거리를 거닐며 콜마르의 아기자기한 매력에 빠져들어 봅니다.

- 예제 파일 : 06\콜마르.jpg
- 완성 파일 : 06\콜마르_완성.jpg, 콜마르_완성.procreate

 구글 맵 여행

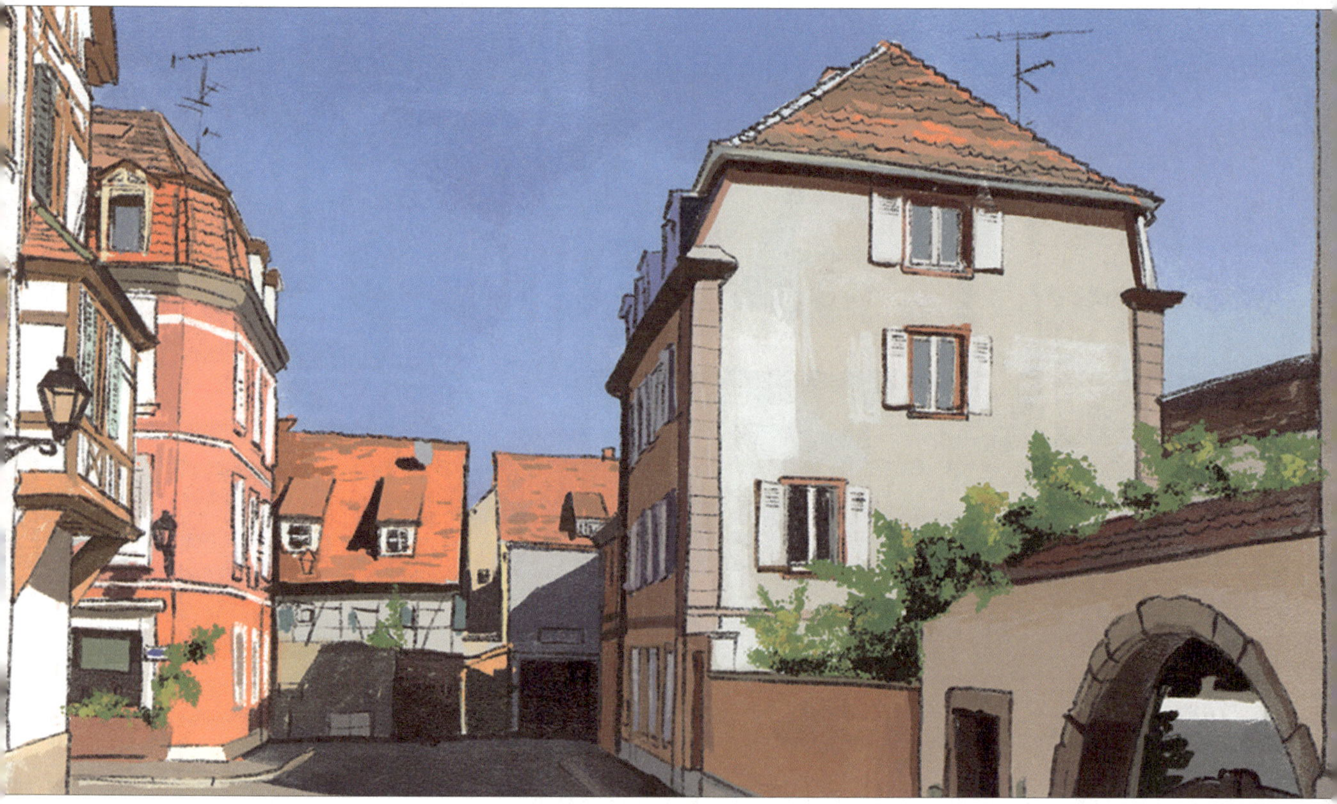

Brush

스케치 → 6B 연필 : 테두리, 세밀 드로잉 그리기 → 오베론 : 밑색, 드로잉   미술 → 오로라 : 식물

Color

| 5da9fd | e2c8ca | bb9284 | f88f5e | fea28c | a67b59 | 753b23 | 228400 |

콜마르 사진 불러와 밑그림 그리기

01 | 갤러리 화면에서 (사진)을 탭한 다음 구글 맵에서 캡처한 프랑스 콜마르 사진을 탭하여 불러옵니다.

Tip 또는 (가져오기)를 탭하여 06 폴더에서 '콜마르.jpg' 파일을 불러와 예제를 진행할 수도 있습니다.

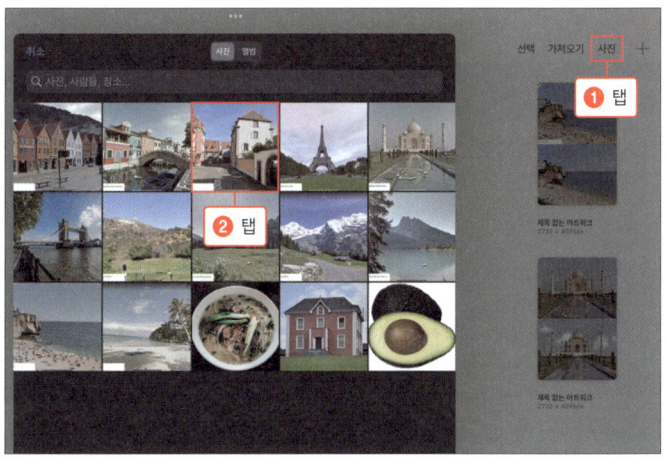

02 | (동작( )) → (캔버스) → (그리기 가이드)를 활성화한 다음 (그리기 가이드 편집)을 선택합니다.

03 | 사진의 상단과 하단이 격자와 맞닿는 수치로 격자 크기를 조절합니다. 수치는 사진을 캡처한 아이패드 기종에 따라 달라집니다.
아이패드 프로 12.9인치 경우 '342px'로 설정합니다. 설정이 완료되었으면 (완료) 버튼을 탭합니다.

04 | (변형(↗))을 탭한 다음 하단 메뉴에서 (균등)과 (왜곡)을 선택하여 그림과 같이 사진을 조절합니다.
가이드를 참고하여 사진을 수평으로 조절합니다.

05 | 사진의 색감을 조절합니다. (조정(⌁)) → (색조, 채도, 밝기)를 선택합니다.

06 | 색조, 채도, 밝기를 조절하여 사진의 색감을 변경합니다.

07 밑그림을 그리기 위해 (레이어(◼))에서 (+) 버튼을 탭하여 새 레이어를 추가합니다.

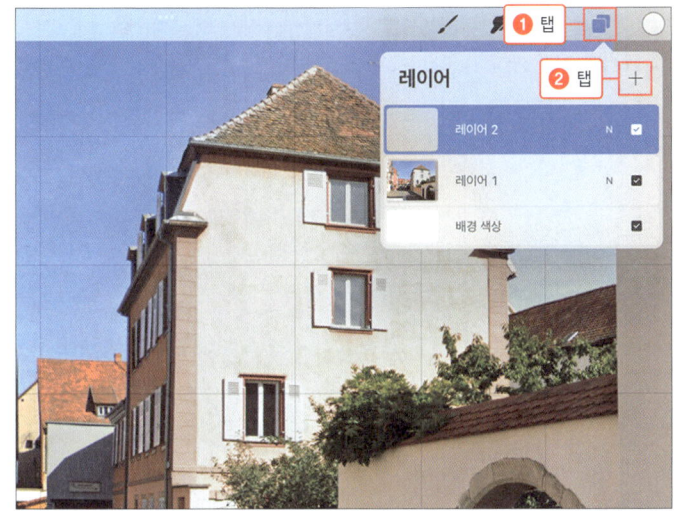

08 (브러시(✏))를 탭하여 브러시 라이브러리에서 (스케치) → (6B 연필) 브러시를 선택합니다.

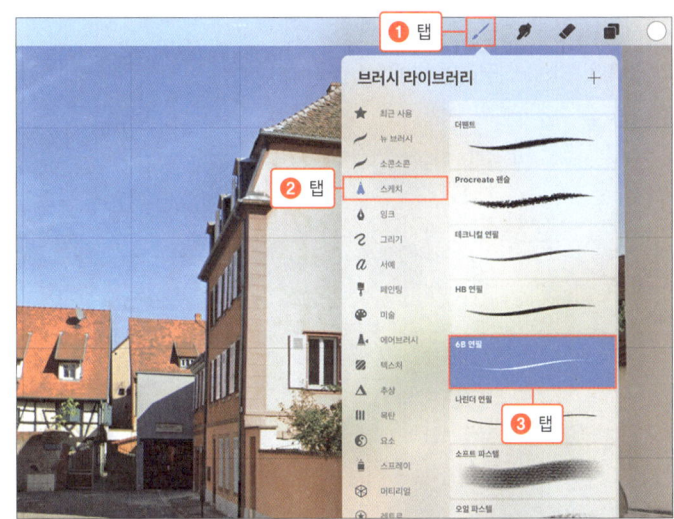

09 건물, 길 등 사진 속 모든 요소의 형태를 외곽선으로 그립니다.

10 | (동작(🔧)) → (캔버스) → (잘라내기 및 크기변경)을 선택합니다.

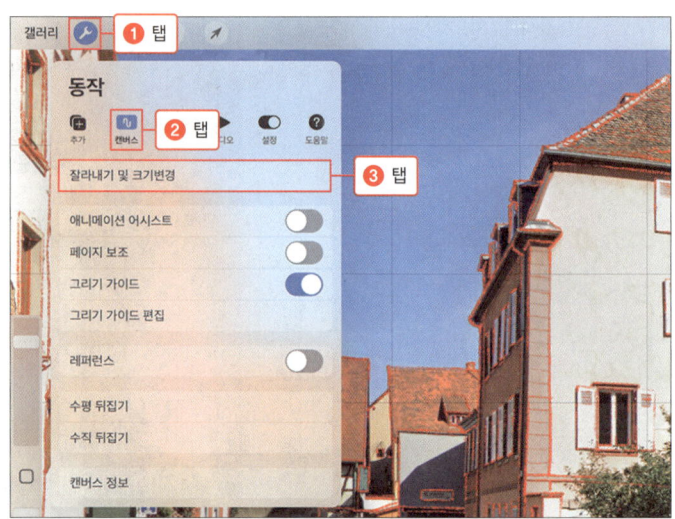

11 | (설정)을 탭한 다음 세로 크기를 원래 크기의 2배로 설정하여 (완료) 버튼을 탭합니다.

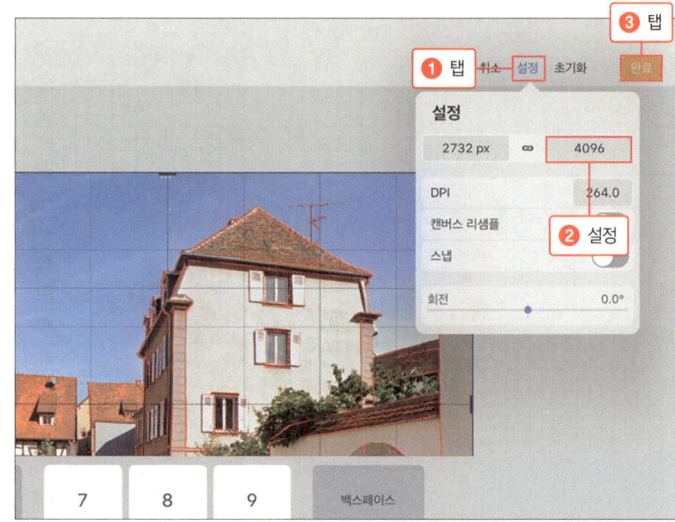

12 | (레이어(◩))에서 '레이어 1'을 왼쪽으로 드래그하여 (복제) 버튼을 탭합니다.

13 복제된 레이어가 선택된 상태에서 (변형( ))을 탭한 다음 하단 메뉴에서 (스냅)을 선택합니다.
(자석)과 (스냅)을 활성화하고 복제한 밑그림을 아래로 이동합니다.

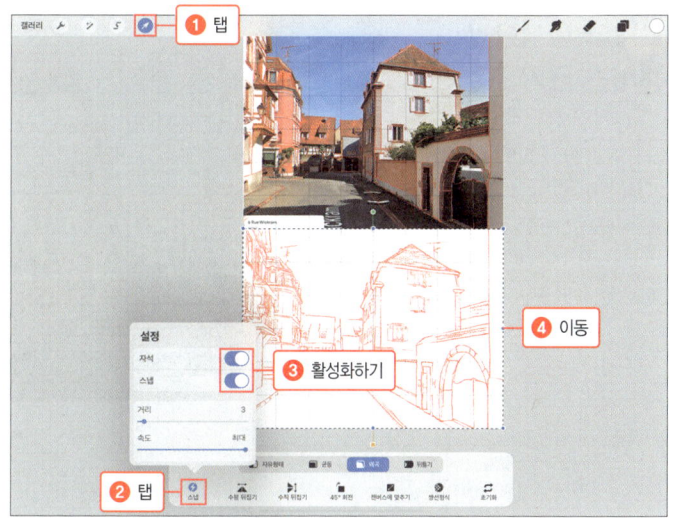

14 (레이어( ))에서 (+) 버튼을 탭하여 복제한 '레이어 2' 위에 새 레이어를 추가합니다.
추가한 '레이어 4'를 탭하여 표시되는 레이어 옵션에서 (클리핑 마스크)를 선택합니다.

15 (색상( ))을 '검은색'으로 선택한 다음 캔버스로 드래그하여 선의 색을 변경합니다.
(레이어( ))에서 색을 채운 '레이어 4'를 탭하여 표시되는 레이어 옵션에서 (아래 레이어와 병합)을 선택합니다.

Tip 클리핑 마스크를 이용하면 지정된 영역에만 색이 채워집니다.

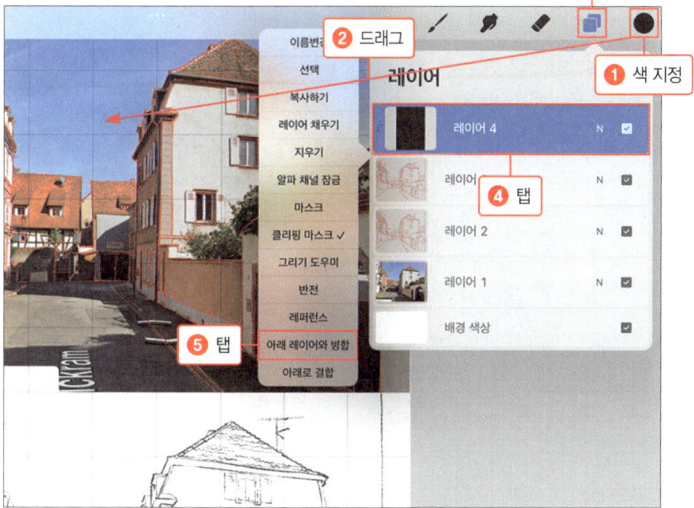

콜마르 채색하고 캔버스 크기 조절하기

01 | (레이어(□))에서 (+) 버튼을 탭하여 사진이 있는 '레이어 1' 아래에 새 레이어를 추가합니다.

02 | (브러시(/))를 탭하여 브러시 라이브러리에서 (그리기) → (오베론) 브러시를 선택합니다.

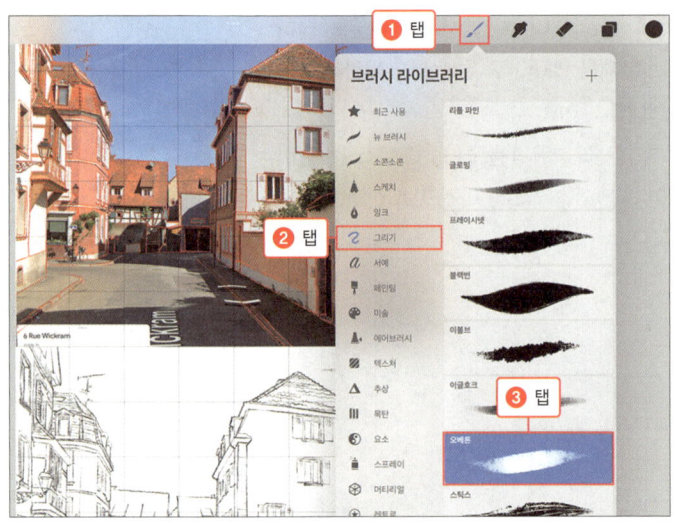

03 | 손가락으로 화면을 길게 탭하여 색을 추출하고 추출된 색으로 하늘을 칠합니다. 펜에 힘을 빼고 여러 번 덧칠하며 색의 경계가 자연스럽게 칠합니다.

04 〔레이어(■)〕에서 〔+〕 버튼을 탭하여 하늘을 그린 '레이어 4' 위에 새 레이어를 추가합니다.

05 건물과 길 등 전체 형태에 맞춰 크게 채색합니다.

06 〔레이어(■)〕에서 〔+〕 버튼을 탭하여 건물의 형태를 채색한 '레이어 5' 위에 새 레이어를 추가합니다.
추가한 '레이어 6'을 탭하여 표시되는 레이어 옵션에서 〔클리핑 마스크〕를 선택합니다.

07 색이 나누어지는 면들을 크게 구분 지어 채색합니다. 세밀한 요소들을 포함해 전체적으로 색칠합니다.

08 (브러시(✏️))를 탭하여 브러시 라이브러리에서 (스케치) → (6B 연필) 브러시를 선택합니다.

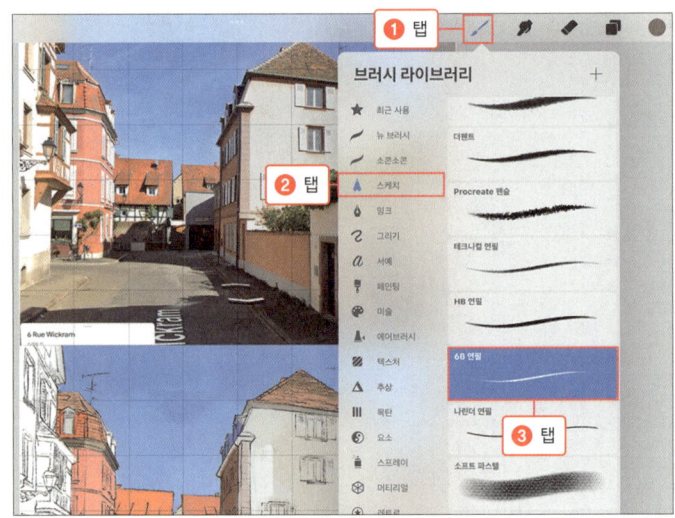

09 두 손가락으로 화면을 확대해 가며 세밀한 요소들을 깔끔하게 칠합니다.

10 〔레이어(🗐)〕에서 〔+〕 버튼을 탭하여 가장 상단에 새 레이어를 추가합니다.

11 〔브러시(✏️)〕를 탭하여 브러시 라이브러리에서 〔미술〕 → 〔오로라〕 브러시를 선택합니다.

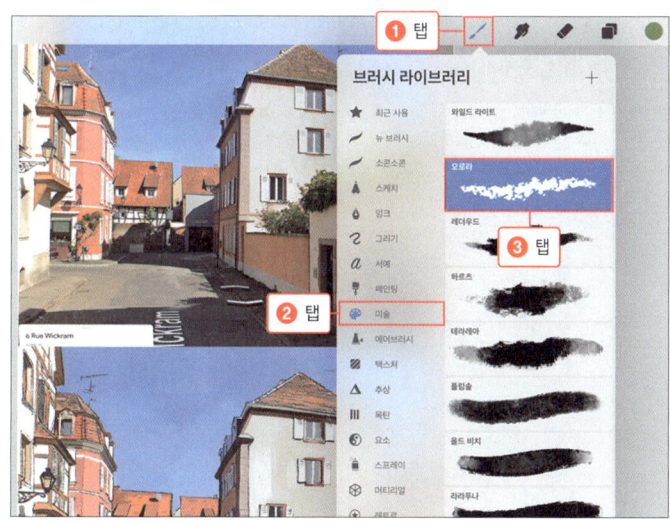

12 건물 사이에 식물을 그립니다.

13 | 식물의 밝고 어두운 명암도 표현합니다.

Tip 밝은 명암 → 어두운 명암 순서로 표현합니다.

14 | (동작(🔧)) → (캔버스) → (그리기 가이드)를 비활성화한 다음 (잘라내기 및 크기변경)을 선택합니다.

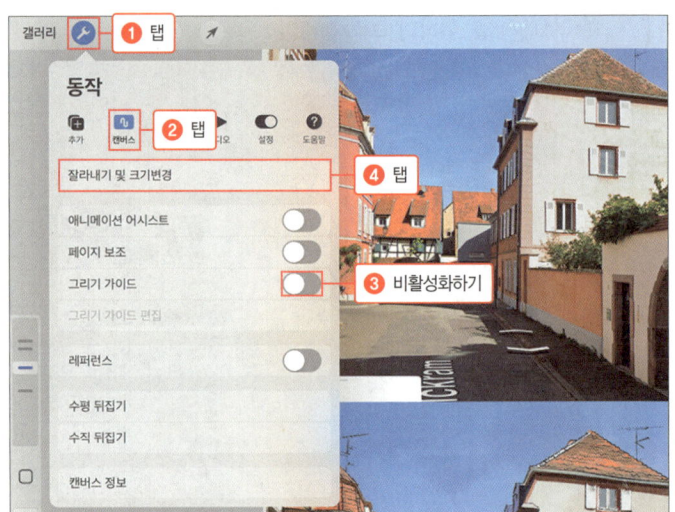

15 | (설정)을 탭한 다음 2배로 조절했던 세로 크기를 원래 크기로 설정하고 (스냅)을 활성화합니다.

16 조절점을 아래로 드래그하여 캔버스가 잘리는 영역을 설정한 다음 (완료) 버튼을 탭합니다.

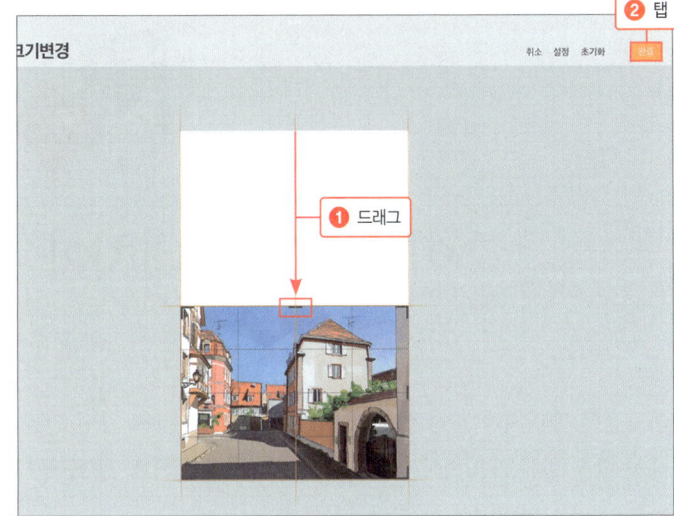

17 프랑스 콜마르를 완성합니다.

이탈리아 베네치아 부라노섬

부라노섬은 베네치아 본섬에서 한 시간 정도 배를 타고 가면 만날 수 있는 섬입니다. 섬 곳곳에서 밝은 빛깔로 외벽이 칠해진 집들을 볼 수 있어요. 동화에 나올 법한 알록달록한 마을 거리로 인생 사진의 명소가 되었답니다.

● 예제 파일 : 06\부라노섬.jpg
● 완성 파일 : 06\부라노섬_완성.jpg, 부라노섬_완성.procreate

구글 맵 여행

Brush
- 스케치 → 6B 연필 : 테두리, 세밀 드로잉 그리기 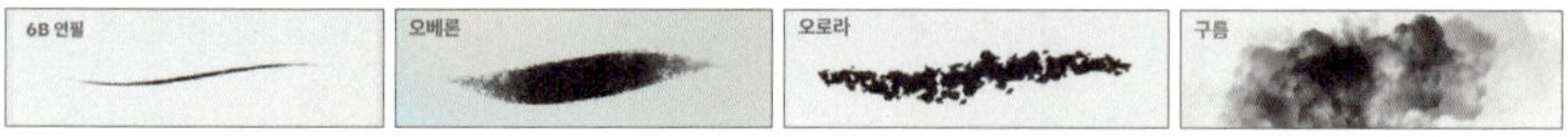
- 오베론 : 밑색, 드로잉
- 미술 → 오로라 : 나뭇잎
- 요소 → 구름 : 구름

Color
63b4cf　fe4121　eb9778　75ccb8　e8d4a6　714829　649788　2f5402

부라노섬 사진
불러와 밑그림 그리기

01 갤러리 화면에서 (사진)을 탭한 다음 구글 맵에서 캡처한 이탈리아 베네치아 부라노섬 사진을 탭하여 불러옵니다.

Tip 또는 (가져오기)를 탭하여 06 폴더에서 '부라노섬.jpg' 파일을 불러와 예제를 진행할 수도 있습니다.

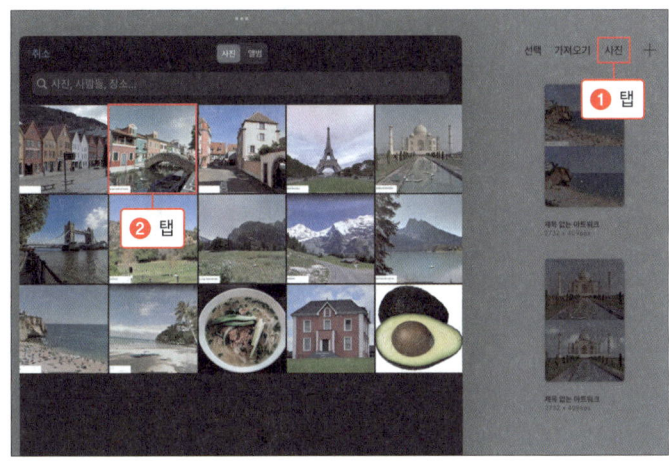

02 (동작( )) → (캔버스) → (그리기 가이드)를 활성화한 다음 (그리기 가이드 편집)을 선택합니다.

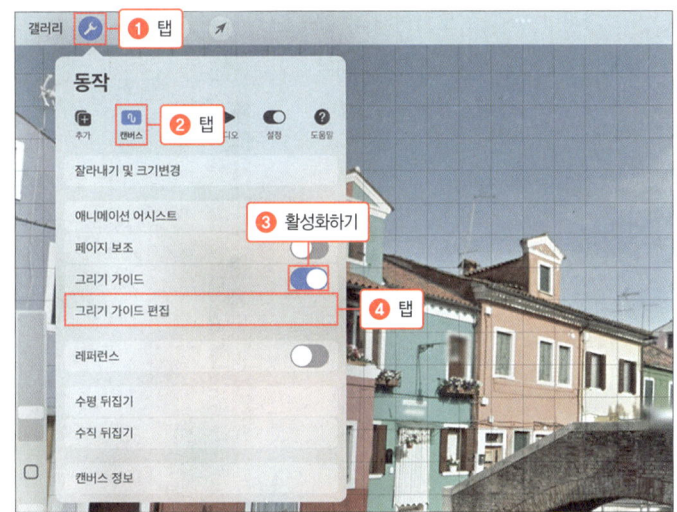

03 사진의 상단과 하단이 격자와 맞닿는 수치로 격자 크기를 조절합니다. 수치는 사진을 캡처한 아이패드 기종에 따라 달라집니다.
아이패드 프로 12.9인치 경우 '342px'로 설정합니다. 설정이 완료되었으면 (완료) 버튼을 탭합니다.

04 | (변형( ))을 탭한 다음 하단 메뉴에서 (균등)과 (왜곡)을 선택하여 그림과 같이 사진을 조절합니다.

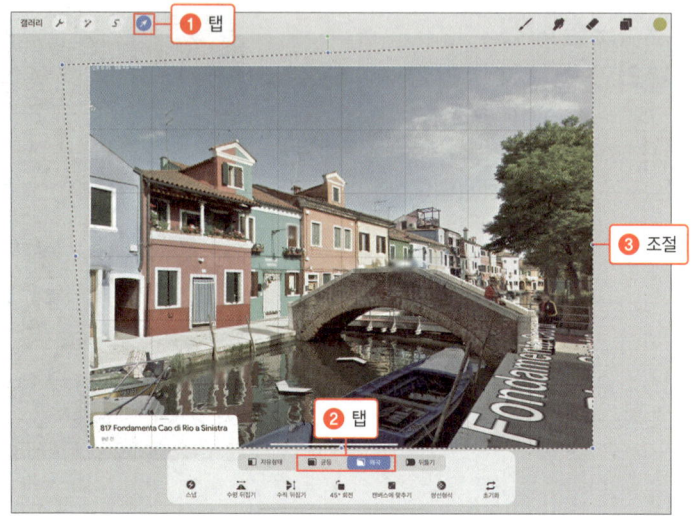

05 | 사진의 색감을 조절합니다. (조정( )) → (색조, 채도, 밝기)를 선택합니다.

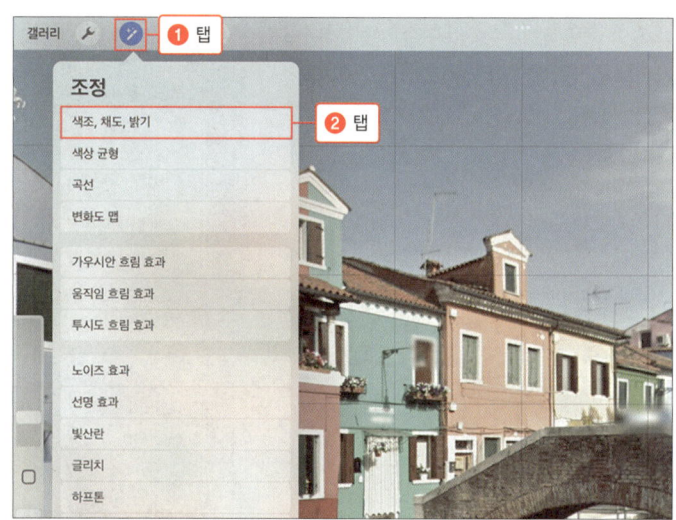

06 | 색조, 채도, 밝기를 조절하여 사진의 색감을 변경합니다.

07 | 밑그림을 그리기 위해 [레이어(□)]에서 [+] 버튼을 탭하여 새 레이어를 추가합니다.

08 | [스케치] → [6B 연필] 브러시를 사용하여 나무를 제외한 모든 요소들의 형태를 그립니다.

09 | [동작(🔧)] → [캔버스] → [잘라내기 및 크기변경]을 선택합니다.

10 (설정)을 탭한 다음 세로 크기를 원래 크기의 2배로 설정하고 (완료) 버튼을 탭합니다.

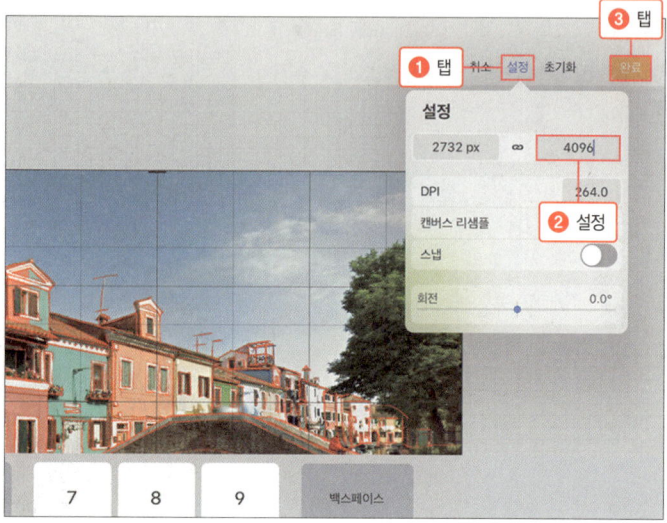

11 (레이어(■))에서 '레이어 2'를 왼쪽으로 드래그한 다음 (복제) 버튼을 탭합니다.

12 복제한 밑그림을 아래로 이동합니다. 이때 격자 가이드를 확인하며 사진에 있는 밑그림과 위치를 맞춥니다.

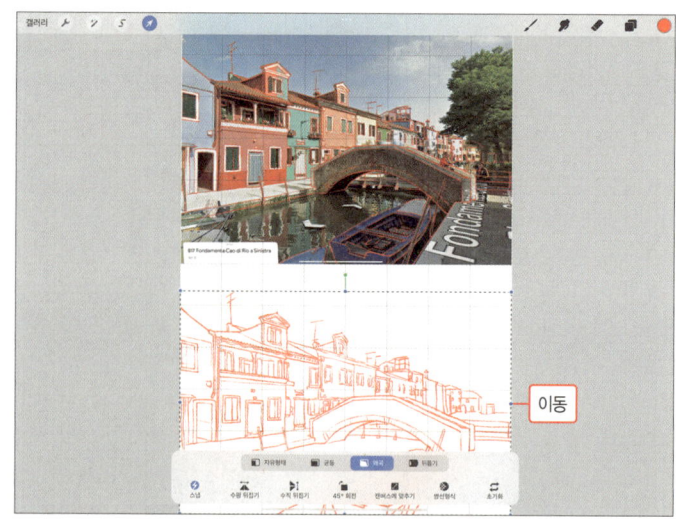

13 (레이어(■))에서 (+) 버튼을 탭하여 복제한 '레이어 2' 위에 새 레이어를 추가합니다.

추가한 '레이어 4'를 탭하여 표시되는 레이어 옵션에서 (클리핑 마스크)를 선택합니다.

14 (색상(●))을 '어두운 회색'으로 선택한 다음 캔버스로 드래그하여 선의 색을 변경합니다.

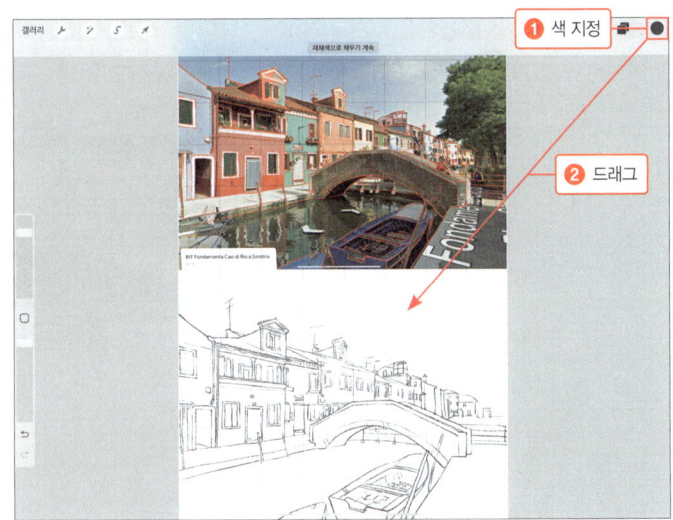

15 (레이어(■))에서 색을 채운 '레이어 4'를 탭하여 표시되는 레이어 옵션에서 (아래 레이어와 병합)을 선택합니다.

하늘과 강, 건물 채색하기

01 〔레이어(🗂)〕에서 〔+〕 버튼을 탭하여 사진이 있는 '레이어 1' 아래에 새 레이어를 추가합니다.

02 〔브러시(✏)〕를 탭하여 브러시 라이브러리에서 〔그리기〕 → 〔오베론〕 브러시를 선택합니다.

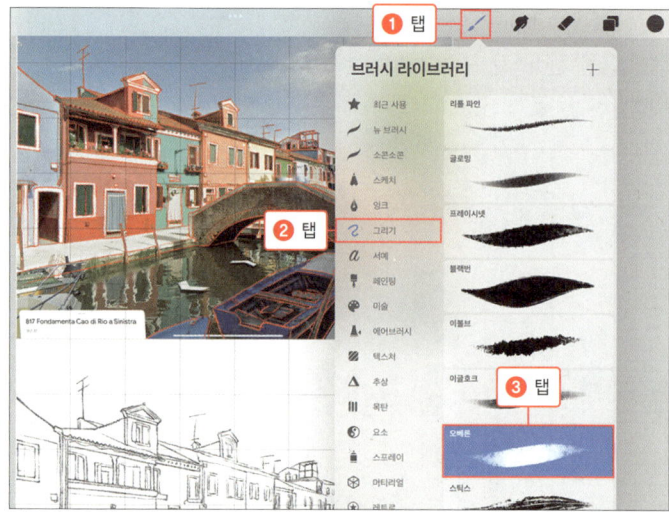

03 사진을 손가락으로 길게 탭하여 색을 추출하고 추출된 색으로 하늘을 칠합니다. 색을 여러 번 추출하며 덧그립니다.

04 〔요소〕 → 〔구름〕 브러시를 사용하여 다양한 크기와 모양으로 구름을 표현합니다.

05 〔레이어(■)〕에서 〔+〕 버튼을 탭하여 사진이 있는 '레이어 1' 아래에 새 레이어를 추가합니다.

06 〔브러시(✏)〕를 탭하여 브러시 라이브러리에서 〔그리기〕 → 〔오베론〕 브러시를 선택합니다.

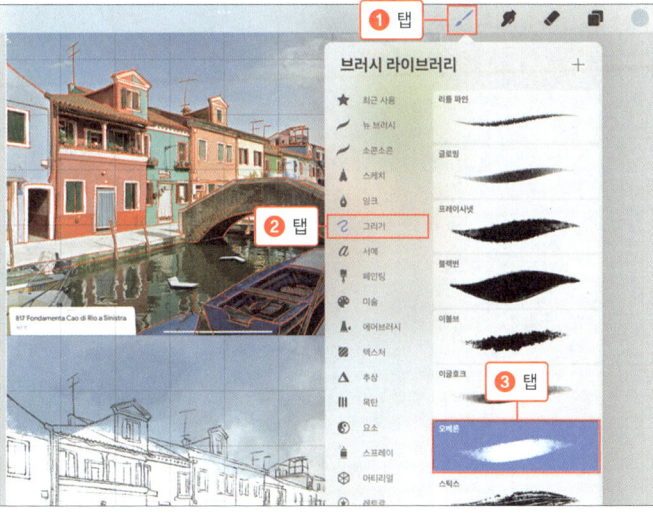

07 | '녹색'을 선택하여 강의 밑색을 채색합니다.

08 | (레이어(■))에서 (+) 버튼을 탭하여 강을 그린 '레이어 5' 위에 새 레이어를 추가합니다.

09 | 건물의 밑색을 칠합니다. 색을 나누어 칠해 건물의 형태를 분리합니다.

10 [브러시(✏️)]를 탭하여 브러시 라이브러리에서 [스케치] → [6B 연필] 브러시를 선택합니다.

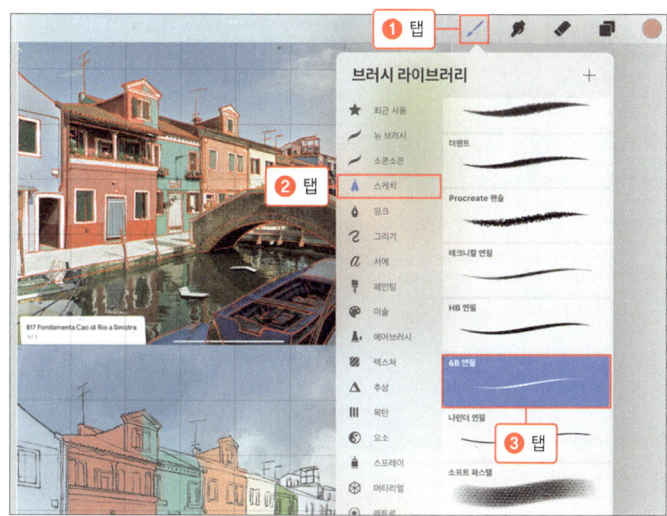

11 [레이어(▣)]에서 [+] 버튼을 탭하여 건물을 그린 '레이어 6' 위에 새 레이어를 추가합니다.
추가한 '레이어 7'을 탭하여 표시되는 레이어 옵션에서 [클리핑 마스크]를 선택합니다.

12 창문, 문 등의 구조물 요소들을 그립니다.

강의 물결 표현하기

01 〔레이어(📄)〕에서 건물을 그린 '레이어 6'을 선택한 상태로 구조물을 그린 '레이어 7'을 오른쪽으로 드래그하여 다중 선택합니다.
오른쪽 상단에서 〔그룹〕을 탭하여 그룹으로 지정합니다.

02 '새로운 그룹'을 왼쪽으로 드래그한 다음 〔복제〕 버튼을 탭합니다.

03 복제된 '새로운 그룹'을 탭하여 표시되는 그룹 레이어 옵션에서 〔병합〕을 선택합니다.

04 | (변형( ))을 탭한 다음 하단 메뉴에서 (왜곡)을 선택하고 (수직 뒤집기)를 선택합니다.

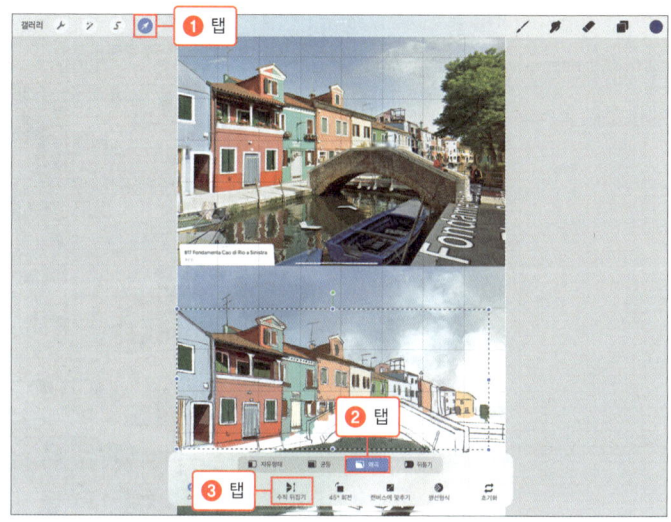

05 | 강에 비친 모습이 되도록 아래로 이동한 다음 (왜곡)을 선택하여 투시에 맞게 기울입니다.

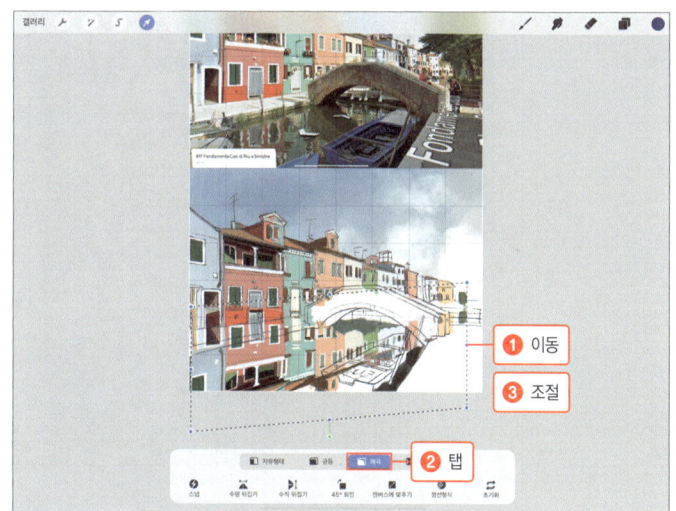

06 | (레이어( ))에서 강에 비친 건물을 표현한 '레이어 6'을 강을 그린 '레이어 5' 위로 드래그하여 이동합니다.
'레이어 6'을 탭하여 표시되는 레이어 옵션에서 (클리핑 마스크)를 선택합니다.

07 강에 비친 건물을 표현한 '레이어 6'의 (N)을 탭하여 불투명도를 '45%'로 조절하고 혼합 모드를 (차이)로 선택합니다.

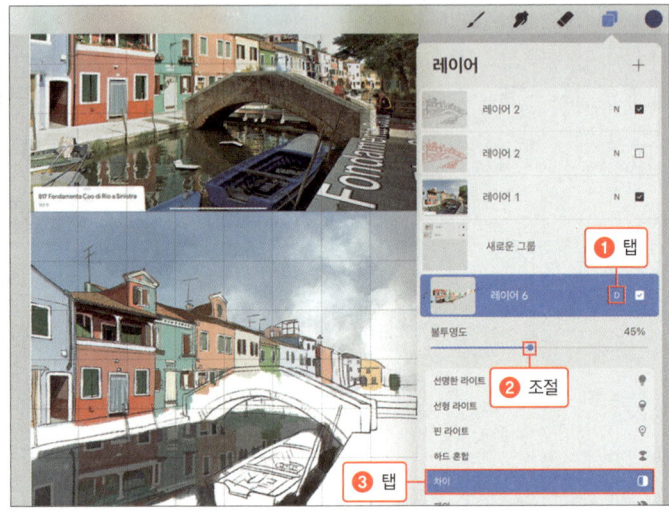

08 (조정( )) → (픽셀 유동화)를 선택합니다.

09 (밀기)가 선택된 상태에서 크기, 압력을 조절합니다. 좌우로 문질러 건물의 형태를 물결 모양으로 변경합니다.

디테일한 요소 그리고 캔버스 크기 조절하기

01 (레이어(■))에서 (+) 버튼을 탭하여 사진이 있는 '레이어 1' 아래에 새 레이어를 추가합니다.

02 길, 다리, 배 등 여러 요소들을 그립니다.

03 (레이어(■))에서 (+) 버튼을 탭하여 여러 요소를 그린 '레이어 10' 위에 새 레이어를 추가합니다.
추가한 '레이어 11'을 탭하여 표시되는 레이어 옵션에서 (클리핑 마스크)를 선택합니다.

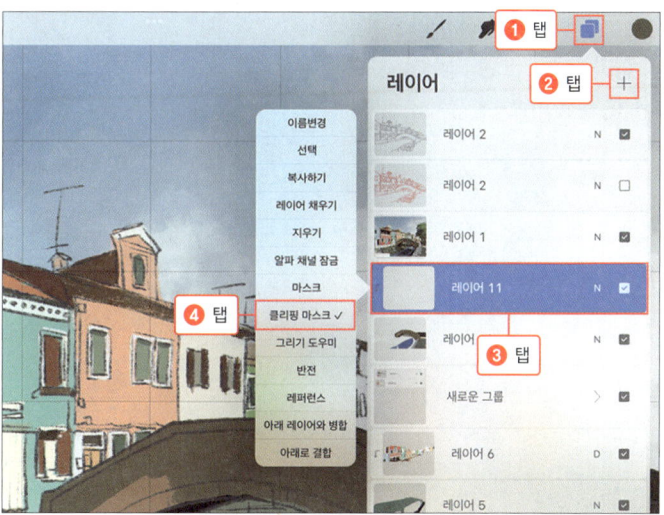

04 | (브러시(/))를 탭하여 브러시 라이브러리에서 (스케치) → (6B 연필) 브러시를 선택합니다.

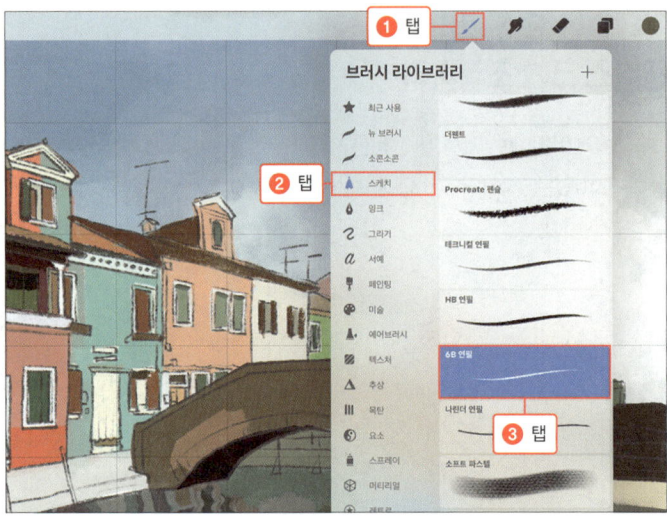

05 | 사진을 참고하여 디테일한 요소를 그려 줍니다.

06 | (레이어(■))에서 (+) 버튼을 탭하여 여러 요소를 그린 '레이어 10' 아래에 새 레이어를 추가합니다.

07 물 위에 다리 그림자를 표현합니다.

08 (레이어(■))에서 그림자를 그린 '레이어 12'의 (N)을 탭하여 불투명도를 '55%'로 조절하고 혼합 모드를 (곱하기)로 선택합니다.

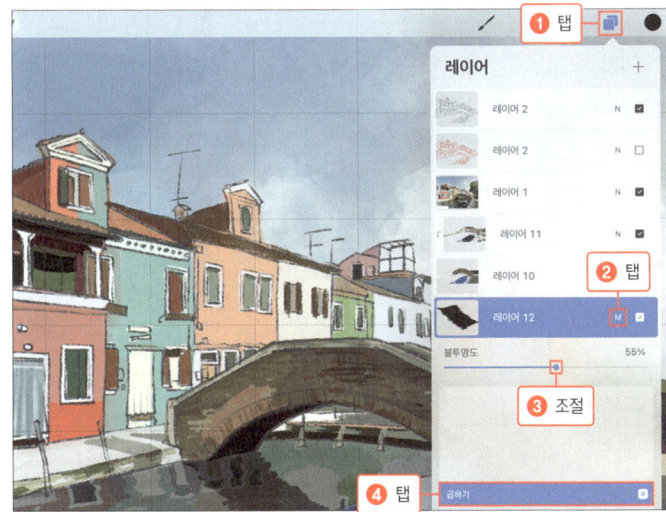

09 (레이어(■))에서 (+) 버튼을 탭하여 사진이 있는 '레이어 1' 아래에 새 레이어를 추가합니다.

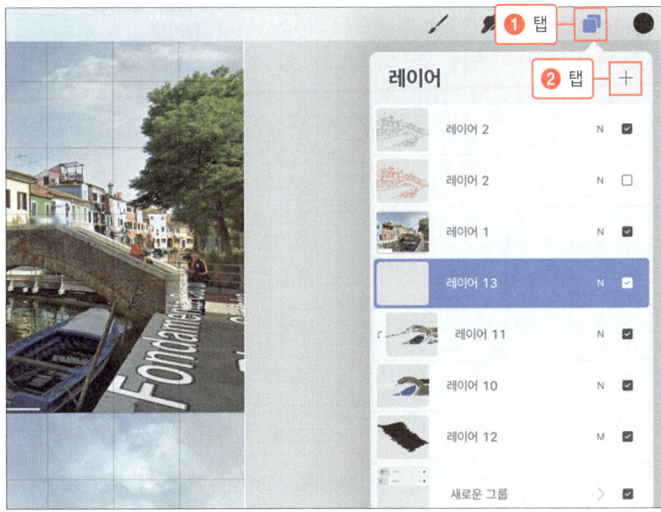

10 오른쪽에 나무 기둥과 나뭇가지를 그립니다.

Tip Y 모양으로 큰 기둥을 그리고 잔가지들을 이어 그립니다.

11 (브러시(✏️))를 탭하여 브러시 라이브러리에서 (미술) → (오로라) 브러시를 선택합니다.

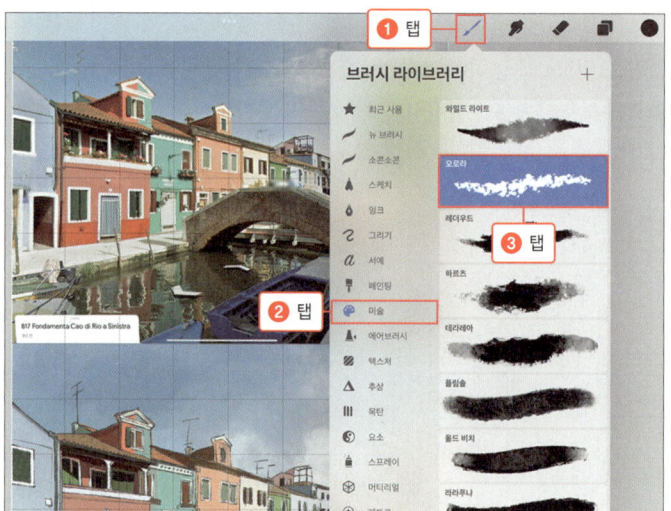

12 '어두운 녹색' → '중간 녹색' → '밝은 녹색' 순으로 나뭇잎을 그립니다.

13 (동작(🔧)) → (캔버스) → (그리기 가이드)를 비활성화한 다음 (잘라내기 및 크기변경)을 선택합니다.

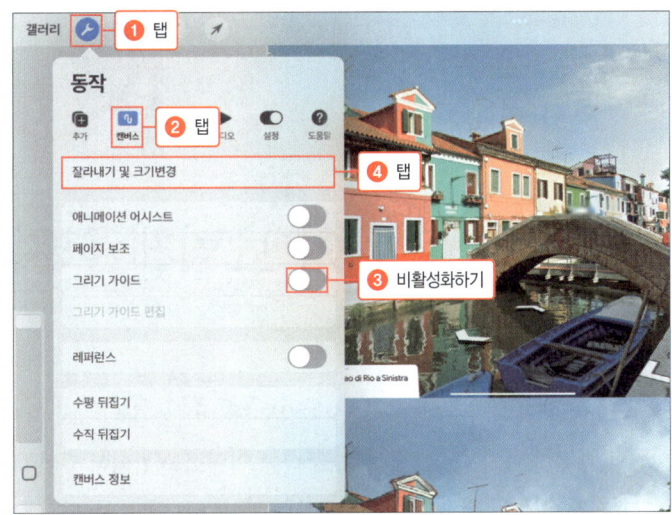

14 (설정)을 탭한 다음 2배로 조절했던 세로 크기를 원래 크기로 설정하고 (스냅)을 활성화합니다.

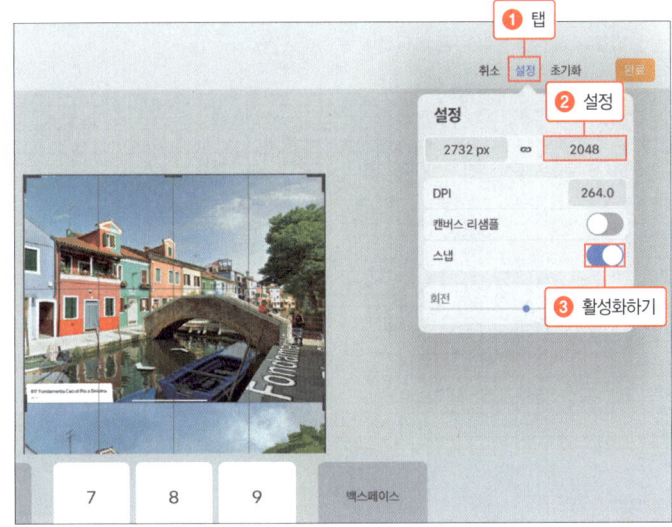

15 조절점을 아래로 드래그하여 캔버스가 잘리는 영역을 설정합니다. (완료) 버튼을 탭하여 이탈리아 베네치아 부라노섬 그림을 마무리합니다.

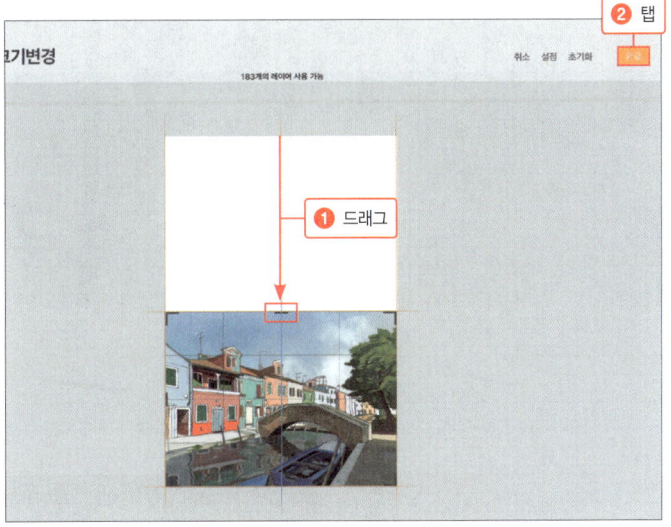

노르웨이 브뤼겐 한자 동맹 부두

브뤼겐 한자 동맹 부두는 유네스코 세계문화유산에 등록된 노르웨이의 손꼽히는 관광 명소입니다. 옛 부두를 따라 다채로운 목조 주택이 일렬로 연결되어 있어 예쁜 곳이지요. 지금은 부두로 이용되지 않지만, 맞은편 어시장에서는 활기가 넘치고 싱싱한 해산물을 맛볼 수 있습니다.

- 예제 파일 : 06\한자동맹 부두.jpg
- 완성 파일 : 06\한자동맹 부두_완성.jpg, 한자동맹 부두_완성.procreate

구글 맵 여행

Brush

6B 연필	오베론	리틀 파인	Procreate 펜슬	라이트 펜
스케치 → 6B 연필 : 테두리, 세밀 드로잉	그리기 → 오베론 : 밑색, 드로잉	그리기 → 리틀 파인 : 드로잉	스케치 → Procreate 펜슬 : 나무	빛 → 라이트 펜 : 조명

Color

| c7dbf8 | ffa46d | f58041 | d94f36 | 9b3426 | 6d3433 | 80a3c7 | 274553 |

한자 동맹 부두 사진 불러와 밑그림 그리기

01 갤러리 화면에서 (사진)을 탭한 다음 구글 맵에서 캡처한 노르웨이 브뤼겐 한자 동맹 부두 사진을 불러옵니다.

Tip 또는 (가져오기)를 탭하여 06 폴더에서 '한자동맹 부두.jpg' 파일을 불러와 예제를 진행할 수도 있습니다.

02 (동작(🔧)) → (캔버스) → (그리기 가이드)를 활성화한 다음 (그리기 가이드 편집)을 선택합니다.

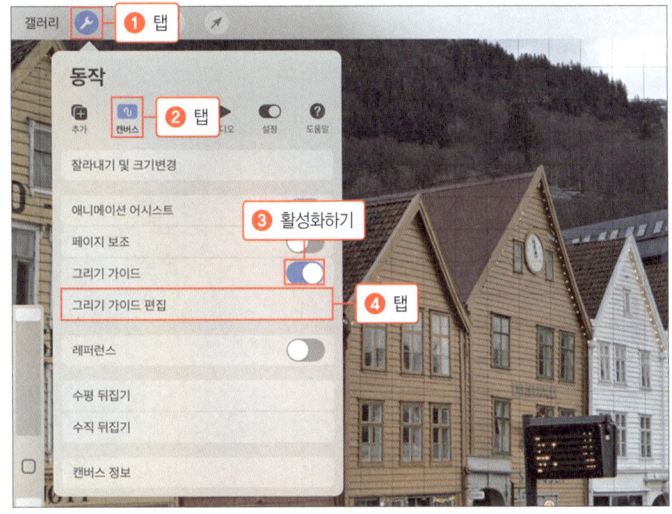

03 사진의 상단과 하단이 격자와 맞닿는 수치로 격자 크기를 조절합니다. 수치는 사진을 캡처한 아이패드 기종에 따라 달라집니다.
아이패드 프로 12.9인치 경우 '342px'로 설정합니다. 설정이 완료되었으면 (완료) 버튼을 탭합니다.

04 (변형(■))을 탭한 다음 하단 메뉴에서 (균등)과 (왜곡)을 선택하여 그림과 같이 사진을 조절합니다.

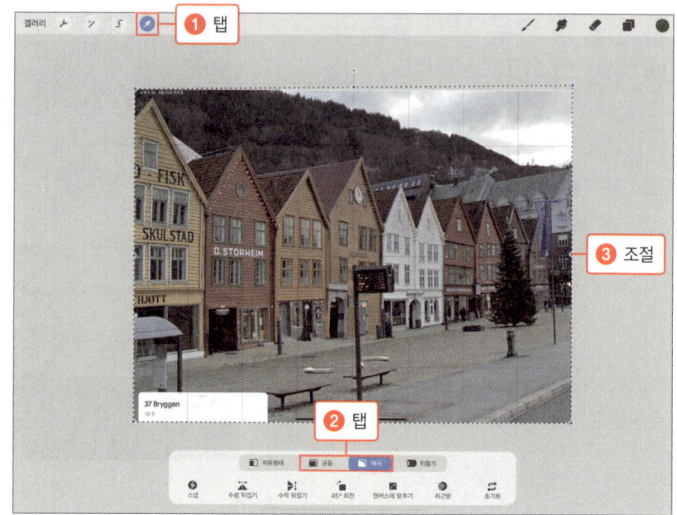

05 사진의 색감을 조절합니다. (조정(■)) → (색조, 채도, 밝기)를 선택합니다.

06 색조, 채도, 밝기를 조절하여 사진의 색감을 변경합니다.

07 밑그림을 그리기 위해 (레이어(□))에서 (+) 버튼을 탭하여 새 레이어를 추가합니다.

08 (스케치) → (6B 연필) 브러시를 사용하여 사진 속 모든 요소들의 형태를 그립니다.

09 (동작(▸)) → (캔버스) → (잘라내기 및 크기변경)을 선택합니다.

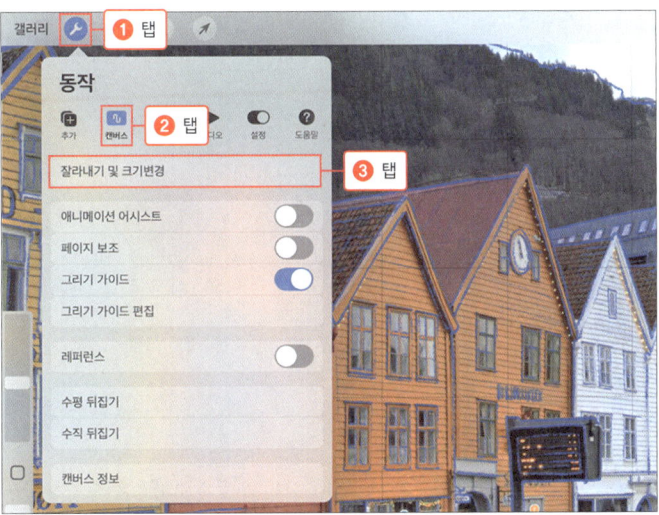

10 (설정)을 탭한 다음 세로 크기를 원래 크기의 2배로 설정하여 (완료) 버튼을 탭합니다.

11 (레이어(■))에서 밑그림을 그린 '레이어 2'를 왼쪽으로 드래그한 다음 (복제) 버튼을 탭합니다.

12 복제된 레이어가 선택된 상태에서 (변형(↗))을 탭합니다. 하단 메뉴에서 (스냅)을 선택한 다음 (자석)과 (스냅)을 활성화합니다.

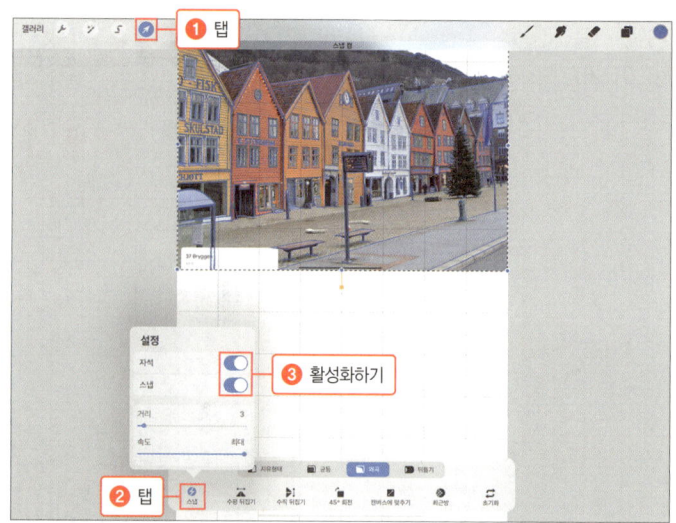

416 Part 6 도시의 거리 산책하기

13 복제한 밑그림을 아래로 드래그하여 이동합니다. 이때 격자 가이드를 확인하며 사진에 있는 밑그림과 위치를 맞춥니다.

14 (레이어(■))에서 (+) 버튼을 탭하여 가장 상단에 새 레이어를 추가합니다. 추가한 '레이어 4'를 탭하여 표시되는 레이어 옵션에서 (클리핑 마스크)를 선택합니다.

15 (색상(●))을 '짙은 갈색'으로 선택하여 캔버스로 드래그합니다. 클리핑 마스크로 지정되어 선의 색이 변경됩니다.

하늘과 뾰족한 형태의 집 그리기

01 (레이어(■))에서 (+) 버튼을 탭하여 사진이 있는 '레이어 1' 아래에 새 레이어를 추가합니다.

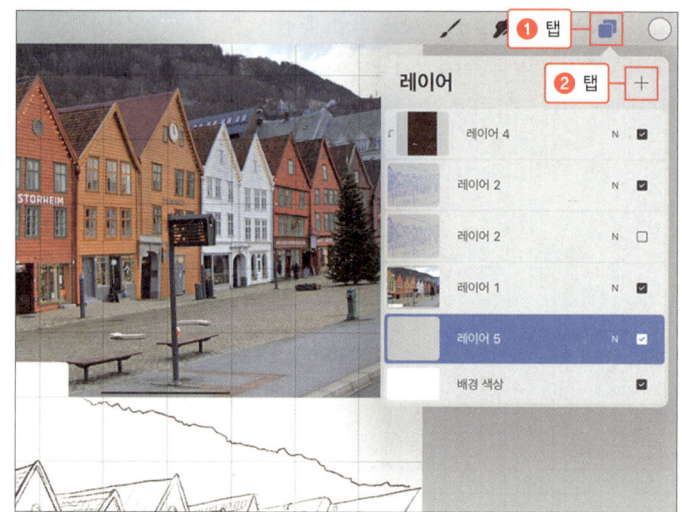

02 (브러시(✎))를 탭하여 브러시 라이브러리에서 (그리기) → (오베론) 브러시를 선택합니다.

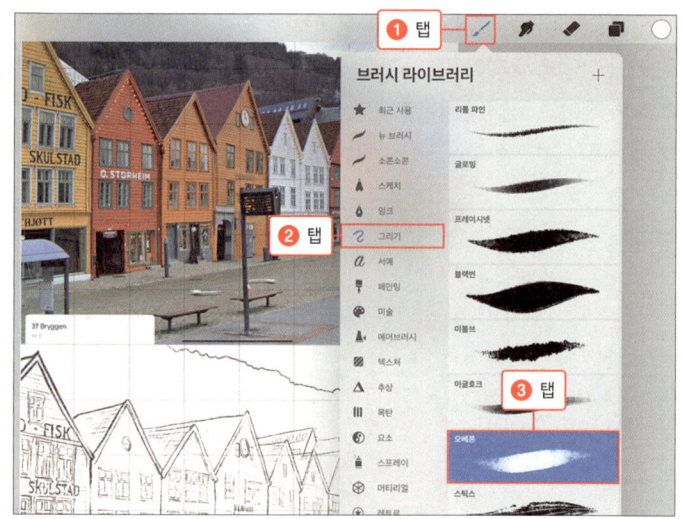

03 사진을 손가락으로 길게 탭하여 색을 추출하고 추출된 색으로 하늘을 칠합니다. 색을 여러 번 추출하며 덧그립니다.

04 〔레이어(◨)〕에서 〔+〕 버튼을 탭하여 하늘을 그린 '레이어 5' 위에 새 레이어를 추가합니다.

05 집 뒤에 길게 산을 칠합니다.

Tip 빈 곳이 없도록 건물 영역으로 넘치게 밑색을 칠합니다.

06 〔그리기〕 → 〔리틀 파인〕 브러시를 사용하여 짧은 세로선을 촘촘히 그리며 나무를 표현합니다.

07 〔레이어(■)〕에서 〔+〕 버튼을 탭하여 산을 그린 '레이어 6' 위에 새 레이어를 추가합니다.

08 멀리 있는 집들의 밑색을 칠합니다.

09 〔레이어(■)〕에서 〔+〕 버튼을 탭하여 멀리 있는 집들을 그린 '레이어 7' 위에 새 레이어를 추가합니다.

10 앞쪽에 위치한 집들의 밑색을 칠하고 글씨를 적습니다.

11 (레이어(■))에서 (+) 버튼을 탭하여 앞쪽의 집들을 그린 '레이어 8' 위에 새 레이어를 추가합니다.
추가한 '레이어 9'를 탭하여 표시되는 레이어 옵션에서 (클리핑 마스크)를 선택합니다.

12 (브러시(✏))를 탭하여 브러시 라이브러리에서 (스케치) → (6B 연필) 브러시를 선택합니다.

13 사진을 참고하여 창문, 문, 지붕 무늬 등 세밀한 요소를 그립니다.

14 [레이어(■)]에서 [+] 버튼을 탭하여 앞쪽의 집들을 그린 '레이어 8' 아래에 새 레이어를 추가합니다.
추가한 '레이어 10'을 탭하여 표시되는 레이어 옵션에서 [클리핑 마스크]를 선택합니다.

15 멀리 있는 집들의 창문과 지붕 모양을 그립니다. 앞쪽의 집들보다 단순하게 묘사합니다.

길을 꾸미고
캔버스 크기 조절하기

01 〔레이어(▣)〕에서 〔+〕 버튼을 탭하여 사진이 있는 '레이어 1' 아래에 새 레이어를 추가합니다.

02 길의 밑색을 칠합니다.

03 〔레이어(▣)〕에서 〔+〕 버튼을 탭하여 길을 그린 '레이어 11' 위에 새 레이어를 추가합니다.
추가한 '레이어 12'를 탭하여 표시되는 레이어 옵션에서 〔클리핑 마스크〕를 선택합니다.

04 길 위의 작은 요소들과 그림자를 그립니다.

05 (레이어(◨))에서 (+) 버튼을 탭하여 사진이 있는 '레이어 1' 아래에 새 레이어를 추가합니다.

06 벤치, 버스 정류장, 쓰레기통 등 길 위의 구조물들을 그립니다.

07 (브러시(/))를 탭하여 브러시 라이브러리에서 (스케치) → (Procreate 펜슬) 브러시를 선택합니다.

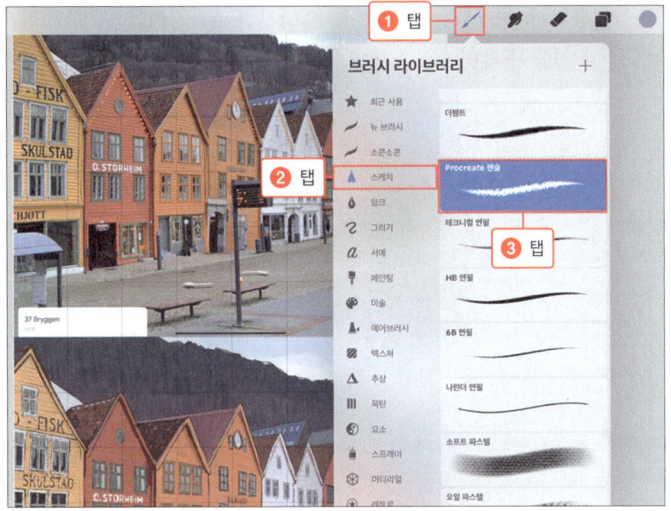

08 가로선을 지그재그 형태로 그려 나무를 표현합니다.

09 짧은 선을 콕콕 찍어 그리고 밝고 어두운 음영을 추가합니다.

10 | (레이어(■))에서 (+) 버튼을 탭하여 가장 상단에 새 레이어를 추가합니다.

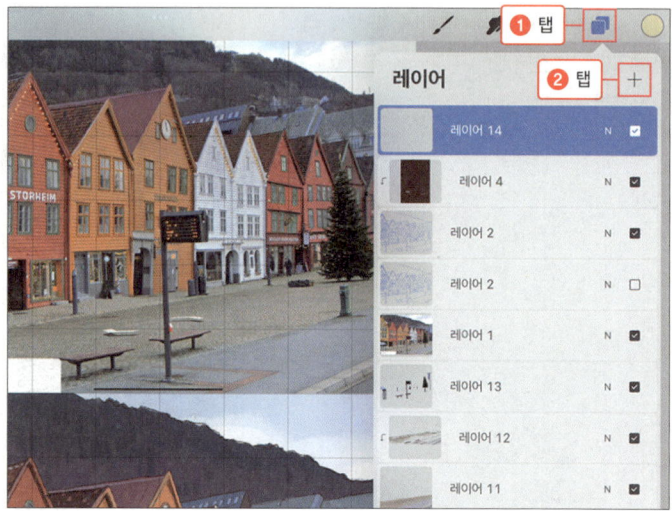

11 | (빛) → (라이트 펜) 브러시를 사용하여 둥글게 점을 찍으며 집, 나무, 버스 안내 스크린에 조명을 표현합니다.

12 | (동작(🔧)) → (캔버스) → (그리기 가이드)를 비활성화한 다음 (잘라내기 및 크기변경)을 선택합니다.

13 (설정)을 탭한 다음 2배로 조절했던 세로 크기를 원래 크기로 설정하고 (스냅)을 활성화합니다.

14 조절점을 아래로 드래그하여 캔버스가 잘리는 영역을 설정하고 (완료) 버튼을 탭합니다.

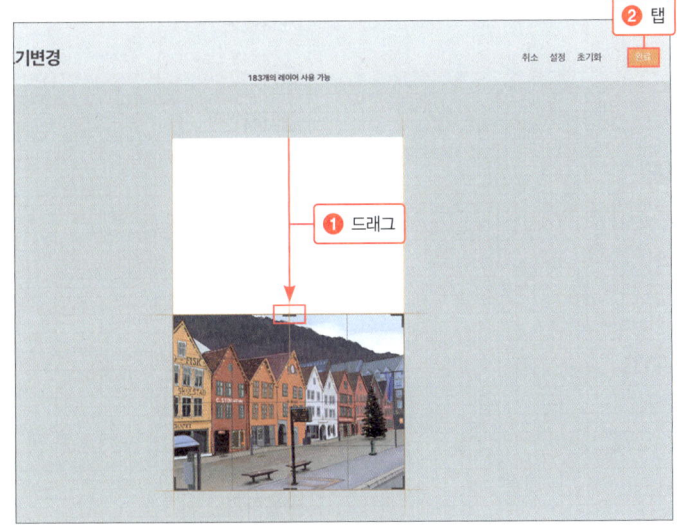

15 노르웨이 브뤼겐 한자 동맹 부두를 완성합니다.

Index

A

Apple Pencil	54

C

CMYK	19
ColorDrop 한계값	37

D

DPI	18

J

JPEG	57

P

PDF	57
Procreate	57
Procreate 펜슬	216
PSD	57

Q

QR 코드	7
Quick Shape	29

R

RGB	19

가

가우시안 흐림 효과	65, 222, 292
가져오기	17
갈대	74, 283
갤러리	16
거리	381
건물	98
건축물	311
격자 가이드	229
곱하기	219
공간감	73
공유	17, 56
공유하기	56
구글 맵	7
구름	63
균등	31, 67
그러데이션	47
그룹	404
그룹화	28
그리기	46
그리기 가이드	41, 169
그리기 도움받기	337
그리기 패드	53
그림자	424
근경	73
글자	42
기본 팔레트	26
기울기	28
꽃잎	291

나

나무	76
나뭇잎	286
난류	261
노르웨이	412
노이즈 효과	260
농도	47
눈누	43

다

다시 실행	27
대비	325
대칭	41, 366
데이터	57
도브 레이크	116
도시	381
동영상	57
동작	20
뒤틀기	32
드로잉	45
들	247
등거리	41

디니위드 해변	168	묘사	307	분필	101
디스크	26	물	51	불탄 나무	158
디지털 드로잉	47	물결	404	불투명도	68
		물길	351	붓	46
		물 번짐	378	브러시	22, 44
라		물에 젖은 스펀지	195	브러시 그룹	44
라이트 펜	426	미국	270, 294	브러시 라이브러리	44
랜드마크	311	미디움 브러시	193	브러시 스튜디오	22
런던 탑	312	미리보기	16	브러시 커스텀	52
레이어	24	미세 노즐	91	브뤼겐	412
레이어 생성	24	미술	47	빛	50
레이어 옵션	24	밀기	406	빛샘	69, 244
레이어 채우기	24	밀도	218		
레트로	50	밀짚	182		
레퍼런스	24, 36	밑색	163	**사**	
렉탕고	129			사분면	41
리틀 파인	109, 419			사용자 정의 캔버스	18
		바		사이드 바	27
마		바다	167, 173	사진	17
		반전	24	삭제	17
마스크	57	방사상	41	산	247
만년필	45	배경 색상	87	산업	50
머큐리	78	베네치아	394	새로운 그룹	353
머티리얼	49	변형	22, 31	색상	26
먹	46	병합	353	색상 번	108
명암	39, 76, 114	보간법	32	색상 움직임	327
모노라인	100	보라카이	168	색상 프로필	18
모래사장	86	보정	29	색조	55
모양 편집	30, 64	복제	353	색조, 채도, 밝기	170
목탄	48, 115	부라노섬	394	서예	46

INDEX 429

서핑 보드	188	아래로 병합	24	이탈리아	394
선택	16, 21	아보카도	118	인도	332
선형 번	176	아트워크	19	인쇄	19
세계문화유산	332	알파 채널 잠금	39, 102	인코딩	57
소용돌이	261	앱	56	일러스트	28
소프트 라이트	355	야자수	80	잉크	45
속도	28	어두운 영역	324		
속성	53	어둡게	358		
수직	41, 335	에메랄드 호수	224		
수직 뒤집기	238, 354	에어브러시	47	## 자	
수채화	51	에펠탑	362	자석	172
수평	41	여행	59	자유형태	31
스냅	32, 172	여행지	7, 60	잘라내기	35
스노우 검	283	연필	45	잘라내기 및 크기변경	171
스머지	23, 62	영국	312	잠금	25
스워드그라스	221	오버레이	187	재신스키 잉크	292
스위스	248	와일드그래스	72	저장	56
스케치	45	왜곡	32, 93	절벽	177
스크린에 맞추기	32	요세미티	270	제스처	6
스크린 크기	61	요소	49	조절점	41
스택	17	움직임 흐림 효과	239	조정	21, 65
스튜디오 펜	54	원	64	지우개	23, 34
스틱스	255	원경	73	지우기	24
스포이트	27	원근	41	질감	48
스프레이	49	원근감	325		
식물	391	웹	57	## 차	
실행 취소	27	유기물	51	차이	406
쌀국수	146	유네스코	332	채도	327
쌍사차식	32	융프라우 요흐	248	채우기	36, 38
쌍선형식	32	이글호크	154, 210	최근방 이웃	32
		이름변경	24	최대 크기	53
## 아		이미지 공유	57	추가	243
		이미지 저장	56	추상	48
아래 레이어와 병합	24	이볼브	121, 262		

카

카르보에이루	198
캐나다	224
캔버스	18
캔버스 속성	18
캔버스 이름	18
컨셉 아트	49
콜마르	382
크레용	45
크루아상	110
클래식	26
클리핑 마스크	40, 85

타

타워 브리지	312
타임랩스	19
타지마할	332
탄력	33
탄연	213
테크니컬 펜	371
텍스처	48, 116
텍스트 추가	42
텍스트 편집	43
템플릿	18
투명한 배경	57
틴더박스	185

파

파도	90
파스텔	45
파일 생성	16
파일에 저장	56
파일 형식	57
팔레트	26
패턴	48
페더	21
페인팅	46
편집 그리기 가이드	41
포르투갈	198
푸른 하늘	60
풀숲	70
풍경	7
프랑스	362, 382
프레임	57
프로크리에이트	16
피사체	325
픽셀	32
픽셀 유동화	33, 406
필리핀	168
필압	54

하

하드 라이트	243
하모니	26
한자 동맹 부두	412
할리우드 공원	294
핫도그	132
해변	86, 198
해상도	33
헤센	306
호수	167
혼합	23
혼합 모드	25, 409
확대	390
활성 색상	26
황무지	211
회전	31
획 경로	53

Foreign Copyright:
Joonwon Lee
Address: 3F, 127, Yanghwa-ro, Mapo-gu, Seoul, Republic of Korea
            3rd Floor
Telephone: 82-2-3142-4151, 82-10-4624-6629
E-mail: jwlee@cyber.co.kr

여행의 시작, 그림의 시작!
아이패드 드로잉

2022. 9.   7. 1판 1쇄 인쇄
2022. 9. 20. 1판 1쇄 발행

지은이	김소희
펴낸이	이종춘
펴낸곳	BM (주)도서출판 성안당
주소	04032 서울시 마포구 양화로 127 첨단빌딩 3층(출판기획 R&D 센터) 10881 경기도 파주시 문발로 112 파주 출판 문화도시(제작 및 물류)
전화	02) 3142-0036 031) 950-6300
팩스	031) 955-0510
등록	1973. 2. 1. 제406-2005-000046호
출판사 홈페이지	www.cyber.co.kr
ISBN	978-89-315-5900-2 (13000)
정가	26,000원

이 책을 만든 사람들

책임	최옥현
진행	오영미
기획·진행	앤미디어
교정·교열	앤미디어
본문·표지 디자인	앤미디어
홍보	김계향, 이보람, 유미나, 이준영
국제부	이선민, 조혜란, 권수경
마케팅	구본철, 차정욱, 오영일, 나진호, 강호묵
마케팅 지원	장상범, 박지연
제작	김유석

이 책의 어느 부분도 저작권자나 BM (주)도서출판 성안당 발행인의 승인 문서 없이 일부 또는 전부를 사진 복사나 디스크 복사 및 기타 정보 재생 시스템을 비롯하여 현재 알려지거나 향후 발명될 어떤 전기적, 기계적 또는 다른 수단을 통해 복사하거나 재생하거나 이용할 수 없음.

■ 도서 A/S 안내

성안당에서 발행하는 모든 도서는 저자와 출판사, 그리고 독자가 함께 만들어 나갑니다.
좋은 책을 펴내기 위해 많은 노력을 기울이고 있습니다. 혹시라도 내용상의 오류나 오탈자 등이 발견되면 "좋은 책은 나라의 보배"로서 우리 모두가 함께 만들어 간다는 마음으로 연락주시기 바랍니다. 수정 보완하여 더 나은 책이 되도록 최선을 다하겠습니다.
성안당은 늘 독자 여러분들의 소중한 의견을 기다리고 있습니다. 좋은 의견을 보내주시는 분께는 성안당 쇼핑몰의 포인트(3,000포인트)를 적립해 드립니다.

잘못 만들어진 책이나 부록 등이 파손된 경우에는 교환해 드립니다.